Vorwort

Dieses Buch wendet sich an alle, die Software planen, entwerfen und implementieren, sich also mit grundsätzlichen Fragen zur Konstruktion großer Softwaresysteme auseinandersetzen wollen oder müssen. Dazu gehören vor allem professionelle Software-Entwickler, Universitätslehrer und Studenten der Informatik.

Die Verfasser beschäftigen sich seit vielen Jahren mit der Anwendung und Entwicklung von Methoden und Werkzeugen zur Rationalisierung und Qualitätssteigerung in der Softwareherstellung. Die Erfahrungen aus zahlreichen Forschungsprojekten, praktischer Projektarbeit unter kommerziellen Bedingungen und viele Diskussionen mit Kollegen und Auftraggebern bilden den Nährboden für die Entstehung dieses Buches.

Software Engineering (im Deutschen auch als Softwaretechnik bezeichnet) ist jenes Teilgebiet der Informatik, das die Herstellung großer Programmsysteme behandelt, die dazu erforderlichen wissenschaftlichen Methoden erforscht und Werkzeuge entwickelt, die die Herstellung, Dokumentation und Wartung großer Programmsysteme unterstützen oder überhaupt erst möglich machen. Die Software-Entwicklung ist eine anspruchsvolle Tätigkeit. Um die dabei auftretenden Probleme zu bewältigen, reicht der Hausverstand nicht aus. Neben der Beherrschung technischer Fertigkeiten ist insbesondere ein methodisches Vorgehen notwendig. Dieses Buch soll dem Leser das zur Abwicklung von Softwareprojekten erforderliche Grundlagenwissen vermitteln und zeigen, wie der Entwicklungsprozeß systematisiert und rationalisiert und die Qualität von Softwareprodukten verbessert werden kann.

Es ist ein Anliegen der Verfasser, den gesamten Software-Entwicklungsprozeß und alle damit verbundenen Aspekte zu behandeln. Dennoch kann nicht jedes Teilgebiet mit der gleichen Aufmerksamkeit und in der gleichen Tiefe behandelt werden. Das Buch enthält daher Kernteile und periphere Teile. Prototyping, objektorientierte Softwarekonstruktion, Modularisierungstechniken und Phasenmodelle werden sehr detailliert dargestellt; auf Aspekte, die das Projektmanagement, Aufwandsschätzungen und Werkzeuge betreffen, wird nur überblicksmäßig eingegangen.

Wir haben als Untertitel für dieses Buch *Prototyping und objektorientierte Software-Entwicklung* gewählt, weil wir diesen Techniken besondere Bedeutung beimessen. Wie sich diese Techniken auf den Software-Entwicklungsprozeß auswirken, wird an den passenden Stellen diskutiert. Ihre Behandlung zieht sich daher durch das ganze Buch. Da die Anwendung der objektorientierten Programmierung umfangreiches Detailwissen erfordert, sind die Grundlagen dieser Technik in einem eigenen Kapitel besonders ausführlich dargestellt.

Alle wichtigen Methoden und Prinzipien werden anhand einfacher Beispiele veranschaulicht. Darüber hinaus wird an einem umfangreichen praxisorientierten Beispiel gezeigt, wie bewährte und neue Entwurfs- und Implementierungstechniken in einem Softwareprojekt umgesetzt werden können. Die Verfasser haben dazu die Simulation eines Portalroboters ausgewählt. Es handelt sich dabei um eine umfangreiche und anspruchsvolle Aufgabe, die es gestattet, unterschiedliche Teilaufgaben zu isolieren, um zu zeigen, wie diese mit problemadäquaten Lösungsstrategien angepackt werden können.

Das Buch besteht aus sieben Kapiteln. *Kapitel 1* dient der Gegenstandsbstimmung und erläutert die Begriffe Software Engineering, Prototyping und objektorientierte Programmierung.

In *Kapitel 2* wird dargelegt, welche Merkmale die Qualität von Softwareprodukten charakterisieren und welche Maßnahmen zur Qualitätssicherung notwendig sind. Was sich hinter diesen hier nur aufgezählten Maßnahmen im konkreten verbirgt, wird im Rest des Buches behandelt. Auf Maßzahlen und Verfahren zur Messung der Softwarequalität wird nicht eingegangen, da nach Ansicht der Verfasser die praktische Anwendbarkeit der bisher dazu bekanntgewordenen Vorschläge noch nicht in ausreichendem Maße gegeben ist.

In *Kapitel 3*, dem umfangreichsten Teil des Buches, werden die Phasen eines Softwareprojekts mit der gebührlichen Ausführlichkeit behandelt. Das Kapitel beginnt mit einer Beschreibung der wichtigsten Phasenmodelle und einer Diskussion ihrer Vor- und Nachteile, Unterschiede und Gemeinsamkeiten. Danach ist den Phasen Problemanalyse, Systemspezifikation, Entwurf, Implementierung, Test, Dokumentation und Wartung je ein eigener Abschnitt gewidmet. Darin werden verschiedene Methoden und Techniken eingeführt und ihre Anwendung anhand von Beispielen illustriert.

Kapitel 4 ergänzt nur das schon in den vorangegangenen Kapiteln zum Prototyping Gesagte und ist dementsprechend kurz. Es behandelt Fragen zu Kosten-, Qualitäts- und Risikoaspekten bei prototyping-orientierter Software-Entwicklung, die immer wieder von Praktikern gestellt werden.

Kapitel 5 ist der objektorientierten Programmierung gewidmet. Mit Hilfe objektorientierter Techniken können viele Programme in einem Bruchteil der bisher dafür benötigten Zeit entwickelt werden, und die dabei entstehenden Software-Systeme sind wesentlich wartungsfreundlicher als mit konventionellen Techniken entwickelte. Es ist daher ein Anliegen der Verfasser, dem Leser die theoretischen, technischen und organisatorischen Grundlagen der objektorientierten Programmierung so umfassend darzustellen, daß er nach aufmerksamer Lektüre beginnen kann, diese Konzepte auch praktisch umzusetzen.

Kapitel 6 behandelt das Management von Softwareprojekten und dient zur Abrundung des Bildes. Es beschreibt skizzenhaft die Ziele und Aufgaben des Projektmanagements und Aspekte der Aufwandsschätzung.

Von einer Softwaretechnik, die den Anforderungen an eine Ingenieurdisziplin gerecht werden will, muß auch gefordert werden, daß sie Werkzeuge bereitstellt, die die Herstellung, Prüfung, Wartung und Dokumentation von Programmen vereinfachen, beschleunigen oder in ihrer Qualität verbessern. In *Kapitel 7* ist überblicksartig zusammengefaßt, welche Werkzeuge moderne Software-Entwicklungsumgebungen bereitstellen und in welcher Weise sie die einzelnen Tätigkeiten während des Software-Entwicklungsprozesses unterstützen sollen.

Gustav Pomberger
Günther Blaschek

Dank

Es ist uns eine Ehre und ein Vergnügen, an dieser Stelle Dank zu sagen für die erwiesene Hilfe und die vielen Anregungen und Ratschläge.

Ganz besonders zu Dank verpflichtet sind wir Herrn *Prof. Dr. Peter Rechenberg*, mit dem uns viele Jahre guter Zusammenarbeit verbinden und der das Manuskript einer äußerst genauen und kritischen Durchsicht unterzog. Ihm verdanken wir viele Verbesserungsvorschläge und Anregungen. Ohne seinen Beitrag wäre das Buch um einiges ärmer.

Dank gebührt auch Herrn *Prof. Dr. Hanspeter Mössenböck* und Herrn *Dr. Alois Stritzinger* für die gewissenhafte Durchsicht des Manuskripts und die dabei gemachten Verbesserungsvorschläge, Herrn *Prof. Dr. Niklaus Wirth* für den fortlaufenden Gedankenaustausch, der immer wieder eine reiche Quelle der Inspiration war, unseren *Mitarbeitern* und *Kollegen*, deren Forschungsergebnisse in das Buch eingeflossen sind, sowie Frau *Brigitte Taurer*, Frau *Gabriele Thürriedl* und Frau *Ulli Knoll* für die Unterstützung bei der Herstellung des Manuskripts.

Wir danken auch der *Christian Doppler Gesellschaft* der *Austrian Industries* und der *Siemens AG* in München für ihre großzügige Förderung unserer Forschungsprojekte, die eine wesentliche Grundlage für dieses Buch darstellen, und dem *Carl Hanser Verlag* für die gute Zusammenarbeit und die Freiheit, die uns bei der Gestaltung des Buches gewährt wurde.

Inhalt

1 Gegenstandsbestimmung

1.1 Die Entwicklung des Software Engineering

Die ersten Rechenanlagen wurden im Bereich der Wissenschaft und Technik eingesetzt. Die Aufgaben der Programmierer bestanden anfangs nicht im Auffinden komplexer Algorithmen, sondern darin, bereits bekannte Algorithmen in einer Programmiersprache zu formulieren, um sie auf dem Rechner ausführen zu können. Dazu waren außer der Beherrschung einer Programmiersprache keine spezifischen Kenntnisse notwendig. Der Programmhersteller war meist auch der Benutzer. Die Programme wurden nur gelegentlich eingesetzt, und die Aufgabenstellung wurde selten im nachhinein noch verändert. Die einzigen Probleme bestanden darin, Korrektheit und Effizienz zu gewährleisten. Die zu lösenden Aufgaben waren im Vergleich zu heute verhältnismäßig einfach; die Anzahl der Programmierfehler war dabei gering und wurde erst zum wirklichen Problem, als man daranging, Programmsysteme zur Lösung komplexer wissenschaftlicher, technischer und kommerzieller Aufgaben einzusetzen. Seither arbeiten mehrere Personen an der Herstellung von Programmsystemen für viele Benutzer. Die Aufgabenstellungen und Anforderungen ändern sich häufig schon während der Programmentwurfsphase, aber auch noch, wenn das Programmsystem sich längst im Einsatz befindet. Neben Korrektheit und Effizienz wurden die Meisterung der Komplexität durch Zerlegung einer Aufgabe in Teilaufgaben, die Spezifikation der Schnittstellen, Sicherheit und Zuverlässigkeit, Flexibilität, Dokumentation, Wartbarkeit und die Projektorganisation zu den Hauptproblemen bei der Herstellung großer Programmsysteme. Für die Lösung dieser Probleme waren zu wenig theoretische Grundlagen und methodische Hilfsmittel sowohl für den technischen als auch den organisatorischen Bereich bekannt, und die Qualifikation der Programmierer reichte nicht aus, um diese Probleme befriedigend zu lösen. Dies führte in einem solchen Maße zu Schwierigkeiten bei der Herstellung von Software, daß man im Jahre 1965 von der *Softwarekrise* zu sprechen begann. Dazu gibt es in der Hardwareentwicklung keine Entsprechung, weshalb man auch von einem „Hardwarewunder“ sprechen könnte. Das heißt zwar nicht, daß die Hardware stets fehlerfrei ist, die Praxis zeigt jedoch, daß der Grund für die Schwierigkeiten, die auftreten, wenn man Computersysteme einsetzen will, meist in einer fehlerhaften Software zu suchen ist. Diese Situation beschreibt *Dijkstra* [Dijkstra 1972a] folgendermaßen:

> *Als es noch keine Rechner gab, war auch das Programmieren noch kein Problem, als es dann ein paar leistungsschwache Rechner gab, war das Programmieren ein kleines Problem und nun, wo wir gigantische Rechner haben, ist auch das Programmieren zu einem gigantischen Problem geworden. In diesem Sinne hat die elektronische Industrie kein einziges Problem gelöst, sondern nur neue geschaffen. Sie hat das Problem geschaffen, ihre Produkte zu benutzen.*

Die durch neue Rechnergenerationen geschaffenen Möglichkeiten übertrafen bei weitem die bis dahin entwickelten Programmiertechniken. Aber die wachsende ökonomische Bedeutung der Softwareherstellung und die enorme Expansion der Datenverarbeitungsbranche rückten die Forderung nach einer verbesserten *Programmiertechnologie* immer stärker in den Mittelpunkt des Forschungsinteresses der Informatik.

Die Anstrengungen zur Entwicklung einer verbesserten Programmiertechnologie fanden in der Forschung ihren ersten Niederschlag in den beiden von der NATO veranstalteten Software-Engineering-Konferenzen in Garmisch 1968 [Naur 1969] und in Rom 1969 [Buxton 1969]. Auf diesen Konferenzen wurde darauf hingewiesen, daß Programme Industrieprodukte sind, und deshalb wurde die Forderung erhoben: Abkehr von der „Kunst" des Programmierens und Hinwendung zu einer ingenieurmäßigen Software-Entwicklung.

Seither wird versucht, die Softwareherstellung als zusammenhängenden Prozeß wissenschaftlich zu durchdringen und vor allem Fragen der Spezifikation, des methodischen Programmentwurfs, der Strukturierung von Softwaresystemen, der Wiederverwendbarkeit von Software-Bausteinen, der Projektorganisation, der Qualitätssicherung, der Dokumentation, der Anforderungen an Werkzeuge zur Unterstützung der Software-Entwicklung und der automatischen Softwareherstellung in den Mittelpunkt des Forschungsinteresses zu rücken.

1.2 Der Begriff „Software Engineering"

Was verbirgt sich hinter dem Begriff *Software Engineering*? Ist das nur ein neuer Name für Programmierung oder eine neue Technologie? Der Begriff Software Engineering war zu der Zeit, in der er geprägt wurde, wohl provokatorisch gemeint und sollte anzeigen, daß auch die Herstellung von Software den Charakter einer *Ingenieurdisziplin* aufweisen muß. Bis heute gibt es aber noch keine allgemein anerkannte, feststehende Definition dieses Begriffs.

Boehm definiert in [Boehm 1979] Software Engineering folgendermaßen:

> *Software Engineering ist die praktische Anwendung wissenschaftlicher Erkenntnisse auf den Entwurf und die Konstruktion von Computerprogrammen, verbunden mit der Dokumentation, die zur Entwicklung, Benutzung und Wartung der Programme erforderlich ist.*

Bei *Dennis* findet man in [Dennis 1975] die Definition:

> *Software Engineering ist die Anwendung von Prinzipien, Fähigkeiten und Kunstfertigkeiten auf den Entwurf und die Konstruktion von Programmsystemen.*

Parnas schreibt in [Parnas 1974]:

> *Software Engineering ist die Programmierung unter mindestens einer der zwei Bedingungen:*
> *(1) Mehr als eine Person schreibt und benutzt das Programm.*
> *(2) Mehr als eine Fassung des Programms wird erzeugt.*

Bei *Fairley* findet man in [Fairley 1985] die Definition:

> *Software Engineering ist die technische und organisatorische Disziplin zur systematischen Herstellung und Wartung von Softwareprodukten, die zeitgerecht und innerhalb vorgegebener Kostenschranken hergestellt und modifiziert werden.*

Sommerville schreibt in [Sommerville 1985]:

> *Software Engineering befaßt sich mit dem Bau von Softwaresystemen, die nicht von einem Entwickler alleine hergestellt werden können. Software Engineering beruht auf der Anwendung ingeniermäßiger Prinzipien und umfaßt sowohl technische als auch nichttechnische Aspekte.*

Bauer schließlich schreibt in [Bauer 1975]:

> *Das Ziel der Softwaretechnik ist die wirtschaftliche Herstellung zuverlässiger und effizienter Software.*

Die Herstellung *großer Programmsysteme* bringt neue, anders geartete Probleme mit sich als die Herstellung *kleiner Programme* und weist viele Ähnlichkeiten mit der Herstellung anderer technischer Produkte auf. Die Hauptprobleme dabei sind:

- Spezifikation der Anforderungen
- Beherrschung der Komplexität
- Zerlegung eines Systems in Teilsysteme
- Spezifikation der Schnittstellen zwischen den Teilsystemen
- Wiederverwendbarkeit von Bausteinen, Entwicklung von Halbfabrikaten
- Projektorganisation, vor allem in Hinblick auf arbeitsteilige System-Entwicklung
- Effizienz
- Dokumentation und Wartbarkeit der Gesamtlösung
- Änderbarkeit und Erweiterbarkeit
- Übertragbarkeit auf und Anpaßbarkeit an verschiedene Hardwaresysteme

Der gesunde Menschenverstand allein reicht nicht aus, um all diese Probleme zu lösen. Es ist vielmehr notwendig, den gesamten Komplex wissenschaftlich zu untersuchen, um die Voraussetzungen zur Entwicklung von Methoden und Werkzeugen zur Unterstützung der Softwareherstellung zu schaffen. Von der Disziplin *Software Engineering* wird daher erwartet, daß sie Methoden, Werkzeuge, Normen und Hilfsmittel bereitstellt, die es ermöglichen, die technischen Probleme (wie *Spezifikation*, *Entwurf*, *Implementierung*, *Test*, *Effizienz*, *Wiederverwendbarkeit*, *Dokumentation*, *Wartung*) und die organisatorischen Probleme (*Projektorganisation*, *Schnittstellendefinition*), die bei der Herstellung von Software auftreten, in den Griff zu bekommen und dadurch qualitativ akzeptable Software mit wirtschaftlich vertretbarem Aufwand zu produzieren und einzusetzen.

Davon ausgehend wollen wir den Begriff *Software Engineering* folgendermaßen definieren:

> *Software Engineering ist die praktische Anwendung wissenschaftlicher Erkenntnisse für die wirtschaftliche Herstellung und den wirtschaftlichen Einsatz qualitativ hochwertiger Software.*

1.3 Der Begriff „Prototyping“

Seit mehr als einem Jahrzehnt findet man in der Literatur Berichte über Softwareprojekte, in denen Prototypen zur Klärung von Benutzeranforderungen und von Entwicklungsproblemen eingesetzt werden. Eine Analyse der Publikationen zeigt, daß durchaus keine Einigkeit darüber besteht, was man unter „*Prototyp*“ und „*Prototyping*“ im Software Engineering versteht.

Einigkeit herrscht offensichtlich darüber, daß Software-Prototypen *ausführbar* sein müssen. Ob diese Ausführbarkeit direkt gegeben sein muß oder simuliert werden kann, ist bereits kontrovers. Nahezu Einigkeit herrscht auch darüber, daß Software-Prototypen – im Gegensatz zu anderen Prototypen, z. B. in der Maschinenindustrie – *schnell* und *billig* realisiert werden müssen. Die einen schlagen vor, *echte* Prototypen im Sinne von Mustern zu entwickeln, die alle wesentlichen Eigenschaften eines geplanten Produkts aufweisen, und diese dann als Spezifikation für den eigentlichen Produktentwicklungsprozeß zu verwenden – also herkömmliches Prototyping wie in anderen technischen Disziplinen. Andere wiederum sind der Meinung, Software-Prototyping sei ein *inkrementeller Entwicklungsprozeß*: man implementiert schnell einige wenige, von vornherein klare Basisfunktionen, läßt diese durch den Benutzer erproben und beurteilen, verbessert sie und implementiert weitere Benutzeranforderungen, bis das Produkt fertig ist – also *evolutionäre Software-Entwicklung*.

Vielfach wird hervorgehoben, daß Prototypen wichtige Bestandteile der Software-Entwicklung im Hinblick auf die Qualitätssicherung und Risikominderung sind und daß ökonomisches Prototyping nicht ohne entsprechende Werkzeuge möglich ist.

Prototyping verfolgt verschiedene Ziele. Dies hat zur Folge, daß sowohl zwischen *verschiedenen Arten des Prototyping* als auch *verschiedenen Arten von Prototypen* unterschieden werden muß (siehe dazu [Bischofberger 1992]).

In der Literatur findet man häufig folgende Einteilung für das Prototyping (vgl. [Floyd 1984]):

- Exploratives Prototyping
- Experimentelles Prototyping
- Evolutionäres Prototyping

Diese Begriffe bedeuten folgendes:

Exploratives Prototyping

Das *Ziel* ist eine möglichst vollständige Systemspezifikation. Der *Zweck* besteht darin, den Entwicklern einen Einblick in den Anwendungsbereich zu ermöglichen, mit den Anwendern verschiedene Lösungsansätze zu diskutieren und die Realisierbarkeit des geplanten Systems in einem gegebenen organisatorischen Umfeld abzuklären. *Vorgangsweise*: Ausgehend von ersten Vorstellungen über das geplante System wird ein Prototyp entwickelt, der es erlaubt, diese Vorstellungen anhand von Anwendungsbeispielen zu prüfen und die erwünschte Funktionalität zu ermitteln. Maßgeblich dabei ist nicht die Qualität des Prototyps, sondern seine Funktionalität, die leichte Veränderbarkeit und auch die Kürze der Entwicklungszeit. Die Realisierung des Prototyps wird von Anwendern und Entwicklern gemeinsam vorgenommen. Das explorative Prototyping ist eine Technik zur Unterstützung der Problemanalyse und der Systemspezifikation.

Experimentelles Prototyping

Das *Ziel* ist eine vollständige Spezifikation von Teilsystemen als Grundlage für die Implementierung. Der *Zweck* besteht darin, die Tauglichkeit der Teilspezifikationen, von Architekturmodellen und von Lösungsideen für einzelne Systemkomponenten experimentell nachzuweisen. *Vorgangsweise*: Ausgehend von ersten Vorstellungen über die Zerlegung des Systems wird ein Prototyp entwickelt, der es erlaubt, die Wechselwirkungen zwischen den Systemkomponenten zu simulieren, anhand von Anwendungsbeispielen die Schnittstellen der einzelnen Systemkomponenten und die Flexibilität der Systemzerlegung im Hinblick auf Erweiterungen zu erproben. Für die Qualität der Prototypen gilt gleiches wie beim explorativen Prototyping. Realisiert werden die Prototypen für die Durchführung von Experimenten mit Architekturmodellen in der Hauptsache von den Entwicklern. Das experimentelle Prototyping ist eine Technik zur Unterstützung beim System- und Komponentendesign. Auch beim explorativen Prototyping spielt das Experimentieren eine zentrale Rolle.

Evolutionäres Prototyping

Das *Ziel* ist eine inkrementelle Systementwicklung, das heißt eine schrittweise aufbauende Entwicklung nach folgender *Vorgangsweise*: Entwicklung eines Prototyps für die von vornherein klaren Benutzeranforderungen. Das Ergebnis dient als Basissystem für den Anwender und für den nächsten Schritt, in dem neue Benutzeranforderungen integriert werden und der Prozeß von neuem beginnt. Damit verliert Systementwicklung den Charakter eines abgeschlossenen Projekts und wird ein Prozeß, der die Anwendung ständig begleitet. Das ist leichter gesagt als getan. Dadurch wird zwar das Spezifikationsproblem zum Teil entschärft, aber das Problem des Systemdesigns keineswegs gelöst, weil eine unvollständige Spezifikation gerade der Grund dafür sein kann, daß die Brauchbarkeit einer Zerlegungsstruktur nicht beurteilt werden kann. Bei dieser Vorgangsweise läßt sich eigentlich nicht mehr zwischen Prototyp und Produkt unterscheiden, die Bezeichnung Prototyping ist aber deswegen angebracht, weil die ersten Versionen sicher nicht als praktisch einsetzbare Produkte zu sehen sind. Beim evolutionären Prototyping werden die Prototypen nicht simuliert und in der Regel auch nicht weggeworfen, sondern Schritt für Schritt zum Produkt ausgebaut.

Hinsichtlich der *Arten von Prototypen* unterscheiden wir:

- vollständige und unvollständige Prototypen
- Wegwerfprototypen und wiederverwendbare Prototypen

Unter einem *vollständigen Prototyp* soll ein Prototyp im herkömmlichen Sinne verstanden werden, in dem alle wesentlichen Funktionen des geplanten Systems vollständig verfügbar sind. Die bei der Herstellung und beim Einsatz gemachten Erfahrungen und der Prototyp selbst bilden die Grundlage für die endgültige Systemspezifikation. Vollständige Prototypen werden für Softwaresysteme kaum hergestellt.

Unter einem *unvollständigen Prototyp*; soll Software verstanden werden, die es gestattet, die Brauchbarkeit und Machbarkeit *einzelner* Aspekte (z. B. Benutzerschnittstelle, Systemarchitektur, Systemkomponenten) des geplanten Systems zu untersuchen.

Von einem *Wegwerfprototypen* spricht man dann, wenn die Implementierung des Prototyps bei der Implementierung des Zielsystems nicht weiterverwendet wird, sondern der Prototyp „nur“ als ablauffähiges Modell dient.

Von *wiederverwendbaren Prototypen* spricht man, wenn wesentliche Teile des Prototyps bei der Implementierung des Zielsystems übernommen werden können.

Da es keine allgemein anerkannte Definition der Begriffe gibt, ist es notwendig festzulegen, was wir in diesem Buch unter *Prototyp* und *Prototyping* verstehen. In Anlehnung an Boar [Boar 1984], Connell und Shafer [Connell 1989] legen wir die Begriffe folgendermaßen fest:

> Ein *Software-Prototyp* ist ein – mit wesentlich geringerem Aufwand als das geplante Produkt hergestelltes – einfach zu änderndes und zu erweiterndes ausführbares Modell des geplanten Software-Produkts, das nicht notwendigerweise alle Eigenschaften des Zielsystems aufweisen muß, jedoch so geartet ist, daß vor der eigentlichen Systementwicklung der Anwender die wesentlichen Systemeigenschaften erproben kann. *Prototyping* umfaßt alle Arbeiten, die zur Herstellung solcher Prototypen notwendig sind.

1.4 Der Begriff „Objektorientierte Programmierung“

Aus heutiger Sicht können die Siebziger-Jahre als das Zeitalter der *strukturierten Programmierung* bezeichnet werden. In diese Zeit fiel die sogenannte „Goto-Kontroverse“, die mit dem Artikel „Goto Statements Considered Harmful“ [Dijkstra 1968] ihren Anfang nahm. Daß die strukturierte Programmierung auch ihren Einzug in die Praxis nahm, ist Programmiersprachen wie Algol und Pascal zu verdanken, die es dem Programmierer gestatten, seine Programme mit einer verständlichen Ablaufsteuerung zu schreiben. Aber strukturiertes Programmieren ist nicht nur durch die Vermeidung von Goto-Anweisungen gekennzeichnet, sondern auch durch eine klare Zerlegung des Problems in Teilprobleme, zum Beispiel durch die Methode der schrittweisen Verfeinerung [Wirth 1971] und die fast automatisch daraus entstehende Strukturierung des Programms in Prozeduren.

In den Achtziger-Jahren stand die *modulorientierte Programmierung* im Mittelpunkt des Interesses. Große Softwaresysteme können nicht mehr in einem Stück von einem einzigen Programmierer geschrieben, sondern müssen von Teams entwickelt und implementiert werden. Die Prozedur wurde als zentrales Gliederungsmittel durch das Modul abgelöst. Beim Entwurf rückte die Zerlegung des Problems in weitgehend voneinander unabhängige Bausteine in den Vordergrund; der Abgrenzung der einzelnen Teilaufgaben und der Spezifikation ihrer Schnittstellen kam besondere Bedeutung zu. Daß die dabei gewonnene Zerlegung auch in der Implementierung ihren Niederschlag fand, ist Programmiersprachen wie Ada und Modula-2 zu verdanken.

Heute kann man schon absehen, daß die Neunziger-Jahre im Zeichen der *objektorientierten Programmierung* stehen wird. Das Interessante an dieser Entwicklung ist, daß der Begriff der objektorientierten Programmierung keine neuere Erfindung ist, sondern schon Anfang der Siebziger-Jahre im Zusammenhang mit den Sprachen Simula und Smalltalk eingeführt wurde. Es dauerte allerdings fünfzehn Jahre, bis dieses Konzept auch außerhalb akademischer Kreise Beachtung fand. Objektorientierte Erweiterungen bestehender Programmiersprachen wie C++ und Object-Pascal haben wesentlich zu dieser Entwicklung beigetragen.

Während die strukturierte und die modulorientierte Programmierung als Mittel zur qualitativen Verbesserung von Programmen angesehen werden können, ist die objektorientierte Programmierung in erster Linie ein Mittel zur Produktivitätssteigerung. Die Ursache dafür liegt in der hohen Erweiterbarkeit und Wiederverwendbarkeit objektorientierter Programmsysteme. Mit Hilfe objektorientierter Techniken können viele Programme in einem Bruchteil der bisher benötigten Zeit entwickelt werden, und die dabei entstehenden Produkte sind wesentlich wartungsfreundlicher. Wie wir später noch zeigen werden, können sogar mit minimalem Aufwand Programme entwickelt werden, die mit konventionellen Mitteln wegen des hohen Aufwands beinahe undenkbar wären.

Strenggenommen ist der Begriff der objektorientierten *Programmierung* falsch. Es handelt sich dabei nämlich nicht bloß um eine Programmiertechnik. Da diese Technik auch (oder gerade) den Entwurf betrifft, müßte man vielmehr von objektorientierter *Softwareentwicklung* sprechen. Dieser Begriff hat sich aber nicht eingebürgert, so daß auch wir von objektorientierter Programmierung sprechen und in der Folge gelegentlich die gängige Abkürzung OOP verwenden werden.

Der objektorientierten Programmierung liegt der Gedanke zugrunde, daß die Daten eines Programms im Mittelpunkt stehen. Während man bei der konventionellen Programmentwicklung in erster Linie die einzelnen Algorithmen entwirft und erst in zweiter Linie überlegt, welche Daten dabei zu bearbeiten sind, geht man bei der objektorientierten Entwicklung den umgekehrten Weg: Man beginnt mit den Daten und überlegt, welche Operationen mit ihnen notwendig und sinnvoll sind. Die dabei entstehenden Programme kann man sich wie ein Netzwerk aus miteinander kommunizierenden Daten – den Objekten – vorstellen. Im Gegensatz zur konventionellen Sicht sind die Objekte aber nicht mehr passive Daten, mit denen etwas geschieht, sondern nehmen eine *aktive* Rolle ein, indem sie selbst Aktionen ausführen und andere Objekte zu Aktionen veranlassen.

Ähnlich wie bei Datentypen werden gleichartige Objekte zu Objekt-*Klassen* zusammengefaßt. Jedes Objekt gehört zu einer Klasse; eine Klasse legt fest, wie ihre Objekte aufgebaut sind und wie sie sich verhalten. Klassen können hierarchisch gegliedert werden. Zum Beispiel bildet die Klasse der Rechtecke eine Teilmenge der Klasse der Polygone, und die ist wiederum eine Teilmenge der grafischen Elemente, zu denen unter anderem die Linie und der Kreis gehören. Diese Beziehungen zwischen Klassen sind mehr als bloß ein gedankliches Modell. Man kann, aufbauend auf einer bereits bestehenden Klasse, eine neue Klasse schaffen, indem man lediglich beschreibt, wodurch sich die neue Klasse von der alten unterscheidet. Alle anderen Eigenschaften übernimmt die neue Klasse von der bereits existierenden. Diese *Vererbung* ist der Schlüssel zur Erhöhung der Produktivität. Mehrmals benötigte Eigenschaften werden nur noch einmal implementiert und gelten dann für eine ganze Familie von Klassen.

Weitere grundlegende Konzepte der objektorientierten Programmierung sind der Polymorphismus und die dynamische Bindung. *Polymorphismus* besagt, daß eine Variable nicht mehr (wie zum Beispiel in Pascal) ausschließlich für Daten *eines* ganz bestimmten Typs, sondern für Objekte *verschiedener* Klassen stehen kann, die unterschiedlichen Aufbau und unterschiedliches Verhalten haben können. Möglich wird diese Flexibilität durch die *dynamische Bindung*, die zur Laufzeit des Programms garantiert, daß bei einer Operation mit der Variablen jene Aktionen ausgeführt werden, die in der Klasse des aktuellen Objekts definiert sind.

Besonders effizient kann OOP eingesetzt werden, wenn bereits ein Vorrat von häufig benötigten Klassen (eine *Klassenbibliothek*) vorhanden ist. Die Entwicklung von Programmen gleicht dann der Konstruktion eines elektronischen Gerätes. Kein Mensch würde heute auf die Idee kommen, einen Computer aus einzelnen Transistoren, Widerständen und Kondensatoren zusammenzulöten. Software wird aber oft immer noch nach diesem Prinzip entwickelt, indem fast alle Bausteine immer wieder neu gemacht werden. Die objektorientierte Programmierung ermöglicht auch bei der Konstruktion von Software, vorhandene Bausteine auf einfache Weise zu immer größeren Einheiten zusammenzusetzen und sie an neue Gegebenheiten anzupassen. Rahmenprogramme (sogenannte *Application Frameworks*) bieten darüber hinaus die Möglichkeit, ganze Softwaresysteme mit einem vorgefertigten Standardverhalten an die eigenen Bedürfnisse anzupassen – eine Methode, die besonders bei der Entwicklung interaktiver Programme viele Vorteile bringt.

Die objektorientierte Programmierung ist weltweit zu einem Forschungsschwerpunkt der Informatik geworden. Trotzdem (oder vielleicht gerade deswegen) herrscht in der Fachwelt noch keine Einigkeit darüber, welche Voraussetzungen eine Programmiersprache erfüllen muß, um das

Prädikat „objektorientiert" zu verdienen. Auch die Tatsache, daß es zur Zeit modern ist, über objektorientierte Programmierung zu schreiben, trägt nicht zur Klarheit bei. Manche Autoren sprechen schon bei einer Datenkapsel von Objektorientiertheit, während andere die Sprache Smalltalk als Maßstab benutzen und das Vorhandensein von Metaklassen zur Bedingung machen. Wir vertreten die Auffassung, daß die Wahrheit in der Mitte liegt. In Übereinstimmung mit vielen Fachleuten auf dem Gebiet der OOP sehen wir Objektorientiertheit dann als gegeben an, wenn

- Datenabstraktion,
- Vererbung,
- Polymorphismus und
- dynamische Bindung

vorhanden sind. Welche Folgerungen sich daraus ergeben, wird in allen Einzelheiten in Kapitel 5 behandelt.

2 Qualitätskriterien für Softwareprodukte

Im vorigen Kapitel haben wir darauf hingewiesen, daß die Software-Herstellung den Charakter einer Ingenieurdisziplin hat und viele Ähnlichkeiten mit der Herstellung anderer technischer Produkte aufweist. Softwareprodukte werden von mehreren Personen für mehrere Benutzer hergestellt, und sie werden immer häufiger Bestandteile komplizierter technischer und betriebswirtschaftlich orientierter Systeme. Das heißt, ihre Funktionsfähigkeit und Zuverlässigkeit ist Voraussetzung für die Funktionsfähigkeit des Gesamtsystems, dessen Bestandteile sie sind. Daher ist es fast selbstverständlich, daß sich die Frage stellt: Wie können die in der Industrie heute üblichen Qualitätsanforderungen auch an Softwareprodukte gestellt und wie kann ihre Einhaltung geprüft werden?

Softwarequalität ist aber keineswegs schon ein exakt definierter Begriff. Es herrscht jedoch Einigkeit darüber, daß unter dem Begriff der *Qualität* eines Softwareproduktes weit mehr zu verstehen ist als nur seine Korrektheit. Was sind nun die *Qualitätsmerkmale*, die sich aufgrund der Qualitätsanforderungen ergeben und die Güte eines Softwaresystems bestimmen? Wie kann man diese Merkmale messen? Welche Konsequenzen ergeben sich für die Softwaretechnik aus den Qualitätsanforderungen?

Über die Qualitätsmerkmale ist sich die Fachwelt einigermaßen einig. Diese Fragen werden seit langem intensiv diskutiert (vgl. dazu [McCabe 1976], [Boehm 1976], [McCall 1977], [Boehm 1978], [Ramamoorthy 1982], [Arthur 1985], [Dobbins 1987], [Wallmüller 1990]). Qualitätsmerkmale von Software so wie die von Maschinen zu messen, ist bis heute kaum möglich – es fehlen die entsprechenden Methoden und Maße.

In diesem Kapitel soll dem Leser dargelegt werden, welche Merkmale die Qualität von Softwareprodukten charakterisieren und welche Maßnahmen zur Qualitätssicherung notwendig sind. Was sich hinter den Maßnahmen zur Qualitätssicherung im konkreten verbirgt, wird im Rest des Buches behandelt. Da nach Ansicht der Verfasser die Forschungsergebnisse zur Entwicklung von Kennzahlen für das Maß der Erfüllung eines Qualitätsmerkmals noch zu unausgegoren sind, bleibt dieses Teilgebiet unbehandelt.

2.1 Softwarequalitätsmerkmale

Die Qualitätsanforderungen an Softwareprodukte fanden ihren Niederschlag in der Definition von Qualitätsmerkmalen. Dabei stößt man aber in der Praxis vielfach auf ungelöste Probleme, die vor allem auf zwei Bereiche zurückzuführen sind: Es fehlt eine allgemein verbreitete und anerkannte Definition der Begriffe *Qualität* und *Qualitätsmerkmal*, und es ist eine eindeutige, objektive Bewertung der Qualität eines Softwareprodukts nicht möglich. Qualität muß aber notwendigerweise ein Ziel der Software-Entwicklung sein und wirkt sich sowohl auf die *Planung* als auch auf die *Durchführung* und die *Kontrolle* der Softwareherstellung aus. Abbildung 2.1 zeigt die wichtigsten und auch in der Praxis anerkannten Qualitätsmerkmale von Softwareprodukten.

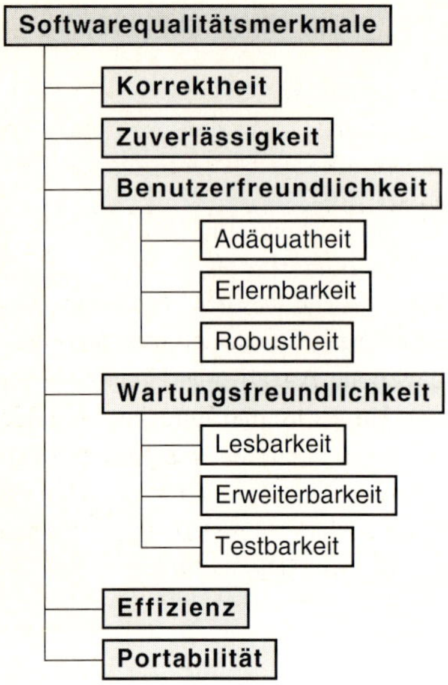

Abb. 2.1: Softwarequalitätsmerkmale

Korrektheit

Unter der *Korrektheit* eines Programmsystems verstehen wir die Eigenschaft, daß das Programmsystem die der Programmentwicklung zugrundegelegte Spezifikation erfüllt. Die Korrektheit eines Programmsystems bezieht sich also auf die Übereinstimmung zwischen *Spezifikation* und *Programmtext* und ist daher unabhängig von der tatsächlichen Verwendung des Programmsystems (vgl. dazu [Kopetz 1976]).

Besonders kritisch ist das Problem der Korrektheit eines Programms, das in ein komplexes Programmsystem eingebettet werden soll. Ist nämlich p die Wahrscheinlichkeit dafür, daß ein einzelnes Programm korrekt ist, so gilt für die Wahrscheinlichkeit P der Korrektheit eines Programmsystems, das aus n Programmen besteht: $P=p^n$. Wenn n sehr groß ist, muß daher p fast *1* sein, damit P überhaupt wesentlich von Null verschieden ist (siehe Abbildung 2.2, vgl. dazu [Dijkstra 1972b]).

P / n	p: 0.99	p: 0.95	p: 0.90
1	0.99	0.95	0.90
10	0.90	0.60	0.35
50	0.61	0.08	0.01
100	0.37	0.01	0.00

Abb. 2.2: Korrektheitswahrscheinlichkeit eines Gesamtsystems in Abhängigkeit von der Anzahl und Korrektheitswahrscheinlichkeit seiner Teile

Zuverlässigkeit

Die *Zuverlässigkeit* eines Programms wird durch die *Korrektheit* und durch die *Verfügbarkeit* bestimmt. Die Korrektheit eines Programmsystems haben wir oben ohne jede Aussage über das Zeitintervall, in dem das Programmsystem eine vorgegebene Spezifikation erfullt, definiert. Das zeitliche Verhalten der Erfüllung einer vorgegebenen Spezifikation hängt von der Zuverlässigkeit des Programmsystems ab.

Wir definieren daher nach *Kopetz* [Kopetz 1976] die Zuverlässigkeit eines Programmsystems als die Wahrscheinlichkeit, daß dieses System während eines vorgegebenen Zeitintervalls eine (durch die Spezifikation festgelegte) Funktion für eine vorgegebene Anzahl von Eingabefällen unter festliegenden Eingabebedingungen erfüllt (vorausgesetzt, Hardware und Eingabe sind fehlerfrei). Ein Programmsystem kann als zuverlässig angesehen werden, wenn es eine geringe *Fehlerrate* aufweist. Die Fehlerrate (d. h. die Wahrscheinlichkeit, daß in einem bestimmten Zeitintervall ein Fehler auftritt) hängt von der Häufigkeit der Eingaben ab und von der Wahrscheinlichkeit, daß eine einzelne Eingabe zu einem Fehler führt (siehe dazu [Kopetz 1976]).

Benutzerfreundlichkeit

Benutzerfreundlichkeit verstehen wir als übergeordneten Begriff für die *Adäquatheit*, die *Erlernbarkeit* und *Robustheit* eines Programmsystems.

Die Forderung nach *Adäquatheit* bezieht sich auf
(1) die vom Benutzer verlangte Eingabe,
(2) die vom Programmsystem angebotene Leistung und
(3) die vom Programmsystem produzierten Ergebnisse.

zu (1) Die erforderlichen Eingaben sollen sich auf das Notwendigste beschränken. Informationen sollen nur dann vom Programmsystem erwartet werden, wenn sie für die vom Benutzer gewünschten Funktionen erforderlich sind. Das Programmsystem soll dem Benutzer eine flexible Dateneingabe gestatten und Plausibilitätskontrollen der Eingabedaten durchführen. In dialogorientierten Programmsystemen kommt der Einheitlichkeit, Klarheit und Einfachheit der Benutzerführung besondere Bedeutung zu.

zu (2) Die Leistungsfähigkeit eines Programmsystems soll unter Berücksichtigung der Erweiterbarkeit den Wünschen des Benutzers angepaßt sein, d. h. die Funktionen sollen sich auf die in der Spezifikation vorgegebenen Funktionen beschränken.

zu (3) Die von einem Programmsystem gelieferten Ergebnisse sollen übersichtlich und gut strukturiert ausgegeben werden und einfach zu interpretieren sein. Das Programmsystem soll dem Benutzer Flexibilität bezüglich des Umfangs, des Detailliertheitsgrades und der Art der Präsentation der Ergebnisse bieten. Eventuelle Fehlermeldungen müssen in einer für den Benutzer verständlichen Form bereitgestellt werden.

Die *Erlernbarkeit* eines Programmsystems hängt unmittelbar von der Ausgestaltung der Benutzerschnittstellen und der Klarheit und Einfachheit der Benutzeranleitung (oder des Benutzerhandbuchs) ab. Die Benutzerschnittstelle soll so geartet sein, daß sie die Information möglichst realitätskonform präsentiert und eine effiziente Nutzung der angebotenen Funktionen unterstützt.

Das Benutzerhandbuch (siehe Abschnitt 3.7.1.1) soll klar und einfach aufgebaut und von unnötigem Ballast frei sein. Es soll dem Benutzer erklären, was das Programmsystem insgesamt zu leisten imstande ist, wie die einzelnen Funktionen aktiviert werden, welcher Zusammenhang zwischen den Funktionen besteht, welche Ausnahmezustände auftreten und wie sie behoben werden können. Außerdem soll es ein Nachschlagewerk sein, das es gestattet, zu Fragen schnell und bequem die richtige Antwort zu finden.

Unter der *Robustheit* eines Programmsystems verstehen wir die Eigenschaft, die Auswirkungen von Bedienungsfehlern, falschen Eingabedaten und Hardwarefehlern abzuschwächen. Wir definieren sie frei nach *Kopetz* [Kopetz 1976]:

> *Ein Programmsystem ist robust, wenn die Folgen eines Fehlers in der Bedienung, der Eingabe oder der Hardware in bezug auf eine gegebene Applikation umgekehrt proportional zu der Wahrscheinlichkeit des Auftretens dieser Fehler in der gegebenen Applikation sind.*

Das heißt, häufig zu erwartende Fehler (z. B. fehlerhafte Kommandos, Tippfehler, ...) müssen mit besonderer Umsicht behandelt werden, seltener erwartete Fehler (z. B. Stromausfall) können großzügiger behandelt werden, dürfen aber trotzdem keine irreparablen Folgen nach sich ziehen.

Wartungsfreundlichkeit

Unter der *Wartungsfreundlichkeit* eines Programmsystems verstehen wir seine Eignung für die Lokalisierung von Fehlerursachen, für die Durchführung von Fehlerkorrekturen und die Eignung zur Veränderung oder Erweiterung der Programmfunktionen. Diese Definition deutet an, daß die Wartungsfreundlichkeit von der Lesbarkeit, der Erweiterbarkeit und der Testbarkeit eines Programmsystems abhängt.

Die *Lesbarkeit* eines Programmsystems hängt von der Darstellungsform, vom Programmierstil und seiner Konsistenz, von der Lesbarkeit der Implementierungssprache, der Strukturiertheit des Systems, der Qualität der Dokumentation, aber auch von den Werkzeugen zur Inspektion eines Programmsystems ab.

Unter *Erweiterbarkeit* verstehen wir die Möglichkeit, gewünschte Änderungen an den passenden Stellen ohne unerwünschte Nebenwirkungen einzufügen. Dies ist ganz besonders abhängig von der Strukturiertheit (Modularität) des Programmsystems und von den Möglichkeiten, die die Implementierungssprache dafür zur Verfügung stellt, aber natürlich auch von der Lesbarkeit (zum Auffinden der passenden Stellen), der Verfügbarkeit einer verständlichen Programmdokumentation und von den zur Verfügung stehenden Werkzeugen.

Unter *Testbarkeit* eines Programmsystems verstehen wir seine Eignung für die Verfolgung des Programmablaufs (Laufzeitverhalten unter vorgegebenen Bedingungen) und für die Lokalisierung von Fehlern. Die Testbarkeit hängt im wesentlichen von der Modularität und der Strukturiertheit des Programmsystems ab. Modulare, gut strukturierte Programme eignen sich besser zum systematischen, stufenweisen Testen als monolithische, unstrukturierte Programme. Testwerkzeuge und die Möglichkeit der Formulierung von Konsistenzbedingungen (Assertionen) im Quellcode reduzieren den Testaufwand und bilden wichtige Voraussetzungen für einen umfangreichen, systematischen Test aller Systemkomponenten.

Effizienz

Unter der *Effizienz* eines Programmsystems verstehen wir die Eigenschaft des Programmsystems, seinen Zweck unter bestmöglicher Ausnutzung aller benötigten Ressourcen zu erfüllen. Der Begriff „Ressourcen“ muß dabei sehr weit gefaßt werden und bezieht sich auf Zeit, Speicherplatz, Übertragungskanäle und periphere Einheiten.

Portabilität

Unter der *Portabilität* eines Programmsystems verstehen wir die Leichtigkeit, mit der es auf andere Rechner übertragen werden kann. Die Portabilität eines Programmsystems hängt also vom Grad seiner Rechnerunabhängigkeit ab. Die Rechnerunabhängigkeit ist z. B. bestimmt durch die Wahl der Implementierungssprache und durch den Grad der Ausnutzung spezieller Systemfunktionen und Hardwareeigenschaften. Die Portabilität hängt damit in hohem Maße davon ab, ob das Programmsystem so organisiert ist, daß die systemabhängigen Teile zu leicht austauschbaren Programmkomponenten zusammengefaßt sind. Ein Programmsystem kann als portabel bezeichnet werden, wenn der Änderungsaufwand für die Übertragung wesentlich kleiner ist als der Aufwand für eine neue Implementierung.

2.2 Die Bedeutung der Qualitätsmerkmale für die Softwareherstellung

Die Qualitätsanforderungen an ein Softwareprodukt beziehen sich nicht nur auf das fertige (benutzerreife) Produkt. Die Qualität des Endproduktes hängt vielmehr von der Qualität der Zwischenprodukte ab, d. h. die Qualitätsanforderungen beziehen sich auf alle Ebenen der Softwareherstellung. Schlechte Qualität von Zwischenprodukten (z. B. Architekturdesign) hat immer schlechte Qualität des Endprodukts zur Folge. Hinsichtlich der Qualitätsmerkmale und ihrer Bedeutung für den Herstellungsprozeß unterscheiden wir zwischen:

- Qualitätsmerkmalen, die das Endprodukt betreffen und
- Qualitätsmerkmalen, die die Zwischenprodukte betreffen.

Qualitätsmerkmale von *Endprodukten* gliedern wir nach [Bons 1982] in:

- Qualitätsmerkmale, die die *Anwendung* betreffen,
  Sie wirken auf die Eignung des Produkts für die geplante Anwendung. (Korrektheit, Zuverlässigkeit und Benutzerfreundlichkeit),
- Qualitätsmerkmale, die die *Wartung* betreffen,
  Sie wirken auf die Eignung des Produkts für Funktionsveränderungen und -erweiterungen (Lesbarkeit, Erweiterbarkeit und Testbarkeit),
- Qualitätsmerkmale, die die *Übertragung* betreffen.
  Sie wirken auf die Eignung des Produkts für die Übertragung in eine andere Einsatzumgebung (Portabilität und Testbarkeit).

Qualitätsmerkmale von *Zwischenprodukten* gliedern wir (vgl. dazu [Bons 1982]) in:

- Qualitätsmerkmale, die die Transformation betreffen,
  Sie wirken auf die Eignung eines Zwischenprodukts für seine unmittelbare Transformation in ein nachfolgendes (höherwertiges) Produkt (Korrektheit, Lesbarkeit und Testbarkeit),
- Qualitätsmerkmale, die sich auf die Qualität des Endprodukts auswirken.
  Sie wirken unmittelbar auf die Qualität des Endprodukts (Korrektheit, Zuverlässigkeit, Adäquatheit, Lesbarkeit, Erweiterbarkeit, Testbarkeit, Effizienz und Portabilität).

2.3 Die Wirkung von Qualitätsmerkmalen auf andere Qualitätsmerkmale, Kosten und Zeitgrößen

Die Wechselwirkungen zwischen Qualitätsmerkmalen und ihre Wirkung auf Kosten und Zeitgrößen zeigt Abbildung 2.3 (vgl. dazu auch [Bons 1982]). Abbildung 2.2 zeigt, daß die Forderung, eine bestimmte Qualitätsanforderung zu erfüllen, Maßnahmen im Software-Entwicklungsprozeß auslöst, die unter Umständen mit Kosten und Zeitaufwand verbunden sind (z. B. die Erhöhung der Korrektheit, Zuverlässigkeit, Benutzerfreundlichkeit, ...), aber in der Regel eine Kosten- und Zeitersparnis für die Wartung und den Betrieb des Softwareprodukts (z. B. durch bessere Lesbarkeit und Testbarkeit) bewirkt. Sie kann jedoch im Widerspruch zu anderen Qualitätsmerkmalen stehen (so wirkt sich z. B. in der Regel die Zuverlässigkeit negativ auf die Effizienz aus).

Merkmal \ wirkt auf	Korrektheit	Zuverlässigkeit	Adäquatheit	Erlernbarkeit	Robustheit	Lesbarkeit	Änder-/Erweiterbarkeit	Testbarkeit	Effizienz	Portabilität	Entwicklungszeit	Lebenszeit	Entwicklungskosten	Betriebskosten	Wartungskosten	Übertragungskosten
Korrektheit		+	0	0	+	0	0	0	0	0	−	+	−	+	+	0
Zuverlässigkeit	0		0	0	+	0	0	0	−	0	−	+	−	+	+	0
Adäquatheit	0	0		+	0	0	0	0	+	−	−	0	−	+	+	−
Erlernbarkeit	0	0	0		0	0	0	0	−	0	−	0	−	+	0	0
Robustheit	0	+	+	0		0	0	+	−	0	−	+	−	+	+	0
Lesbarkeit	+	+	0	0	+		+	+	−	+	+	+	+	0	+	+
Änder-/Erweiterbarkeit	+	+	0	0	+	0		+	−	+	−	+	+	0	+	+
Testbarkeit	+	+	0	0	+	0	+		−	+	+	+	+	0	+	+
Effizienz	−	−	+	−	−	−	−	−		−	−	+	−	+	−	−
Portabilität	0	0	−	0	0	0	+	0	−		−	+	−	−	+	+

Abb. 2.3: Wechselwirkungen zwischen Qualitätsmerkmalen und ihre Wirkung auf Kosten und Zeitgrößen („+“: positive Wirkung, „–“: negative Wirkung, „0“: keine Wirkung)

2.4 Maßnahmen zur Qualitätssicherung

Softwarequalität entsteht nicht von selbst. Es bedarf einer Reihe von Maßnahmen, um sicherzustellen, daß das Endprodukt eine akzeptable Qualität aufweist. Die wichtigsten Maßnahmen dazu sind:

(1) Konstruktive Maßnahmen:
- Konsequente Methodenanwendung in allen Phasen des Entwicklungsprozesses,
- Einsatz adäquater Entwicklungswerkzeuge,
- Software-Entwicklung auf der Basis hochwertiger Halbfabrikate,
- konsequente Fortschreibung der Entwicklungsdokumentation.

(2) Analytische Maßnahmen:
- Statische Programmanalyse,
- dynamische Programmanalyse,
- systematische Auswahl geeigneter Testfälle,
- konsequente Protokollierung der Analyseergebnisse.

(3) Organisatorische Maßnahmen:
- Einsatz von Vorgehensmodellen,
- kontinuierliche Weiterbildung der Produktentwickler,
- Institutionalisierung der Qualitätssicherung.

In den folgenden Kapiteln behandeln wir Methoden, Techniken, Prinzipien und Werkzeuge zur Umsetzung der obengenannten Maßnahmen zur Qualitätssicherung und zur Rationalisierung des Software-Entwicklungsprozesses.

3 Die Phasen eines Softwareprojekts

Wenn man mit einer komplexen Aufgabe konfrontiert ist, versucht man, den Lösungsprozeß systematisch zu gliedern, d. h. ein Vorgehensmodell zu definieren. Ein solches Vorgehensmodell regelt den Ablauf des Lösungsprozesses. Es unterteilt ihn in überschaubare Abschnitte und soll dadurch eine schrittweise Planung, Durchführung, Entscheidung und Kontrolle ermöglichen.

Es ist naheliegend, diese Grundidee der Systemtechnik auch auf die Vorgangsweise bei der Entwicklung von Software anzuwenden. Wie andere Projekte unterteilt man auch Softwareprojekte in einzelne Phasen. Die Phasen zusammengenommen und die Ordnung ihrer zeitlichen Abfolge bezeichnet man als *Software-Life-Cycle*.

3.1 Phasenmodelle

Phasenmodelle wurden in zahlreichen Variationen beschrieben (siehe dazu [Fairley 1985], [Sommerville 1985], [Pomberger 1986], [Pressman 1987]). Sie postulieren im wesentlichen folgende Phasen des Software-Entwicklungsprozesses:

- Problemanalyse und Planung,
- Systemspezifikation (Anforderungsdefinition),
- System- und Komponentenentwurf,
- Implementierung und Komponententest,
- Systemtest,
- Betrieb und Wartung.

Die dem Phasenmodell zugrunde liegende Vorgehensweise bei der Software-Entwicklung beruht auf dem Prinzip, daß für jede der Phasen klar zu definieren ist, welche Ergebnisse erzielt werden müssen und daß eine Phase erst dann in Angriff genommen werden darf, wenn die vorhergehende vollständig abgeschlossen ist. Die Anwendung dieser streng sequentiellen Vorgangsweise soll dazu führen, daß Softwareprojekte besser planbar, organisierbar und kontrollierbar werden. Die Realität zeigte jedoch, daß eine rein sequentielle Vorgehensweise in den seltensten Fällen durchführbar ist. Dies führte dazu, daß Modellvarianten entwickelt wurden, in denen diese streng sequentielle Vorgangsweise aufgeweicht wurde. Außerdem wurden neue Methoden und Techniken zur Verbesserung des Software-Entwicklungsprozesses entwickelt (z. B. Prototyping zur Verbesserung des Spezifikationsprozesses oder die objektorientierte Programmierung zur Verbesserung des Entwurfs- und Implementierungsprozesses), die ihrerseits auf die Vorgehensweise im Software-Entwicklungsprozeß Auswirkungen hatten und eine Abweichung vom klassischen Phasenmodell erforderten. Obwohl es in der Praxis kaum möglich sein wird, ein Phasenmodell in seiner reinen Form durchgängig anzuwenden, ist ein Softwareprojekt ohne systematische Vorgangsweise kaum erfolgreich durchzuführen. Im folgenden beschreiben wir daher die aus heutiger Sicht wichtigsten Phasenmodelle.

3.1.1 Das klassische sequentielle Software-Life-Cycle-Modell

Mit dem Begriff *Software-Life-Cycle* verbindet man die Vorstellung von einer Zeitspanne, in der ein Softwareprodukt entwickelt und eingesetzt wird, bis zum Ende seiner Benutzung. Außerdem verbindet man damit die Vorstellung von einer Strukturierung dieses Zeitraumes in Phasen und damit verbundenen Aktivitäten und Ergebnissen und die Festlegung der Reihenfolge von und den Beziehungen zwischen diesen Phasen. Das Wort *Cycle* drückt aus, daß einzelne Phasen wiederholt ausgeführt werden. Abbildung 3.1 zeigt das klassische (und entsprechend idealisierte) sequentielle Phasenmodell, den *Software-Life-Cycle*.

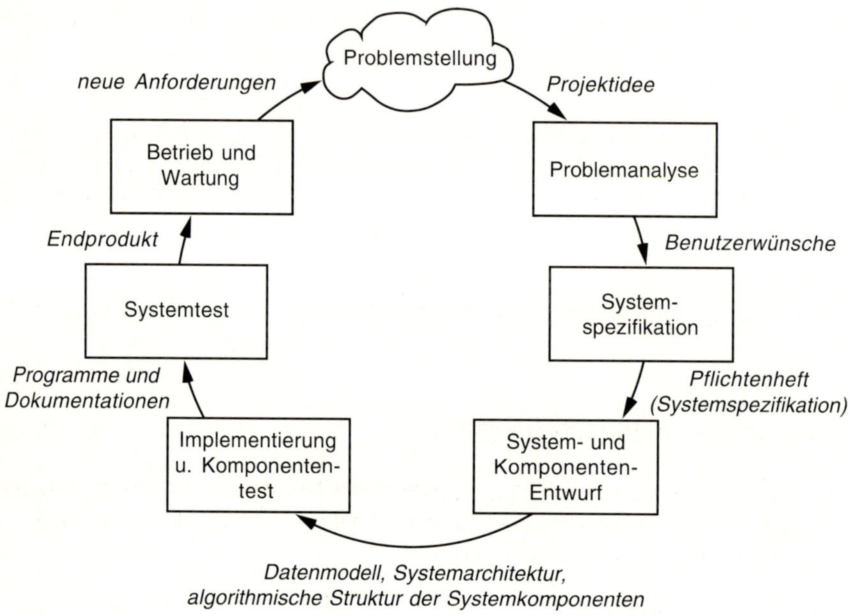

Abb. 3.1: Software-Life-Cycle-Modell

Im folgenden beschreiben wir die Ziele, die wichtigsten Tätigkeiten und die Ergebnisse der Phasen des Software-Life-Cycles, ohne darauf einzugehen, welche Methoden und Techniken zur Erreichung dieser Ziele eingesetzt werden können. Wir verweisen den Leser dazu auf die weiteren Kapitel dieses Buches.

Problemanalyse und Planung

Das *Ziel* der Analyse- und Planungsphase besteht darin, für den Aufgabenbereich, für den eine Softwarelösung angestrebt wird, festzustellen und zu dokumentieren, welche Arbeitsschritte (Tätigkeiten) in ihm ausgeführt werden und welcher Art ihre Wechselwirkungen sind, welche Teile davon automatisiert werden sollen und welche nicht, und welche technischen, personellen, finanziellen und zeitlichen Ressourcen für die Projektrealisierung zur Verfügung stehen.

Die wichtigsten *Tätigkeiten* sind die Erhebung des Ist-Zustands und Abgrenzung des Problembereichs, die grobe Skizzierung der Bestandteile des geplanten Systems, eine erste Abschätzung des Umfangs und der Wirtschaftlichkeit des geplanten Projekts und die Erstellung eines groben Projektplans.

Die *Ergebnisse* der Analyse- und Planungsphase sind eine Beschreibung des Istzustands, der Projektauftrag und ein grober Projektplan.

Systemspezifikation

Das *Ziel* der Spezifikationsphase ist ein Kontrakt zwischen Auftraggeber und Softwarehersteller, der genau festlegt, was das geplante Softwaresystem leisten soll und welche Prämissen für seine Realisierung gelten.

Die wichtigsten *Tätigkeiten* sind die Erstellung der Systemspezifikation (auch Anforderungsdefinition oder Pflichtenheft genannt), die Festlegung eines genauen Projektplanes, die Validierung der Systemspezifikation, (d. h. die Prüfung der Vollständigkeit und Konsistenz der Anforderungen und die Prüfung der technischen Durchführbarkeit) sowie die ökonomische Rechtfertigung des Projekts.

Die *Ergebnisse* der Spezifikationsphase sind die Systemspezifikation und der genaue Projektplan.

System- und Komponentenentwurf

Das *Ziel* der Entwurfsphase besteht darin, festzulegen durch welche Systemkomponenten die durch die Systemspezifikation vorgegebenen Anforderungen abgedeckt werden und wie diese Systemkomponenten zusammenarbeiten sollen.

Die wichtigsten *Tätigkeiten* sind der Entwurf der Systemarchitektur, d. h. die Definition der Systemkomponenten durch den Entwurf ihrer Schnittstellen und die Festlegung ihrer Wechselwirkungen und, falls erforderlich, des zugrundeliegenden logischen Datenmodells, der Entwurf der algorithmischen Struktur der Systemkomponenten und die Validierung der Systemarchitektur und der Algorithmen, die die einzelnen Systemkomponenten realisieren.

Die *Ergebnisse* der Entwurfsphase sind die Beschreibung des logischen Datenmodells der Systemarchitektur und der algorithmischen Struktur der Systemkomponenten und die Dokumentation der Entwurfsentscheidungen.

Implementierung und Komponententest

Das *Ziel* der Implementierungsphase besteht darin, die in der Entwurfsphase erhaltenen Ergebnisse in eine Form zu bringen, die auf einem Rechner ausführbar ist.

Die wichtigsten Tätigkeiten sind die vollständige Verfeinerung der Algorithmen für die einzelnen Komponenten, die Übertragung der Algorithmen in eine Programmiersprache (Codierung), die

Übertragung des logischen Datenmodells in ein physisches Datenmodell (z. B. Datenbank), die Übersetzung und Prüfung der syntaktischen Richtigkeit der Algorithmen, das Testen, d. h. die Prüfung der semantischen Richtigkeit der Systemkomponenten, syntaktische und semantische Korrekturen der fehlerhaften Systemkomponenten.

Die *Ergebnisse* der Implementierungsphase sind der Programmtext der Systemkomponenten, die Protokolle der Komponententests und das physische Datenmodell.

Systemtest

Das *Ziel* der Testphase besteht darin, die Wechselwirkungen der Systemkomponenten unter realen Bedingungen zu prüfen, möglichst viele Fehler des Softwaresystems aufzudecken und sicherzustellen, daß die Systemimplementierung die Systemspezifikation erfüllt.

Betrieb und Wartung

Nach Abschluß der Testphase wird das Softwareprodukt zur Benutzung freigegeben. Aufgabe der Softwarewartung ist es, Fehler, die erst während des tatsächlichen Betriebs auftreten, zu beheben und Systemänderungen und -erweiterungen durchzuführen. Normalerweise ist dies, zeitlich betrachtet, die längste Phase des Software-Life-Cycles.

Neben den oben beschriebenen sechs Phasen, die die sequentielle life-cycle-orientierte Software-Entwicklungsmethode charakterisieren, müssen noch zwei weitere Tätigkeiten hervorgehoben werden, die wichtige Elemente dieses Vorgehensmodells sind die *Dokumentation* und die *Qualitätssicherung*. Die dazu notwendigen Tätigkeiten bilden keine eigentlichen Projektphasen, sondern müssen projektbegleitend, d. h. in allen Phasen durchgeführt werden.

Die *Dokumentation* soll während der Entwicklungsphasen die Kommunikation zwischen den an der Entwicklung beteiligten Personen ermöglichen und nach Abschluß der Entwicklungsphasen den Einsatz und die Wartung des Softwareproduktes unterstützen. Sie soll außerdem den Projektverlauf zur Kalkulation der Herstellungskosten und zur besseren Planung zukünftiger Projekte dokumentieren.

Die *Qualitätssicherung* umfaßt analytische, konstruktive und organisatorische Maßnahmen zur Qualitätsplanung und zur Erreichung von Qualitätsmerkmalen wie Korrektheit, Zuverlässigkeit, Benutzerfreundlichkeit, Wartungsfreundlichkeit, Effizienz und Portabilität.

Vorgangsweise bei life-cycle-orientierter Software-Entwicklung

Die Vorgangsweise bei der Software-Entwicklung nach dem Life-Cycle-Modell beruht auf dem Prinzip der „Topdown-Dekomposition“ sogenannter „Black Boxes“, d. h. es wird eine schrittweise Konkretisierung (siehe Abbildung 3.2) durchgeführt.

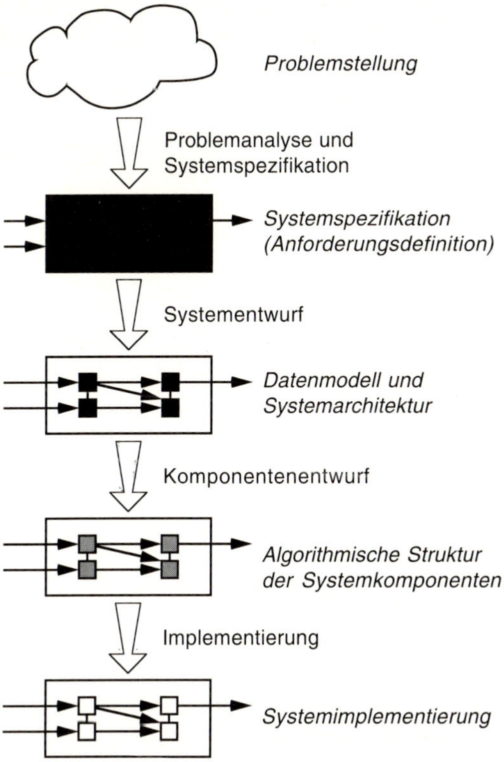

Abb. 3.2: Schrittweise Konkretisierung nach dem Life-Cycle-Modell (vgl. [Zave 1984])

Als Ausgangsbasis für die einzelnen Phasen werden wohldefinierte „Produkte" (meist in Form von Dokumenten) verlangt. Diese Produkte werden in phasenbezogenen Prozessen – für die bestimmte Methoden und Werkzeuge angewandt werden – verarbeitet und die Resultate werden an die nächste Phase weitergeleitet.

Die Phasen sind klar gegeneinander abgegrenzt und sollen erst dann verlassen werden, wenn in einem Verifikations-/Validierungsschritt die Ergebnisse akzeptiert worden sind. Verifikation und Validierung sind dabei unterschiedliche Prozesse. Im Verifikationsschritt wird geprüft, ob ein Phasenergebnis (z. B. die Systemarchitektur) die Systemspezifikation erfüllt, während durch den Validierungsschritt geprüft werden soll, ob das Produkt in der gerade vorliegenden Form tatsächlich die Benutzerwünsche erfüllt (es könnte ja die Spezifikation falsch sein).

Charakteristisch für die Vorgangsweise nach dem Software-Life-Cycle-Modell ist, daß zunächst (und zwar während der Analyse- und Spezifikationsphase) das System „von außen" beschrieben wird. Es geht also vorerst darum, *was* das System leisten soll; *wie* diese Leistung erbracht wird, ist zunächst unerheblich.

Das System selbst wird als schwarzer Kasten betrachtet, dessen Wirkung nach außen genau definiert und dessen innere Struktur nicht weiter festgelegt wird. Danach wird während der Entwurfsphase wiederum in derselben Weise verfahren, indem festgelegt (spezifiziert) wird, in welche Komponenten das System zerlegt wird, *was* diese Komponenten leisten und wie sie zusammenarbeiten sollen, aber nicht, wie sie tatsächlich realisiert werden. Wenn dieser Prozeß vollständig abgeschlossen ist, d. h. die Schnittstellen aller Systemkomponenten definiert sind, müssen sich die Entwickler beim Entwurf der algorithmischen Struktur der Systemkomponenten nur noch um die Komponentenspezifikation kümmern. Die Vorgangsweise unterstützt eine sukzessive Verminderung der Komplexität sowohl des Entwicklungsprozesses als auch des Produkts selbst. Danach werden die Algorithmen in eine Programmiersprache übertragen und einzeln ausgetestet. Dem Zerlegungsprozeß folgt eine Synthese der Systemkomponenten, die dann selbstverständlich noch verifiziert werden muß.

Untersuchungen von Boehm [Boehm 1981] haben gezeigt, daß die sequentielle life-cycle-orientierte Vorgehensweise die am weitesten verbreitete Software-Entwicklungsmethode ist. Gerade die Praxis zeigt aber auch die Grenzen und Schwachstellen dieses Verfahrens. Die folgende Aufzählung der wichtigsten Vor- und Nachteile soll dem Leser die Beurteilung der Tauglichkeit dieser Entwicklungsmethode erleichtern.

Vorteile:

- Das Life-Cycle-Modell liefert einen klaren Rahmen, der die wichtigsten Tätigkeiten des Software-Entwicklungsprozesses definiert und gegeneinander abgrenzt. Eine derartige Einteilung erleichtert die Planung von Softwareprojekten und ermöglicht eine genauere Abschätzung der Entwicklungskosten.
- Die Vorgangsweise kann unabhängig vom Anwendungsgebiet, von der Projektgröße und von der Komplexität des geplanten Produkts angewendet werden.
- Die durch das Modell vorgegebene Strukturierung des Entwicklungsprozesses fördert eine Strukturierung des Produkts, die den heute anerkannten softwaretechnischen Prinzipien weitgehend entspricht.
- Es wird ein arbeitsteiliger Entwicklungsprozeß ermöglicht, wie er für große Projekte unabdingbar ist.

Nachteile:

- Das Modell beruht auf der (falschen) Annahme, daß der Entwicklungsprozeß in der Regel sequentiell ausgeführt werden kann und Iterationen zwischen den Phasen nur ausnahmsweise notwendig sind. In den verschiedenen Beschreibungen der life-cycle-orientierten Entwicklungsmethode werden zwar solche Iterationen stets mit einbezogen, jedoch bleibt meist unklar, wann und nach welchen Kriterien iteriert werden soll.
- Die strenge Anwendung der Entwicklungsmethode fordert, daß eine Phase erst dann begonnen werden darf, wenn die vorhergehende vollständig abgeschlossen ist, d. h. die jeweiligen Zwischenprodukte vollständig sind. Die Realität zeigt aber, daß es nur in den seltensten Fällen auf Anhieb gelingt, z. B. eine vollständige Spezifikation oder einen fehlerfreien Entwurf einer Systemarchitektur zustande zu bringen. Oft fördern erst nachgelagerte Phasen jene Informationen zutage, die notwendig sind, um eine Phase vollständig abzuschließen.
- Die strenge Trennung der einzelnen Phasen ist eine unzulässige Idealisierung. In Wirklichkeit überlappen sich die darin auszuführenden Tätigkeiten, und die Wechselwirkungen zwischen den Phasen sind viel komplexer als dies durch das sequentielle Modell zum Ausdruck kommt.

- Die streng sequentielle Vorgangsweise hat zur Folge, daß erst sehr spät ein Produkt oder Produktteile vorliegen, die „greifbare" Ergebnisse darstellen. Die Erfahrung zeigt, daß man beim Validierungsprozeß in der Regel nicht ohne realitätsnahe Experimente auskommt. Das verhindert aber die life cycle-orientierte Entwicklungsmethode. Dies hat auch zur Folge, daß Änderungswünsche von den Benutzern erst sehr spät geaußert werden können und dann unter Umständen nur mit hohem Aufwand berücksichtigt werden können.

Zusammenfassend läßt sich festhalten, daß die life-cycle-orientierte Software-Entwicklungsmethode sicherlich eine wichtige Grundlage für eine ingenieurmäßige Vorgangsweise darstellt, allerdings mit gravierenden Nachteilen. Das Software-Life-Cycle-Modell beschreibt Tätigkeiten, ihre Reihenfolge und den Charakter der Zwischenprodukte (Phasenergebnisse). Die in ihm festgelegten Tätigkeiten sind sicherlich notwendig, aber vielleicht nicht hinreichend, und können durch keine noch so geniale Methode umgangen werden. Die Praxis der Anwendung dieses Vorgehensmodells zeigt, daß man von dieser idealisierten, rein sequentiellen Vorgangsweise manchmal abgehen muß, und daß man das Ziel einer Systementwicklung nicht völlig unabhängig vom späteren Lösungsweg festlegen kann.

3.1.2 Das Wasserfall-Modell

Die Erfahrungen in der Anwendung des klassischen sequentiellen Software-Life-Cycle-Modells haben dazu geführt, daß verschiedene Varianten entwickelt wurden, die sich vor allem auf eine weitere Unterteilung der einzelnen Phasen und Aussagen über die Wechselwirkungen zwischen den einzelnen Phasen beziehen. Eine der bekanntesten Varianten ist das sogenannte in Abbildung 3.3 dargestellte Wasserfall-Modell (siehe dazu [Royce 1970]).

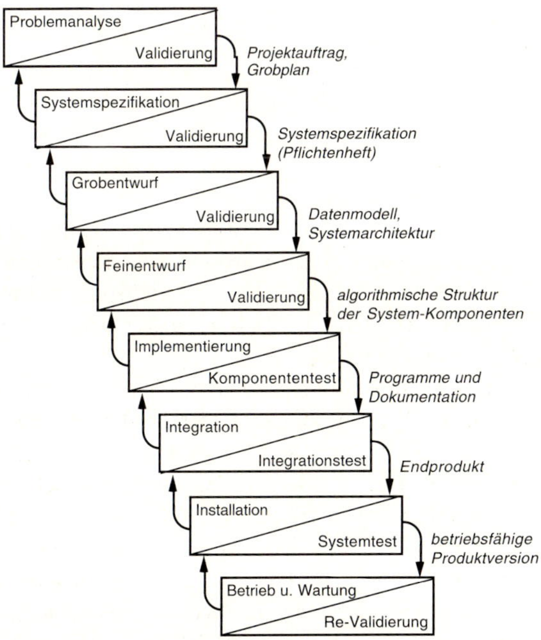

Abb. 3.3: Das Wasserfall-Modell

Das Wasserfall-Modell stellt eine aus den Erfahrungen entwickelte Verfeinerung des klassischen sequentiellen Software-Life-Cycle-Modells dar und wurde in den Siebzigerjahren entwickelt. Es enthält im wesentlichen zwei Erweiterungen:

1. Die Einführung von Rückkopplungen zwischen den Phasen zusammen mit der Einschränkung, Rückkopplungen möglichst nur bei aufeinanderfolgenden Phasen vorzusehen, um die „teure“ Nacharbeit, die infolge von Iterationen über mehrere Phasen hinweg entsteht, zu vermindern.

2. Die Einbindung der (möglichst experimentellen) Validierung der Phasenergebnisse in den Software-Life-Cycle.

Mit diesem Ansatz wird die streng sequentielle Vorgangsweise, die das klassische Life-Cycle-Modell vorschreibt, aufgeweicht und eine inkrementelle Entwicklungsstrategie in den Mittelpunkt gerückt. Durch sogenanntes „Zweimal-Bauen“ vor allem der Systemspezifikation und der Systemarchitektur (zuerst als Prototyp zur experimentellen Validierung und schnellen Korrektur und dann erst als Phasenprodukt) soll das Risiko von unvollständigen Systemspezifikationen und von Design-Fehlern vermindert werden.

Die Einbindung einer schrittweisen Entwicklungsstrategie für die Systemspezifikation und die Systemarchitektur sowie einer phasenweisen Validierung soll helfen, die Auswirkungen von Fehlentscheidungen besser in den Griff zu bekommen und den Software-Entwicklungsprozeß besser kontrollierbar zu gestalten.

3.1.3 Das prototyping-orientierte Life-Cycle-Modell

Ansätze der Idee, Softwareprodukte prototyping-orientiert zu entwickeln, sind bereits im Wasserfall-Modell enthalten. Eine prototyping-orientierte Software-Entwicklungsstrategie unterscheidet sich nicht grundsätzlich von der klassischen phasenorientierten Entwicklungsstrategie. Die beiden Strategien sind mehr komplementär als alternativ. Neu ist, daß das Phasenmodell nicht als lineares sondern als iteratives Modell anzusehen ist, und daß angegeben wird, wo und in welcher Weise diese Iteration nicht nur möglich, sondern sogar notwendig ist. Das modifizierte Life-Cycle-Modell zeigt Abbildung 3.4 (siehe dazu auch [Pomberger 1991]).

Die prototyping-orientierte Entwicklungsmethode (wie die Verfasser sie sehen) unterscheidet sich von der konventionellen Entwicklungsmethode nach dem sequentiellen Life-Cycle-Modell vor allem durch die Vorgangsweise und die Ergebnisse in den einzelnen Phasen des Life-Cycles. Die Phaseneinteilung bleibt zwar erhalten, aber mit dem Unterschied, daß Problemanalyse und Spezifikation zeitlich stark überlappt ablaufen und Entwurf, Implementierung und Test stark ineinander verschmelzen. Die Phasen sind somit nicht mehr Abschnitte einer stetigen Entwicklung. Man spricht deshalb nicht mehr von Phasen, sondern von Aktivitäten, weil es keine vollständige Trennung der Teilaufgaben mehr gibt, wie dies nach dem klassischen Software-Life-Cycle gefordert wird.

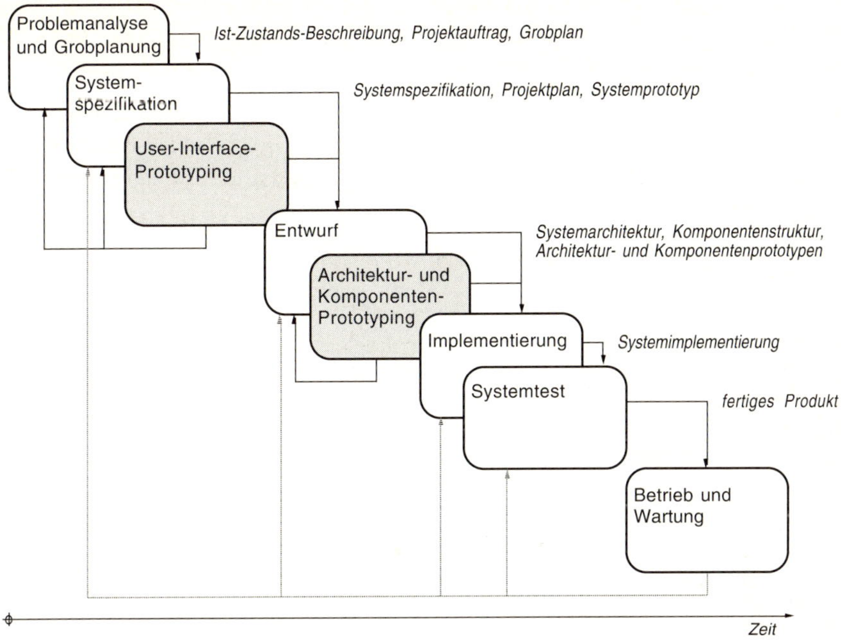

Abb. 3.4: Prototyping-orientierter Software-Life-Cycle

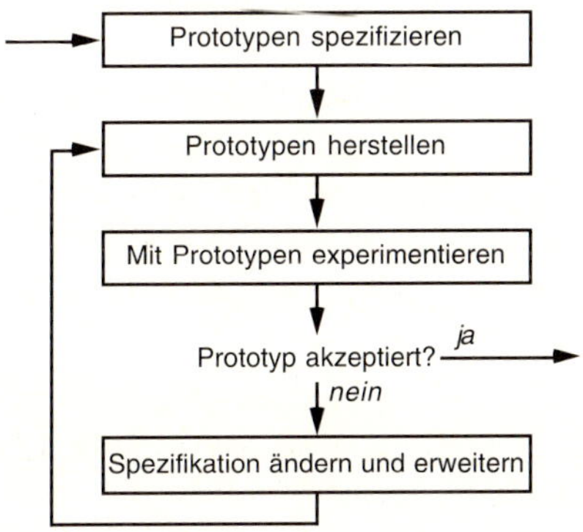

Abb. 3.5: Prototyping-Aktivitäten

Die Prototypherstellung ist ein iterativer Prozeß (siehe Abbildung 3.5). Zuerst wird ein Prototyp aufgrund von Resultaten vorausgegangener Aktivitäten (vorzugsweise werkzeugunterstützt) produziert. Während der Spezifikationsphase wird ein Prototyp der Benutzerschnittstelle (hinter der sich wesentliche Teile der funktionalen Anforderungen an das geplante Softwaresystem verbergen) entwickelt. Anhand dieses Prototyps wird durch Experimente, die den realen Einsatzbedingungen entsprechen, untersucht, ob die Anforderungen des Anwenders erfüllt werden. Software-Entwickler und Anwender können unter realitätsähnlichen Bedingungen ausprobieren, ob das System-Modell Fehler hat, ob es die Vorstellungen der Anwender erfüllt oder ob

Änderungen notwendig sind. Damit wird das Risiko einer falschen oder unvollständigen Systemspezifikation vermindert und eine wesentlich bessere Ausgangsbasis für die folgenden Aktivitäten geschaffen. Es wird also quasi ein Life-Cycle im Life-Cycle eingeführt, um zu einer verbesserten Systemspezifikation zu kommen.

Gleiches gilt für die nächsten Aktivitäten: Nachdem der Entwurf der Systemarchitektur eine bestimmte Komplexität erreicht hat, wird anhand eines Architekturprototyps (noch vor Beginn der Implementierungsphase) überprüft, ob die Entwurfsentscheidungen zielführend sind. Also auch hier wird wiederum ein Life-Cycle im Gesamtmodell eingeführt. Damit kann die Güte der gewählten Systemzerlegung, die Vollständigkeit und Richtigkeit der Komponentenschnittstellen und die Erweiterbarkeit der Systemarchitektur unter realitätsähnlichen Bedingungen experimentell geprüft werden, wodurch das Risiko, während der Implementierung umfangreichere und teurere Modifikationen durchführen zu müssen, wiederum deutlich gesenkt wird.

Aus dem oben Gesagten folgt ein weiterer wesentlicher Unterschied der beiden Vorgangsweisen. Nach der klassischen life-cycle-orientierten Entwicklungsmethode wird *so spät wie möglich* implementiert, erst wenn alle Einzelheiten des Spezifikations- und Entwurfsprozesses geklärt sind. Bei Anwendung der prototyping-orientierten Entwicklungsmethode dagegen wird *so früh wie möglich* (ein Prototyp) implementiert. Dies deshalb, weil die Praxis zeigt, daß man viel eher zum Ziel kommt, wenn man die Systemspezifikation und die Systemarchitektur schrittweise anhand eines Modells entwickelt, das es gestattet, auch das dynamische Verhalten des Systems darzustellen, also durch ausführbare Prototypen und nicht bloß durch Beschreibungen.

Durch die Überlappung der einzelnen Aktivitäten (siehe Abbildung 3.4) und durch die Art der Ergebnisse – die nicht mehr bloß Beschreibungen sondern lauffähige Prototypen sind – wird das Risiko, eine Fehlentscheidung zu treffen, wesentlich verringert, und die Effekte, die mit den Zwischenergebnissen durch Experimente erzielt werden können, erleichtern die Qualitätssicherung.

Für die allgemeine Vorgangsweise bei der prototyping-orientierten Software-Entwicklung ist es unerheblich, ob die einzelnen Prototypen (für die Benutzerschnittstelle, die Systemarchitektur oder einzelne Komponenten) Wegwerfprototypen oder wiederverwendbare Prototypen sind; das Ziel ist eine Risikominderung, eine erfolgreiche Qualitätssicherung und die Ausnutzung des Lerneffekts durch Experimente unter realen Bedingungen. Im Hinblick auf eine Rationalisierung des teuren Herstellungsprozesses ist es natürlich wünschenswert, daß wiederverwendbare Prototypen entstehen, die zu einer evolutionären Entwicklungsstrategie führen. Inwieweit dieses Ziel erreichbar ist, hängt in erster Linie von der Qualität der verwendeten Prototyping-Werkzeuge ab (siehe dazu Kapitel 7).

3.1.4 Das Spiral-Modell

Barry Boehm [Boehm 1988] hat versucht, ein Software-Entwicklungsmodell zu definieren, das die bisher besprochenen Modelle kombiniert beziehungsweise als Sonderfälle enthält und damit die Möglichkeit bietet, die für ein bestimmtes Projekt am besten geeignete Vorgangsweise zu wählen. Abbildung 3.6 zeigt diese Variante des Software-Life-Cycle-Modells.

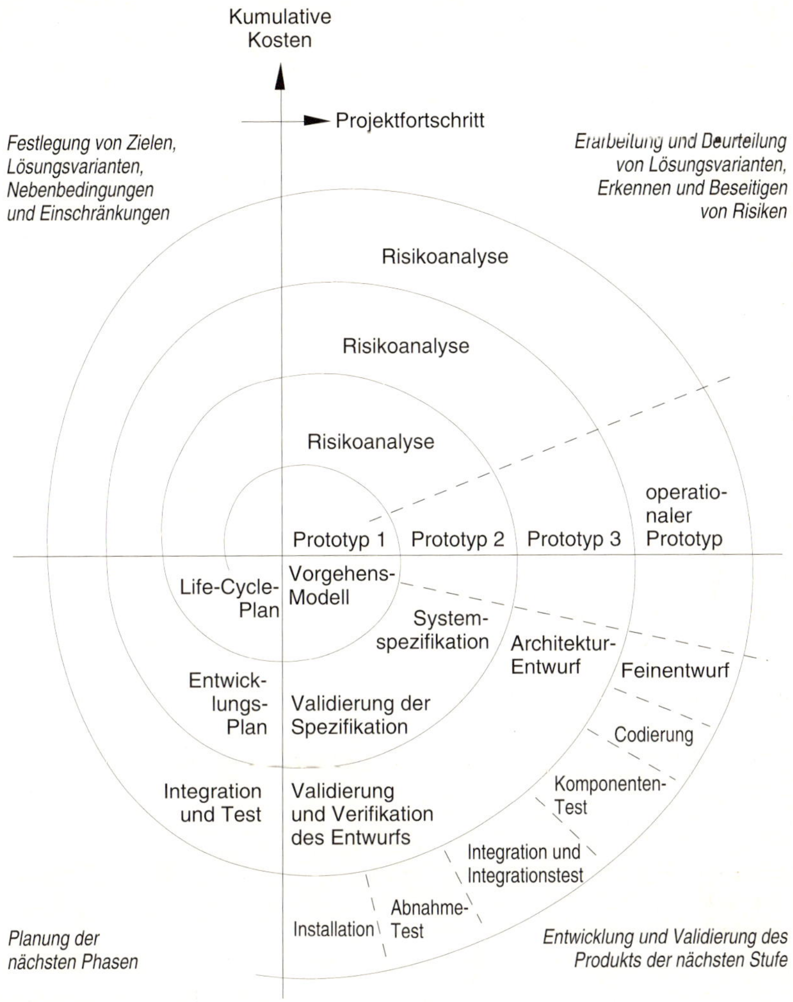

Abb. 3.6: Das Spiral-Modell von Boehm [Boehm 1988]

Die radiale Ausdehnung im Bild 3.6 stellt den Gesamtaufwand, der bis zu einem bestimmten Zeitpunkt geleistet wurde, dar, und die Winkeldimension bezieht sich auf den Projektfortschritt in den einzelnen Spiralenzyklen. Jeder Zyklus umfaßt die gleiche Schrittfolge für jeden Teil des zu entwickelnden Produkts und für jede Ausarbeitungsstufe.

Ein Spiralenzyklus beginnt mit der Festlegung folgender Punkte:

- Ziele für und Anforderungen an das (Teil-)Produkt (Einsatzbereich, Funktionalität, Modifizierbarkeit, etc.)
- Alternativen zur Realisierung des (Teil-)Produkts (Lösungsvariante A, Lösungsvariante B, Wiederverwendung, Zukauf, etc.)
- Nebenbedingungen und Einschränkungen (Kosten, Termine, Schnittstellen, etc.)

Im nächsten Schritt wird eine Beurteilung der vorgeschlagenen Lösungsvarianten im Hinblick auf die Projektziele und gegebenen Nebenbedingungen vorgenommen. Dabei geht es vor allem darum, mögliche Risikoquellen und Unklarheiten aufzudecken. Werden solche gefunden, schließt sich daran die Überlegung von Maßnahmen und Strategien zur Verminderung der Risikoquellen und ihrer Auswirkung an. Dabei soll vor allem Prototyping eingesetzt werden; falls z. B. Unklarheit über den Leistungsumfang, die Gestaltung der Benutzerschnittstelle oder das Datenmodell für eine Datenbank bestehen, sollen Prototypen helfen, diese Aspekte näher abzuklären. Diese Vorgangsweise setzt sich im Uhrzeigersinn fort, d. h. es erfolgt der jeweils nächste Schritt entsprechend dem klassischen Phasenmodell, dem wiederum eine Risikoanalyse vorausgeht und der durch eine prototyping-orientierte Validierung, begleitet von der Nachführung bzw. Festlegung des Projektplanes (Kosten, Zeit, benötigte Ressourcen) für den nächsten Zyklus vervollständigt wird.

Ein wichtiger Aspekt des Spiral-Modells ist es, daß jeder Zyklus mit einem Validierungsschritt versehen ist, in dem alle am Projekt beteiligten Personen und die davon betroffenen Anwender oder Organisationseinheiten mit einbezogen werden. Die Validierung umfaßt alle Produkte, die während des Zyklus entstanden, darunter auch die Planung für den nächsten Zyklus sowie die dafür notwendigen Ressourcen. Das Hauptziel sieht Boehm darin, daß sich alle Beteiligten über das bisher Geleistete und das im nächsten Zyklus Geplante einig sind. Die Zyklusplanung kann selbstverständlich zu einer Aufteilung des Projekts in Teilprojekte führen, die dann in eine Reihe von parallel durchzuführenden Spiralenzyklen münden.

Es bleiben noch die Fragen offen, wann die Spirale endet und wie die Phase der Wartung in dieses Vorgehensmodell eingebettet ist. Es wird davon ausgegangen, daß das Spiralmodell gleich gut sowohl auf die Entwicklung als auch auf die Wartung von Softwareprodukten angewandt werden kann. In beiden Fällen beginnt man mit der Annahme, daß ein bestimmtes Aufgabenfeld durch den Einsatz oder die Anpassung von Softwareprodukten sinnvoll bewältigt werden kann. Der (spiralförmige) Entwicklungsprozeß dient der Prüfung dieser Hypothese. Die Spirale endet, wenn die Hypothese widerlegt ist oder der inkrementelle Entwicklungsprozeß ein fertiges Produkt ergibt.

Das Spiral-Modell eignet sich gut für die Einbettung von Qualitätssicherungsmaßnahmen in den Software-Entwicklungsprozeß, orientiert sich wie das prototyping-orientierte Life-Cycle-Modell an dem Ziel, möglichst früh Fehler zu erkennen und verschiedene Lösungsalternativen (mit vertretbarem Aufwand) zu erwägen und erfordert keine verschiedenen Ansätze für die Entwicklung und die Wartung von Softwaresystemen. Die Softwareentwicklung wird als kontinuierlicher Wartungsprozeß angesehen. Dadurch verliert die Wartung ihren „zweitklassigen“ Status. Viele Probleme, die entstehen, wenn – wie derzeit häufig der Fall – Wartungs- und Erweiterungsaktivitäten mit wesentlich geringerer Systematik und Planung durchgeführt werden als die Neuentwicklung eines Softwareprodukts, werden dadurch vermieden..

3.1.5 Das objektorientierte Life-Cycle-Modell

Auch beim Einsatz objektorientierter Techniken kann die übliche Einteilung eines Softwareprojekts in Phasen erhalten bleiben. Die ersten beiden Phasen sind von der objektorientierten Programmierung in der Regel überhaupt nicht betroffen. Bei der Problemanalyse geht es vorerst nur darum, die Problemwelt des Auftraggebers richtig zu verstehen. Erst im Zuge der Problemanalyse stellt sich heraus, für welche Aufgaben eine Software-Lösung angestrebt werden soll. Von einer eventuell später eingesetzten Implementierungstechnik ist die Problemanalyse daher noch völlig unabhängig. Ähnlich verhält es sich mit der Anforderungsdefinition. In dieser Phase soll nur beschrieben werden, *was* das Softwareprodukt leisten soll, aber nicht, *wie* dieses Ziel zu erreichen ist.

Ein wesentlicher Unterschied zu den konventionellen Phasenmodellen kommt bei der objektorientierten Programmierung dadurch zustande, daß die Implementierung nun durch das Zusammenfügen bereits existierender Bausteine geprägt ist. Daraus ergeben sich folgende Konsequenzen:

- Der Entwurf kann nicht mehr losgelöst von der späteren Implementierung durchgeführt werden, weil schon in dieser Phase berücksichtigt werden muß, welche Bausteine zur Lösung des Problems zur Verfügung stehen. Entwurf und Implementierung rücken dadurch näher zusammen, und schon eine andere Wahl der Programmiersprache kann zu einer völlig anderen Programmstruktur führen.
- Die Dauer der Implementierungsphase wird verkürzt. Insbesondere liegen schon sehr früh (Teil-)Ergebnisse vor, an denen man die Korrektheit des Entwurfs kontrollieren kann. Fehlentscheidungen können so früher erkannt und korrigiert werden. Dadurch entsteht eine noch engere Rückkopplung zwischen der Entwurfs- und der Implementierungsphase.
- Die Klassenbibliothek, aus der die Bausteine stammen, muß ständig gewartet werden. Einsparungen, die bei der Implementierung gemacht wurden, werden so teilweise wieder zunichte gemacht. Es wird sogar ein neuer Arbeitsplatz geschaffen, nämlich der des Klassenbibliothekars. Seine Aufgabe ist es, dafür zu sorgen, daß die Klassenbibliothek auf effiziente Weise benutzt werden kann.
- In der Testphase wird nicht nur die Funktion des neuen Produkts geprüft, sondern auch die der dabei verwendeten Bausteine. Festgestellte Mängel müssen genauestens protokolliert werden. Die daraus resultierenden Änderungen müssen zentral in der Klassenbibliothek vorgenommen werden, damit sie sich auch auf andere (sowohl gleichzeitig ablaufende als auch zukünftige) Projekte auswirken.
- Neu entstandene Klassen müssen in Hinblick auf ihre allgemeine Verwendbarkeit geprüft werden. Wenn Aussicht besteht, daß ein Baustein auch in anderen Projekten verwendet werden kann, muß er in die Klassenbibliothek aufgenommen und entsprechend dokumentiert werden. Dazu gehört auch, daß die neue Klasse anderen Programmierern bekannt und zugänglich gemacht wird, die möglicherweise davon profitieren können. Es werden dadurch auch neue Anforderungen an die innerbetrieblichen Kommunikationsstrukturen gestellt.

Abbildung 3.7 zeigt das objektorientierte Life-Cycle-Modell. Dieses Diagramm darf nicht so interpretiert werden, daß durch die auf den Test folgende Bereitstellung neuer Bausteine ein Zyklus innerhalb desselben Projekts beginnt. Die Klassenbibliothek dient als projektübergreifendes „Werkzeug", weil sich in einem Projekt bereitgestellte Klassen oft in Folgeprojekten produktivitätssteigernd auswirken. Der eigentliche Software-Life-Cycle kommt zustande, wenn beim Betrieb neue Anforderungen auftreten, die zu einer erneuten Problemanalyse führen.

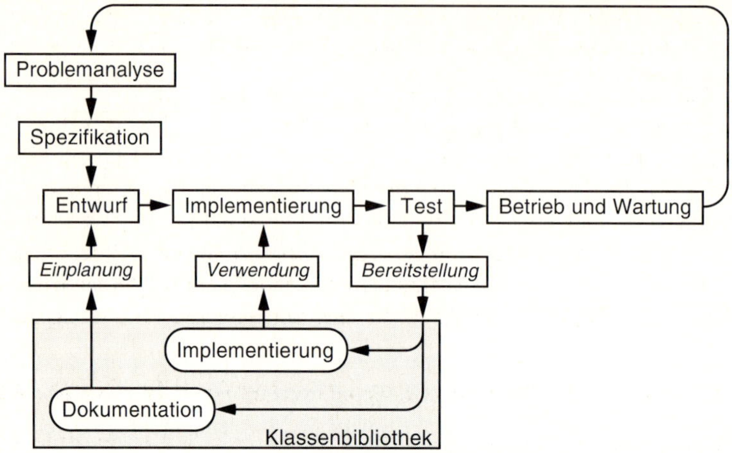

Abb. 3.7: Objektorientiertes Life-Cycle-Modell

Die Klassenbibliothek nimmt beim objektorientierten Vorgehensmodell eine so zentrale Stellung ein, daß wir versuchen wollen, ihre Bedeutung in einem weiteren Bild (Abbildung 3.8) zu veranschaulichen:

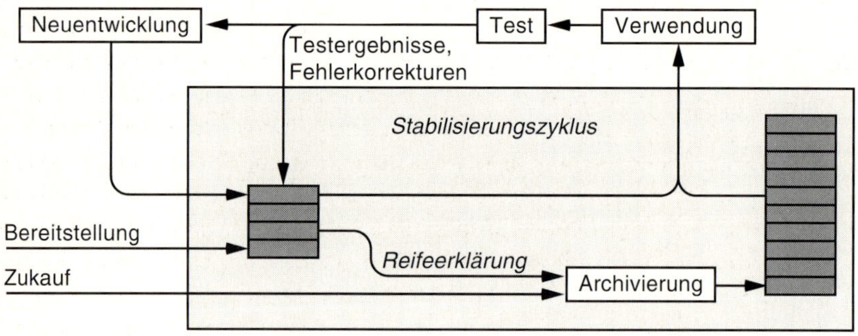

Abb 3.8: Stabilisierung von Klassen

Eine für wiederverwendbar befundene Klasse gelangt durch Bereitstellung erstmalig in die Klassenbibliothek. Sie wird dort aber nicht sogleich archiviert, sondern gelangt als „unreife" Klasse vorerst in ein Zwischenlager. Um als „reif" erklärt zu werden, muß sie erst eine bestimmte Anzahl von erfolgreichen Wiederverwendungen bestehen. Sie durchläuft also mehrmals den sogenannten *Stabilisierungszyklus*. Bei jeder Wiederverwendung wird beim Test festgehalten, wie gut sich die unreifen Klassen bewährt haben. Fehler werden in Zusammenarbeit mit dem Klassenbibliothekar sofort korrigiert; positive Rückmeldungen werden ebenfalls von ihm gesammelt. Er ist dafür zuständig, Klassen für reif zu erklären und sie zu archivieren.

Reife Klassen müssen nicht mehr so streng beobachtet werden. Trotzdem kann es geschehen, daß sie veralten oder durch neuere Klassen ganz oder teilweise ersetzt werden. Die Einführung einer neuen Klasse kann auch eine Neustrukturierung der Klassenbibliothek zur Folge haben. Wenn sich dabei Schnittstellenänderungen ergeben, kann es angebracht sein, auch bereits archivierte Klassen neu zu überdenken. In diesem Fall übernimmt ein Spezialist oder ein eigenes Design-Team (losgelöst von allen anderen Projekten) eine Neuentwicklung der Klasse.

Zusammenfassend kann man sagen, daß sich die objektorientierte Programmierung in erster Linie auf die Implementierung und auf die benachbarten Phasen Entwurf und Test auswirkt. Sie führt zu einer starken Annäherung dieser Phasen, so daß die Grenzen zwischen ihnen oft nicht mehr erkennbar sind (siehe Abschnitt 5.8 „Prototyping mit objektorientierter Programmierung"). Auch auf die Anforderungsdefinition können Einflüsse der objektorientierten Programmierung festgestellt werden, weil die an der Spezifikation beteiligten Softwaretechniker ihre Kenntnis der technischen Möglichkeiten in die Aufgabenstellung einfließen lassen. Das Vorhandensein einer Klassenbibliothek kann daher schon die Spezifikation eines Softwareprodukts mitprägen.

3.1.6 Das objekt- und prototyping-orientierte Life-Cycle-Modell

In der Spezifikationsphase entstehen laufend neue Prototypen. Man steht dabei jedesmal vor dem Problem, die bisherigen Prototypen ändern oder erweitern zu müssen. Wenn nun bei der Realisierung der Prototypen bereits objektorientiert vorgegangen wird, sind Änderungen und Erweiterungen besonders leicht anzubringen. Auf diese Weise kann die Spezifikationsphase verkürzt werden, was besonders dann wichtig ist, wenn immer wieder Lösungsvorschläge mit dem Auftraggeber abgesprochen werden. Bei einem derartigen Vorgehen ist es noch nicht von Bedeutung, ob der Prototyp lediglich zu Spezifikationszwecken verwendet oder später inkrementell zum fertigen Produkt ausgebaut werden soll. Wenn keine Werkzeuge für das Prototyping zu Verfügung stehen, kann die objektorientierte Programmierung als „Ersatzwerkzeug" für die Modellierung von Benutzerschnittstellen verwendet werden. Das gilt insbesondere dann, wenn bereits eine umfangreiche Klassenbibliothek für Benutzerschnittstellenelemente zur Verfügung steht. Bei inkrementellem Prototyping (d. h. wenn der gewonnene Prototyp als Grundlage für die Implementierung des Produkts verwendet werden soll) erweist sich ebenfalls die objektorientierte Programmierung als geeignetes Mittel. Man kann den Prototypen schrittweise um die gewünschte Funktionalität erweitern, ohne an ihm selbst Änderungen vornehmen zu müssen. Es ergibt sich dadurch eine klare Trennung zwischen der in der Spezifikationsphase modellierten Benutzerschnittstelle und der eigentlichen Funktionalität des Programms. Das ist aus den folgenden Gründen besonders wichtig:

- Es ist sichergestellt, daß bei der Implementierung der Programmfunktionen die Benutzerschnittstelle nicht verändert wird. Die gemeinsam mit dem Auftraggeber entwickelte Benutzerschnittstelle bleibt daher auf jeden Fall so, wie sie in der Spezifikationsphase festgelegt wurde.
- Wenn bei der Implementierung der Funktionalität immer wieder abgeschlossene Teilaufgaben gelöst werden, entstehen nacheinander immer funktionstüchtigere Prototypen, die (vorzugsweise gemeinsam mit dem Auftraggeber) getestet und mit der Spezifikation verglichen werden können. Bei diesen Testläufen treten manchmal Situationen auf, die ein Neuüberdenken der Benutzerschnittstelle erforderlich machen. In solchen Fällen wird man im Software-Life-Cycle wieder einen Schritt zurückgehen und einen neuen Benutzerschnittstellenprototypen anfertigen. Die Erfahrung hat gezeigt, daß dieser neue Prototyp meist ohne wesentliche Änderungen wieder um die bereits implementierte Funktionalität erweitert werden kann.

Bei der Verwendung eines Prototyping-Werkzeuges ist dessen Arbeitsweise entscheidend dafür, ob objektorientierte Programmierung nutzbringend eingesetzt werden kann oder nicht. Die meisten Prototyping-Werkzeuge erzeugen aus einer (als Text eingegebenen oder interaktiv entwickelten) Benutzerschnittstellenbeschreibung Programmteile, die diese Benutzerschnittstelle realisieren. Die Qualität eines Prototyping-Werkzeuges kann an den Möglichkeiten zur Spezifikation des Dialogverhaltens und an der Strukturiertheit der entstehenden Programmteile gemessen werden. Neuere Werkzeuge nutzen bereits die Möglichkeiten der objektorientierten Programmierung aus. Sie erzeugen Objektklassen für die verschiedenen Benutzerschnittstellenelemente und bauen meist auf einer vorgegebenen Klassenbibliothek auf. Solche Werkzeuge fügen sich nahtlos in einen objektorientierten Entwicklungsstil ein. Sie nutzen die Erweiterbarkeit der Klassenbibliothek für die Erzeugung des Benutzerschnittstellenprototypen aus; die Erweiterbarkeit des Prototyps wird wiederum benutzt, um ihn zum endgültigen Produkt auszubauen.

Abbildung 3.9 zeigt, wie sich der Software-Life-Cycle darstellt, wenn Prototyping gemeinsam mit objektorientierter Softwareentwicklung verwendet wird. Der Einfachheit halber wird in diesem Bild der in Abschnitt 3.1.5 beschriebene Stabilisierungszyklus weggelassen.

Da die Benutzerschnittstelle und die funktionalen Teile des Programms weitgehend voneinander entkoppelt sind, entstehen zwei Kreisläufe mit einem gemeinsamen Kern. Die Integration der funktionalen und der Benutzerschnittstellen-Klassen liefert einen Prototyp, der anschließend getestet und validiert werden kann. Dabei entstehen neue Anforderungen an die Benutzerschnittstelle oder an die Funktionalität, so daß der Kreislauf wieder am Anfang beginnt.

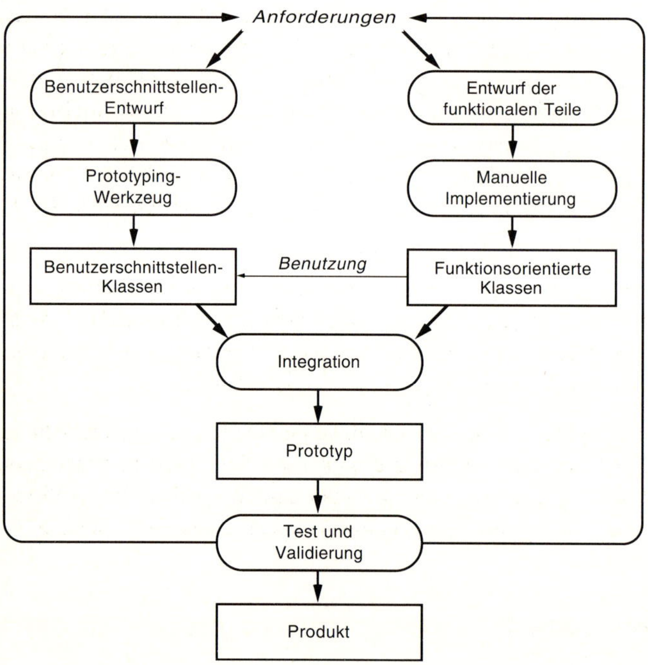

Abb. 3.9: Softwareentwicklung mit Prototyping und objektorientierter Programmierung

3.2 Problemanalyse

Es ist ein weit verbreiteter Irrtum, daß eine Aufgabenstellung demjenigen, der dafür eine Lösung erarbeiten soll, so präsentiert werden kann, daß dieser sie ohne Schwierigkeiten versteht. Das erste Teilziel in einem Softwareprojekt besteht darin, daß sich Auftraggeber und Softwareentwickler darüber klar werden, was eigentlich gemacht werden soll. Das Problemfeld muß identifiziert und abgegrenzt werden, die Anforderungen und der Leistungsumfang müssen definiert werden. Das Ziel der *Problemanalyse* besteht in der Festlegung, welche Aufgaben unter welchen Umgebungsbedingungen computergestützt gelöst werden sollen.

Meist verfügen Auftraggeber und Softwaretechniker nur über geringe Kenntnisse des jeweils anderen Fachgebiets, und es muß zunächst die Kommunikationskluft überbrückt werden. Dazu ist es nützlich, das Problemfeld mit möglichst vielen Personen zu besprechen: den späteren *Benutzern* des geplanten Produktes, dem *Projektleiter* und allen anderen am Projekt *beteiligten Personen*. Auf diese Weise kann am besten sichergestellt werden, welche „Fähigkeiten" das Softwareprodukt haben soll; manchmal ist es günstig herauszustellen, was *nicht inbegriffen* ist.

Die notwendigen Aktivitäten innerhalb der Analysephase hängen in hohem Maße vom konkreten Anwendungsfall ab. Dennoch läßt sich eine Reihe von allgemein gültigen Richtlinien zur Systematisierung des Prozesses angeben. Wir wollen uns im folgenden darauf beschränken, die wichtigsten Aktivitäten kurz zu beschreiben.

Wenn für einen bestimmten Teilbereich eines Unternehmens eine Softwarelösung angestrebt wird und keine klare Aufgabenstellung vorliegt, muß eine *Analyse des Istzustandes* durchgeführt werden, um festzustellen, was automatisiert werden soll. Im Rahmen der *Istzustandsanalyse* werden daher das derzeit aktuelle (Organisations-) System und die betroffenen Betriebsabläufe analysiert und die Benutzerwünsche erfaßt. Für den Analytiker ist es dabei wichtig, herauszufinden, wer der eigentliche „Kunde" ist; in manchen Fällen unterscheiden sich nämlich die Anforderungen des Auftraggebers von den Anforderungen der zukünftigen Benutzer beträchtlich. Nur die Kenntnisse beider (vielleicht unterschiedlichen) Anforderungen bietet die Gewähr, zu einer befriedigenden Gesamtlösung zu gelangen.

Es empfiehlt sich, bei der Istanalyse schrittweise vorzugehen. Im ersten Schritt erfolgt die *Systemabgrenzung*, im zweiten Schritt die *Systemerhebung* und im dritten Schritt die *Systembeschreibung*. Unter dem Begriff *System* verstehen wir hier eine strukturierte Verbindung von sich gegenseitig beeinflussenden Prozessen, die gewissen Regeln genügt.

Nicht jedes Softwareprojekt beginnt mit einer Problemanalyse. In vielen Anwendungsfällen wird nicht ein bereits bestehendes System automatisiert, es gibt also keinen Istzustand zu untersuchen, oder der Auftraggeber ist in der Lage, ohne vorhergehende Problemanalyse eine Anforderungsdefinition (siehe Abschnitt 3.3) zu erstellen. Dann entfällt diese Phase des Software-Life-Cycle.

3.2.1 Systemabgrenzung

Der Zweck der *Systemabgrenzung* besteht darin, sich Klarheit darüber zu schaffen, welche Teile in die Analyse einbezogen werden und welche Teile auszuklammern sind. Das ist oft nicht von vornherein klar. Meist ist die erste Aufgabenstellung für ein Softwareprojekt sehr allgemein gehalten, zum Beispiel folgendermaßen: „Zur Überwachung der Kostenentwicklung ist ein Kostenrechnungssystem zu implementieren." Im Rahmen der Systemabgrenzung ist zu klären, welcher Leistungsumfang sich hinter dieser vagen Formulierung der Aufgabenstellung verbirgt. Ob zum Beispiel damit bloß eine Kostenstellenrechnung gemeint oder ob auch die Nachkalkulation und eine periodenbezogene Erfolgsrechnung Teil des Systems sein soll.

Ein weiteres Ziel der Systemabgrenzung besteht in der Feststellung der für das Produkt relevanten Umgebungsbedingungen. In vielen Projekten wird der Fehler gemacht, der Systemabgrenzung und der Definition der Umgebungsbedingungen zu wenig Beachtung zu schenken. Die Folge davon ist, daß bei Einführung des Softwareprodukts umfangreiche Änderungen und Anpassungen in weiten Teilen der Umgebung erforderlich sind. Erst wenn klar ist, was automatisiert und welche Funktionen ausgeklammert werden sollen, kann mit der eigentlichen Analyse des Istzustandes begonnen werden.

3.2.2 Systemerhebung

Die *Systemerhebung* bildet den Kern der *Istzustandsanalyse*. Einerseits soll sich eine Istzustandsanalyse nur mit jenen Teilen des Systems befassen, die bereits vorhanden sind. Andererseits ist zu beachten, daß in der Praxis häufig folgender Fall eintritt: Eine Abteilung eines Unternehmens strebt für einen bestimmten Aufgabenbereich eine Softwareunterstützung an. Die Mitarbeiter schränken aus persönlichen Gründen oder weil sie von der Realisierbarkeit nicht überzeugt sind, ihre Wünsche auf ein Minimum ein. Wenn das fertige Softwareprodukt eingeführt wird und der Benutzer eine gewisse Sicherheit im Umgang damit erlangt hat, stellt er oft nach kurzer Zeit neue Anforderungen an das Softwareprodukt. Das Ergebnis ist schließlich ein Programmsystem, bei dem die „aufgepfropften" Teile die Ausgangsversion bei weitem übertreffen. Dies führt zu einer Qualitätsminderung des Softwareprodukts, speziell dann, wenn die Ausgangsversion schlecht strukturiert und nicht modular genug aufgebaut war. Es ist daher nötig, daß der Analytiker immer mehr Probleme im Auge behält als der Benutzer von sich aus vorbringt. Wenn bereits zum Zeitpunkt der Istanalyse spätere Ausbauwünsche berücksichtigt werden können, wirkt sich dies auch auf den Entwurf eines Softwareprodukts im Hinblick auf leichte Erweiterbarkeit aus. Der Analytiker muß bei der Systemerhebung den *Aufgabenbereich*, den *Informationsfluß*, aber auch alle *Schwachstellen* des derzeitigen Systems unter die Lupe nehmen. Wir wollen für diese Arbeiten eine grobe Systematisierung einführen und gliedern die Analysetätigkeit in die folgenden sieben Schwerpunkte:

(1) Strukturanalyse
(2) Aufgabenanalyse
(3) Kommunikationsanalyse
(4) Dokumentenanalyse
(5) Datenanalyse
(6) Ablaufanalyse
(7) Schwachstellenanalyse

Strukturanalyse

Der *Zweck der Strukturanalyse* besteht darin, Klarheit zu bekommen über das organisatorische Gefüge des Systems oder Unternehmensbereichs, für den eine Softwarelösung angestrebt wird. Dies ist wichtig, um das später zu erarbeitende Softwarekonzept allen Beteiligten vorlegen zu können. Die Strukturanalyse soll Aufschluß geben über:

- die organisatorische Gliederung des zu untersuchenden Systems oder Unternehmensbereichs
- die hierarchische Systemgliederung
- Art und Umfang der Verbindungen zu anderen Systemkomponenten oder Unternehmensbereichen
(• die Anzahl und Qualifikation der System-Benutzer)

Als Darstellungsmittel eignen sich Organigramme, Prozeßablaufdiagramme, Hierarchiediagramme.

Aufgabenanalyse

Der *Zweck der Aufgabenanalyse* besteht darin, Umfang und Art der im zu untersuchenden System oder Unternehmensbereich anfallenden Aufgaben (Operationen) und Besonderheiten des internen Ablaufs dieser Operationen zu erheben. Es muß daher festgestellt werden:

- Was wird gemacht? (welche Operationen fallen in den zu untersuchenden Bereich?)
- Wer oder was führt die einzelnen Operationen aus?
- Wann und wie häufig werden die Operationen ausgeführt?
- Zu welchem Zweck wird eine Operation ausgeführt?

Danach soll für jede Operation eine Beschreibung folgenden Inhalts erstellt werden:

- benutzte Daten und Informationen (Signale, Karteien, Belege, Formulare, Weisungen, etc.)
- produzierte Daten und Informationen
- Ablauf der Operation (Verarbeitungsalgorithmus)

Dabei ist es wichtig, alle (Entscheidungs-)Regeln kennenzulernen, nach denen die unterschiedlichen Prozesse zusammenwirken oder nach denen Führungskräfte und Sachbearbeiter vorgehen, um dann entscheiden zu können, ob und welche Operationen automatisiert werden können. Als Darstellungsmittel für den Funktionsablauf eignen sich Ablaufpläne, alles andere kann in Prosa beschrieben werden.

Kommunikationsanalyse

Die *Kommunikationsanalyse* beschäftigt sich im Gegensatz zur Ablaufanalyse mit den informellen Beziehungen zwischen den einzelnen Operationen. Von Interesse sind dabei die Form (z. B. Kommunikationsprotokolle in technischen Anwendungsbereichen oder telefonisch, schriftlich, mündlich im kommerziellen Anwendungsbereich), die Art (z. B. synchron oder asynchrone Kommunikation im technischen Anwendungsbereich, Gespräche, Konferenzen, Einsicht in Karteien oder Archive im kommerziellen Anwendungsbereich) und die Häufigkeit der Kommunikation zwischen den einzelnen Operationseinheiten. Als Darstellungsart empfiehlt sich eine Kommunikationsmatrix, die für jede Operation die Form, die Art und die Häufigkeit der Anwendung darstellt.

Dokumentenanalyse

Der *Zweck der Dokumentenanalyse* besteht darin, alle Dokumente und Protokolle zu erheben, die in dem zu untersuchenden Bereich verwendet und produziert werden. Die Ergebnisse dieser Analyse bilden die Grundlage für die spätere Spezifikation der Gestaltung der Eingabe und Ausgabe der einzelnen Operationen. Für jedes Dokument soll eine Beschreibung folgenden Inhalts angelegt werden:

- Bezeichnung
- Inhalt
- Zweck (Kontrollbeleg, Arbeitsauftrag, Fertigungsanleitung,…)
- Grad der Formalisierung, Aufbau
- Verteiler
- Archivierung

Außerdem soll eine Verwendungsmatrix (von welcher Operation wird welches Dokument benötigt und welches Dokument produziert) angelegt werden.

Datenanalyse

Der *Zweck der Datenanalyse* besteht darin, Klarheit über den Umfang und die Art der zu verarbeitenden Daten zu bekommen. Im einzelnen sollen dabei die folgenden Erhebungen durchgeführt werden:

- Datenvolumen, getrennt nach Dateien und Einzeldaten
- Wertebereiche der Daten
- Verwendete Datenträger
- Ordnungsstrukturen, Nummernsysteme, Sortierkriterien
- Häufigkeit der Verarbeitung
- Häufigkeit der Veränderungen
- Art und Erfordernisse der Datensicherung
- Wachstum des Datenvolumens
- Abhängigkeiten zwischen Daten (Relationen, Konsistenzbedingungen, Reihenfolge der Erstellung, etc.)

Ablaufanalyse

Die *Ablaufanalyse* gibt Aufschluß über die Reihenfolge, in der die einzelnen Operationen ausgeführt werden müssen und über den Datenfluß zwischen den Operatioenen. Als Darstellungsmittel für die Ergebnisse dieser Analyse eignen sich Hierarchiediagramme, Ablaufpläne und Datenflußpläne.

Schwachstellenanalyse

Aus den Ergebnissen der vorangegangenen Analyseschritte kann nun festgestellt werden, welche Mängel, welche Unvollständigkeiten und Redundanzen das System aufweist. Die *Schwachstellenanalyse* hat den Zweck, sowohl die einzelnen Operationen als auch das Gesamtsystem nach diesen Fragestellungen zu untersuchen, um die Schwachstellen des Istzustandes aufzudecken.

3.2.3 Systembeschreibung

Das *Ziel der Systembeschreibung* besteht darin, die bei der Systemabgrenzung und bei der Systemerhebung ermittelten Ergebnisse (Matrizen, Ablaufpläne, Prozeßdiagramme, Hierarchiediagramme und verbale Beschreibungen) zu ordnen und so zu strukturieren und mit erklärenden Worten zu versehen, daß sie eine *in sich geschlossene* und *vollständige Systembeschreibung* darstellen. Die Frage nach dem Umfang und der Gliederung einer Systembeschreibung läßt sich nicht allgemein beantworten, weil sie von der Komplexität und der Art des untersuchten Systems abhängt. Wesentlich dabei ist, daß das System von außen nach innen beschrieben wird, d. h. zuerst die Systemabgrenzung und Wirkung des Systems nach außen, dann erst die einzelnen Funktionen und ihr Zusammenwirken.

3.2.4 Analysetechniken und Hilfsmittel

Es ist bis heute nicht gelungen, für die Problemanalysephase Techniken zu entwickeln, die Methodencharakter haben und allgemein einsetzbar sind. Der Grund dafür ist wohl die Breite der Anwendungsgebiete, für die Softwareprodukte entwickelt werden.

Die Auswahl einer zweckmäßigen Vorgangsweise und von Hilfsmitteln für die Erhebung des Istzustands hängt von der Art, der Größe und den Zielsetzungen eines Projekts ab.
Eine häufig eingesetzte Technik ist die *Fragebogentechnik*, in der die Analytiker detaillierte Fragen an alle Mitarbeiter des zu untersuchenden Bereichs richten. Das setzt allerdings voraus, daß der Analytiker bereits genaue Kenntnis des Anwendungsgebiets haben muß, um sinnvolle und vollständige Fragebögen erstellen zu können.

Einfacher und flexibler, aber schwierig zu verarbeiten und zu dokumentieren sind *Einzel-* und *Gruppeninterviews*.

Eine empfehlenswerte Vorgangsweise ist die sogenannte *Berichtsmethode*. Die Sachbearbeiter des zu untersuchenden Bereichs müssen schriftliche Berichte über ihren Aufgabenbereich und alle damit zusammenhängenden Fakten für die Analytiker bereitstellen. Der Vorteil dabei besteht darin, daß die Sachbearbeiter zu höherer Präzision und konsequenterer Mitarbeit in der Analysephase gezwungen werden. Allerdings erfordert das Verfassen von verwertbaren, d. h. gut strukturierten, klar und präzise formulierten Berichten viel Erfahrung, die den Sachbearbeitern oft fehlt. Außerdem stellen Sachbearbeiter ihren Arbeitsbereich oft viel zu wichtig und kompliziert dar. Dadurch ergibt sich ein verzerrtes Bild.

Die wohl aufschlußreichste aber auch aufwendigste Art der Istanalyse ist die direkte, über einen genügend langen Zeitraum ausgedehnte *Mitarbeit des Analytikers* im entsprechenden Anwendungsbereich.

Es wurde eine Reihe von speziellen Hilfsmitteln zur Unterstützung der Analysephase entwickelt, von dem das bekannteste die SA-Methode (Structured Analysis) ist. Die SA-Methode existiert in zwei Varianten, die von Gane und Sarson [Gane 1979] bzw. von DeMarco [DeMarco 1978] beschrieben wurden. Es würde den Rahmen dieses Buches sprengen, wollten wir die Anwendung dieser (doch nur begrenzt einsetzbaren) Hilfsmittel ausführlich beschreiben. Ein kleines Anwendungsbeispiel zur Darstellung der Analyseergebnisse für ein Bibliotheksinformationssystem soll dem Leser jedoch einen Eindruck von den bei SA verwendeten Formalismen vermitteln:

Zuerst wird das untersuchte System mit Datenflußdiagrammen beschrieben. Dabei werden die folgenden vier Symbole verwendet:

- *Pfeile* zur Darstellung des Datenflusses;
- *Kreise* zur Darstellung der Prozesse, mit denen die Daten transformiert werden;
- *Rechtecke* zur Darstellung externer Entititäten (Quellen oder Senken von Daten);
- *Doppelbalken* zur Darstellung von Datenspeichern (Dateien, Datenbanken).

Die Symbole werden jeweils nach einfachen Regeln beschriftet. Wegen der Beschränkung auf diese vier Symbole und wegen des Verzichts auf die Darstellung von Mechanismen zur Beschreibung von Abläufen entstehen einfache, leicht lesbare Diagramme (siehe Abbildung 3.10). Die Diagramme werden *topdown*-orientiert entworfen. Ist die Verfeinerung abgeschlossen, so wird ein Datenlexikon erstellt, in dem die verwendeten Dateien logisch und physisch beschrieben werden und aus dem die vorhandenen Datenflüsse ablesbar sind (siehe Abbildung 3.11). Mit Entscheidungstabellen, Entscheidungsbäumen und stilisierter Prosa (bzw. Pseudocode) werden schließlich die Prozesse noch genauer spezifiziert (siehe Abbildung 3.12).

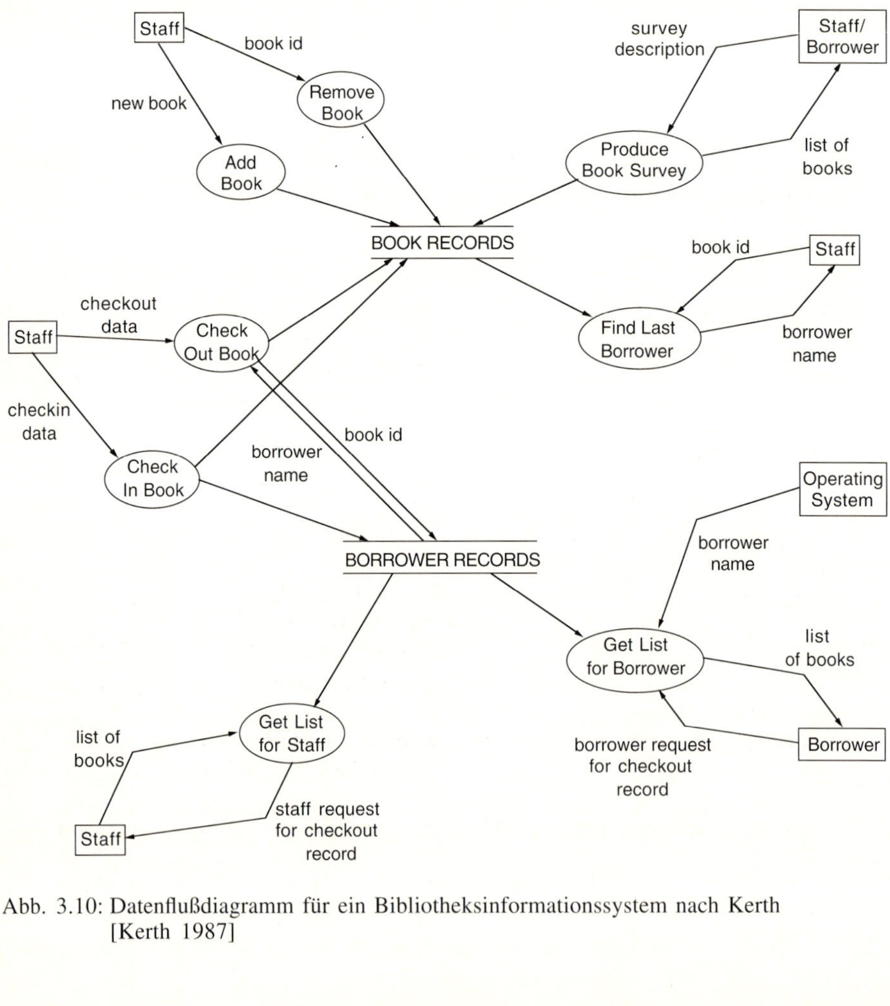

Abb. 3.10: Datenflußdiagramm für ein Bibliotheksinformationssystem nach Kerth [Kerth 1987]

Logical Data Dictionary – Files

BOOK RECORDS =	{book id + author + subject + status flag + borrower name}
status flag =	["checked out" I "available"]
BORROWER RECORDS =	{borrower name + 0 {book id} MAX NR}

Logical Data Dictionary – Data Flow

book id =	ISBN# + copy#
borrower request for checkout record =	<TRIGGER – no data required>
checkout data =	borrower name + book id
checkin data =	book id
list of books =	{book id}
new book =	book id + author + subject
staff request for checkout data =	borrower name
survey description =	[author I subject]

Physical Data Dictionary

author ::=	<character string less than MAX_STRING_LENGTH>
borrower name ::=	<character string less than MAX_STRING_LENGTH>
copy# ::=	<Integer>
ISBN# ::=	<one digit number> "_" <three digit number> "_" <five digit number> "_" <one digit number>
subject ::=	<character string less than MAX_STRING_LENGTH>

Abb. 3.11: Datenlexikon für ein Bibliotheksinformationssystem nach Kerth [Kerth 1987]

Add book

Get *book id, author* and *subject* from staff member;
Create a new entry in BOOK RECORD using *book id, author* and *subject*;
In this new entry, set status flag to "available" and set *borrower name* to "NONE".

Remove Book

Get *book id* from staff member;
Remove this entry from BOOK RECORD.

Checkout Book

Get *borrower name* from staff member;
Using the *borrower name*, determine from BORROWER
  RECORD the number of books currently checked-out to this borrower;
If the number + 1 < MAX NR THEN
  Get *book id* from staff member;
  Using *book id*, in BOOK RECORD change the *status* flag to "checked out" and
  Set the borrower name to the *borrower name* entered by the staff member.
  Using *borrower name*, in BOOK RECORD, append the *book id*;
ELSE
  The borrower has reached his/her limit of books that can be checked out;
  Inform the staff member that the limit has been reached.

Abb. 3.12: Spezifikation für ein Bibliotheksinformationssystem (Auszug) in stilisierter Prosa nach Kerth [Kerth 1987]

Während sich der Einsatz von SA vor allem für kommerzielle Anwendungen eignet, ist *SADT (Structured Analysis and Design Technique)* allgemeiner einsetzbar. Diese Technik (siehe dazu [Schoman 1977], [SoftTech 1976]) umfaßt eine grafische Beschreibungssprache und eine Methode, wie diese Sprache eingesetzt werden soll. SADT ist *topdown-* und funktionsorientiert. Es unterstützt neben Aktivitätenmodellen auch die Erstellung von Datenmodellen. Es gibt SADT-Erweiterungen, die auch die Beschreibung von Steuerflüssen zulassen [Ross 1985].

3.3 Systemspezifikation (Anforderungsdefinition)

Eine allgemein anerkannte Definition des Begriffs *Systemspezifikation* existiert nicht. Ebenso verhält es sich mit der Abgrenzung der Spezifikationsphase zu den benachbarten Phasen Problemanalyse und Entwurf. Fairley [Fairley 1985] und Pressman [Pressman 1987] betrachten beispielsweise die Systemspezifikation als eine Teilaktivität der Problemanalyse, während Sommerville [Sommerville 1985] *software specification* als eine Subphase des Entwurfsprozesses ansieht.

Für die als Systemspezifikation bezeichnete Phase werden verschiedene Begriffe mehr oder weniger synonym verwendet. Beispiele dafür sind aus der englischen Literatur die Begriffe *requirements definition, requirements specification, concepts definition* und *functional specification*, aus der deutschsprachigen Literatur die Begriffe *Anforderungsdefinition, Systemdefinition, Aufgabendefinition*. Der Begriff Systemspezifikation bezeichnet aber auch das Ergebnis dieser Phase. Dafür sind auch die Begriffe *Anforderungsdefinition, Pflichtenheft* und *Lastenheft* gebräuchlich.

Wir verstehen unter *Systemspezifikation* die Erarbeitung eines Kontrakts zwischen Auftraggeber und Software-Entwickler, der genau festlegt, was das geplante Softwaresystem leisten soll und welche Prämissen für dessen Realisierung gelten.

3.3.1 Aufbau und Inhalt der Systemspezifikation

In Anlehnung an den ANSI/IEEE Guide to Software Requirements Specification [ANSI 1984] schlagen wir folgende Gliederung der Systemspezifikation vor:

1. Ausgangssituation und Zielsetzung
2. Systemeinsatz und Systemumgebung
3. Benutzerschnittstellen
4. Funktionale Anforderungen
5. Nichtfunktionale Anforderungen
6. Fehlerverhalten
7. Dokumentationsanforderungen
8. Abnahmekriterien
9. Glossar und Index

Der Abschnitt *Ausgangssituation und Zielsetzung* enthält eine allgemeine Beschreibung der Ausgangssituation mit Bezug auf die Istzustandsanalyse (sofern sie durchgeführt wurde), die Projektziele und eine Abgrenzung dieser Ziele zur Systemumgebung.

Der Abschnitt *Systemeinsatz und Systemumgebung* beschreibt die Voraussetzungen, die für den Systemeinsatz gegeben sein müssen. Darunter verstehen wir die Beschreibung aller Informationen (Daten, Belege), die für den Systemeinsatz erforderlich, aber nicht Gegenstand der Implementierung sind (d. h. von „außen“ bereitgestellte Informationen). Außerdem enthält dieser Abschnitt auch Angaben über die Anzahl der Benutzer, die Häufigkeit der Benutzung und die Aufgaben der Benutzer.

Der Abschnitt *Benutzerschnittstellen* ist einer der wichtigsten Teile der Systemspezifikation. In ihm wird die Art und Weise, in der die Benutzer mit dem System kommunizieren, dokumentiert. Die Mensch-Maschine-Schnittstelle (Bildschirmaufbau, Druckbilder, Interaktionsmechanismus) soll so dargestellt werden, wie der Benutzer sie später beim Einsatz vorfinden soll. Von der Güte dieses Abschnitts ist die Akzeptanz des Softwareprodukts abhängig.

Der Abschnitt *Funktionale Anforderungen* definiert die vom Benutzer erwarteten Systemfunktionen. Eine gute Spezifikation der Systemfunktionen enthält nur die notwendigen Angaben über diese Funktionen. Jede zusätzliche Angabe, etwa über den Lösungsalgorithmus einer Funktion, lenkt von der eigentlichen Spezifikationsaufgabe ab und schränkt auch die Möglichkeiten für den folgenden Systementwurf ein. Die Definition der funktionalen Anforderungen enthält auch alle notwendigen Angaben über Art, Umfang (Mengengerüste) und erwartete Genauigkeit der Daten, die einer bestimmten Systemfunktion zugeordnet sind. Erst die genaue Festlegung der Wertebereiche von Daten ermöglicht eine Plausibilitätskontrolle zur Erkennung von Eingabefehlern.

Der Abschnitt *Nichtfunktionale Anforderungen* enthält alle Anforderungen nichtfunktionaler Art, wie z. B. Zuverlässigkeit, Portabilität, gewünschte Antwort- und Verarbeitungszeiten. Im Hinblick auf die Durchführbarkeitsstudie (siehe Abschnitt 3.3.5) ist es notwendig, diese Anforderungen zu gewichten und ausführlich zu begründen.

Der Abschnitt *Fehlerverhalten* soll die Auswirkungen der verschiedenen Fehlerarten und das geforderte Systemverhalten nach Auftreten eines Fehlers diskutieren. Ein zuverlässiges System entwerfen heißt, in jeder Phase der Entwicklung Fehlermöglichkeiten berücksichtigen und entsprechende Maßnahmen zur Verhinderung und Abschwächung der Auswirkungen von Fehlern ergreifen. Maßnahmen zur Fehlerbehandlung müssen daher (soweit dies möglich ist) bereits in der Spezifikationsphase beschrieben werden.

Der Abschnitt *Dokumentationsanforderungen* legt den Umfang und die Art der Dokumentation fest. Die Dokumentation eines Systems ist sowohl die Grundlage für die richtige Anwendung des Softwareprodukts (Benutzerhandbuch) als auch die Grundlage für die Systempflege.

Der Abschnitt *Abnahmekriterien* legt fest, unter welchen Bedingungen die Systemabnahme erfolgen soll. Die Kriterien beziehen sich sowohl auf die funktionalen als auch auf die nichtfunktionalen Anforderungen. Es ist empfehlenswert, für jede einzelne Anforderung an das System entsprechende Abnahmekriterien festzulegen. Ist es nicht möglich, zu einer Anforderung ein entsprechendes Abnahmekriterium zu finden, so besteht Grund zur Annahme, daß sich der Auftraggeber über den Sinn und Wert der Anforderung nicht im Klaren ist.

Glossar und Index. Die Systemspezifikation ist ein Dokument, das Grundlage für alle Phasen eines Softwareprojekts ist und Vorüberlegungen über den ganzen Software-Life-Cycle enthält. Sie wird in der Regel nicht sequentiell gelesen, sondern dient als Referenz und wird wie ein Nachschlagewerk behandelt. Es ist deshalb zweckmäßig, auch ein Glossar über die verwendeten Begriffe und einen ausführlichen Index mit einzuschließen.

3.3.2 Qualitätsanforderungen an Systemspezifikationen

Als ein Kontrakt zwischen Auftraggeber und Software-Entwickler muß die Systemspezifikation präzise und für alle Adressaten verständlich formuliert sein. Für den Auftraggeber muß sie das zu erstellende System so beschreiben, wie es sich den Benutzern präsentieren soll. Aus der Sicht des Software-Entwicklers muß die Spezifikation all jene Informationen enthalten, die für den Entwurf und die Implementierung notwendig sind. Die Systemspezifikation ist auch Grundlage für das Projektmanagement zur Festlegung von Entwicklungszeitplänen, zur Ressourcendisposition, zur Vereinbarung und Festlegung von Projektstandards und zur Abschätzung der Entwicklungskosten.

An eine Systemspezifikation stellen wir daher folgende Qualitätsanforderungen:

- sie muß *konkret* und *vollständig* sein,
- sie muß *konsistent* und *eindeutig* sein
  (d. h., sie darf keine widersprüchlichen Anforderungen enthalten und soll für alle am Entwicklungsprozeß Beteiligten eindeutig interpretierbar sein),
- sie soll *minimal* sein
  (d. h., sie soll möglichst keine Redundanzen aufweisen und nur diejenigen Informationen enthalten, die zur Implementierung des Systems unbedingt notwendig sind),

- sie soll gut *lesbar* und *verständlich* sein,
- sie muß einfach *veränderbar* sein
  (im Laufe der Systementwicklung können neue Anforderungen dazukommen oder bereits definierte Funktionen müssen verändert werden, ohne die Konsistenz der Systemspezifikation zu gefährden).

3.3.3 Grundlegende Probleme bei der Systemspezifikation

Die grundlegenden Probleme bei der Systemspezifikation sind (siehe dazu auch [Keller 1989]):

- der Weg/Ziel-Konflikt
- die Ermittlung und Beschreibung der funktionalen Anforderungen
- die Darstellung der Benutzerschnittstellen

Der Weg/Ziel-Konflikt bei der Systemspezifikation

Die zentrale Aufgabe des Spezifikationsprozesses besteht darin, *das Ziel* der Systementwicklung festzulegen und nicht einen Lösungsweg zur Erreichung dieses Ziels zu beschreiben. Die Systemspezifikation beschreibt, was ein System leisten soll, d. h. welche Funktionen das geplante System zur Verfügung stellen soll, aber nicht, wie die einzelnen Funktionen zu realisieren sind.

Die wichtigsten Gründe für diese „Was/Wie-Trennung" sind:

- Eine Spezifikation, die sich auf das Ziel der Entwicklung konzentriert, gewinnt an Kürze und Verständlichkeit.
- Die Konzentration auf Realisierungsdetails lenkt von den eigentlichen Spezifikationsaufgaben (Festlegung des Funktionsumfangs) ab.
- Die Auseinandersetzung mit Fragen der Realisierung zum Spezifikationszeitpunkt birgt die Gefahr der realisierungsbedingten Einschränkung von Systemanforderungen in sich und schränkt außerdem die Freiheit der Systementwickler ein.

Leider hat die „Was/Wie-Trennung" auch eine Reihe von Nachteilen. Die wichtigsten davon sind:

- Die mangelnde Qualität der Systemspezifikation.
  Die Vollständigkeit und Widerspruchsfreiheit der Systemspezifikation ist in der Regel nur erreichbar, wenn bekannt ist, wie und ob einzelne Systemfunktionen realisierbar sind.
- Die inadäquate Darstellungsform der Systemspezifikation.
  Der wichtigste Aspekt eines Softwaresystems, nämlich sein dynamisches Verhalten, muß im Sinne der „Was/Wie-Trennung" statisch, d. h. verbal beschrieben werden. Dies bläht den Umfang von Systemspezifikationen auf und führt zu Kommunikationsproblemen zwischen Anwender und Entwickler.

Eine *prototyping-orientierte Systemspezifikation* gestattet es, sowohl die Vorteile der „Was/Wie-Trennung" zu erhalten als auch deren nachteilige Wirkungen zu beseitigen. Wenn man (wie in Abschnitt 3.1.3 „Das prototyping-orientierte Life-Cycle-Modell" beschrieben) die wichtigsten Aspekte des dynamischen Verhaltens eines Softwaresystems nicht durch Worte beschreibt, sondern in Form eines Prototyps realisieren, kann der Umfang der Systemspezifikation reduziert, die Vollständigkeit und Widerspruchsfreiheit der Systemspezifikation verbessert und das Kommunikationsproblem zwischen Anwender und Entwickler vermindert werden, ohne die Freiheit der Entwickler einzuengen und ohne sich allzu sehr auf Implementierungsdetails konzentrieren zu müssen.

Die Ermittlung und Beschreibung der funktionalen Anforderungen

Die Praxis zeigt, daß man kaum in der Lage ist, alle funktionalen Anforderungen an ein Softwaresystem ohne Experimente festzulegen. Eine Beschreibung der funktionalen Anforderungen in Textform ist äußerst schwierig herzustellen und führt zu sehr umfangreichen Spezifikationen. Auch dabei hilft eine prototyping-orientierte Systemspezifikation. Ein Systemmodell auf Benutzerschnittstellenebene als ausführbarer Prototyp unterstützt die Exploration der funktionalen, der nichtfunktionalen und interaktionsbezogenen Anforderungen. Es erleichtert die Feststellung von Abhängigkeiten zwischen einzelnen Systemfunktionen und komprimiert die Systemspezifikation. Ein Prototyp, der die wichtigsten funktionalen Aspekte eines Softwaresystems repräsentiert, ist eine wesentlich bessere Darstellung als eine verbale Beschreibung der funktionalen Aspekte.

Die Darstellung der Benutzerschnittstelle

Die Benutzerschnittstellen repräsentieren eine benutzerorientierte Abstraktion der Funktionalität. Ihre Gestaltung beeinflußt maßgeblich die Akzeptanz eines Softwareproduktes.

Die grafische Darstellung von Bildschirmmasken ist besonders aufwendig und betrifft nur einen Aspekt der Benutzerschnittstelle, nämlich ihr Erscheinungsbild. Der viel wichtigere Aspekt, die Dynamik, die sich hinter einer Benutzerschnittstelle verbirgt, läßt sich in einer rein verbalen Spezifikation nur schwer darstellen. Deshalb soll die Benutzerschnittstellenkomponente der Systemspezifikation stets als ausführbarer Prototyp realisiert werden.

Die obigen Ausführungen haben gezeigt, daß es sinnvoll ist, zur Systemspezifikation Prototypen einzusetzen. Das Ziel besteht darin, die Benutzerschnittstellen, die funktionalen Anforderungen und das Fehlerverhalten, weitgehend in Form von Prototypen darzustellen. In der Regel reicht es aus, einen Benutzerschnittstellenprototyp, der die wichtigsten funktionalen Aspekte und das Fehlerverhalten simuliert, zu realisieren. Werden Softwaresysteme spezifiziert, in denen die Datenhaltung von Bedeutung ist, so soll auch das zugrundeliegende Datenmodell in Form eines Prototyps spezifiziert werden.

3.3.4 Vorgehensmodell für prototyping-orientierte Systemspezifikation

Abbildung 3.13 zeigt das allgemeine Vorgehen bei prototyping-orientierter Systemspezifikation. Die Ermittlung, die Beschreibung und die Evaluation der Anforderungen bilden das Rückgrat des Spezifikationsprozesses. Alle drei Aufgaben können erleichtert werden, indem man einen Prototyp zur Modellierung des gewünschten Softwaresystems benutzt.

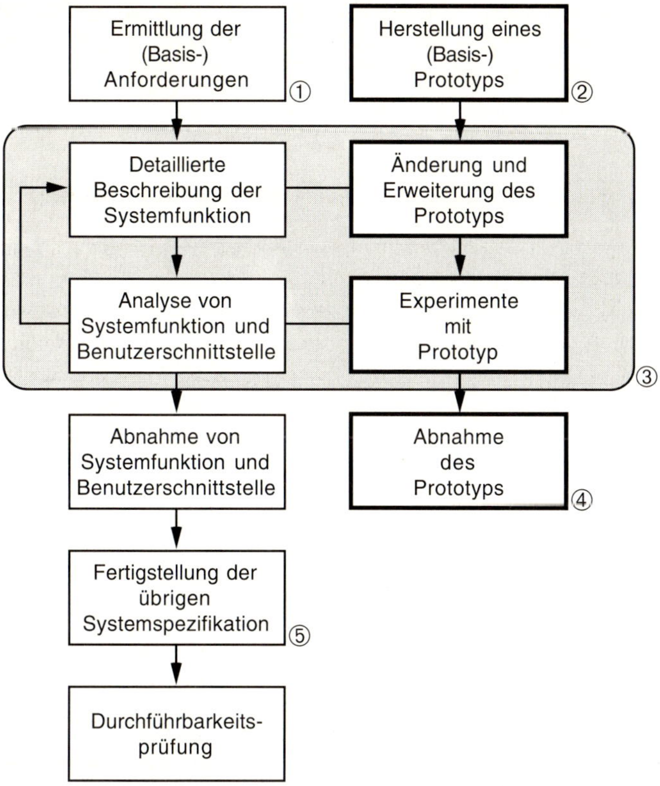

Abb. 3.13: Prototyping-orientierter Systemspezifikationsprozeß

Allgemeines Vorgehen:

① *Ermittlung der Basisanforderungen (Grobspezifikation)*
Benutzer und Systementwickler diskutieren die Ausgangssituation und Zielsetzung und skizzieren grob die Aufgabenstellung.

② *Herstellung und Evaluation eines Basis-Prototyps*
Ausgehend von der Grobspezifikation konstruieren die Systementwickler den ersten Prototyp, der die wichtigsten funktionalen und datenbezogenen Eigenschaften des geplanten Systems modelliert. Die Systementwickler präsentieren den (Basis-)Prototyp den Benutzern. Schwerpunkte dieser Präsentation sind die Erläuterung der für die Modellierung der Benutzerschnittstelle gewählten Konzepte, die Annahme über die Basisfunktionen und eine Diskussion der zulässigen Vereinfachung für die Modellbildung. Der Basis-Prototyp dient in erster Linie zur Abklärung, ob die Systementwickler die Grobspezifikation der Benutzer grundsätzlich verstanden haben. Unter Umständen wird dieser Basis-Prototyp mehrmals verworfen und neu hergestellt.

③ *Evaluations-Adaptions-Zyklus*
Wenn der Basis-Prototyp von allen an der Systemspezifikation beteiligten Personen akzeptiert ist, wird dieser Prototyp erweitert und zur Funktionsexploration eingesetzt. Alle Anfor-

derungen, die sich während dieses Prozesses herausstellen, aber nicht in Prototypen realisierbar sind, werden schriftlich festgehalten. Parallel zu einer Erweiterung und Analyse des Prototyps werden alle spezifikationsrelevanten Erkenntnisse aus den Experimenten mit dem Prototyp dokumentiert, d. h. der schriftliche Teil der Systemspezifikation ergänzt.

④ *Abnahme des Prototyps*
Wenn sich die Benutzer und Systementwickler über den festgelegten Funktionsumfang, die nichtfunktionalen Anforderungen und die Benutzerschnittstelle einig sind, wird der Prototyp „eingefroren". Diese Prototypversion bildet dann die Grundlage für den Entwurf, die Implementierung und Abnahme der Systementwicklung.

⑤ *Fertigstellung der Systemspezifikation*
Nach Abnahme des Prototyps wird das Pflichtenheft fertiggestellt, d. h. alle nicht durch Prototyping berührten Spezifikationsteile erstellt (wie z. B. Beschreibung der Einsatz- und Umgebungsbedingungen, der Dokumentationsanforderungen und Abnahmekriterien, sowie Glossar und Index).

Diese Vorgangsweise führt
- zu einer Vermeidung vieler Probleme im Spezifikationsprozeß,
- zu einer Verbesserung und leichteren Verständlichkeit der Systemspezifikation bei gleichzeitiger Verminderung des schriftlichen Teils der Spezifikation,
- zu einer stärkeren Berücksichtigung ergonomischer Aspekte bei der Gestaltung der Benutzerschnittstelle.

Eine prototyping-orientierte Systemspezifikation hat auch positive Auswirkungen auf die nachfolgenden Phasen des Software-Entwicklungsprozesses. Prototypen liefern wertvolle Hinweise für die Zerlegung eines Systems und unterstützen damit auch die Entwurfsphase. Sie bewirken in der Regel eine deutliche Verminderung des Testaufwandes. Die Kosten zur Behebung von Fehlern hängen von der Zeitspanne ab, die bis zu ihrer Entdeckung verstreicht. Nimmt man die Kosten für die Behebung eines Spezifikationsfehlers während der Spezifikationsphase als Grundlage, so kostet die Fehlerbehebung in der Testphase bereits das Fünffache und während des Betriebs gar das Fünfzigfache [Boehm 1981]. Ähnliches gilt auch für die Änderungskosten. Die Änderungskosten wachsen stark mit der Zeitspanne zwischen Spezifikationsphase und der Phase, in der eine Änderung vorgenommen werden muß. Änderungen an der Spezifikation führen dazu, daß in allen weiteren Zwischenprodukten Anpassungen vorgenommen werden müssen.

Darüber hinaus werden durch prototyping-orientierte Systemspezifikation auch die Wartungskosten verringert, weil die Nachbesserungen zur Akzeptanzverbesserung weitgehend entfallen und während des Betriebes weniger spezifikationsfehlerbedingte Nachbesserungen notwendig sind. Werden während des Spezifikationsprozesses wiederverwendbare Prototypen (siehe Abschnitt 1.3) hergestellt, kann auch der Entwurfs- und Implementierungsaufwand dadurch gesenkt werden.

Damit prototyping-orientierte Systemspezifikation möglich und ökonomisch ist, müssen Prototypen schnell und billig erstellt werden können. Sowohl für die Herstellung als auch für die Änderung und Erweiterung von Prototypen sind darum die eingesetzten Werkzeuge von zentraler Bedeutung. Beispiele und Bewertungskriterien für solche Werkzeuge findet der Leser in Kapitel 7 „Software-Engineering-Werkzeuge".

3.3.5 Durchführbarkeitsstudie

Bevor die Systemspezifikation zum Kontrakt zwischen Auftraggeber und Softwareentwickler gemacht wird, muß, sofern dies nicht bereits während der Herstellung des Prototyps geschehen ist, sichergestellt werden, daß die Systemspezifikation vollständig und korrekt ist und daß die Anforderungen auch technisch und ökonomisch realisierbar sind.

Die abschließende Durchführbarkeitsstudie umfaßt daher:

- *Die Prüfung der Vollständigkeit der Anforderungen.*
  Der Auftraggeber muß bestätigen, daß alle funktionalen und nichtfunktionalen Anforderungen und Nebenbedingungen enthalten sind.

- *Die Prüfung der Konsistenz von Anforderungen.*
  Es muß sichergestellt werden, daß die Anforderungen einander nicht widersprechen.

- *Die Prüfung der technischen Durchführbarkeit.*
  Die technische Durchführbarkeit hängt von der Verfügbarkeit einer entsprechenden Hardware und von der Verfügbarkeit einer entsprechenden Softwaretechnologie ab, die es gestatten, die gewünschten Leistungen zu erbringen. Sie hängt aber auch davon ab, ob die von der Systemumgebung erwarteten Informationen in der gewünschten Menge und Genauigkeit bereitgestellt werden können.

- *Die Überprüfung der personellen Voraussetzungen.*
  Es muß sichergestellt werden, daß sowohl für die Herstellung als auch für den Betrieb Personal mit geeigneter Qualifikation zur Verfügung steht.

- *Die ökonomische Rechtfertigung.*
  Selbstverständlich muß in einer Kosten-Nutzen-Analyse festgestellt werden, ob das Projekt mit wirtschaftlich vertretbarem Aufwand realisiert werden kann.

3.4 Entwurf

Die Qualität eines Softwareprodukts wird durch die Güte des Entwurfs stark beeinflußt. Die Entwurfsphase nimmt daher eine besondere Stellung im Software-Life-Cycle ein. Der *Zweck des Entwurfs* besteht darin, die *Architektur eines Softwaresystems* festzulegen, mit dem Ziel, auf möglichst kostengünstige Weise eine den Qualitätsanforderungen entsprechende Implementierung zu erreichen.

Die Schwierigkeit beginnt bereits damit, daß keineswegs so ohne weiteres definierbar ist, was unter einem „guten Entwurf" zu verstehen ist. In Abhängigkeit vom Anwendungsbereich und einer konkreten Projektsituation wird man einmal einen Entwurf dann als gut beurteilen, wenn sich daraus eine kostengünstige Implementierung ableiten läßt, ein anderes Mal, wenn die Systemarchitektur äußerst kompakt ist und mit minimalen Ressourcen das Auslangen gefunden wird, oder wenn die resultierende Architektur einfach zu verstehen, zu warten und zu erweitern ist. Für uns ist im folgenden die Wartbarkeit und Erweiterbarkeit das wichtigste Merkmal für die Beurteilung der Güte eines Entwurfs. Darüber hinaus bildet der Umgang mit Ressourcen und die Effizienz der Implementierung ein weiteres wichtiges Qualitätsmerkmal das der Entwerfer stets vor Augen haben muß. Eine effiziente Systemarchitektur impliziert, daß die Kosten für die benötigte „Ressource“ und die Betriebskosten so gering wie möglich gehalten werden.

Der Entwurf eines Softwaresystems ist ein kreativer Prozeß, dessen Bewältigung vom Entwerfer ein umfassendes Verständnis der Problemstellung, die Fähigkeit zur Umsetzung von softwaretechnischen Methoden und Prinzipien, aber auch Phantasie und Kreativität erfordert. Die Architektur eines Softwaresystems wird normalerweise auf iterative Weise entstehen, indem in einer Reihe von Entwurfsschritten ausgehend von einem ersten Grobentwurf eine problemadäquate Struktur des Gesamtsystems erarbeitet wird.

Ausgehend von einer Systemspezifikation wird in der Entwurfsphase die Systemarchitektur mit dem Ziel entworfen, den in der Systemspezifikation festgelegten Funktionsumfang verfügbar zu machen und zu gewährleisten, daß die Architektur an sich ändernde Anforderungen leicht angepaßt werden kann. Der Entwurfsprozeß umfaßt grob skizziert die folgenden Tätigkeiten (vgl. dazu [Sommerville 1985]):

- Problemadäquate Zerlegung des Gesamtsystems in Teilsysteme und Spezifikation der Wechselwirkungen zwischen den Teilsystemen.
- Zerlegung der Teilsysteme in Komponenten (Module) und Spezifikation der Anforderungen an diese Komponenten, d. h. Festlegung der Schnittstellen der Komponenten.
- Entwurf der Algorithmen zur Bereitstellung der durch die Komponentenschnittstellen definierten Funktionalität.

In diesem Abschnitt behandeln wir Methoden und Techniken zur Meisterung der Entwurfsprobleme, das heißt Methoden und Techniken für die Zerlegung von Systemen in Teilsysteme, von Teilsystemen in einzelne Komponenten, aber auch Fragen zur inneren Struktur von Systemkomponenten. Wir geben zunächst einen groben Überblick über verschiedene Entwurfstechniken. Danach werden diese Entwurfstechniken und deren methodische Abstützung ausführlich behandelt und ihre Anwendung an einem Beispiel demonstriert. Darüber hinaus werden wichtige Entwurfsaspekte wie der Entwurf von Benutzerschnittstellen und Modularisierungskriterien mit der gebührlichen Aufmerksamkeit diskutiert.

3.4.1 Entwurfstechniken

Der fachmännische Entwurf eines Softwaresystems erfordert eine systematische Vorgangsweise. Eines der wichtigsten Prinzipien zur Meisterung der Komplexität von Softwaresystemen ist das *Prinzip der Abstraktion*. Hinsichtlich der Vorgangsweise unterscheidet man in diesem Zusammenhang zwischen dem Topdown-Entwurf und dem Bottomup-Entwurf.

Die Grundidee des *Topdown-Entwurfs*, die auf Dijkstra [Dijkstra 1969] und Wirth [Wirth 1971] zurückgeht, postuliert, daß die Entwurfstätigkeit mit der Analyse der Systemspezifikation zu beginnen hat und Realisierungsdetails vorläufig nicht berücksichtigen soll. Ausgehend von den Erkenntnissen aus der Analyse der Systemspezifikation wird eine Aufgabe in Teilaufgaben zerlegt und dieser Vorgang wiederholt, bis die Teilaufgaben so einfach geworden sind, daß man einen Algorithmus für ihre Lösung formulieren kann. Beim Topdown-Entwurf handelt es sich also um eine sukzessive Konkretisierung von abstrakt beschriebenen Lösungsideen. Die Abstraktion ist das beste Mittel, um komplexe Systeme zu überschauen; man beschäftigt sich jeweils nur mit jenen Aspekten des Systems, die für einen weiteren Schritt zum Verstehen oder bei der Suche nach einer Lösung notwendig sind.

Beim *Bottomup-Entwurf* geht man umgekehrt vor. Die Grundidee dabei ist die, daß die Hardware und jede darüberliegende Schicht (vom Betriebssystem bis zur vollständigen Applikation) als „abstrakte Maschine“ aufgefaßt werden kann. Unter einer abstrakten Maschine verstehen wir eine Menge von grundlegenden Operationen, mit denen man eine komplexere Operation eines Systems oder Teilsystems modellieren kann. Beim Bottomup Entwurf geht man also von den Gegebenheiten einer „konkreten Maschine“ aus und entwirft durch sukzessives Hinzufügen benötigter Eigenschaften eine “abstrakte Maschine” nach der anderen, bis man bei der für die Bereitstellung der gewünschten Funktionen des Benutzers notwendigen „Maschine“ angelangt ist.

Aber nicht nur die Vorgangsweise beim Entwurf, sondern auch die Kriterien, nach denen ein System zerlegt wird, beeinflussen den Entwurfsprozeß. Es wurde eine Vielzahl von Zerlegungsprinzipien vorgeschlagen. Im wesentlichen können diese Zerlegungsprinzipien einer der drei folgenden Klassen zugeordnet werden.

1. *Funktionsorientierte Zerlegung.* Im Mittelpunkt des Entwurfs steht eine funktionsorientierte Systemsicht. Ausgehend von den in der Systemspezifikation enthaltenen funktionalen Anforderungen, erfolgt eine aufgabenorientierte Zerlegung des Gesamtsystems. Die wichtigsten dafür vorgeschlagenen Methoden und Prinzipien gehen auf Wirth (Stepwise refinement [Wirth 1971]) und Yourdon und Constantine (Structured Design [Yourdon 1979]) zurück.

2. *Datenorientierte Zerlegung.* Im Mittelpunkt des Entwurfs steht eine datenorientierte Systemsicht. Die Entwurfsstrategie orientiert sich dabei an den zu verarbeitenden Daten. Die Grundidee dabei ist die, daß die Struktur eines Softwaresystems die Struktur der zu verarbeitenden Daten widerspiegeln soll. Die Zerlegung des Systems wird daher aus der Analyse der zu verarbeitenden Daten abgeleitet. Die wichtigsten dafür vorgeschlagenen Methoden und Prinzipien gehen auf Jackson [Jackson 1975], Warnier [Warnier 1974] und Rechenberg [Rechenberg 1984a] zurück.

3. *Objektorientierte Zerlegung.* Im Mittelpunkt des Entwurfs steht eine objektorientierte Systemsicht. Ein Softwaresystem wird als Sammlung von miteinander kommunizierenden Objekten, angesehen. Jedes Objekt verfügt über außen nicht sichtbare Datenstrukturen und darauf ausführbare Operationen. Das Zerlegungsprinzip orientiert sich an der Zusammengehörigkeit von Daten und Funktionen und gründet sich auf dem Geheimnisprinzip („principle of information hiding“) von Parnas [Parnas 1972], und dem Prinzip der Vererbung, zurückgehend auf [Dahl 1966]. Die methodologische Abstützung der Vorgangsweise beim Entwurf ist noch nicht ausreichend erforscht; Ansätze dafür findet der interessierte Leser unter anderem bei Abbot [Abbot 1983], Meyer [Meyer 1988], Wirfs-Brock [Wirfs-Brock 1989], Coad [Coad 1990], [Booch 1991] und [Rumbaugh 1991].

In diesem Abschnitt haben wir nur grob skizziert, welche Vorgangsweisen und Zerlegungsprinzipien für einen systematischen Entwurf der Architektur eines Softwaresystems von Bedeutung sind. Was sich dahinter im Einzelfall verbirgt und wie das zugrundeliegende Gedankenmodell konkret angewandt wird, beschreiben die Abschnitte 3.4.5 bis 3.4.7 anhand der im Abschnitt 3.4.2 beschriebenen Aufgabenstellung. Beim Entwurf der Benutzerschnittstelle eines Softwaresystems gilt es andere Aspekte zu beachten als beim Entwurf der funktionalen Teile. In

Abschnitt 3.4.4 findet der Leser allgemeine Richtlinien für den Entwurf der Benutzerschnittstelle und ihre Anwendung auf die in Abschnitt 3.4.2 beschriebene Aufgabenstellung.

Die Auswahl des richtigen Entwurfsverfahrens ist eine schwierige Aufgabe, die mindestens soviel Fingerspitzengefühl erfordert wie der Entwurf selbst. In der Vergangenheit wurde immer wieder versucht, allgemeingültige Entwurfsprinzipien zu entwickeln, die sich für alle Aufgabenstellungen gleichermaßen gut eignen. Es hat sich aber gezeigt, daß manche Entwurfsverfahren für bestimmte Aufgabengebiete besonders gut geeignet sind, während sie bei anderen scheitern. Wir vertreten die Auffassung, daß für jede Aufgabe die dafür am besten geeignete Entwurfsmethode verwendet werden soll. In den folgenden Abschnitten wollen wir zeigen, daß das nicht nur für ein Projekt als Ganzes, sondern auch für Teilaufgaben innerhalb eines Projekts gilt.

3.4.2 Aufgabenstellung eines Entwurfsbeispiels

In diesem Abschnitt geben wir die Grobspezifikation für ein Softwareprodukt an, dessen Teile in den folgenden Abschnitten mit verschiedenen Techniken entworfen werden. In unserer Beispielaufgabe soll der Bewegungsablauf eines Portalroboters (z. B. ein Industrieroboter für Punktschweißung) simuliert werden. Abbildung 3.14 zeigt den Aufbau eines solchen Portalroboters.

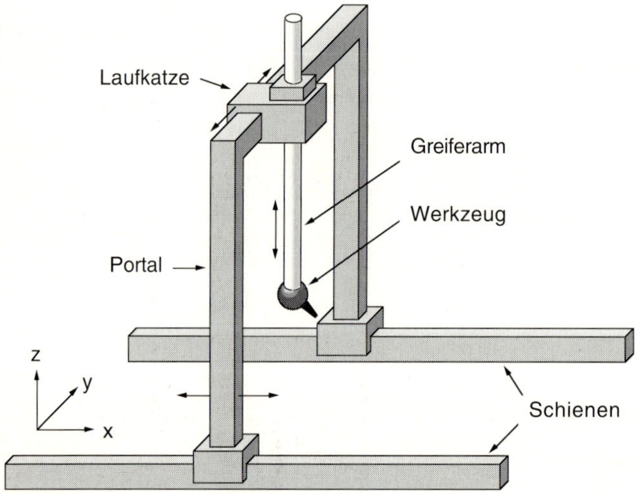

Abb. 3.14: Aufbau eines Portalroboters

Ein Portalrobotor besteht aus einem Portal (daher der Name), das sich auf zwei Schienen in Längsrichtung bewegen kann. Auf dem Querbalken des Portals ist eine Laufkatze montiert, die sich quer zur Bewegungsrichtung des Portals bewegen kann. An der Laufkatze wiederum ist ein Greiferarm montiert, der sich auf und ab bewegen kann. Am unteren Ende des Greiferarms sitzt das eigentliche Werkzeug (z. B. eine Punktschweißpistole).

Simulation eines Portalroboters

Der Bewegungsablauf eines Portalroboters soll auf dem Bildschirm simuliert werden. Der Roboter soll dazu auf dem Bildschirm schematisch in Aufriß, Grundriß, Seitenriß und Schrägriß dargestellt werden. Abbildung 3.15 zeigt die gewünschte Anzeigeform.

Der Bewegungsablauf wird durch eine einfache Sprache beschrieben, die die Formulierung geradliniger und kreisförmiger Teilbewegungen gestattet. Jede Teilbewegung wird bei der Simulation in geradlinige Schritte gleicher Länge zerlegt.

- Geradlinige Bewegung zum Punkt (x, y, z) in n Schritten: n L (x, y, z)
- Kreisbewegung zum Punkt (x, y, z) über einen Zwischenpunkt (x1, y1, z1) in n Schritten: n C (x1, y1, z1) (x, y, z)

Die Bewegungsbeschreibung beginnt mit einer Anfangsposition (x0, y0, z0). Der Endpunkt einer Teilbewegung soll gleichzeitig der Anfangspunkt der nächsten Teilbewegung sein. Die Bewegungsbeschreibung wird mit E abgeschlossen.

Jede Koordinate kann absolut oder relativ angegeben werden. Die Zahl 10 bedeutet eine absolute Position (10mm vom Nullpunkt des Koordinatensystems entfernt). Eine relative Koordinate wird durch eine Zahl mit einem vorangestellten Vorzeichen angegeben. +10 bedeutet also eine Bewegung um 10mm vom Ursprung der Teilbewegung weg. Sowohl bei einer linearen als auch bei einer Kreisbewegung beziehen sich alle relativen Angaben auf den Startpunkt des jeweiligen Schrittes.

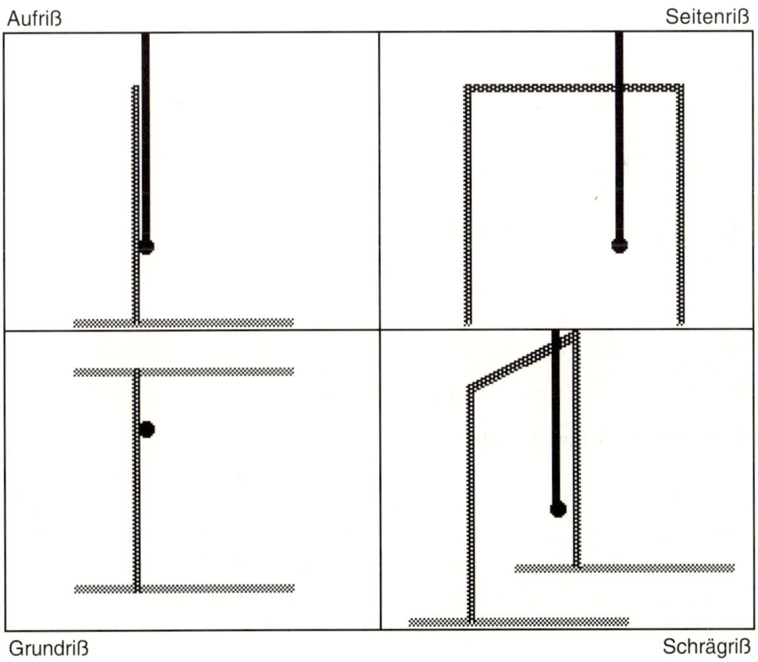

Abb. 3.15: Schematische Darstellung des Portalroboters

Beispiel für eine Bewegungsbeschreibung:

(100,100,100)	*Anfangsposition (A)*
10 L (+400,0,0)	*geradlinige Bewegung zum Punkt B*
20 C (700,300,100) (500,500,100)	*Kreisbewegung über den Punkt C zum Punkt D*
10 L (–400,0,0)	*geradlinige Bewegung zum Punkt E*
E	*Ende der Bewegung*

Abbildung 3.16 zeigt den durch diese Bewegungsbeschreibung definierten Weg des Roboters (von oben betrachtet).

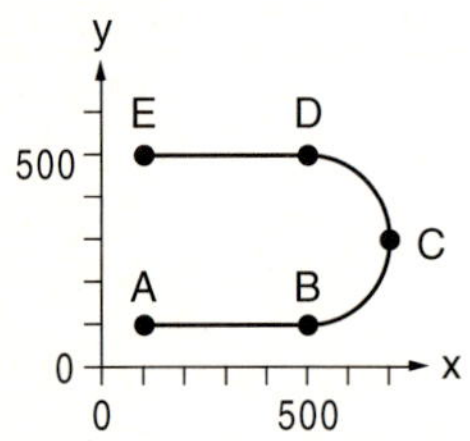

Abb. 3.16: Weg des Roboters

Das zu entwickelnde Softwareprodukt soll die Eingabe einer vollständigen Bewegungsbeschreibung ermöglichen und den Bewegungsablauf auf dem Bildschirm darstellen. Es soll möglich sein, den Ablauf im Dialog anzuhalten und ihn schrittweise zu verfolgen.

Nebenbedingungen
Der Greifer des Roboters soll auf einen würfelförmigen Raum von 2 Meter Kantenlänge beschränkt sein. Die Positionierungsgenauigkeit wird mit 1 Millimeter angenommen. Alle Koordinatenangaben sind daher auf ganze Zahlen zwischen 0 und 2000 beschränkt. Es muß sichergestellt sein, daß der Greifer diesen Raum nicht verlassen kann.

Diese Aufgabenbeschreibung enthält bewußt noch nicht alle Details. Sie entspricht etwa der ersten Idee, die ein Auftraggeber von einem neu zu erstellenden Programm hat. Wir werden in den folgenden Abschnitten einige Teilaufgaben herausgreifen, um daran bestimmte Entwurfsverfahren zu zeigen. In den entsprechenden Abschnitten werden die Spezifikationen der einzelnen Teilaufgaben so weit vervollständigt, daß sie als Grundlage für den Entwurf dienen können.

3.4.3 Modularisierung

Der erste Entwurfsschritt bei der Realisierung eines größeren Softwareprojekts besteht darin, die Aufgabe so in abgeschlossene Teilaufgaben zu zerlegen, daß diese möglichst unabhängig voneinander gelöst werden können. Eine solche Zerlegung ist die Grundvoraussetzung für Teamwork; verschiedene Bearbeiter können sich dann gleichzeitig den einzelnen Teilaufgaben widmen. Damit das gelingt, müssen schon zu Projektbeginn die Schnittstellen zwischen den Teilaufgaben festgelegt werden. Nach Fertigstellung der Teillösungen können sie zu einer Gesamtlösung zusammengefügt werden, wenn bei ihrer Implementierung die anfangs definierten Schnittstellen eingehalten wurden.

Die Schnittstellendefinition ist eine schwierige Aufgabe, die viel Erfahrung voraussetzt. Jede Schnittstelle zwischen zwei Teilaufgaben stellt ein potentielles Problem bei der Integration der Teillösungen zur Gesamtlösung dar. Die Schnittstellen müssen daher so genau beschrieben werden, daß Mißverständnisse so weit wie möglich ausgeschlossen sind. Wenn die Schnittstellen unvollständig sind (d. h., wenn sie zur Lösung des Problems nicht ausreichen), dann ist eine Revision während des Projektverlaufs erforderlich. Das kann Änderungen am Entwurf von bereits in Arbeit befindlichen Teillösungen zur Folge haben. Die Erfahrung hat gezeigt, daß solche Schnittstellenänderungen in größeren Projekten meist unvermeidlich sind, weil man zu Projektbeginn noch nicht alle Details und Sonderfälle kennt. Das ist zwar unangenehm für alle Beteiligten, stellt aber noch keine Katastrophe dar, sofern man die Notwendigkeit zu einer Schnittstellenänderung rechtzeitig erkennt. Wesentlich gefährlicher sind Unklarheiten in einer Schnittstellenbeschreibung, die verschiedene Interpretationen zulassen. Dadurch kann es geschehen, daß Unverträglichkeiten zwischen Teillösungen erst bei ihrer Integration zur Gesamtlösung erkannt werden. Solche Inkompatibilitäten wirken sich in einem Fehlverhalten des Programms aus, das manchmal nur durch ausführliches Testen festgestellt werden kann, und dann ist es oft schwierig, die Ursache dafür zu finden.

3.4.3.1 Richtlinien zur Modularisierung

Viele Fehler bei der Modularisierung können durch die Beachtung einiger Regeln von vornherein vermieden werden. Wir wollen daher in diesem Abschnitt nach einer Definition des Modulbegriffs einige Richtlinien zur Modularisierung angeben. Im Anschluß daran wird an einigen Beispielen gezeigt, welchen Inhalt und Aufbau Schnittstellenbeschreibungen haben sollen.

Goos [Goos 1973] und Dennis [Dennis 1973] geben eine Definition des Modulbegriffs an, die die folgenden vier Punkte umfaßt:

- Ein Modul ist eine Zusammenfassung von Operationen und Daten zur Realisierung einer in sich abgeschlossenen Aufgabe.
- Die Kommunikation eines Moduls mit der Außenwelt darf nur über eine eindeutig spezifizierte Schnittstelle erfolgen.
- Zur Integration eines Moduls in ein Programmsystem darf keine Kenntnis seines inneren Arbeitens erforderlich sein.
- Die Korrektheit eines Moduls muß ohne Kenntnis seiner Einbettung in ein Programmsystems nachprüfbar sein.

Der erste Punkt besagt, daß ein Modul nicht nur Operationen zur Realisierung von Teilaufgaben, sondern auch die dazu benötigten Daten enthält. Man kann in diesem Zusammenhang Operationen mit Prozeduren und Daten mit Variablen gleichsetzen. Ein Modul faßt also mehrere Prozeduren und die von ihnen gemeinsam benötigten Variablen zu einer größeren abstrakten Einheit zusammen. Der zweite Punkt besagt, daß das Zusammenspiel mehrerer Module durch eine klar definierte Schnittstelle festgelegt ist. Genau genommen handelt es sich dabei um zwei Schnittstellen: Die *Exportschnittstelle* gibt an, was ein Modul anderen Modulen zur Verfügung stellt; die *Importschnittstelle* gibt an, was das Modul von anderen Modulen benutzt. In der Entwurfsphase ist ausschließlich die Exportschnittstelle von Interesse; in ihr sind alle Angaben darüber festgehalten, auf welche Weise ein Modul benutzt werden kann. Die Importschnittstelle gewinnt erst beim Test und bei der Dokumentation an Bedeutung, da aus der Summe aller Importschnittstellen abgeleitet werden kann, von welchen Stellen aus ein bestimmtes Modul benutzt wird. Wenn in der Folge von einer „Schnittstelle" die Rede ist, meinen wir daher immer die Exportschnittstelle. Abbildung 3.17 zeigt den Inhalt und die Schnittstellen eines Moduls.

Jedes Modul stellt einige seiner Operationen anderen Modulen zur Verfügung. Andere Operationen hingegen werden lediglich intern benötigt. Dasselbe gilt für die Daten des Moduls, von denen manche nach außen zur Verfügung gestellt werden und andere im Modul verborgen und dadurch vor Zugriffen von außen geschützt sind. Exportierte Variablen werden in der Softwaretechnik allgemein als Sicherheitsrisiko angesehen. Sie sollen so weit wie möglich vermieden werden. Wir werden diesen Aspekt bei der Diskussion der abstrakten Datenstrukturen (Datenkapseln) noch genauer behandeln.

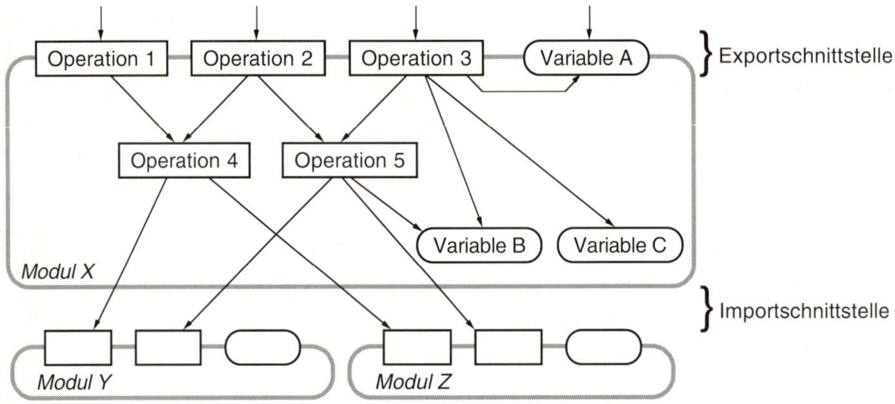

Abb 3.17: Schnittstellen eines Moduls

Eines der schwierigsten Probleme bei der Modularisierung stellt die Frage dar, welche Operationen mit welchen Daten in einem Modul zusammengefaßt werden sollen. Die folgenden Kriterien sollten berücksichtigt werden, um eine gute Modularisierung zu erreichen:

- Modulgeschlossenheit und Modulbindung
- Modulkopplung
- Minimalität der Schnittstelle
- Modulgröße
- Testbarkeit
- Interferenzfreiheit
- Importzahl
- Verwendungszahl
- Modulhierarchie

Unter *Modulgeschlossenheit* verstehen wir die Tatsache, daß ein Modul für eine in sich abgeschlossene Aufgabe zuständig ist. Der Begriff der *Modulbindung* steht damit in engem Zusammenhang. Wir verstehen darunter die Summe der Beziehungen, die zwischen den einzelnen

Operationen eines Moduls bestehen. Je nach Art des Moduls können bei der Modularisierung die Operationen oder die Daten im Vordergrund stehen.

- Ein *funktional zusammenhängendes Modul* faßt die zur Lösung einer Teilaufgabe erforderlichen Operationen zu einer Einheit zusammen.
- Ein *datenorientiert zusammenhängendes Modul* stellt die Daten in den Mittelpunkt des Interesses. Die Schnittstelle des Moduls ergibt sich aus der Überlegung, welche Operationen mit diesen Daten möglich sein sollen.

Sowohl bei einem funktional als auch bei einem datenorientiert zusammenhängenden Modul soll die Bindung zwischen den einzelnen Operationen und Daten möglichst stark sein. Das heißt, es soll keine Operationen und Daten geben, die in keinem Zusammenhang zueinander stehen.

Die *Modulkopplung* drückt aus, wie stark verschiedene Module untereinander verbunden sind. Je größer die Modulkopplung ist, desto mehr Schnittstellen gibt es, die beachtet werden müssen. Das erhöht die Gefahr von Mißverständnissen und von Fehlern. Darüber hinaus haben Änderungen in der Aufgabenstellung meist Konsequenzen für viele Module. Eine niedrige Modulkopplung kann daher als Maß für die Unabhängigkeit der Module angesehen werden. Eine hohe Modulkopplung deutet oft darauf hin, daß logisch zusammengehörende Operationen über mehrere Module verteilt sind. Sie ist damit gleichzeitig ein Indiz für eine niedrige Modulbindung. Eine Hauptursache für eine hohe Modulkopplung sind globale (exportierte) Daten. Schon das Vorhandensein globaler Daten allein verleitet zu einer undisziplinierten Verwendung von Modulschnittstellen. Besonders durch unkontrollierte Änderungen an solchen Daten können oft schwer aufzufindende Fehler entstehen.

Abbildung 3.18 zeigt, wie Modulkopplung und Modulbindung von der Anzahl der Module eines Programmsystems abhängen.

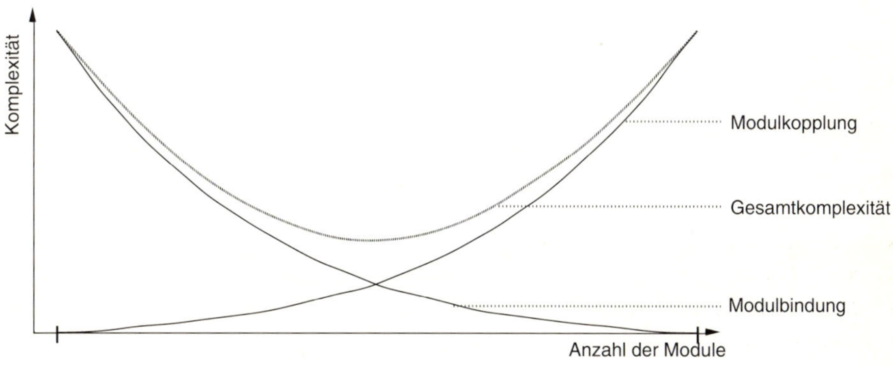

Abb. 3.18: Zusammenhang zwischen Modulkopplung und Modulbindung

Je weniger Module ein Programmsystem enthält, desto geringer ist im allgemeinen die Modulkopplung. Im Extremfall (nämlich dann, wenn es nur ein einziges Modul gibt, das alle Operationen enthält) ist die Modulkopplung gleich Null und die Modulbindung maximal. Wenn hingegen jede Operation in ein eigenes Modul verpackt wird, gibt es keine Modulbindung (keine Verbindung innerhalb eines Moduls), aber die Modulkopplung ist maximal. Wenn man die Komplexitäten addiert, die sich aus Modulkopplung und Modulbindung ergeben, erhält man eine

Summenkurve, die bei einer mittleren Anzahl von Modulen ihr Minimum erreicht. Wo dieses Minimum genau liegt, hängt von der Art des Programmsystems ab.

Die *Minimalität der Schnittstelle* steht in engem Zusammenhang mit der Modulkopplung. Je kleiner die Schnittstelle eines Moduls ist, desto geringer ist die Gefahr einer hohen Modulkopplung. Eine minimale Schnittstelle erkennt man daran, daß sie

- möglichst wenige (am besten gar keine) globale Daten,
- möglichst wenige exportierte Prozeduren und
- eine möglichst geringe Anzahl von Parametern

enthält. Bei einer guten (hohen) Modulbindung stehen alle Prozeduren eines Moduls in Beziehung zueinander. Je größer die Anzahl der exportierten Prozeduren ist, desto größer ist auch die Gefahr einer falschen Verwendung des Moduls (z. B. durch falsche Aufrufreihenfolge oder Fehlinterpretation von Wechselwirkungen). Je mehr Parameter eine Prozedur hat, desto schwieriger ist es, sie zu verwenden. In einem solchen Fall kann eine Zerlegung in mehrere Prozeduren manchmal Abhilfe schaffen.

Die *Modulgröße* wird häufig als ein einfaches Kriterium für die Modularisierung betrachtet. Meist wird dabei eine Maximalgröße in Zeilen oder Seiten angegeben. Es ist richtig, daß ein kleines Modul leichter zu überschauen und dadurch leichter zu verwenden und zu testen ist. Allerdings ist die Komplexität eines Moduls nicht ausschließlich durch seine Länge bestimmt. Vor allem datenorientiert zusammenhängende Module können oft viele Seiten lang sein. Sie sind aber trotzdem meist leicht zu verstehen, weil die mit den Daten arbeitenden Operationen üblicherweise kurz sind. Es wäre daher ein Fehler, beim Erreichen einer bestimmten Seitenanzahl eine Zerlegung in mehrere Module anzustreben und damit die (durch die Datenorientiertheit gegebene) starke Modulbindung aufzugeben. Für die Modulgröße läßt sich daher keine allgemein gültige Aussage treffen; ihre Bedeutung im Zusammenhang mit der Modularisierung wird oft überschätzt.

Eine gute *Testbarkeit* eines Moduls ist dann gegeben, wenn seine Korrektheit ohne Kenntnis seiner Einbettung in ein Gesamtsystem überprüft werden kann. Das bedeutet, daß sich eine hohe Modulkopplung (wenn ein Modul also mit vielen anderen Modulen in Beziehung steht) negativ auf die Testbarkeit auswirkt. Ein Modul kann auch umso einfacher getestet werden, je kleiner seine Schnittstelle ist.

Die *Interferenzfreiheit* sagt aus, daß ein Modul keine unerwünschten Nebenwirkungen auf andere Module hat. Nur wenn solche Nebenwirkungen vermieden werden, ist gewährleistet, daß ein Modul durch ein anderes Modul mit derselben Schnittstellendefinition ersetzt werden kann, ohne daß sich am Gesamtsystem etwas ändert. Die Interferenzfreiheit ist also ein wichtiges Kriterium für die Änderbarkeit und Erweiterbarkeit eines Programmsystems. Sie ist nicht gegeben, wenn ein Modul mehrere Aufgaben bearbeitet oder eine Aufgabe auf mehrere Module verteilt ist.

Die *Importzahl* eines Moduls gibt an, wie viele weitere Module für die Implementierung eines Moduls M benutzt werden. Eine hohe Importzahl kann eine Indiz für eine hohe Modulkopplung sein und damit auf mögliche Interferenzen hinweisen. Umgekehrt tritt eine niedrige Importzahl oft bei sehr großen Modulen auf, die sämtliche zu der Lösung einer Teilaufgabe erforderlichen Operationen zusammenfassen. Das kommt häufig vor, wenn ein Modul im Projektverlauf immer wieder erweitert wird. In einem solchen Fall sollten stark zusammenhängende Operationen innerhalb des Moduls gesucht und in einem neuen Modul zusammengefaßt werden.

Die *Verwendungszahl* eines Moduls gibt an, von wie vielen anderen Modulen es benutzt wird. Eine hohe durchschnittliche Verwendungszahl der Module eines Programmsystems ist ein Indiz für Allgemeinheit und eine hohe Wiederverwendbarkeit. Umgekehrt tritt eine hohe Verwendungszahl eines einzelnen Moduls auch dann auf, wenn dieses Modul nur eine Sammlung beliebiger unzusammenhängender Operationen enthält. Bei einer besonders hohen Verwendungszahl sollte also geprüft werden, ob das Modul auch eine starke Modulbindung aufweist. Eine niedrige Verwendungszahl kann (besonders bei sehr kleinen Modulen) auf eine übertriebene Zerlegung des Gesamtsystems hinweisen. In solchen Fällen kann die Komplexität des Gesamtsystems oft durch die Zusammenlegung einiger kleinerer Module reduziert werden.

Die *Modulhierarchie* großer Programmsysteme enthält typischerweise vier Ebenen:

- Ein *Steuermodul* steht an der Spitze der Programmhierarchie. Es hat meist Koordinationsaufgaben wahrzunehmen und ist unter anderem für Initialisierungen und Abschlußarbeiten zuständig. Ein typisches Steuermodul ist kurz; es besteht oft nur aus einigen wenigen Aufrufen von Prozeduren der zweiten Ebene, die dann die eigentliche Arbeit leisten.
- Unmittelbar unter dem Steuermodul liegt eine Vielzahl *problemorientierter Module*, in denen die Teilaufgaben des Programmsystems bearbeitet werden. In dieser Ebene steckt der eigentliche Algorithmus zur Problemlösung.
- In der dritten Ebene sind meist *Hilfsmodule* mit häufig benutzten Operationen anzutreffen. In dieser Schicht sind auch Module zur Implementierung von Datenstrukturen enthalten. Beispiele dafür sind Verwaltung von Listen und Tabellen.
- Die unterste Schicht bilden Module zur *Kommunikation mit der Hardware und mit dem Betriebssystem*. Hier findet man z. B. Module für die Ein-Ausgabe, sowie mathematische Funktionen und Zeichenkettenoperationen. Diese Module sind im allgemeinen nicht problemspezifisch, sondern werden in vielen Programmsystemen benutzt. Sie werden meist auch nicht vom Anwendungsprogrammierer geschrieben, sondern stehen in einer (vom Compilerhersteller gelieferten) Bibliothek zur Verfügung.

Bei einer guten Modularisierung sollte diese Ebeneneinteilung deutlich erkennbar sein. Bei einem Topdown-Entwurf entsteht eine derartige Hierarchie fast von selbst. Es können sich allerdings Abweichungen ergeben, die von Art und Umfang der zu bewältigenden Aufgaben abhängen. Bei stark algorithmisch orientierten Aufgaben wird z. B. die zweite Ebene eine dominante Rolle einnehmen. Vor allem bei kleinen Programmsystemen kann es auch geschehen, daß die zweite und dritte Ebene miteinander verschmelzen. Es können also keine klaren Richtlinien angegeben werden; eine gute Modularisierung hängt weitgehend vom Geschick und von der Erfahrung des Entwerfers ab.

Einer der häufigsten Fehler beim Programmentwurf besteht darin, daß von allem Anfang an Eigenschaften der verwendeten Programmiersprache, des Betriebssystems oder gar der zugrunde liegenden Hardware in die Modularisierung einfließen. Als Folge davon werden unnötig viele Details beim Grobentwurf mitberücksichtigt, die dann auch ihren Niederschlag in den Modulschnittstellen finden. Es entsteht eine starke Modulkopplung, die sich besonders bei der Fehlersuche und bei der Wartung negativ auswirkt. Darüber hinaus sind maschinenspezifische Einzelheiten so stark im Entwurf verankert, daß eine Portierung auf eine andere Zielmaschine auf größte Schwierigkeiten stößt. Im Sinne einer hohen Zuverlässigkeit und Wartbarkeit lohnt es sich daher, die oben angeführten Kriterien bei der Modularisierung im Kopf zu behalten.

Beim objektorientierten Entwurf besteht die Schwierigkeit darin, die richtigen Klassen zur Lösung einer Aufgabe zu finden. Ist dies gelungen, stellt die Modularisierung kaum noch ein Problem dar. Wenn für jede Objektklasse ein eigenes Modul vorgesehen wird, entsteht automatisch eine datenorientierte Modularisierung. Die resultierenden Module sind meist sehr klein und zeichnen sich durch eine starke Modulbindung und geringe Modulkopplung aus. Bezüglich der Minimalität der Schnittstellen gelten allerdings bei einem objektorientierten Entwurf andere Gesetze. Je umfangreicher eine Modulschnittstelle ist, desto mehr Operationen sind mit Objekten der entsprechenden Klasse möglich und desto höher ist die Chance auf eine gute Wiederverwendbarkeit.

An der Modulhierarchie ändert sich beim objektorientierten Entwurf nur wenig. Immer noch übernimmt ein Steuermodul die Koordination des Gesamtsystems und immer noch gibt es Basismodule (Basisklassen) für die Kommunikation mit Betriebssystem und Hardware. Der auffallendste Unterschied zu einem konventionellen Entwurf besteht darin, daß die zweite Schicht stark verkleinert ist oder überhaupt fehlt. Die Objektklassen (die Datenstrukturen repräsentieren) machen nun den Großteil der dritten Ebene aus; hier wird jetzt auch die meiste algorithmische Arbeit erledigt.

3.4.3.2 Abstrakte Datenstrukturen und abstrakte Datentypen

Eines der wichtigsten Einsatzgebiete von Modulen ist die Bildung von Datenkapseln. Wie bereits angedeutet, stellt der unbeschränkte Zugriff auf gemeinsame Daten eine Fehlerquelle ersten Ranges dar. Abbildung 3.19 zeigt, wie komplex die Zusammenhänge werden können, wenn bloß drei Operationen auf drei gemeinsame Datenbereiche zugreifen.

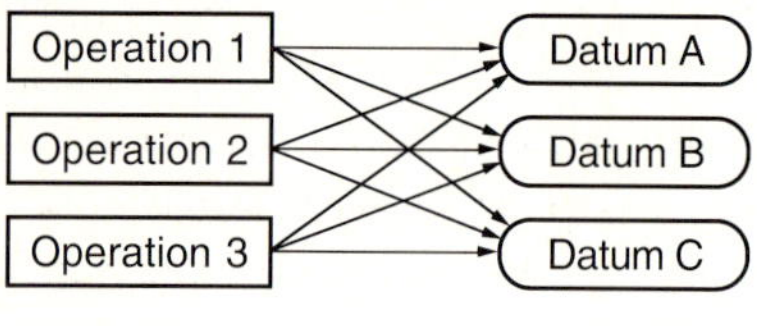

Abb. 3.19: Zugriff mehrerer Operationen auf gemeinsame Daten

Eine derartige Situation tritt praktisch in jedem größeren Programmsystem auf. Die Fehleranfälligkeit ist dabei noch relativ gering, wenn die Operationen lediglich einfache Daten (z. B. Zahlen) gemeinsam benutzen. Kritisch wird es allerdings, wenn schon die Daten eine komplexe Struktur haben. In diesem Fall bilden mehrere einfache Daten eine übergeordnete abstrakte Einheit. Zwischen den Einzeldaten können dabei komplexe Beziehungen bestehen. Das bedeutet, daß eine unbeabsichtigte Änderung an einer einzigen Variablen die Konsistenz einer ganzen Datenstruktur zerstören kann. In der oben dargestellten Situation müssen diese Konsistenzbedingungen in jeder einzelnen Operation beachtet werden. Wenn aus irgendwelchen Gründen eine Änderung an der Datenstruktur erforderlich wird, muß diese Änderung ebenfalls in jeder Operation berücksichtigt werden. Wenn auch nur eine einzige Operation übersehen wird, kann das ein Fehlverhalten des ganzen Programmsystems zur Folge haben.

Um derartigen Fehlern von vornherein vorzubeugen, werden komplexe Datenbestände am besten als *abstrakte Datenstrukturen* aufgefaßt. Das bedeutet, daß die Gesamtheit der Daten beim

Entwurf nur durch ihre Schnittstelle (welche Operationen sollen mit der Datenstruktur möglich sein?) spezifiziert wird. Das Ergebnis des Entwurfs ist eine Sammlung von Operationen, die auf (vorläufig noch unbekannte) gemeinsame Daten zugreifen. Die Operationen werden gemeinsam mit den Daten in einem Modul zusammengefaßt (siehe Abbildung 3.20).

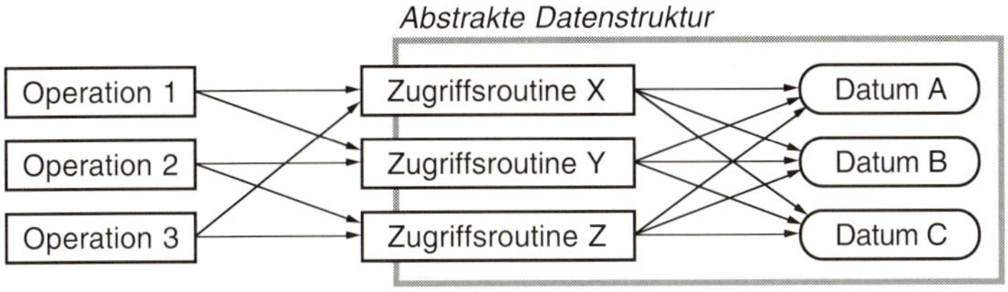

Abb. 3.20: Zugriff mehrerer Operationen auf eine abstrakte Datenstruktur

Auf die Daten kann nur noch mit Hilfe ausgezeichneter Operationen zugegriffen werden. Wir bezeichnen sie daher auch als *Zugriffsoperationen* oder *Zugriffsroutinen*. Durch diesen indirekten Zugriff ergeben sich Effizienzeinbußen, die sich aber nur in wenigen Ausnahmefällen negativ auf die Geschwindigkeit des Gesamtsystems auswirken. Hingegen hat eine derartige Programmorganisation einen sehr positiven Einfluß auf die Wartbarkeit. Da der konkrete Aufbau der Daten nur in den Zugriffsroutinen bekannt ist, sind auch nur diese von einer Änderung der Daten betroffen. Die Verantwortung für der Konsistenz der Datenstruktur ist daher an einer Stelle konzentriert. In Abschnitt 3.4.3.3 sind zwei Beispiele für abstrakte Datenstrukturen angegeben.

Eine abstrakte Datenstruktur kann nur zur Realisierung *eines* Datenbestandes verwendet werden. Es ist unmöglich, mehrere Exemplare einer solchen Datenstruktur gleichzeitig zu bearbeiten. Die *abstrakten Datentypen* bieten die Möglichkeit, mehrere gleichartige Datenbestände zu verwenden, ohne auf die Vorteile der Datenkapselung verzichten zu müssen. Wie bei den abstrakten Datenstrukturen werden auch hier Zugriffsroutinen verwendet, wobei jedoch die Daten nicht mehr im Modul gekapselt sind, sondern jeder einzelnen Operation als Parameter übergeben werden. Das folgende Beispiel zeigt, wie die Schnittstelle eines abstrakten Datentyps Text in Modula-2 durch ein Definitionsmodul beschrieben werden kann.

```
DEFINITION MODULE TextMod;

   TYPE Text;

   PROCEDURE NewText (VAR t:Text);
   PROCEDURE DisposeText (VAR t:Text);
   PROCEDURE AppendChar (VAR t:Text; ch:CHAR);
   PROCEDURE GetChar (t:Text; index:CARDINAL; VAR ch:CHAR);
   PROCEDURE TextLength (t:Text): CARDINAL;
   PROCEDURE InsertChar (VAR t:Text; before:CARDINAL; ch:CHAR);
   PROCEDURE DeleteChar (VAR t:Text; index:CARDINAL);

END TextMod.
```

Modula-2 bietet mit Hilfe der sogenannten *opaque types* („undurchsichtige Datentypen") die Möglichkeit, abstrakte Datentypen zu definieren. In diesem Definitionsmodul wird der Name

„Text“ lediglich als Datentyp definiert. Der konkrete Aufbau von Variablen dieses Typs bleibt vor dem Benutzer verborgen. Das folgende Programmfragment zeigt, wie das Modul *TextMod* verwendet werden kann, um einen Text einzulesen und die Textzeilen in umgekehrter Reihenfolge wieder auszugeben.

```
PROCEDURE ReadLine(VAR t:Text; VAR ok:BOOLEAN);
VAR ch:CHAR;
BEGIN
   InOut.Read(ch);
   ok:=InOut.Done;
   IF ok THEN
      NewText(t);
      WHILE InOut.Done & (ch#InOut.EOL) DO
         AppendChar(t,ch); InOut.Read(ch)
      END
   END
END ReadLine;

PROCEDURE WriteLine(t:Text);
VAR i:CARDINAL; ch:CHAR;
BEGIN
   FOR i:=1 TO TextLength(t) DO
      GetChar(t,ch); InOut.Write(ch)
   END;
   InOut.WriteLn
END WriteLine;

VAR
   line: ARRAY [1..1000] OF Text;
   n:  CARDINAL;
   ok:  BOOLEAN;

BEGIN
   n:=0;
   REPEAT
      INC(n);
      ReadLine(line[n],ok)
   UNTIL NOT ok;
   WHILE n>1 DO
      DEC(n);
      WriteLine(line[n]);
      DisposeText(line[n])
   END;
```

Man beachte, daß für jede Zeile ein neues Element des abstrakten Datentyps Text mit Hilfe der Prozedur NewText erzeugt und am Ende mit DisposeText wieder entfernt werden muß. Dieses Vorgehen ist typisch für das Arbeiten mit abstrakten Datentypen, da sie meist durch dynamische Datenstrukturen realisiert werden. Dieses Beispiel zeigt auch, daß die konkrete Realisierung des

Datentyps Text bei seiner Verwendung nicht bekannt sein muß. Die (im Modul TextMod verborgene) konkrete Datenstruktur könnte ein Feld, eine verkettete Liste oder sogar eine Datei sein.

Leider können nicht in allen Programmiersprachen abstrakte Datentypen so elegant wie in Modula-2 formuliert werden. In Ada muß z. B. die konkrete Datenstruktur in der Schnittstellenbeschreibung deklariert werden, wie das folgende Beispiel zeigt.

```
package TEXT_PACKAGE is

   type TEXT is private;

   procedure NEW_TEXT (t: out TEXT);
   procedure DISPOSE_TEXT (t: in out TEXT);
   procedure APPEND_CHAR (t: in out TEXT; ch: in CHARACTER);
   ...

private
   type TEXT_CHUNK;
   type TEXT is access TEXT_CHUNK;
   type TEXT_CHUNK is record
            len:  INTEGER;
            txt:  array (1..1024) of CHARACTER;
            next: TEXT_CHUNK;
   end record;

end TEXT_PACKAGE;
```

Die Sicherheit ist in Ada dadurch gewährleistet, daß der Compiler bei der Verwendung von Variablen des Typs TEXT einen Zugriff auf die Komponenten dieser Variablen verbietet (Deklaration als „private“).

In anderen Programmiersprachen (z. B. in C) ist überhaupt keine Möglichkeit zur Formulierung abstrakter Datentypen vorgesehen. Man muß sich in solchen Fällen dadurch behelfen, daß man einen konkreten Datentyp benutzt. Eine gängige Lösung besteht zum Beispiel darin, daß man für jedes Exemplar des abstrakten Datentyps eine eindeutige Nummer vergibt. Der Benutzer des abstrakten Datentyps arbeitet dann mit ganzen Zahlen; in der Implementierung kann beispielsweise eine Tabelle zur Abbildung der externen auf die interne Repräsentation verwendet werden.

3.4.3.3 Anwendung auf das Entwurfsbeispiel

Zu Beginn der Modularisierung ist es ratsam, sich einen Überblick über die gewünschte Funktionalität in Form eines Blockdiagramms oder – noch besser – eines Zustands-Übergangs-Diagramms zu verschaffen. Aus der Aufgabenstellung geht hervor, daß unser Programmsystem zwei Komponenten enthalten soll, in denen eine Kommunikation mit dem Benutzer stattfindet, nämlich einen Texteditor (zur Erstellung der Bewegungsbeschreibung) und den eigentlichen Simulator (zur Anzeige des Roboters auf dem Bildschirm). Unmittelbar nach dem Programmstart soll der Editor zur Verfügung stehen, von dem aus die Simulation gestartet werden kann. Aus der Sicht des Benutzers wäre es sicher wünschenswert, wenn man nach einer Simulation wieder in den Editor zurückkehren könnte, um Änderungen an der Bewegungsbeschreibung vorzunehmen und eine neue Simulation zu versuchen. Abbildung 3.21 zeigt, wie ein Programmablauf aussehen könnte.

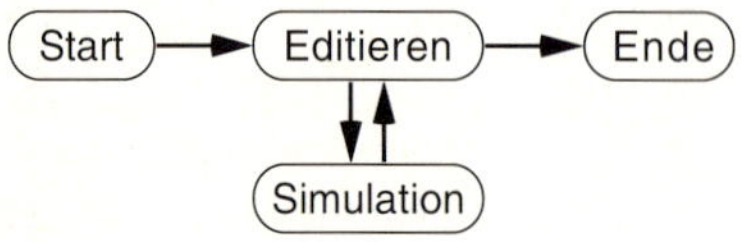

Abb. 3.21: Zustands-Übergangsdiagramm der Roboter-Simulation (1. Fassung)

In der Aufgabenstellung ist noch die Rede davon, daß jede Teilbewegung in Schritte zerlegt werden soll, und daß bestimmte Nebenbedingungen einzuhalten sind. Daraus ergibt sich, daß es noch eine zusätzliche Analysekomponente geben muß, die die vom Benutzer eingegebene Bewegungsbeschreibung liest, sie auf Fehler hin untersucht und bei Korrektheit eine Liste von einzelnen Schritten erzeugt. Bei Vorliegen eines Fehlers soll dem Benutzer eine entsprechende Meldung angezeigt und er aufgefordert werden, den Fehler zu korrigieren. Abbildung 3.22 zeigt den Programmablauf mit dieser Erweiterung.

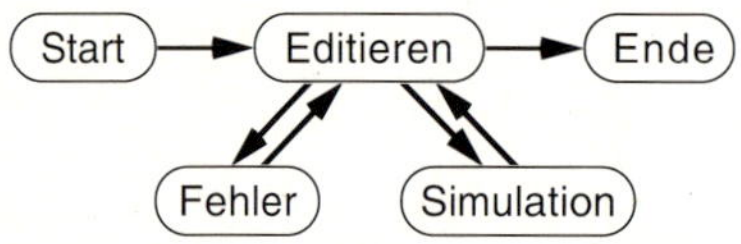

Abb. 3.22: Zustands-Übergangsdiagramm der Roboter-Simulation mit Fehlerbehandlung

Damit ist festgelegt, daß das Programmsystem ein Hauptmodul, einen Editor, einen Analysator und einen Simulator enthalten soll. Abbildung 3.23 zeigt den Steuerfluß und den Datenfluß zwischen diesen vier Komponenten.

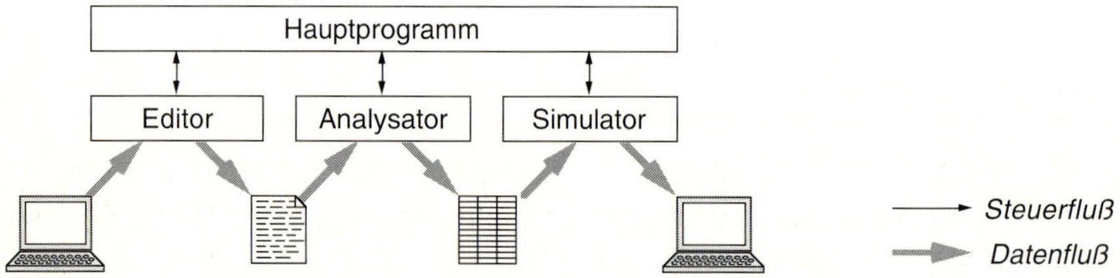

Abb. 3.23: Blockdiagramm der Roboter-Simulation

Wenn man für den vom Benutzer editierten Text und für die Liste der Einzelschritte jeweils ein eigenes (datenorientiertes) Modul vorsieht, kann man aus diesem Blockdiagramm fast ohne Änderungen unseren ersten Entwurf für die Modulhierarchie ableiten. Die einzigen Komponenten, die noch hinzukommen, sind ein Modul für die Ausgabe von Fehlermeldungen, eines für die grafische Anzeige des Roboters und Module für die Kommunikation mit dem Benutzer. Um von der späteren Zielmaschine möglichst unabhängig zu sein, sehen wir vorerst nur einen einzigen Ein/Ausgabeblock vor. Die Strukturierung dieses Blocks schieben wir vorläufig noch auf; wir werden sie erst dann vornehmen, wenn wir genau wissen, welche Operationen wir benötigen. Die Modulhierarchie hat damit die in Abbildung 3.24 dargestellte Gestalt. Die Module sind durch Rechtecke dargestellt; die Pfeile drücken Importbeziehungen aus.

Schon bei diesem Grobentwurf tritt die Einteilung der Hierarchie in die oben angeführten vier Ebenen klar zutage. Das Hauptprogramm wird lediglich die Aufgabe haben, die ihm direkt untergeordneten Operationen in der richtigen Reihenfolge aufzurufen. Die algorithmische Hauptaufgabe steckt in der Ebene 2, und die Module zur Verwaltung der Daten sind in der dritten Ebene angesiedelt. Der Ein/Ausgabe-Block (der wahrscheinlich später in mehrere einzelne Module zerfallen wird) bildet die Basis der Hierarchie. Da Lese- und Schreiboperationen fast immer vom Zielrechner und dem Betriebssystem abhängen, wird es sinnvoll sein, die benötigten Ein- und Ausgabe-Operationen selbst zu implementieren und in entsprechende Module zu verpacken. Die entsprechenden Prozeduren werden dann meist sehr kurz sein und nur passende Betriebssystemroutinen aufrufen. Ein derartiges Vorgehen hat den Vorteil, daß die darüberliegenden Ebenen von der Zielmaschine und vom Betriebssystem unabhängig sind. Bei einer Portierung auf einen anderen Rechner muß lediglich die vierte Ebene neu implementiert werden.

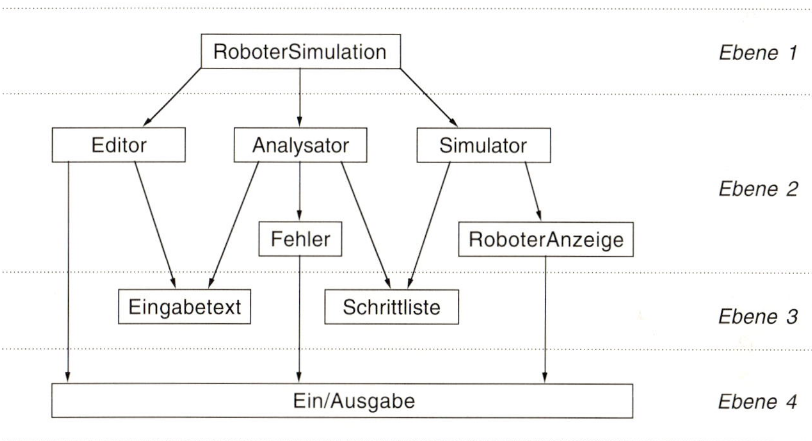

Abb. 3.24: Modulhierarchie der Roboter-Simulation

Der vorliegende Grobentwurf spiegelt noch nicht die endgültige Modulstruktur wieder. Insbesondere muß damit gerechnet werden, daß die drei Hauptkomponenten Editor, Analysator und Simulator so komplex werden, daß sie nicht mehr sinnvoll in jeweils einem einzigen Modul realisiert werden können. Wir können aber die weitere Zergliederung dieser Module vorläufig noch aufschieben und sie erst dann vornehmen, wenn wir uns gezielt den entsprechenden Komponenten zuwenden. Bei der Lösung dieser Teilprobleme kann man später wie bei der Strukturierung des Gesamtproblems vorgehen. Jede dieser Komponenten zerfällt dann wieder in ein „Hauptprogramm" und eine Reihe weiterer Module.

Zur Vervollständigung des Grobentwurfs fehlt noch die Spezifikation der Modulschnittstellen. Bevor man diese Aufgabe in Angriff nimmt, ist es sinnvoll, sich zu überlegen, welche Informationen man im Hauptprogramm braucht, damit die gewünschten Steueraufgaben erfüllt werden können. Wir nehmen an, daß der Benutzer vom Editor aus die Ablaufsteuerung vornimmt. Er hat zwei Möglichkeiten, einen Editiervorgang zu beenden: Er kann eine Analyse der Bewegungsbeschreibung und eine anschließende Simulation verlangen, und er kann das Programm beenden. Um diese beiden Fälle unterscheiden zu können, genügt ein boolescher Ausgangsparameter *ende*. In der oben angegebenen Modulhierarchie wurde bereits festgelegt, daß der Analysator direkt das Fehlermodul aufruft, wenn der Eingabetext nicht korrekt ist. Die einzige Information, die das Hauptprogramm vom Analysator braucht, ist eine Aussage darüber, ob die Analyse erfolgreich war oder nicht. Wir führen dazu ebenfalls einen booleschen Ausgangsparameter *ok* ein. Der Simulator hingegen benötigt keinen Ausgangsparameter. Er behält die Kontrolle, bis der Benutzer explizit die Simulation beendet. Es ist die Aufgabe des Hauptprogramms, anschließend wieder den Editor aufzurufen. Der erste Entwurf des Hauptprogramms hat mit diesen Überlegungen etwa die folgende Gestalt:

```
MODULE RoboterSimulation;

FROM Editor       IMPORT EditiereText;
FROM Analysator   IMPORT AnalysiereText;
FROM Simulator    IMPORT SimuliereBewegung;

VAR ende,ok:BOOLEAN;

BEGIN
  REPEAT
    EditiereText(ende);
    IF NOT ende THEN
      AnalysiereText(ok);
      IF ok THEN SimuliereBewegung END
    END
  UNTIL ende
END RoboterSimulation.
```

Da nun die Anforderungen des Steuerprogramms an die drei Hauptkomponenten feststehen, können deren Schnittstellen folgendermaßen spezifiziert werden:

```
DEFINITION MODULE Editor;
  PROCEDURE EditiereText (VAR ende:BOOLEAN);
END Editor.

DEFINITION MODULE Analysator;
  PROCEDURE AnalysiereText (VAR ok:BOOLEAN);
END Analysator.

DEFINITION MODULE Simulator;
  PROCEDURE SimuliereBewegung;
END Simulator.
```

Wir haben hier eine funktionsorientierte Modularisierung vorgenommen; jedes Modul ist für eine abgeschlossene Aufgabe zuständig.

Etwas schwieriger ist schon die Spezifikation der Schnittstelle des Fehlermoduls, da man in diesem Fall Annahmen darüber machen muß, welche Fehlerarten auftreten können. Eine einfache Lösung besteht darin, die Fehlerart durch einen Text und die Fehlerstelle durch den Index des ersten (anfang) und des letzten (ende) Zeichens des fehlerhaften Textteils in der Bewegungsbeschreibung zu kennzeichnen. Die Schnittstelle des Fehlermoduls hat damit die folgende Gestalt:

```
DEFINITION MODULE Fehler;
  PROCEDURE MeldeFehler (meldung:ARRAY OF CHAR; anfang,ende:CARDINAL);
END Fehler.
```

Die Schnittstellendefinitionen gestalten sich zunehmend schwieriger, je tiefer man in der Programmhierarchie kommt. Schon bei der Spezifikation der Schnittstelle des Fehlermoduls mußten wir Annahmen machen, die möglicherweise nicht problemadäquat sind. Es kann dadurch geschehen, daß der Implementierer der Analysekomponente unnötig eingeengt wird. Unter diesen Umständen ist eine Revision der Fehlerschnittstelle unvermeidlich. Die Anzeigekomponente (Modul RoboterAnzeige) wird ausschließlich vom Modul Simulator benutzt. Welche Anzeigeoperationen benötigt werden, ergibt sich aus den Anforderungen, die während der Entwicklung des Moduls Simulator entstehen. Erst dann ist es möglich, die Schnittstelle des Moduls RoboterAnzeige zu spezifizieren.

Ebenso schwierig sind die Schnittstellendefinitionen für die Module der Ebene 3. Um z. B. die Schnittstelle des Textmoduls vollständig festlegen zu können, braucht man Informationen darüber, welche Textoperationen der Editor und Analysator zur Lösung ihrer Aufgaben benötigen. Das ist aber in diesem Entwurfsstadium noch nicht möglich. Die beste Lösung besteht darin, ein abstraktes Modell für die Bewegungsbeschreibung aufzustellen und die Einzelheiten den Bearbeitern des Editors und der Analysekomponente zu überlassen. Wir führen dazu eine abstrakte Datenstruktur Eingabetext ein. Dasselbe gilt analog für die Schnittstelle der Schrittliste. Das folgende Beispiel zeigt, wie die Schnittstellen der Module Eingabetext und Schrittliste aussehen könnten:

```
DEFINITION MODULE Eingabetext;

(*Text-Manipulation*)
  PROCEDURE Laenge(): CARDINAL;
    (*   liefert die Anzahl der Zeichen des Eingabetextes  *)
  PROCEDURE Zeichen (i:CARDINAL): CHAR;
    (*   liefert das Zeichen an der Stelle i  *)
  PROCEDURE Ersetze (i:CARDINAL; z:CHAR);
    (*   ersetzt das Zeichen an der Stelle i durch das Zeichen z  *)
  PROCEDURE FuegeEin (i:CARDINAL; z:CHAR);
    (*   fügt das Zeichen z vor dem Zeichen mit dem Index i ein  *)
  PROCEDURE Loesche (i:CARDINAL);
    (*   entfernt das i-te Zeichen und rückt alle nachfolgenden Zeichen auf  *)
```

```
(*Text-Anzeige*)
   PROCEDURE OeffneTextFenster;
      (*   öffnet ein Fenster zur Textanzeige und -eingabe auf dem Bildschirm  *)
   PROCEDURE SchliesseTextFenster;
      (*   schließt das mit OeffneTextFenster geöffnete Fenster  *)
   PROCEDURE AktuellePosition(): CARDINAL;
      (*   liefert den Index des Zeichens, auf das der Cursors zeigt  *)
   PROCEDURE SetzePosition (i:CARDINAL);
      (*   setzt den Cursor auf das Zeichen mit dem Index i  *)

END Eingabetext.
```

```
DEFINITION MODULE Schrittliste;

TYPE
   Koordinate = [0..2000];
   Position = RECORD x,y,z:Koordinate END;

   PROCEDURE LoescheListe;
      (*   initialisiert die Schrittliste als leer  *)
   PROCEDURE ListenLaenge(): CARDINAL;
      (*   liefert die Anzahl der Schritte in der Schrittliste  *)
   PROCEDURE FuegeAn (pos:Position);
      (*   fügt den Schritt zur Position pos an die Schrittliste an  *)
   PROCEDURE HolePosition (i:CARDINAL; VAR pos:Position);
      (*   liefert den Zielpunkt pos des Schrittes mit dem Index i  *)

END Schrittliste.
```

Wir haben für beide Module das Datenkapselprinzip befolgt; auf eine Realisierung mit abstrakten Datentypen haben wir der Einfachheit halber verzichtet, da wir nur jeweils *einen* Eingabetext und *eine* Schrittliste benötigen.

3.4.4 Entwurf von Benutzerschnittstellen

Die Gestaltung der Benutzerschnittstelle ist eine Teilaufgabe der Entwurfsphase. Streng genommen muß diese Entwurfsaufgabe zum Großteil der Spezifikationsphase zugerechnet werden, weil die Art und Weise, wie das Programm bedient werden soll, schon in der Anforderungsdefinition verankert sein muß. Wir behandeln den Entwurf von Benutzerschnittstellen aber trotzdem im Abschnitt über Entwurf.

Wir werden in diesem Abschnitt die wichtigsten Prinzipien zur Gestaltung von Benutzerschnittstellen erläutern und im Abschluß daran zeigen, wie sie auf die im Abschnitt 3.4.2 gestellte Aufgabe angewandt werden können. Wir setzen dabei voraus, daß der Zielrechner, auf dem das Programmsystem zu implementieren ist, einige grundlegende Anforderungen zur Gestaltung einer modernen Benutzerschnittstelle erfüllt. Im einzelnen meinen wir damit:

- Grafischer Bildschirm
- Maus
- Fenstertechnik
- Menüs

In den Siebziger-Jahren wurden im Palo-Alto-Research-Center (PARC) von Xerox die ersten Programmsysteme mit den oben angeführten Benutzerschnittstellenelementen entwickelt. Seither hat sich diese Technik in vielen Anwendungsgebieten bewährt und ist heute auf den meisten Rechnern anzutreffen. Als Beispiele dafür seien nur der Macintosh von Apple und der IBM-PC mit dem Betriebssystem *Windows* von Microsoft erwähnt. Wir werden in den folgenden Abschnitten nur einige Punkte herausgreifen, die die Bequemlichkeit einer solchen Benutzerschnittstelle ausmachen. Auf eine detaillierte Erläuterung der Konzepte muß aus Platzgründen verzichtet werden. Wir verweisen den Leser dazu auf [Apple 1987], [Betts 1987] und [Laurel 1990].

3.4.4.1 Zustände

Interaktive Programme sind fast immer zustandsbehaftet. Ein Programmzustand in diesem Sinne ist eine Situation, in der der Benutzer nur eine beschränkte Anzahl von Operationen ausführen kann. Im Englischen wird dafür der Begriff *mode* verwendet. Man beachte, daß Programme während ihrer Ausführung immer auch einen inneren Zustand (engl. *state*) haben, der sich aber in der Regel nicht auf die Benutzung auswirkt.

Der Leitsatz „Avoid Modes“ hatte entscheidenden Einfluß auf die Gestaltung von Benutzerschnittstellen. Man erkannte, daß Zustände den Benutzer einengen und ihn dazu zwingen, von seiner natürlichen Arbeitsweise abzuweichen. Betrachten wir dazu das folgende einfache Modula-2-Programm zur Division zweier Zahlen.

```
MODULE Division;

FROM RealInOut IMPORT ReadReal, WriteReal;
FROM InOut IMPORT Done, WriteString, WriteLn;

VAR
  zaehler,nenner: REAL;

BEGIN
  WriteString("Zähler="); ReadReal(zaehler); WriteLn;
  IF NOT Done THEN RETURN END;
  WriteString("Nenner="); ReadReal(nenner); WriteLn;
  IF NOT Done THEN RETURN END;
  WriteString("Quotient="); WriteReal(zaehler/nenner); WriteLn;
END Division.
```

Wenn das Programm abläuft, entwickelt sich etwa folgender Dialog (Eingaben des Benutzers sind unterstrichen dargestellt):

```
Zähler=25
Nenner=3.1415926
Quotient=7.957747
```

Das Programm durchläuft nacheinander zwei Zustände. Im ersten Zustand kann nur der Zähler, im zweiten Zustand kann nur der Nenner eingegeben werden. Die Eingabe jeder Zahl kann mit der Return-Taste bestätigt oder mit der Escape-Taste abgebrochen werden. Der Programmablauf gleicht einem Frage-Antwort-Spiel, in dem der Computer die führende Rolle übernimmt. Der Benutzer kann nur die Fragen des Computers beantworten oder den Programmablauf ganz abbrechen. Wenn er bei der Eingabe des Nenners bemerkt, daß der zuvor eingegebene Wert des Zählers falsch ist, besteht die einzige Korrekturmöglichkeit darin, das Programm abzubrechen und es hinterher noch einmal neu zu starten. Bei einem so einfachen Programm wie dem hier gezeigten ist das noch nicht schwerwiegend; schlimm wird es erst, wenn das Programm vom Benutzer die Eingabe vieler Einzeldaten (z. B. Personaldaten eines Arbeitnehmers) verlangt. In solchen (leider auch heute noch häufig anzutreffenden) Situationen fühlt sich der Mensch als Knecht des Computers; er wird das Programm ablehnen, weil er es nicht als Arbeitserleichterung empfindet. Der in Abbildung 3.25 dargestellte Bildschirmausschnitt zeigt, wie die Berechnung eines Quotienten benutzerfreundlicher gestaltet werden kann.

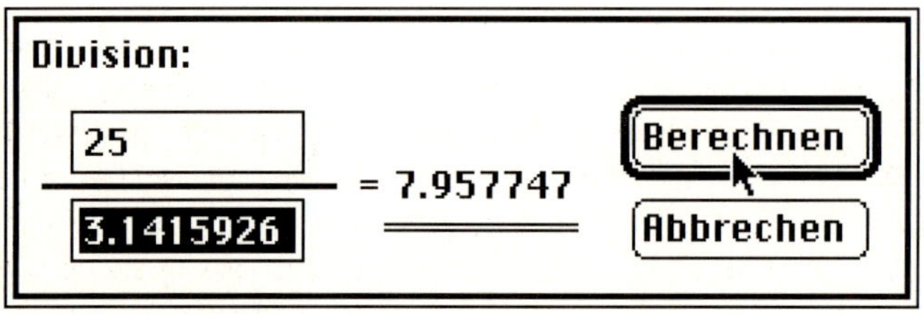

Abb. 3.25: Dialogfenster für Divisionen

Der Benutzer hat jetzt die Möglichkeit, Zähler und Nenner in beliebiger Reihenfolge einzugeben und auch nachträglich noch zu korrigieren. Er kann wiederholt eine Neuberechnung des Quotienten verlangen und schließlich das Programm abbrechen.

Aus der Sicht des Implementierers bedeutet diese Art des Benutzerdialogs einen erheblichen Mehraufwand. Es gibt nur noch einen einzigen Programmzustand, in dem der Benutzer entscheiden kann, was als nächstes zu tun ist. Die Aufgabe des Programms besteht nun darin, Benutzereingaben (sowohl Tastatureingaben als auch Zeigeoperationen mit der Maus) zu lesen und richtig zu interpretieren. Für das Programm sind die Benutzereingaben „Ereignisse", auf die es in geeigneter Weise reagieren muß. Das führt zum Begriff der *ereignisgesteuerten Programmierung.*

Leider ist es nicht möglich, alle Arten von Zuständen zu vermeiden. Ein Ziel des Benutzerschnittstellenentwurfs sollte es sein, jene Zustände zu eliminieren, die vom Benutzer als besonders störend empfunden werden. Die Fenstertechnik kann dabei wertvolle Dienste leisten. Mit ihrer Hilfe kann der Benutzer in mehreren Fenstern verschiedene Teilaufgaben gleichzeitig bearbeiten. Abbildung 3.26 zeigt einen Texteditor, einen Taschenrechner und ein Zeichenprogramm in drei verschiedenen Fenstern.

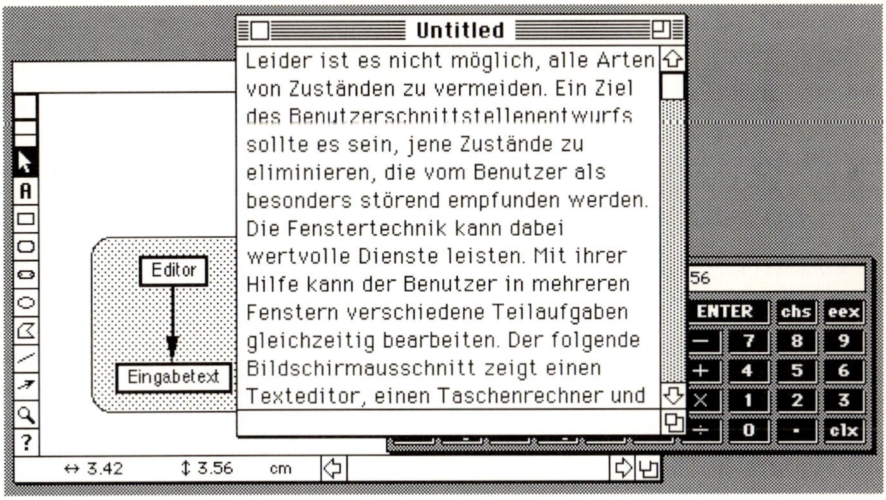

Abb. 3.26: Bildschirmausschnitt mit mehreren Fenstern

Es ist klar, daß hier drei verschiedene Zustände vorliegen: Der Benutzer kann entweder nur Text eingeben oder nur Zeichnungen bearbeiten oder nur Berechnungen durchführen, je nachdem, welches Fenster zuoberst liegt. Die Zustände stellen aber aus zwei Gründen keine schwerwiegenden Einschränkungen für den Benutzer dar: Erstens entsprechen sie der menschlichen Arbeitsweise; ein an seinem Schreibtisch sitzender Mensch kann in der Regel auch nicht gleichzeitig schreiben, zeichnen und rechnen. Zweitens können Zustandsübergänge bewußt und ohne großen Aufwand vom Benutzer herbeigeführt werden. Um z. B. vom Schreibzustand in den Rechenzustand umzuschalten, genügt es, den verdeckten Taschenrechner nach oben zu holen.

3.4.4.2 Elementaroperationen

Der Schlüssel zur Vermeidung von Zuständen liegt in der Zerlegung des gesamten Benutzerdialogs in einfache unteilbare Operationen. Was das bedeutet, kann am besten am Beispiel von Texteditoren erläutert werden. Die ersten interaktiven Texteditoren waren zeilenorientiert und wurden mit Hilfe einer Befehlssprache gesteuert. Um die ersten drei Zeilen eines Textes vor die zehnte Zeile zu verschieben, mußte z. B. ein Kommando wie move 1-3,10 verwendet werden. Diese Operation ist nur scheinbar einfach, was man daran erkennen kann, daß sie drei Parameter hat (Anfang und Ende des umzustellenden Textbereichs, Zielposition). In modernen Texteditoren wird dieselbe Operation in vier elementare Teiloperationen zerlegt:

- Auswahl der ersten drei Zeilen
- Menükommando „Cut“
- Versetzen der Einfügeposition vor die (frühere) Zeile 10
- Menükommando „Paste“

Für den Benutzer bedeutet dieses sogenannte *Cut-Copy-Paste-Prinzip*, daß er nach jedem Einzelschritt seine Meinung ändern und korrigierend eingreifen kann. Ein Kennzeichen dieses Prinzips besteht darin, daß zuerst festgelegt wird, *womit* etwas geschehen soll und dann erst, *was* geschehen soll, während bei den Kommandosprachen zuerst die Operation festgelegt und dann erst die Parameter angegeben wurden.

Es gibt aber auch Situationen, in denen eine nachträgliche Angabe von Parametern für einen Befehl nicht vermieden werden kann. Ein Beispiel dafür ist das Suchen und Ersetzen von Zeichenketten in Texten, das am besten mit Hilfe eines Dialogfensters gelöst wird, wie der in Abbildung 3.27 dargestellte Bildschirmausschnitt zeigt.

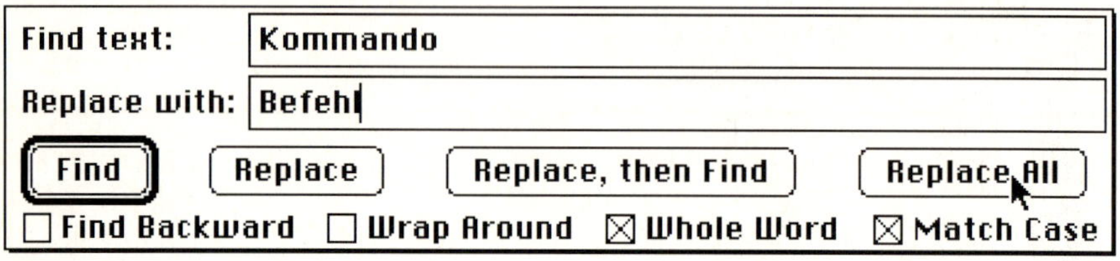

Abb. 3.27: Ein Dialog zum globalen Ersetzen in Texten

Da ein Fenster zur Eingabe von Zusatzinformationen einen Zustand bedeutet, sollte beim Benutzerschnittstellenentwurf versucht werden, solche Dialogfenster nur in Ausnahmefällen einzusetzen.

3.4.4.3 Menüs

Die Forderung zur Zerlegung des Benutzerdialogs in einfache Elementaroperationen bedeutet auch, daß die Eingabe von Befehlen durch möglichst wenige Einzelaktionen erfolgen soll. Menükommandos sind ein Mittel zur Erreichung dieses Ziels. Während die ersten modernen Benutzerschnittstellen mit sogenannten Popup-Menüs arbeiteten (durch Drücken einer bestimmten Maustaste konnte an jeder beliebigen Bildschirmposition ein Menü mit Befehlen aktiviert werden), haben sich heute die Pulldown-Menüs wegen Ihrer einfacheren Handhabbarkeit weitgehend durchgesetzt. Sie sind dadurch gekennzeichnet, daß auf dem Bildschirm ständig eine Zeile mit den Namen aller zur Verfügung stehenden Menüs sichtbar ist. Der Benutzer kann durch einen Mausklick in diesen sogenannten *Menübalken* alle zu einem Menü gehörenden Befehle anzeigen lassen und den gewünschten Befehl – ebenfalls mit der Maus – auswählen (siehe Abbildung 3.28). Popup-Menüs erlauben eine effizientere Bedienung, weil sie an beliebiger Stelle aufspringen und daher weniger Mausbewegungen erfordern. Pulldown-Menüs erlauben eine bessere Gliederung einer umfangreichen Befehlsmenge und sie mit einer Einknopf-Maus leichter zu bedienen.

Im Gegensatz zu früheren Systemen, bei denen Befehle in Textform eingegeben mußten, bedeuten Menüs eine erhebliche Arbeitserleichterung für den Benutzer. Das Erlernen einer zur Bedienung eines Programms erforderlichen Befehlssprache entfällt vollständig; statt dessen kann sich der Benutzer jederzeit über die zur Verfügung stehenden Befehle informieren. Besonders für den Laien und für den gelegentlichen Benutzer bedeutet das eine Entlastung des Gedächtnisses. Die Aufmerksamkeit des Benutzers wird nicht mehr von der Bedienung des Programms beansprucht, so daß er sich stärker auf die eigentliche Aufgabe konzentrieren kann.

Menübefehle können nach ihrer Funktion in drei Klassen eingeteilt werden:

- Sofort ausführbare Befehle
- Befehle mit Parametern
- Befehle zur Zustandsumschaltung

Wir benutzen das in Abbildung 3.28 gezeigte Beispiel zur Erläuterung dieser Befehlsklassen.

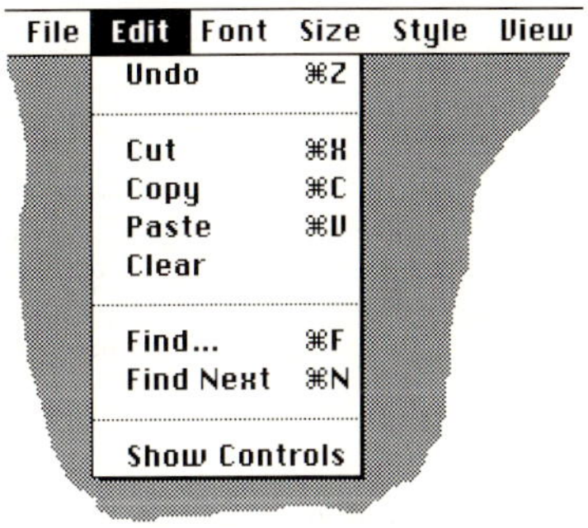

Abb. 3.28: Pulldown-Menü

Zu den direkt ausführbaren Befehlen gehören alle Menübefehle, die keine Parameter erfordern oder auf die gerade aktuelle Selektion wirken. Beispiele dafür sind die bereits erwähnten Befehle *Cut* und *Paste*. Diese Befehle sind Beispiele für unteilbare Elementaroperationen: Durch einen einfachen Mausklick veranlaßt der Benutzer das Programm zu einer Aktion, die in der Regel eine Bearbeitung von Daten bewirkt.

Befehle mit Parametern sind in ihrer Wirkung den Befehlen der ersten Klasse ähnlich. Der Hauptunterschied besteht in den Benutzeraktionen, die zu ihrer Ausführung erforderlich sind. Ein Beispiel dafür ist der Befehl *Find* zum Suchen bestimmter Zeichen in einem Texteditor. Dieser Befehl hat einen impliziten Parameter, nämlich die Stelle, ab der gesucht werden soll (üblicherweise ist das die aktuelle Cursorposition). Bei der Ausführung des Befehls wird der Benutzer zur Eingabe zusätzlicher Parameter (die zu suchenden Zeichen, Suchrichtung und so weiter) aufgefordert. Die Eingabeaufforderung wird üblicherweise mit Hilfe einer Maske (siehe Abschnitt 3.4.4.4) durchgeführt. Die Ausführung eines solchen Befehls erfordert also vom Benutzer mehrere aufeinanderfolgende Einzeleingaben. Um die wiederholte Ausführung eines Befehls mit denselben Parametern zu erleichtern, kann es nützlich sein, einen eigenen unmittelbar auszuführenden Menübefehl zu verwenden. Ein Beispiel dafür ist der Befehl *Find Next*.

Die dritte Klasse von Menübefehlen gilt nicht der Manipulation von Daten, sondern bewirkt eine Zustandsänderung, die sich auf zukünftige Befehle oder auf das Anzeigeformat der Daten auswirkt. Beispiele dafür sind Befehle zum Umschalten zwischen Einfüge- und Ersetzungsmodus und der Befehl *Show Controls* zur Anzeige der normalerweise nicht sichtbaren Steuerzeichen in einem Texteditor. Es ist bezeichnend für solche Menübefehle, daß sie einen bestimmten Zustand bei aufeinanderfolgenden Ausführungen abwechselnd ein- und ausschalten. Wegen dieser Doppelfunktion braucht der Benutzer ein Mittel, um die Wirkung der nächsten Befehlsausführung erkennen zu können. Für diese Art von Rückkopplung sind zwei Vorgehensweisen üblich: entweder wird der Menübefehl mit einer Markierung versehen, die anzeigt, ob der mit ihm verbundene Zustand gerade ein- oder ausgeschaltet ist, oder der Wortlaut des Befehls wird dem Zustand entsprechend so abgeändert, daß er Auskunft über die Wirkung der nächsten Befehlsausführung gibt. Abbildung 3.29 zeigt, wie das am Beispiel des Befehls *Show Controls* realisiert werden kann.

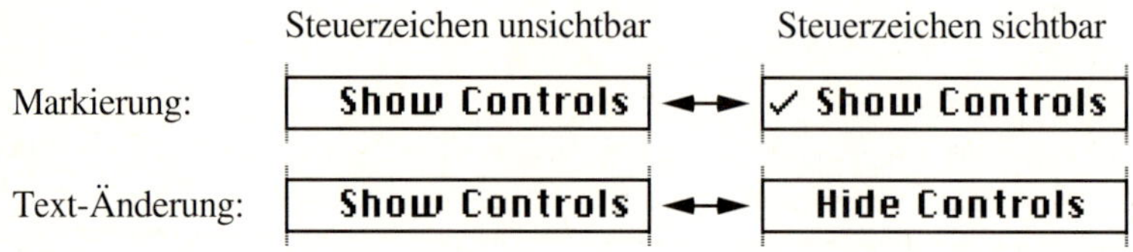

Abb. 3.29: Zustände eines Menübefehls

Häufig wird als Nachteil von Menübefehlen angeführt, daß sie in erster Linie für Laien gedacht seien, aber den geübten Anwender in seiner Arbeit behinderten. Diese Behauptung stimmt nur zum Teil; Studien haben gezeigt, daß bei den meisten Programmen nur ein Bruchteil der Bedienzeit auf die Auswahl von Menübefehlen entfällt. Das Argument der Zeitersparnis kann daher aus heutiger Sicht als unbegründet zurückgewiesen werden. Es ist allerdings richtig, daß der Arbeitsfluß unterbrochen wird, wenn die Hand von der Tastatur weggenommen und für die Ausführung eines Befehls zur Maus bewegt werden muß. In den meisten Menüsystemen gibt es daher die Möglichkeit, häufig verwendete Menübefehle auch mit speziellen Tastenkombinationen auszuführen. Von dieser Möglichkeit sollte jedoch sparsam Gebrauch gemacht werden. Es wird empfohlen, Tastaturabkürzungen erst nach umfangreichen Testsitzungen mit typischen Benutzern einzuführen.

Eine häufig vernachlässigte Aufgabe beim Entwurf eines Menüsystems ist die Auswahl des passenden Wortlautes der Menübefehle. Dabei gilt die Regel, daß die Befehle möglichst kurz und trotzdem aussagekräftig sein sollen. Was die Kürze betrifft, steht der Entwerfer eines deutschen Menüsystems vor einer schwierigeren Aufgabe als sein englischsprachiger Kollege. Man vergleiche nur die Menübefehle „Cut“, „Copy“, „Paste“ und „Clear“ mit ihren deutschen Gegenstücken „Ausschneiden“, „Kopieren“, „Einsetzen“ und „Löschen“. Die deutschen Befehlsbezeichner sind durchschnittlich mehr als doppelt so lang wie die englischen. Unabhängig von der verwendeten Sprache erhält man aussagekräftige Menübefehle, wenn man Verben benutzt, um die auszuführenden Aktionen zu beschreiben. Die Befehle „Show Controls“ und „Steuerzeichen zeigen“ sind beispielsweise wesentlich klarer als bloß „Controls“ und „Steuerzeichen“.

Beim Entwurf eines Menüsystems sollte auch darauf geachtet werden, ähnliche Befehle nahe beieinander im selben Menü unterzubringen. Je häufiger ein Befehl verwendet wird, desto weiter oben soll er im Menü anzutreffen sein, um überflüssige Mausbewegungen weitgehend zu vermeiden. Auch die Aufteilung der Befehle auf verschiedene Menüs ist ein wichtiges Gliederungsmittel; sie kann wesentlich zur Wahrung der Übersicht beitragen. In Macintosh-Programmen haben sich z. B. die folgenden Menügruppen im Laufe der Jahre bewährt und als Quasi-Standard durchgesetzt:

File Datei-Operationen, z. B. Öffnen, Schließen, Drucken und Sichern von Dokumenten
Edit Bearbeitungsoperationen, z. B. Cut, Copy, Paste und Clear

View	Wahl der Anzeigeform, z. B. Show Controls
Format	Allgemeine Gestaltungsmittel, z. B. Ausrichtungen und Wahl des Zeilenabstands
Font	Schriftarten
Style	Schriftstile, z. B. Bold, Italic, Underline
Size	Schriftgrößen
Pen	Linienattribute
Windows	Anzeige und Neuorganisation von Fenstern

Viele Menübefehle sind nur in bestimmten Zuständen ausführbar. Zum Beispiel hat der Befehl *Copy* nur dann einen Sinn, wenn im aktiven Fenster etwas selektiert ist. Es gibt drei grundsätzliche Möglichkeiten zur Behandlung der Situation, daß ein solcher Befehl in einem Zustand aufgerufen wird, in dem er nicht aufgerufen werden kann:

- *Der Befehl hat keine Wirkung.* Diese Variante ist am einfachsten zu implementieren, kann beim Benutzer aber Verwirrung auslösen, wenn der Befehl in bestimmten Situationen „nicht funktioniert".

- *Fehlermeldung.* Diese Möglichkeit ist der ersten vorzuziehen, weil der Benutzer informiert werden kann, warum die Ausführung dieses Befehls nicht möglich ist. Wenn dieselbe Situation aber mehrmals hintereinander auftritt, wird die immer wiederkehrende Fehlermeldung als störend empfunden.

- *Ausblenden des Befehls.* Am besten ist es, die Auswahl eines sinnlosen Befehls von vornherein unmöglich zu machen. Um dieses Ziel zu erreichen, soll aber der Befehl nicht aus dem Menü entfernt werden, um einen gelegentlichen Benutzer nicht zu verwirren und zu einer vergeblichen Suche nach dem Befehl zu veranlassen. Besser ist es, nicht ausführbare Befehle durch eine geeignete Anzeigeform zu markieren (z. B. durchgestrichen oder in einer anderen Farbe).

3.4.4.4 Masken

Der Begriff der „Bildschirmmaske" stammt aus einer Zeit, in der stark zustandsbehaftete Dialogprogramme die Regel waren. Der Benutzer konnte in jedem Zustand die gewünschten Informationen in dafür vorgesehene Felder eintragen. Der Zweck dieser Masken ist auch in den heutigen Dialogprogrammen noch immer derselbe. Das Erscheinungsbild hat sich aber durch den Einsatz der Fenstertechnik geändert. Als Folge davon werden auszufüllende Bildschirmformulare nicht mehr als elementare Gestaltungsmittel für den Benutzerdialog angesehen, sondern überwiegend verwendet, um Befehle mit zusätzlichen Parametern zu versorgen. Ein Beispiel dafür ist die in Abbildung 3.27 gezeigte Maske zum globalen Ersetzen.

Im Gegensatz zu den früheren Bildschirmmasken enthalten die heute verwendeten Formulare nicht bloß Felder für reine Texteingabe, sondern auch neue Gestaltungsmittel wie Druckknöpfe und Kästen, die angekreuzt werden können. Die Benutzerschnittstelle ähnelt dadurch mehr dem Schaltpult eines technischen Gerätes als einem Formular. Abbildung 3.30 zeigt, welche Benutzerschnittstellenelemente sich (inspiriert durch die Benutzerschnittstelle des Apple Macintosh) weitgehend durchgesetzt haben:

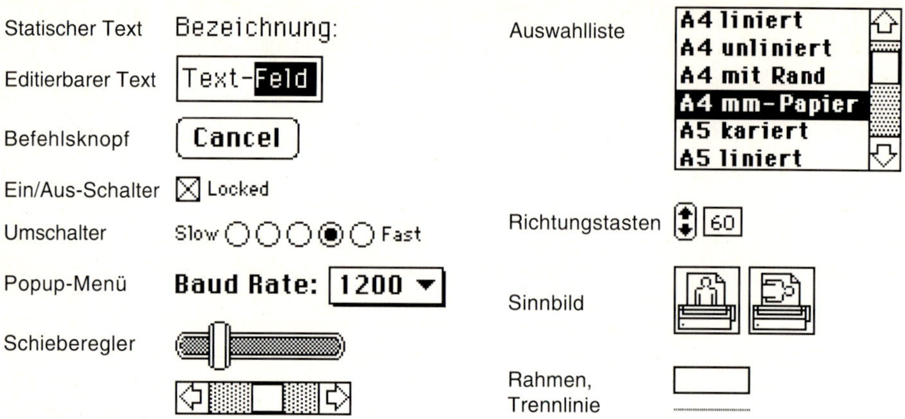

Abb. 3.30: Benutzerschnittstellenelemente

Statischer Text wird für Überschriften, Beschriftungen und Erläuterungen verwendet. Der Aufbau einer Maske sollte so gestaltet sein, daß man mit möglichst wenig statischem Text auskommt. Insbesondere sollen lange Erläuterungen durch adäquate Beschriftungen der vom Benutzer veränderbaren Elemente vermieden werden.

Editierbarer Text sollte nach Möglichkeit nur zur Eingabe von Zeichenketten (z. B. Namen) verwendet werden. Zur Eingabe von Zahlen stehen andere Benutzerschnittstellenelemente zur Verfügung, die eine Fehlbedienung weitgehend ausschließen (z. B. Richtungstasten und Schieberegler).

Befehlsknöpfe dienen zur Auslösung von sofort auszuführenden Aktionen. Typischerweise hat eine Eingabemaske einen „OK"-Knopf zur Bestätigung der Eingabe und einen „Cancel"-Knopf zum Abbrechen der Aktion.

Ein-Aus-Schalter dienen zum Einstellen von booleschen Werten. Beispiele dafür sind *Find Backward* und *Match Case* im in Abbildung 3.27 gezeigten Suchformular.

Umschalter werden zur Auswahl einer Alternative aus einer Reihe einander ausschließender Möglichkeiten verwendet. Dieses Gestaltungselement wird eingesetzt, wenn man zwischen mehr als zwei Elementen wählen kann, aber auch als Ersatz für einen Ein-Aus-Schalter, wenn die Bedeutung nicht durch die beiden Wahrheitswerte *true* und *false* beschrieben werden kann, z. B. „Baud Rate: ○1200 ◉2400". In „Grid Display: ○Off ◉On" ist dieses Gestaltungsmittel unpassend eingesetzt.

Popup-Menüs können als Alternative zu Umschaltern eingesetzt werden. Erst durch einen Mausklick in den eingerahmten Bereich wird eine Liste der zur Verfügung stehenden Möglichkeiten angeboten, aus der die gewünschte selektiert werden kann. Gegenüber Umschaltern haben Popup-Menüs den Vorteil, daß sie weniger Platz benötigen und beliebig (auch dynamisch) erweitert werden können. Sie haben aber den Nachteil, daß man im Normalfall nicht alle Auswahlmöglichkeiten vor Augen hat.

Schieberegler werden zur Eingabe von stetig veränderlichen Werten verwendet. Sie können dort eingesetzt werden, wo die Genauigkeit keine Rolle spielt, z. B. bei der Einstellung von Helligkeit oder Lautstärke.

Auswahllisten haben eine ähnliche Funktion wie Popup-Menüs. Sie werden benutzt, wenn so viele Möglichkeiten zur Auswahl stehen, daß sie in einem Menü nicht mehr angezeigt werden können.

Richtungstasten können zur Einstellung von Zahlen in diskreten Sprüngen benutzt werden. Sie funktionieren ähnlich wie der Einstellmechanismus einer Digitaluhr. Sie haben den Vorteil, daß eine Einschränkung des Zahlenbereichs einfach realisiert werden kann.

Sinnbilder (Icons, Piktogramme) können in vielen Fällen eine platzsparende Alternative zu verbalen Beschreibungen darstellen. Es sollte allerdings bedacht werden, daß der Entwurf solcher Piktogramme eine Kunst ist; es sollten möglichst nur selbsterklärende Bilder verwendet werden, am besten solche, die der Benutzer auch aus anderen Bereichen des täglichen Lebens kennt.

Rahmen- und Trennlinien dienen als optisches Strukturierungsmittel. Sie können zusätzlich zur räumlichen Anordnung verwendet werden, um eine Maske in zusammengehörende Funktionsblöcke zu gliedern.

Umfangreiche Masken mit vielen Einzelelementen sollten nach Möglichkeit vermieden werden. Ihre Verwendung kostet viel Zeit, weil der Benutzer jede einzelne Einstellung kontrollieren muß, auch wenn er nur ein einziges Feld festlegen möchte. Um einen guten Überblick zu gewährleisten, sollte eine Eingabemaske nicht mehr als zehn Einzelelemente enthalten. Wenn mehr Einstellmöglichkeiten benötigt werden, ist eine Aufteilung auf mehrere Masken (die durch verschiedene Befehle aufgerufen werden) zu erwägen.

In den meisten Fällen wird es sinnvoll sein, einmal gemachte Einstellungen (unter Umständen auch über mehrere Sitzungen hinweg) aufzubewahren und sie beim nächsten Aufruf desselben Befehls als Standardeinstellungen wieder zur Verfügung zu stellen. Der Grund dafür liegt darin, daß verschiedene Aktivierungen desselben Befehls meist mit ähnlichen Parametern erfolgen. Der Benutzer hat damit die Möglichkeit, bei wiederholten Aufrufen desselben Befehls die meisten Einstellungen unberücksichtigt zu lassen.

Die modernen grafischen Benutzerschnittstellen mit Fenstern und Menüs haben sich nicht nur wegen ihrer besseren Benutzbarkeit durchgesetzt, sondern auch aus ästhetischen Gründen. Es ist unumstritten, daß das Arbeiten mit einem hübschen Bildschirmaufbau mehr Spaß macht und daher als nicht so belastend empfunden wird wie eine zeichenorientierte Kommunikation mit dem Computer. In neueren Systemen wird daher besonderes Augenmerk auf ein ansprechendes Erscheinungsbild gelegt. Die Grafikfähigkeiten der Bildschirme werden ausgenutzt, um z. B. Knöpfen und Fenstern ein plastisches Aussehen zu verleihen; sie wirken dann wie dreidimensionale Objekte (siehe Abbildung 3.31). Solche Gestaltungsmittel sollten aber nur dann eingesetzt werden, wenn sie in der beabsichtigten Umgebung üblich sind. Es wäre falsch, die Einheitlichkeit einer Benutzerschnittstelle aus rein ästhetischen Gründen zu opfern.

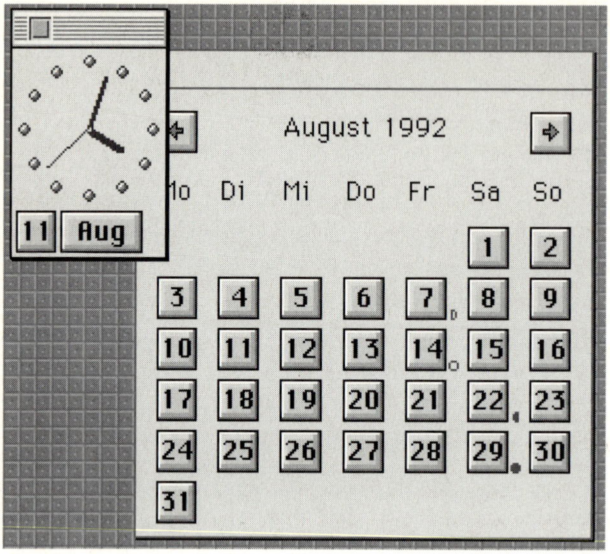

Abb. 3.31: Plastisch wirkende Benutzerschnittstelle

3.4.4.5 Farbe und Ton

Die heute zur Verfügung stehenden Bildschirme erlauben die gleichzeitige Anzeige von mehreren Millionen Farben. Diese Möglichkeiten haben viele Programmierer dazu verleitet, die Benutzerschnittstellen ihrer Programme möglichst bunt zu gestalten. Versuche haben allerdings gezeigt, daß die übermäßige Verwendung von Farbe den Benutzer von den wesentlichen Dingen ablenkt. Wir wollen daher im folgenden einige Richtlinien angeben, die beim Entwurf von farbigen Benutzerschnittstellen beachtet werden sollen [Apple 1987].

- Etwa jeder zwanzigste Mensch ist in irgendeiner Weise farbenblind. Um diesen Personenkreis von der Benutzung eines Programms nicht auszuschließen, darf Farbe nie als alleiniger Informationsträger verwendet werden. Eine Hervorhebung einer fehlerhaften Textstelle durch rote Schrift springt zwar für die meisten Menschen ins Auge, ist aber für einen rot-grünblinden Benutzer nur schwer oder gar nicht erkennbar. Eine andere Form der Hervorhebung (z. B. durch Invertierung des Textes) ist dem Einsatz von Farbe hier vorzuziehen.

- Langzeitstudien haben gezeigt, daß beim täglichen Arbeiten schwarze Schrift auf weißem Grund am besten lesbar ist. Bei einem schwarzen Hintergrund hat sich Bernstein als die augenverträglichste Farbe herausgestellt. Am schlechtesten lesbar ist Schrift in den Farben rot und blau, weil diese Farben an entgegengesetzten Enden des für den Menschen sichtbaren Spektrums liegen. Aufgrund ihrer extremen Wellenlängen haben diese Farben ihren Brennpunkt nicht genau auf der Netzhaut des Auges, sondern davor oder dahinter. Das Auge paßt sich beim Lesen eines roten oder blauen Textes zwar automatisch an diese Situation an, wegen der damit verbundenen Anstrengung kommt es aber zu frühzeitigen Ermüdungserscheinungen. Es wird daher empfohlen, bei der Anzeige von Text auf Farbe gänzlich zu verzichten.

- Die Farbe Rot dient allgemein als Signalfarbe für „Gefahr“. Es wäre jedoch falsch, Rot zur Kennzeichnung gefährlicher Aktionen zu verwenden, da das Auge des Benutzers durch rote Dinge angezogen wird. Eine „Unterstützung“ durch Farbe hätte in diesem Fall den genau umgekehrten Effekt.

- Helles Blau auf weißem Grund ist schwer erkennbar, vor allem dann, wenn es sich um kleine Objekte oder um dünne Linien handelt. Wichtige Dinge sollten daher nie in Blau angezeigt werden. Umgekehrt kann dieser Effekt ausgenutzt werden, um zum Beispiel Rasterlinien als unwichtig in den Hintergrund treten zu lassen.

- Allgemein sollte Farbe nur dort verwendet werden, wo es die Aufgabenstellung ausdrücklich verlangt, zum Beispiel in Grafikeditoren. In allen anderen Anwendungen sollte Farbe bestenfalls als *zusätzliches* Mittel zur Hervorhebung verwendet werden, niemals aber zur „Verschönerung“ einer Benutzerschnittstelle.

Während ältere Computer nur einen einfach Piepton von sich geben konnten, haben viele neuere Geräte einen Synthesizer eingebaut, der die Erzeugung von Tönen in HiFi-Qualität erlaubt. Ähnlich wie bei den Farbbildschirmen hat auch diese Entwicklung zu einer Überstrapazierung der Tonausgabe geführt. Die folgenden Richtlinien sollen einen Anhaltspunkt dafür geben, unter welchen Umständen Töne sinnvoll sind und wie sie gestaltet werden sollen.

- Geräusche sind ein hervorragendes Mittel, um Aufmerksamkeit zu erregen. Sie sollten daher auch nur in solchen Situationen eingesetzt werden, in denen die Aufmerksamkeit des Benutzers tatsächlich erforderlich ist, niemals aber zur „Untermalung“ anderer Aktionen. Sinnvolle Anwendungen von Tönen sind Fehlersituationen (z. B. leeres Papiermagazin während eines Druckvorgangs) sowie das Eintreten unerwarteter Ereignisse wie der Beendigung eines lange andauernden Vorganges (z. B. Datenübertragung).

- Töne sollten nur als Unterstreichung für eine auf dem Bildschirm angezeigte Meldung verwendet werden, aber nie als alleiniges Indiz für eine Ausnahmesituation. Es kann sonst leicht geschehen, daß eine wichtige Meldung überhört wird, weil der Benutzer schwerhörig ist, in einer lauten Umgebung arbeitet, oder weil er das Büro verlassen hat.

- Es kann sinnvoll sein, verschiedene Ereignisse durch verschiedene Töne zu signalisieren. Dabei sollte aber beachtet werden, daß in der Tonhöhe nahe beieinanderliegende Signale nur für ausgesprochen musikalische Benutzer klar unterscheidbar sind.

- Laute und grelle Töne sollten vermieden werden. Man denke nur an ein Großraumbüro, in dem in Abständen von einigen wenigen Minuten immer wieder ein anderer Computer einen Alarm von sich gibt. Aus demselben Grund sollten Melodien mit drei oder mehr aufeinanderfolgenden Tönen nicht eingesetzt werden; solche Signale werden als störend empfunden, wenn man sie zu oft hört.

- Auch in besonders dringenden Notfällen sollte ein Dauerton oder – noch schlimmer – ein andauerndes Staccato unter keinen Umständen verwendet werden. Solche Töne können Panik erzeugen und zu einem Fehlverhalten des Benutzers führen. Besser ist es, einen unaufdringlichen kurzen Ton zu verwenden, und diesen dafür in etwa einminütigen Abständen zu wiederholen, bis der Benutzer reagiert.

3.4.4.6 Konsistenz

Bei der Überlegung, welche Bedienelemente in einem Programmsystem verwendet werden sollen, sollte besonders auf Konsistenz geachtet werden. Oft werden neue Benutzerschnittstellenelemente eingeführt oder bestehende in ihrer Funktion geringfügig abgewandelt, um dem Benutzer ein effizienteres Arbeiten mit dem Programm zu ermöglichen. Solche Ideen können oft tatsächlich zu einer Vereinfachung von Arbeitsvorgängen beitragen. Wichtiger ist es jedoch, daß der Benutzer eine bekannte Umgebung vorfindet, in der er keine Überraschungen erlebt. Das bedeutet, daß ähnliche Dinge einander auch in ihrem optischen Erscheinungsbild ähnlich sein sollen, und daß verschiedene Dinge sich deutlich voneinander unterscheiden sollen. Das bedeutet insbesondere:

- Menübefehle mit ähnlichen Funktionen sollten auch in verschiedenen Programmen die gleiche Bezeichnung haben und auch räumlich gleich angeordnet sein.
- Tastaturabkürzungen für Menübefehle sollten unter allen Umständen einheitlich sein. Bevor eine unübliche Tastaturkombination eingeführt wird, sollte lieber auf diese Möglichkeit der Abkürzung verzichtet werden.
- Knöpfe mit ähnlichen Funktionen sollten ähnliche Beschriftungen tragen und auch in verschiedenen Masken immer an derselben relativen Position stehen.
- Masken zur Eingabe ähnlicher Funktionen sollten einander auch in ihrem Erscheinungsbild ähnlich sein.

Der Einheitlichkeit der Benutzerschnittstelle innerhalb eines Programms muß eine Selbstverständlichkeit sein. Darüber hinaus sollte aber auch beachtet werden, daß ein typischer Benutzer auf demselben Computer mit verschiedenen Programmen arbeitet. Die Akzeptanz eines neuen Programms hängt wesentlich davon ab, ob der Benutzer darin ähnliche Bedienmöglichkeiten vorfindet wie in Programmen, die er bereits verwendet. Jede Abweichung, aber auch jede Auslassung, kann dabei einen Störfaktor bedeuten. Wenn ein Benutzer z. B. gewohnt ist, daß er jede beliebige Aktion durch Drücken einer bestimmten Taste abbrechen kann, dann wird er zumindest irritiert sein, wenn diese Taste in einem neuen Programm keine oder gar eine andere Funktion hat.

Je höher die interne Konsistenz einer Benutzerschnittstelle und die Übereinstimmung mit den Benutzerschnittstellen anderer Programme ist, desto geringer ist der Aufwand, der zur Erlernung der Handhabung des Programms getrieben werden muß. Das bedeutet, daß in vielen Fällen auf umfangreiche Bedienungsanleitungen verzichtet werden kann. Andererseits kann der Zwang zur Einhaltung der Konsistenz wie jede andere Form der Standardisierung auch zu einer Einschränkung der Benutzerschnittstellenmöglichkeiten führen. Das kann dazu führen, daß revolutionäre Ideen aus Einheitlichkeitsgründen nicht realisiert werden. Ob eine neue Idee eine Abweichung von der Konsistenz rechtfertigt, kann man am besten durch Versuche mit typischen Benutzern anhand von Prototypen ermitteln.

3.4.4.7 Prototyping

Es ist eine schwierige Aufgabe, den Entwurf der Benutzerschnittstelle für ein neues Programm mit Papier und Bleistift vorzunehmen. Man kann auf diese Weise nur den beabsichtigten Aufbau von Bildschirmmasken festhalten und beschreiben, welche Befehle vorgesehen sind und welche Wirkung sie haben sollen. Damit sind die Möglichkeiten einer statischen Beschreibung erschöpft. Der Ablauf (die Dynamik) eines Programms kann auf diese Weise nicht beschrieben werden. Um in der Implementierungsphase keine unliebsamen Überraschungen zu erleben, ist es aber wesentlich, daß auch das Verhalten des Programms zu einem möglichst frühen Zeitpunkt definiert wird. Das beste Mittel dazu ist ein Prototyp für die Benutzerschnittstelle, mit dem typische Verarbeitungsschritte durchgespielt werden können. In einer solchen Experimentierphase können die meisten Bedienungsfragen gemeinsam mit dem Auftraggeber diskutiert und gelöst werden.

Es ist klar, daß die Implementierung eines Prototyps einen zusätzlichen Arbeitsaufwand bedeutet. Oft vergehen Wochen, bis der erste Prototyp für die wichtigsten Benutzerschnittstellenelemente realisiert ist, der sich dann bei den ersten Experimenten innerhalb weniger Stunden als unbrauchbar herausstellen kann. Die für die Herstellung des Prototyp aufgewendete Zeit ist aber nicht verloren; auch eine negative Erfahrung ist wertvoll, da sie hilft, spätere (teurere) Fehler in der Implementierungsphase zu vermeiden.

Der Aufwand für die Realisierung von Prototypen kann durch den Einsatz entsprechender Werkzeuge reduziert werden. Heute sind bereits viele Softwareprodukte erhältlich, die eine interaktive Beschreibung der Benutzerschnittstelle (meist in grafischer Form) ermöglichen. Die meisten dieser Werkzeuge erzeugen aus einer Benutzerschnittstellendefinition den Quelltext eines Programms, das diese Benutzerschnittstelle realisiert. Die für die Implementierung eines Prototyps benötigte Zeit kann damit von mehreren Wochen auf einige Stunden reduziert werden. Wir werden uns im Kapitel 7 noch ausführlicher mit Prototyping-Werkzeugen und ihren Möglichkeiten beschäftigen.

3.4.4.8 Anwendung auf das Entwurfsbeispiel

Wir wollen in diesem Abschnitt die Benutzerschnittstelle für unsere Roboteraufgabe so detailliert beschreiben, daß dieser Entwurf als Grundlage für die spätere Implementierung dienen kann. Wir setzen dabei voraus, daß die Implementierung auf einem Macintosh erfolgen soll und verwenden ein Prototyping-Werkzeug zur Modellierung der Benutzerschnittstelle. Die frühe Festlegung auf eine bestimmte Zielmaschine ist für uns deshalb wichtig, weil wir die auf diesem Computer geltenden Regeln zur Gestaltung von Benutzerschnittstellen einhalten wollen.

Die folgenden Abbildungen sind Bildschirmausschnitte, die während der Ausführung eines Prototyps für das Roboterprogramm entstanden. Aus den oben erwähnten Gründen können auf diese Weise leider nicht alle Details gezeigt werden, weil die Dynamik fehlt. Wir werden aber versuchen, diesen Mangel durch ausführlichere Beschreibungen anhand der Bilder wettzumachen.

Wir werden für unsere Aufgabe zwei verschiedene Fenster verwenden: ein Textfenster soll zur Eingabe der Bewegungsbeschreibung verwendet werden, und eine Bildschirmmaske soll zur Verfolgung des Bewegungsablaufes benutzt werden. Um die Robotersteuerung (Bewegung starten, anhalten und Einzelschritte ausführen) möglichst realitätsnahe zu gestalten, werden wir zu diesem Zweck Druckknöpfe in der Simulationsmaske vorsehen. Wir werden den Entwurf dieses Fensters als letztes vornehmen, können aber jetzt schon davon ausgehen, daß wir keine Menübefehle für die Robotersteuerung verwenden werden. Wir kommen daher mit den beiden Standardmenüs *File* und *Edit* aus, die in Abbildung 3.32 dargestellt sind.

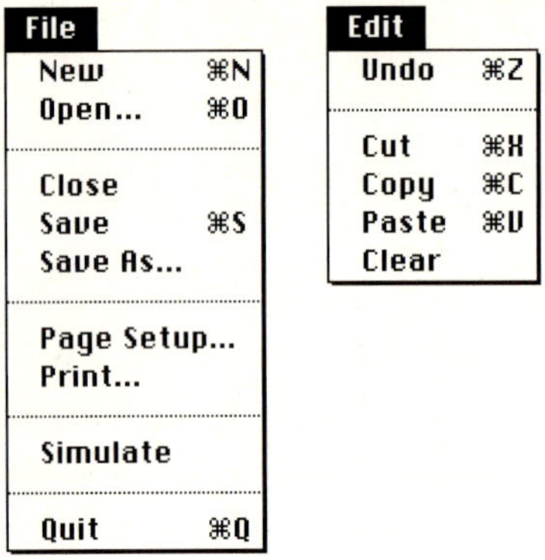

Abb 3.32: Menüs des Roboter-Simulators

Beide Menüs orientieren sich an der beim Macintosh üblichen Organisation der Befehle. Die meisten Befehle dienen zum Öffnen, Sichern, Drucken und Bearbeiten einer Bewegungsbeschreibung. Der einzige anwendungsspezifische Menübefehl ist *Simulate* im File-Menü.

Eine Bewegungsbeschreibung wird in einem einfachen Textfenster editiert. Wir verzichten an dieser Stelle auf eine ausführliche Beschreibung der Editiermöglichkeiten, sondern zeigen lediglich, wie sich dieses Fenster dem Benutzer präsentiert und in welcher Schriftart der Text angezeigt wird (Abbildung 3.33).

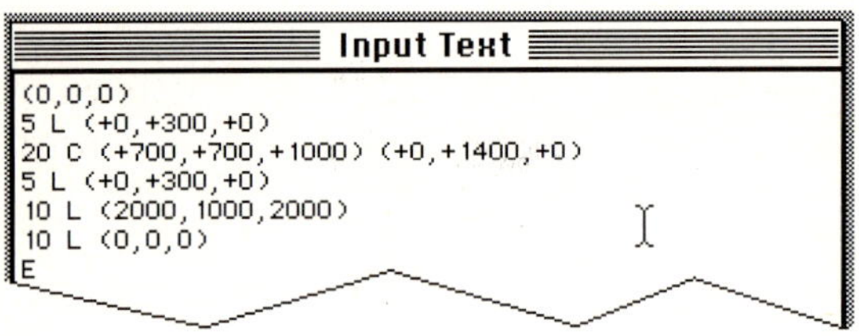

Abb. 3.33: Textfenster zur Eingabe der Bewegungsbeschreibung

Der Hauptteil der Entwurfsarbeit entfällt auf das Fenster, in dem der Bewegungsablauf des Roboters beobachtet und gesteuert werden kann. Laut Aufgabenstellung soll der Bewegungsablauf im Aufriß, Grundriß, Seitenriß und Schrägriß verfolgt werden können. Es ist sicher sinnvoll, den Großteil des Fensterinhalts für diese Anzeige zu reservieren. Darüber hinaus ist es wünschenswert, der Bewegung nicht nur grafisch sondern auch numerisch folgen zu können. Wir sehen daher zusätzlich eine (nicht in der Aufgabenstellung enthaltene) Anzeige der x-, y- und z-Koordinaten vor sowie eine Anzeige der aktuellen Schrittnummer. Zur Steuerung des Bewegungsablaufs brauchen wir drei Druckknöpfe: einen zum Starten und einen zum Anhalten des Roboters, sowie einen weiteren zur Durchführung von Einzelschritten. Zusätzlich sehen wir noch einen Knopf zur Beendigung der Simulation und damit zur Rückkehr in den Editor vor. Wir legen fest, daß die Druckknöpfe einander wechselseitig verriegeln sollen. Zum Beispiel soll der *Stop*-Knopf nicht betätigt werden können, wenn der Roboter gar keine Bewegung ausführt. Umgekehrt soll während der Ausführung einer Bewegung die Betätigung der Knöpfe *Run* und *Step* unmöglich sein. Diese wechselseitige Verriegelung von Befehlen ist eine dynamische

Programmeigenschaft. Sie kann am besten während eines Probelaufs des Prototyps festgelegt und kontrolliert werden. Abbildung 3.34 zeigt die fertige Benutzerschnittstelle für die Robotersimulation.

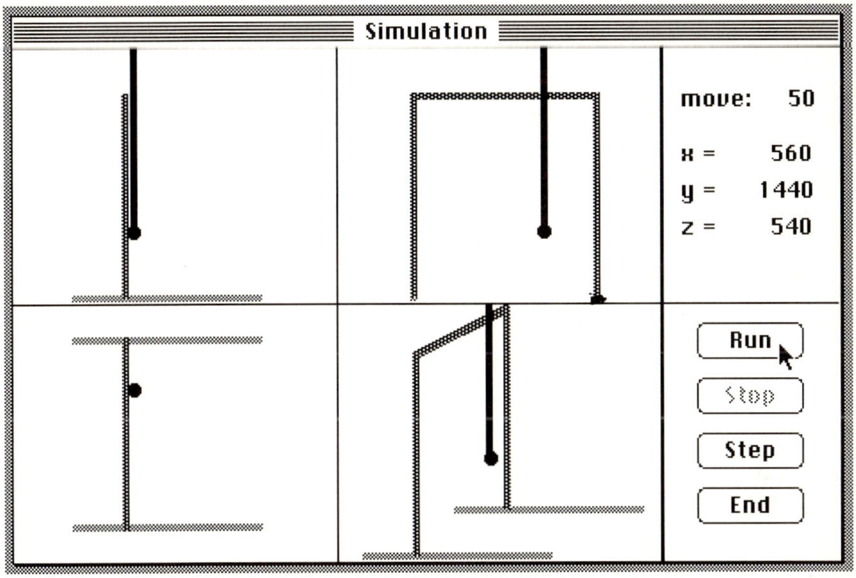

Abb. 3.34: Benutzerschnittstelle der Robotersimulation

Man beachte, daß in diesem Fenster Trennlinien verwendet werden, um das Bild in verschiedene Zonen aufzuteilen. Auf diese Weise kommt die verschiedene Bedeutung der einzelnen Fensterbereiche deutlicher zum Ausdruck.

3.4.5 Funktionsorientierter Entwurf

Wenn die Grobstruktur des Programmsystems festgelegt und die Benutzerschnittstelle definiert ist, kann mit dem Feinentwurf der bei der Modularisierung herauskristallisierten Teilaufgaben begonnen werden. Bei kleinen Problemen, deren Lösung auf der Hand liegt, kann auf eine eigene Entwurfsphase verzichtet und sofort mit der Implementierung begonnen werden. Je umfangreicher aber eine Aufgabe ist, desto schwieriger ist es, ihre Komplexität zu bewältigen. Bei großen Softwareprojekten ist es unmöglich, alle Details gleichzeitig im Kopf zu behalten.

Die Kernfrage beim Entwurf großer Programmsysteme ist, wie mit der Lösung der Aufgabe begonnen werden soll. Ein Anfänger auf dem Gebiet der Softwaretechnik wird sich – je nach seinen persönlichen Vorlieben und Fähigkeiten – sofort über eine ihm interessant erscheinende Teilaufgabe stürzen. Meist sind das die Kernprobleme, von denen der Entwerfer schon eine vage Lösungsidee hat. Das geht oft so weit, daß raffinierte Algorithmen und konkrete Datenstrukturen schon ganz am Anfang des Entwurfs bis ins letzte Detail festgelegt werden. Da aber zu diesem Zeitpunkt die genauen Zusammenhänge innerhalb des Gesamtproblems noch nicht bekannt sind, werden bei einem derartigen Vorgehen leicht Fehler gemacht, die später korrigiert werden müssen.

3.4.5.1 Schrittweise Verfeinerung

Die meisten bekannten Entwurfsverfahren sind funktionsorientiert, das heißt, sie stellen den Algorithmus zur Problemlösung in den Mittelpunkt des Interesses. Man geht dabei von einem Gedankenmodell aus, das am besten durch eine Skizze (Abbildung 3.35) veranschaulicht werden kann.

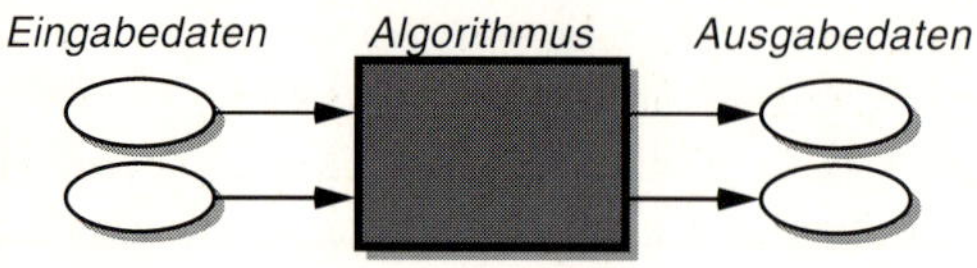

Abb. 3.35: Algorithmus als schwarzer Kasten

Man kann sich den Algorithmus als eine mathematische Funktion vorstellen, die aus gegebenen gesuchte Größen ermittelt. Am Anfang des Entwurfs ist der Algorithmus jedoch noch eine *Black Box*, ein schwarzer Kasten, dessen Inneres unbekannt sind. Je schwieriger die gestellte Aufgabe ist, desto umfangreicher wird im allgemeinen auch der zu ihrer Lösung erforderliche Algorithmus sein. Es ist daher zweckmäßig, wie bei der Modularisierung vorzugehen und die Aufgabe in voneinander möglichst unabhängige Teilaufgaben zu zerlegen, wobei die Algorithmen zur Lösung dieser Teilaufgaben wieder als schwarze Kästen betrachtet werden sollen. Die entstehende Gesamtlösung ist dann ein Netzwerk von miteinander kooperierenden Teilalgorithmen, wie es Abbildung 3.36 zeigt.

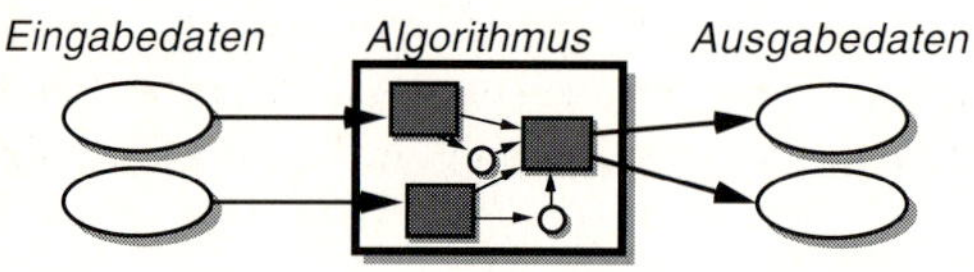

Abb. 3.36: Ergebnis des ersten Verfeinerungschrittes

Dieses Prinzip der Problemlösung wurde von Wirth [Wirth 1971] als *schrittweise Verfeinerung* (engl. *stepwise refinement*) bezeichnet. Die Idee, die dahinter steckt, kann durch zwei einfache Regeln beschrieben werden:

- Zerlege die Aufgabe in Teilaufgaben
- Betrachte jede Teilaufgabe für sich und zerlege sie wieder in Teilaufgaben

Die ständige Zerlegung großer Aufgaben in kleinere Teilaufgaben wird so lange fortgesetzt, bis die Teilaufgaben so einfach geworden sind, daß sie ohne weiteres durch Anweisungen in der gewählten Programmiersprache ausgedrückt werden können. Die Lösung einer Aufgabe ist bei dieser Vorgangsweise durch die folgenden Eigenschaften charakterisiert:

- Man beginnt bei jeder (Teil-)Aufgabe mit der Identifikation ihrer wesentlichen Bestandteile. Es reicht dabei aber nicht, diese Teilaufgaben bloß zu spezifizieren; man muß sich auch Klarheit darüber verschaffen, ob und wie die Lösungen dieser Teilaufgaben zur Gesamtlösung zusammengefügt werden können. Das bedeutet, daß der erste Entwurf eines Algorithmus durchaus schon Ablaufstrukturen enthalten kann. Der Zusammenhang der (vorläufig noch unbekannten) Teillösungen kann und soll in diesem Stadium schon durch Hintereinanderausführung, bedingte Ausführung und wiederholte Ausführung festgelegt werden.

- Einzelheiten sollen zum spätestmöglichen Zeitpunkt behandelt werden. Das bedeutet, daß man sich nach der Zerlegung einer Aufgabe in passende Teilaufgaben noch keine Gedanken darüber machen soll, wie die Lösungen dieser Teilaufgaben aussehen könnten. Zuerst muß der Zusammenhang der Teilaufgaben klar sein, dann erst soll die Lösung jeder Teilaufgabe für sich (das heißt unter weitgehender Vernachlässigung ihrer Einbettung in das Gesamtsystem) in Angriff genommen werden. Dadurch ist sichergestellt, daß kritische Entscheidungen erst dann gefällt werden, wenn bereits viele Informationen über den Zusammenhang der Teilaufgaben vorliegen. Folgenschwere Fehler können dadurch leichter vermieden werden.

- Das Prinzip der schrittweisen Verfeinerung ist durch eine ständige Komplexitätsverminderung während des Entwurfsprozesses gekennzeichnet. Wenn zum Beispiel eine Aufgabe A durch die sequentielle Lösung dreier Teilaufgaben B, C und D gelöst werden kann, ist man versucht, diese Zerlegung als trivial und wenig nutzbringend einzuschätzen. Tatsache ist aber, daß die Lösung jeder einzelnen dieser drei Teilaufgaben erheblich einfacher ist als die Lösung der Gesamtaufgabe. In manchen Fällen kann man sogar beobachten, daß sich ein scheinbar unlösbares Problem durch ständige Zerlegung in Teilprobleme fast von selbst löst.

- Die Teilaufgaben werden zunehmend konkreter und erfordern zu ihrer Lösung immer detailliertere Informationen. Das bedeutet, daß nicht nur die Algorithmen, sondern auch die Daten, mit denen sie arbeiten (in Abbildung 3.36 durch kleine Kreise dargestellt) ständig verfeinert werden. Die Konkretisierung der Daten sollte auch ihren Niederschlag in den Schnittstellen der Teillösungen finden. Es empfiehlt sich, in den ersten Entwurfsschritten mit abstrakten Datenstrukturen oder abstrakten Datentypen zu arbeiten, deren konkreter Aufbau erst dann festgelegt wird, wenn die letzten Teilaufgaben nicht mehr ohne seine Kenntnis gelöst werden könnten.

- Während der schrittweisen Verfeinerung muß ständig geprüft werden, ob die bisherige Zerlegung im Licht der weiteren Verfeinerung fortgeführt werden kann oder verworfen werden muß.

So einfach dieses Verfahren auf den ersten Blick auch erscheinen mag, muß doch vor voreiligem Optimismus gewarnt werden. Die wichtigsten Zerlegungsentscheidungen müssen gleich am Anfang getroffen werden, wenn man noch wenig weiß. Man ist deshalb kaum in der Lage, dieses Verfahren konsequent durchzuziehen. Wenn der Entwurf ins Stocken gerät, erliegt man leicht der Versuchung, die Situation durch Sonderfallbehandlungen in bereits entworfenen Teilalgorithmen zu retten. Auf diese Weise entsteht aber ein Flickwerk, dessen Unzulänglichkeiten sich oft als katastrophal erweisen, wenn Änderungen an der Aufgabenstellung ein Neuüberdenken des Entwurfs erforderlich machen. Besser ist es, im Entwurf einige Schritte zurückzugehen und die falsche Entwurfsentscheidung ausfindig zu machen. Das bedeutet zwar, daß einige Teilprobleme neu gelöst werden müssen, führt aber wahrscheinlich zu einer besseren Strukturierung der Gesamtlösung. Die zur Korrektur des Fehlers erforderliche Mehrarbeit sollte dabei nicht als verlorene Zeit betrachtet werden. Schließlich wurden dabei wertvolle Informationen gesammelt, die bei späteren Entwurfsentscheidungen von Nutzen sein können.

3.4.5.2 Anwendung auf das Entwurfsbeispiel

Als Beispiel für den Einsatz der schrittweisen Verfeinerung wollen wir in diesem Abschnitt zeigen, wie Teile des Simulators (siehe Abschnitt 3.4.3.3) mit dieser Technik realisiert werden können. Wir werden dabei nicht die gesamte Simulationsaufgabe lösen; um das Prinzip der schrittweisen Verfeinerung zu erläutern, beschränken wir uns darauf, einen Teil der Simulationsaufgabe so weit zu lösen, daß als Ergebnis Prozeduren entstehen, die ohne weiteres in eine konkrete Programmiersprache übertragen werden können.

In Abschnitt 3.4.3.3 haben wir die folgende Schnittstellendefinition für den Simulator angegeben:

```
DEFINITION MODULE Simulator;
   PROCEDURE SimuliereBewegung;
END Simulator.
```

Aus der Aufgabenstellung geht hervor, daß die Prozedur SimuliereBewegung die folgenden Teilaufgaben hat:

- Initialisierung: Öffnen des Fensters
- Lesen von Benutzereingaben (für uns sind hier nur Mausklicks von Interesse)
- Interpretieren der Benutzereingaben: Ausführen der gewünschten Aktionen
- Terminierung: Schließen des Fensters

Das Hauptproblem bei der Simulation ist die korrekte Interpretation der Benutzereingaben, die in unserem Fall lediglich aus dem Drücken von Knöpfen bestehen. Nach dem bisher Gesagten müssen diese Aufgaben jedoch als Details angesehen werden, deren Lösung vorläufig noch aufgeschoben werden soll. Wir beginnen daher mit dem „Hauptprogramm" des Simulators und überlegen, aus welchen Teilaufgaben es sich zusammensetzt. Der erste Entwurfsschritt wird daher darin bestehen, einen „vorläufigen" Algorithmus für den Ablauf einer Simulation anzugeben. Dabei kommt es noch nicht auf Vollständigkeit und Korrektheit an; wir wollen lediglich eine Vorlage haben, anhand derer die weitere Vorgangsweise geplant werden kann. Wir gehen davon aus, daß die Simulation in kontinuierlich ablaufende Einzelschritte zerlegt wird, zwischen denen Benutzereingaben akzeptiert werden. Der erste Algorithmus-Entwurf könnte etwa so aussehen:

```
Initialisiere;
LiesEingabe(↑eingabe);
while eingabe ≠ End-Knopf do
   InterpretiereEingabe(↓eingabe);
   LiesEingabe(↑eingabe);
end;
Terminiere
```

Man sieht an diesem ersten Entwurf bereits, daß man mit der Lösung der Aufgabe wahrscheinlich nicht weit kommt, ohne sich Gedanken über die Repräsentation von Benutzereingaben zu machen. In Abschnitt 3.4.4.8 haben wir festgelegt, daß die Steuerung der Simulation mit Hilfe der vier Knöpfe *Run*, *Stop*, *Step* und *End* erfolgen soll. Darüber hinaus muß aber beachtet werden, daß mit dem Drücken des *Run*-Knopfes die Simulation selbsttätig abzulaufen beginnt, bis einer der beiden Knöpfe *Stop* oder *End* betätigt wird. Das bedeutet, daß die Aktion InterpretiereEingabe nicht nur wissen muß, welcher Knopf betätigt wurde, sondern auch, ob überhaupt eine Benutzereingabe erfolgte. Mit diesen Informationen kann der Datentyp BenutzerEingabe folgendermaßen festgelegt werden:

```
TYPE
  BenutzerEingabe = (runKnopf, stopKnopf, stepKnopf, endKnopf, keinKnopf);
```

Für den Ablauf der Simulation bedeutet das, daß die Aktion LiesEingabe nicht wartet, bis der Benutzer einen Knopf betätigt hat, sondern sofort mit dem Code keinKnopf zurückkehrt, wenn seit der letzten Abfrage keine Benutzereingabe erfolgte. Die bisher vorliegenden Informationen reichen aus, um die Prozedur SimuliereBewegung vollständig in Modula-2 zu formulieren:

```
PROCEDURE SimuliereBewegung;
VAR
  eingabe: BenutzerEingabe;
BEGIN
  Initialisiere;
  LiesEingabe(eingabe);
  WHILE eingabe#endKnopf DO
    InterpretiereEingabe(eingabe);
    LiesEingabe(eingabe)
  END;
  Terminiere
END SimuliereBewegung;
```

Der erste Entwurfsschritt kann damit als abgeschlossen betrachtet werden. Die Aktion SimuliereBewegung wurde verfeinert; dabei sind neue Aktionen (Initialisiere, LiesEingabe, InterpretiereEingabe und Terminiere) entstanden, die noch verfeinert werden müssen.

Nun stellt sich die Frage, mit welcher Teilaufgabe der Entwurfsprozeß fortgesetzt werden soll. Dazu bieten sich vier Vorgehensweisen an:

- Verfeinerung der Teilaufgaben in *sequentieller Reihenfolge*: Dieses Vorgehen ist besonders dann angebracht, wenn ein Algorithmus in nacheinander auszuführende Teilaufgaben zerfällt, wobei die Ergebnisse einer Teilaufgabe gleichzeitig die Eingabedaten der nächsten sind. In unserem Fall ist das unangebracht, weil die erste Aktion unseres Algorithmus dafür verantwortlich ist, einen sinnvollen Anfangszustand für die folgenden Aktionen herzustellen. Es ist aber noch nicht bekannt, welche Bedingungen erfüllt sein müssen, damit diese Aktionen funktionieren. Insbesondere gibt es noch keine Anhaltspunkte, welche Zustandsvariablen bei der Initialisierung neben dem Öffnen des Fensters eingestellt werden müssen.
- Verfeinerung in der Reihenfolge des *Datenflusses*: Bei vielen Aufgaben bestimmt die Struktur der Eingabedaten den Ablauf des Algorithmus. Das ist vor allem dann der Fall, wenn erst durch eine Analyse der Eingabedaten festgestellt werden kann, welche weiteren Aktionen möglich sind. Gerade bei Dialogprogrammen, in denen die Vielfalt der möglichen Benutzereingaben den Ablauf bestimmt, führt diese Vorgehensweise am ehesten zum Ziel.
- Rückschluß von den gewünschten *Ausgabedaten*: Vor allem in kaufmännischen Anwendungen weiß man oft nur genau, welche Ergebnisse gewünscht sind. Welche Eingabe-

daten dafür erforderlich sind, weiß man manchmal erst, wenn man bereits den Algorithmus zur Berechnung der Ergebnisse kennt. In solchen Fällen ist es daher sinnvoll, den Prozeß der schrittweisen Verfeinerung mit den letzten Algorithmen (jenen, die das Endergebnis liefern) zu beginnen.

- Verfeinerung nach der *Hardest-First*-Methode: Bei der schrittweisen Verfeinerung kann es immer wieder geschehen, daß wegen unzureichender Informationen Fehlentscheidungen getroffen werden. Um möglichst früh zu möglichst vielen Detailinformationen zu kommen, empfiehlt es sich daher besonders bei komplexen Zusammenhängen, mit der schwierigsten Teilaufgabe zu beginnen. Auf diese Weise kann zumindest vermieden werden, daß durch falsche Annahmen, die bei der Verfeinerung anderer Teilaufgaben gemacht wurden, die Lösung der kompliziertesten Teilaufgabe noch schwieriger wird. Leider ist oft nicht abzuschätzen, welche Teilaufgabe die schwierigste ist.

Diesen Kriterien folgend, sollte im nächsten Schritt die Aktion LiesEingabe verfeinert werden. Da die Lösung dieser Aufgabe jedoch Kenntnisse über die Fensterverwaltung und die Behandlung von Druckknöpfen erfordert, werden wir hier aus didaktischen Gründen auf ihre Lösung überhaupt verzichten. Wir wenden uns statt dessen der Operation InterpretiereEingabe zu. Ihre Aufgabe besteht darin, aufgrund der Benutzeraktion zu entscheiden, welche Aktion als nächste auszuführen ist. Wir wählen als Grundgerüst für den Algorithmus eine Mehrfach-Fallunterscheidung, in der weitere noch nicht verfeinerte Aktionen aufgerufen werden. Die Operation InterpretiereEingabe entscheidet lediglich, *welche* Operationen bei den verschiedenen Benutzereingaben auszuführen sind, und delegiert die Lösung dieser Teilaufgaben an weitere Prozeduren. Der Algorithmus hat damit die folgende Struktur:

```
PROCEDURE InterpretiereEingabe(eingabe:BenutzerEingabe);
BEGIN
  CASE eingabe OF
     runKnopf:  BewegungStarten
  |  stopKnopf: BewegungAnhalten
  |  stepKnopf: EinzelschrittAusfuehren
  |  endKnopf:  (*keine Aktion*)
  |  keinKnopf: AutomatischerAblauf
  END
END InterpretiereEingabe;
```

Bei der Interpretation einer Benutzereingabe muß bedacht werden, welche Möglichkeiten der Benutzer hat (siehe Abbildung 3.34). Wenn er den *Run-*, *Stop-* oder *Step*-Knopf drückt, muß eine Bewegung gestartet, angehalten oder ein Einzelschritt ausgeführt werden. Beim Drücken des *End*-Knopfs ist keine weitere Aktion erforderlich. Eigentlich müßte dieser Fall hier nicht mehr behandelt werden, da die Prozedur InterpretiereEingabe nach dem Drücken des *End*-Knopfs nicht mehr aufgerufen wird. Solange der Benutzer keinen Knopf drückt, wird eine eventuell zuvor gestartete Bewegung fortgesetzt. Dafür ist die Prozedur AutomatischerAblauf verantwortlich. Sie wird in Eingabepausen immer wieder aufgerufen und führt dabei jeweils einen Einzelschritt aus.

Der Leser sei darauf hingewiesen, daß wir hier aus didaktischen Gründen das Prinzip der schrittweisen Verfeinerung übertreiben. In der Praxis hätten wir die hier vorgenommene Fallunterscheidung wahrscheinlich schon im Algorithmus SimuliereBewegung untergebracht. Der Algorithmus wäre dadurch nur unwesentlich länger geworden und hätte nichts an Klarheit eingebüßt. Trotzdem hat die konsequente Einhaltung der Methode der schrittweisen Verfeinerung ihre Vorteile. Man erhält auf diese Weise einfache, meist unmittelbar einsichtige Algorithmen. Darüber hinaus bleiben viele Entwurfsentscheidungen auch im fertigen Programm noch erkennbar, was insbesondere bei der Wartung die Einarbeitung in das Programm erleichtert.

Mit der algorithmischen Formulierung der Prozedur IntepretiereEingabe ist ein weiterer Entwurfsschritt abgeschlossen. Die Unterscheidung und Aufteilung der Benutzereingaben ist damit abgehandelt; was bei einer bestimmten Benutzereingabe genau geschehen soll, haben wir vorläufig aufgeschoben und dazu vier neue Teilaufgaben (BewegungStarten, BewegungAnhalten, EinzelschrittAusfuehren, AutomatischerAblauf) definiert.

Um die jetzt anstehenden Teilaufgaben lösen zu können, müssen wir uns Gedanken darüber machen, wie die Kommunikation zwischen den einzelnen Algorithmen erfolgen soll. Für die Ausführung eines Einzelschrittes müssen wir wissen, wieviele Schritte bereits ausgeführt wurden. Darüber hinaus muß die Prozedur zur Lösung der Teilaufgabe AutomatischerAblauf „wissen", ob zuvor (durch Aufruf einer der Prozeduren BewegungStarten und BewegungAnhalten) ein Bewegungsablauf gestartet oder angehalten wurde. Wir führen dazu im Simulationsmodul zwei lokale Variablen ein, auf die alle Prozeduren des Moduls zugreifen können:

schritt — Nummer der zuletzt ausgeführten Teilbewegung (=Einzelschritt). Bei jeder Teilbewegung wird diese Variable um 1 erhöht.

ablauf — Diese boolesche Variable gibt an, ob gerade eine Simulation ohne Zutun des Benutzers abläuft. Sie erhält den Wert „true", wenn der *Run*-Knopf gedrückt wird, und „false", wenn der *Stop*-Knopf gedrückt wird.

Die Variable ablauf ist eine Zustandsvariable. Sie wird durch die beiden Aktionen BewegungStarten und BewegungAnhalten auf folgende Weise eingestellt:

```
PROCEDURE BewegungStarten;
BEGIN
  ablauf:=TRUE
END BewegungStarten;

PROCEDURE BewegungAnhalten;
BEGIN
  ablauf:=FALSE
END BewegungAnhalten;
```

Solange der Benutzer keinen Knopf betätigt, muß geprüft werden, ob die Variable ablauf den Wert „true" enthält. Wenn das der Fall ist, muß der Roboter einen Einzelschritt ausführen. Die Aktion AutomatischerAblauf hat somit die folgende Form:

```
PROCEDURE AutomatischerAblauf;
BEGIN
  IF ablauf THEN
    EinzelschrittAusfuehren
  END
END AutomatischerAblauf;
```

Damit ist der Benutzerdialog so weit verfeinert, daß nur noch die Aktion EinzelschrittAusfuehren übrigbleibt. Die Aufgabe dieser Aktion besteht darin, den Roboter zur nächsten in der Schrittliste gespeicherten Position zu bewegen. Wir bedienen uns dazu der in Abschnitt 3.4.3.3 spezifizierten Datenkapsel Schrittliste mit der folgenden Schnittstelle:.

```
DEFINITION MODULE Schrittliste;

TYPE
   Koordinate = [0..2000];
   Position = RECORD x,y,z:Koordinate END;

   PROCEDURE LoescheListe;
      (*   initialisiert die Schrittliste als leer  *)
   PROCEDURE ListenLaenge(): CARDINAL;
      (*   liefert die Anzahl der Schritte in der Schrittliste  *)
   PROCEDURE FuegeAn (pos:Position);
      (*   fügt den Schritt zur Position pos an die Schrittliste an  *)
   PROCEDURE HolePosition (i:CARDINAL; VAR pos:Position);
      (*   liefert den Zielpunkt pos des Schrittes mit dem Index i  *)

END Schrittliste.
```

Unter Benutzung der vom Modul Schrittliste exportierten Prozeduren hat der Algorithmus EinzelschrittAusfuehren die folgende Gestalt:

```
PROCEDURE EinzelschrittAusfuehren;
VAR
   pos: Position;
BEGIN
   schritt := schritt+1;
   HolePosition (schritt,pos);
   BewegeRoboter(pos)
END EinzelschrittAusfuehren;
```

Mit den bisher gewonnenen Informationen kann nun endlich die Initialisierungsaktion angeschrieben werden. Bei der Initialisierung müssen die beiden Zustandsvariablen schritt und ablauf sinnvolle Anfangswerte bekommen, das Simulationsfenster muß geöffnet und der Roboter auf seine Startposition bewegt werden. Wir nehmen dabei an, daß der Eintrag 0 in der Schrittliste die Startposition enthält. Der Algorithmus hat somit die folgende Gestalt:

```
PROCEDURE Initialisiere;
VAR
   pos: Position;
BEGIN
   schritt := 0;
   ablauf := FALSE;
   OeffneSimulationsFenster;
   HolePosition (0,pos);
   BewegeRoboter(pos)
END Initialisiere;
```

Die Abschlußarbeiten der Simulation beschränken sich auf das Schließen des Simulationsfensters, so daß dieser Algorithmus nur aus einem einzigen Prozeduraufruf besteht:

```
PROCEDURE Terminiere;
BEGIN
  SchliesseSimulationsFenster
END Terminiere;
```

Damit sind die wesentlichen Probleme der Simulationsaufgabe gelöst. Was noch übrigbleibt, sind die drei Aktionen OeffneSimulationsFenster, SchliesseSimulationsFenster und BewegeRoboter. Wir können diese Operationen aber als abgeschlossene Teilaufgaben betrachten und ihren Entwurf dann vornehmen, wenn wir uns den Ein-Ausgabe-Aufgaben widmen.

Beim bisherigen Entwurf haben wir zwei Teilprobleme noch unberücksichtigt gelassen: Wir haben noch nicht bedacht, was geschehen soll, wenn der Roboter den letzten Einzelschritt ausgeführt hat, und wir haben noch keine Vorkehrungen für die wechselseitige Verriegelung der Bedienungsknöpfe getroffen. Beide Teilprobleme können gemeinsam gelöst werden, indem wir eine neue Aktion KnoepfeVerriegeln einführen. Welche Knöpfe verriegelt bzw. entriegelt werden müssen, kann vollständig aus den beiden Zustandsvariablen schritt und ablauf abgeleitet werden. Die folgende Tabelle zeigt, welche Knöpfe in Abhängigkeit von diesen beiden Variablen betätigt werden dürfen:

	schritt<ListenLaenge()	schritt=ListenLaenge()
ablauf=FALSE	run step end	end
ablauf=TRUE	stop end	

Man sieht an dieser Tabelle, daß der *End*-Knopf immer entriegelt sein muß. Er braucht daher nur einmal (nämlich bei der Initialisierung) in diesen Zustand versetzt und braucht danach nicht mehr berücksichtigt zu werden. Wenn bereits der letzte Schritt ausgeführt wurde, (schritt = ListenLaenge()) darf die Variable ablauf nicht mehr den Wert „true" enthalten. Die Sicherstellung dieser Randbedingung kann gleich bei der Aktion KnoepfeVerriegeln miterledigt werden, die damit die folgende Gestalt annimmt:

```
PROCEDURE KnoepfeVerriegeln;
BEGIN
  IF schritt=ListenLaenge() THEN
    ablauf := FALSE;
    VerriegleKnopf(runKnopf);
    VerriegleKnopf(stepKnopf);
    VerriegleKnopf(stopKnopf)
  ELSIF ablauf THEN
    VerriegleKnopf(runKnopf);
    VerriegleKnopf(stepKnopf);
    EntriegleKnopf(stopKnopf)
  ELSE
    EntriegleKnopf(runKnopf);
    EntriegleKnopf(stepKnopf);
    VerriegleKnopf(stopKnopf)
  END
END KnoepfeVerriegeln;
```

Jetzt muß nur noch dafür gesorgt werden, daß die Prozedur KnoepfeVerriegeln an den passenden Stellen aufgerufen wird. Mit den bisherigen Überlegungen sind diese Stellen aber leicht aufzufinden: KnoepfeVerriegeln muß überall dort aufgerufen werden, wo der Wert einer der beiden Zustandsvariablen ablauf und schritt verändert wurde. Das vollständige Simulationsmodul (mit allen Deklarationen) hat damit die folgende Gestalt:

```
MODULE Simulator;

FROM SchrittListe IMPORT
   Position, ListenLaenge, HolePosition;
FROM BedienElemente IMPORT
   BenutzerEingabe, LiesEingabe, VerriegleKnopf, EntriegleKnopf;
FROM RoboterAnzeige IMPORT
   OeffneSimulationsFenster, SchliesseSimulationsFenster, BewegeRoboter;

PROCEDURE KnoepfeVerriegeln;
BEGIN
   IF schritt=ListenLaenge() THEN
      ablauf := FALSE;
      VerriegleKnopf(runKnopf);
      VerriegleKnopf(stepKnopf);
      VerriegleKnopf(stopKnopf)
   ELSIF ablauf THEN
      VerriegleKnopf(runKnopf);
      VerriegleKnopf(stepKnopf);
      EntriegleKnopf(stopKnopf)
   ELSE
      EntriegleKnopf(runKnopf);
      EntriegleKnopf(stepKnopf);
      VerriegleKnopf(stopKnopf)
   END
END KnoepfeVerriegeln;

PROCEDURE Initialisiere;
VAR
   pos: Position;
BEGIN
   schritt := 0;
   ablauf := FALSE;
   OeffneSimulationsFenster;
   EntriegleKnopf (endKnopf);
   KnoepfeVerriegeln;
   HolePosition (0,pos);
   BewegeRoboter(pos)
END Initialisiere;
```

```
PROCEDURE BewegungStarten;
BEGIN
   ablauf:=TRUE;
   KnoepfeVerriegeln
END BewegungStarten;

PROCEDURE BewegungAnhalten;
BEGIN
   ablauf:=FALSE;
   KnoepfeVerriegeln
END BewegungAnhalten;

PROCEDURE EinzelschrittAusfuehren;
VAR
   pos: Position;
BEGIN
   schritt := schritt+1;
   KnoepfeVerriegeln;
   HolePosition (schritt,pos);
   BewegeRoboter(pos)
END EinzelschrittAusfuehren;

PROCEDURE AutomatischerAblauf;
BEGIN
   IF ablauf THEN
      EinzelschrittAusfuehren
   END
END AutomatischerAblauf;

PROCEDURE InterpretiereEingabe(eingabe:BenutzerEingabe);
BEGIN
   CASE eingabe OF
      runKnopf:  BewegungStarten
   |  stopKnopf: BewegungAnhalten
   |  stepKnopf: EinzelschrittAusfuehren
   |  endKnopf:  (*keine Aktion*)
   |  keinKnopf: AutomatischerAblauf
   END
END InterpretiereEingabe;

PROCEDURE SimuliereBewegung;
VAR
   eingabe: BenutzerEingabe;
BEGIN
   Initialisiere;
   LiesEingabe(eingabe);
```

```
      WHILE eingabe#endKnopf DO
         InterpretiereEingabe(eingabe);
         LiesEingabe(eingabe)
      END;
      Terminiere
   END SimuliereBewegung;

   PROCEDURE Terminiere;
   BEGIN
      SchliesseSimulationsFenster
   END Terminiere;

   END Simulator.
```

Wir haben bei dieser endgültigen Fassung des Simulationsmoduls einige weitere Module eingeführt, von denen wir voraussetzen, daß sie die noch nicht verfeinerten Aktionen bereitstellen. Auch das ist typisch für die schrittweise Verfeinerung. Je weiter die Verfeinerung voranschreitet, desto mehr Informationen über noch ungelöste Teilaufgaben stehen zur Verfügung. Oft kommen auch neue Teilaktionen hinzu (wie z. B. VerriegleKnopf und EntriegleKnopf), für die jetzt noch ein passender Platz in der Modulhierarchie gefunden werden muß. Schrittweise Verfeinerung und Modularisierung können daher nicht unabhängig voneinander betrachtet werden; vor allem beim Entwurf großer Programmsysteme finden diese beiden Prozesse parallel statt und beeinflussen sich gegenseitig.

Die Aufrufhierarchie der im Verlauf der schrittweisen Verfeinerung entstandenen Prozeduren kann durch das Diagramm in Abbildung 3.37 dargestellt werden:

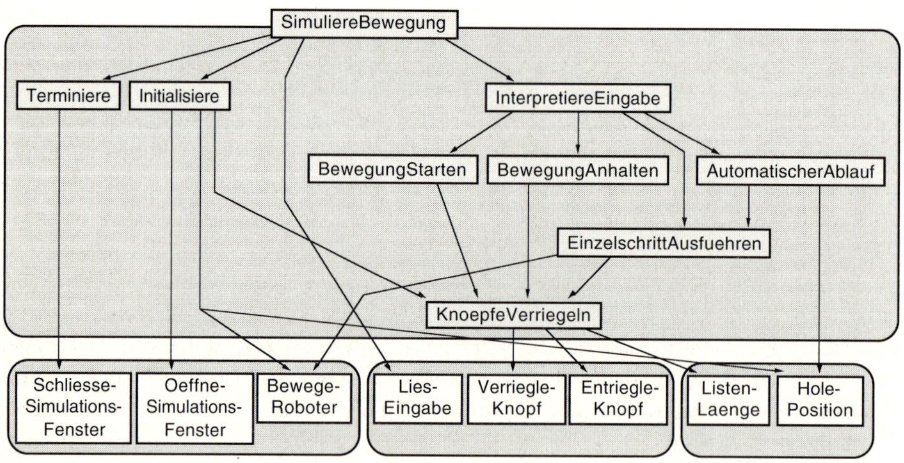

Abb. 3.37: Aufrufhierarchie der Simulationsprozeduren

In Abbildung 3.37 sind die Modulgrenzen durch abgerundete Rechtecke dargestellt. An dieser Stelle muß aber noch einmal darauf hingewiesen werden, daß die Zusammenfassung der noch nicht verfeinerten Aktionen zu Modulen kein Nebenprodukt der schrittweisen Verfeinerung ist.

Um die hier dargestellte Modularisierung zu erhalten, waren zusätzliche Überlegungen erforderlich, die wir nicht ausdrücklich angeführt haben.

Bei der schrittweisen Verfeinerung unserer Beispielaufgabe ist eine Reihe weiterer noch ungelöster Teilaufgaben entstanden. Auf den ersten Blick kann es daher den Anschein haben, daß noch keine „richtige“ Arbeit geleistet wurde. Trotzdem wurde schon ein beachtlicher Teilerfolg erzielt:

- Die Simulationsaufgabe wurde in neun Teilprobleme mit relativ kleiner Komplexität zerlegt. Wenn man das Zusammenspiel dieser Teilaufgaben kennt, ist jeder einzelne Teilalgorithmus leicht verständlich.
- Vor allem die Teilaufgaben Öffnen und Schließen des Fensters, Ver- und Entriegeln von Knöpfen, Bewegen des Roboters wurden vorläufig noch aufgeschoben. Auf diese Weise ist es gelungen, den Ablauf des Benutzerdialogs klar von den zugrundeliegenden grafischen Operationen (insbesondere von der grafischen Repräsentation) abzukoppeln. Eine derartige Trennung ist vor allem dann von Vorteil, wenn eine spätere Portierung auf eine andere Zielmaschine stattfindet.
- Die Lösung der restlichen Teilaufgaben ist sicher einfacher als die Gesamtaufgabe. Die meisten Teillösungen können mit wenigen Zeilen formuliert werden. Nur das Teilproblem BewegeRoboter ist schwieriger. Hier kann wieder die schrittweise Verfeinerung als Mittel zur Reduzierung der Komplexität eingesetzt werden. Der verbleibende Rest kann unabhängig von der bisherigen Lösung weiterentwickelt werden. Das bedeutet insbesondere, daß auch andere Entwerfer mit der Lösung dieser Probleme betraut werden können. Die schrittweise Verfeinerung kann also ähnlich wie die Modularisierung als Mittel zur Unterstützung der arbeitsteiligen Softwareherstellung angesehen werden.

3.4.6 Datenorientierter Entwurf (Attributierte Grammatiken)

Die schrittweise Verfeinerung ist eine algorithmisch orientierte Vorgehensweise; die Daten treten bei ihr in den Hintergrund. Dadurch wird in der Praxis leider allzu häufig vergessen, daß auch sie schritthaltend mit den Algorithmen konkretisiert werden sollen. Einige Softwaretechniker haben erkannt, daß man aus der Struktur der zu verarbeitenden Daten die Struktur der sie verarbeitenden Algorithmen ableiten kann. Beispiele dafür sind die Jackson- und die LCP-Methode ([Jackson 1975] [Jackson 1983], [Warnier 1974]). Diese Techniken wurden in der Fachliteratur bereits ausführlich beschrieben und diskutiert. Wir wollen daher an dieser Stelle nicht genauer auf sie eingehen, sondern verweisen den Leser auf die angegebenen Literaturstellen. Wir wollen statt dessen die allgemeinere Methode der attributierten Grammatiken behandeln, die aus dem Übersetzerbau stammt und unserer Meinung nach in der Praxis viel zu wenig Beachtung findet. Attributierte Grammatiken wurden von *Knuth* [Knuth 1968] zur statischen Beschreibung von Attributabhängigkeiten in einem Syntaxbaum eingeführt. Wir orientieren uns in diesem Abschnitt an den Überlegungen von *Rechenberg* und benutzen die in [Rechenberg 1984a] und [Rechenberg 1985a] verwendete Darstellungsweise.

In der Praxis findet man viele Aufgabenstellungen, wo *ein* Strom strukturierter Eingabedaten zu verarbeiten ist. Beispiele dafür sind formatfreie Eingabe von Zahlenreihen, Bewegungsdaten in kaufmännischen Programmen und Betriebsdaten in Produktionssystemen. Solche Aufgaben können auf elegante Weise mit Hilfe von attributierten Grammatiken spezifiziert, entworfen und dokumentiert werden. Zur Anwendung attributierter Grammatiken sind theoretische Grundkenntnisse aus den Bereichen *Formale Sprachen* und *Übersetzerbau* notwendig. Bevor wir in Abschnitt 3.4.6.4 die Anwendung der attributierten Grammatiken zeigen, müssen wir daher erst die dafür erforderlichen Grundlagen aus dem Übersetzerbau behandeln.

Der Übersetzerbau gehört zu den am besten theoretisch durchdrungenen Teilgebieten der Informatik. Im engeren Sinn geht es dabei um die Übersetzung einer Programmiersprache in eine andere (meist eine Maschinensprache). Es hat sich jedoch gezeigt, daß die Techniken des Übersetzerbaus überall dort eingesetzt werden können, wo ein hinreichend strukturierter Eingabe-Datenstrom zu verarbeiten ist. Wenn seine Struktur bestimmten Regeln unterliegt, kann man eine *Grammatik* angeben, die diese Regeln eindeutig beschreibt. Eine solche Grammatik dient aber nicht nur als statisches Beschreibungsmittel einer Sprache, sondern kann auch als Grundlage für die Konstruktion eines Analysators verwendet werden, der für gegebene Eingabedaten prüft, ob sie den Sprachregeln entsprechen oder nicht. Darüber hinaus können die Grammatikregeln auch durch sogenannte *semantische Aktionen* ergänzt werden, in denen festgelegt wird, welche Operationen beim Lesen der Eingabedaten ausgeführt werden sollen. Wir werden im folgenden zuerst zeigen, wie kontextfreie Grammatiken aufgebaut sind, und wie aus ihnen ein Analyseprogramm konstruiert werden kann. Anschließend werden wir die Attributierung solcher Grammatiken behandeln und schließlich an der Analysekomponente unserer Entwurfsaufgabe zeigen, wie diese Technik in die Praxis umgesetzt werden kann.

3.4.6.1 Kontextfreie Grammatiken

Ähnlich wie Sätze natürlicher Sprachen sind auch strukturierte Eingabedaten aus „Wörtern" zusammengesetzt, die man als *Symbole* bezeichnet. In der Theorie der formalen Sprachen unterscheidet man *Terminalsymbole* und *Nonterminalsymbole*. Terminalsymbole sind die atomaren Bestandteile der Sätze einer Sprache. Sie lassen sich nicht weiter zerlegen. Beispiele dafür sind die Wörter und die Satzzeichen in natürlichen Sprachen. Leerzeichen in einem Satz werden nicht als Symbole aufgefaßt. Sie dienen lediglich zur Trennung unmittelbar aufeinanderfolgender Symbole, tragen aber selbst keine Bedeutung.

Die Terminalsymbole werden weiter in *einfache Terminalsymbole* und *Terminalklassen* eingeteilt. In den natürlichen Sprachen ist jedes Interpunktionszeichen (z. B. ein Komma) ein einfaches Terminalsymbol. Jedes dieser Satzzeichen steht für sich und muß daher nicht weiter beschrieben werden. Die Wörter eines Satzes bilden hingegen eine Terminalklasse *Wort*. Die Wörter „ein" und „Text" gehören beide zu dieser Terminalklasse. Sie unterscheiden sich in ihrer Länge, den Buchstaben, die sie enthalten, und schließlich auch in ihrer Bedeutung.

Nonterminalsymbole werden zur Gliederung von Grammatiken verwendet. Sie fassen mehrere Terminalsymbole und unter Umständen weitere Nonterminalsymbole zu einer größeren abstrakten Einheit zusammen. Zum Beispiel könnte man einen Nebensatz in einer natürlichen Sprache durch ein eigenes Nonterminalsymbol beschreiben. Für jedes Nonterminalsymbol gibt es eine *Ableitungsregel*, die beschreibt, in welche anderen Symbole das Nonterminalsymbol zerlegt werden kann. Zur Formulierung von Ableitungsregeln verwenden wir die Wirthsche EBNF (*extended Backus-Naur-Form*), in der die folgenden Konventionen verwendet werden:

- Eine Ableitungsregel beginnt mit dem Namen des Nonterminalsymbols, das definiert werden soll, gefolgt von einem Gleichheitszeichen und der eigentlichen Definition. Die gesamte Regel wird mit einem Punkt abgeschlossen.

- Zur besseren Unterscheidung schreiben wir Nonterminalsymbole mit großem und Terminalsymbole mit kleinem Anfangsbuchstaben. *Nebensatz* ist demnach ein Nonterminalsymbol, *wort* ist ein Terminalsymbol. Wenn ein Terminalsymbol durch eine feste Zeichenfolge repräsentiert wird, wird die Zeichenfolge einfach unter Anführungszeichen gesetzt, z. B. ":=".

- Symbole, die in einer festen Reihenfolge auftreten müssen, werden durch Leerzeichen getrennt hintereinander geschrieben. Die Regel $A = x\ y.$ bedeutet, daß das Nonterminalsymbol A immer die Form xy (das Symbol x, unmittelbar gefolgt von y) haben muß.

- Ein senkrechter Strich wird zur Trennung von Alternativen verwendet. Die Regel $B = x \mid y.$ bedeutet, daß das Nonterminalsymbol B entweder aus einem x oder einem y besteht. Die Aneinanderreihung von Symbolen bindet stärker als das Alternativzeichen. Die Regel $C = x\ y \mid z\ w.$ bedeutet, daß das Nonterminalsymbol C entweder aus xy oder aus zw besteht.

- Runde Klammern werden zur Zusammenfassung zusammengehöriger Teile benutzt. Sie können zum Beispiel verwendet werden, um die oben angegebene Vorrangregel zu durchbrechen. Die Regel $D = x\ (y \mid z)\ w.$ bedeutet, daß das Nonterminalsymbol D immer mit einem x beginnt und mit einem w endet und in der Mitte entweder ein y oder ein z enthält.

- Eckige Klammern werden zur Kennzeichnung möglicher Auslassungen (Optionen) verwendet. Die Regel $E = x[y]z.$ bedeutet, daß das Nonterminalsymbol E aus einem x und einem z besteht, zwischen denen noch ein y stehen kann, aber nicht muß.

- Geschwungene Klammern kennzeichnen Wiederholungen. Die geklammerten Teile können beliebig oft wiederholt, aber auch weggelassen werden. Die Regel $F = x\{y\}z.$ bedeutet, daß das Nonterminalsymbol F aus einem x und einem z besteht, zwischen denen beliebig viele y stehen können, also xz, xyz, $xyyz$, ...

Eine vollständige kontextfreie Grammatik besteht aus vier Teilen:

- Liste der *Terminalsymbole,*
- Liste der *Nonterminalsymbole,*
- *Ableitungsregeln* für jedes Nonterminalsymbol,
- Angabe des *Startsymbols*; das Startsymbol ist ein ausgezeichnetes Nonterminalsymbol, das den gesamten Eingabetext beschreibt.

Als Beispiel für das bisher Gesagte wollen wir eine Teilmenge der natürlichsprachlichen Sätze durch eine kontextfreie Grammatik beschreiben. Wir beschränken uns dabei auf einfache Sätze mit Hauptsatz und optionalem Nebensatz, und lassen nur die Satzzeichen Komma, Punkt, Rufzeichen und Fragezeichen zu.

- Terminalsymbole: wort, ",", ".", "!", "?"
- Nonterminalsymbole: Satz, Hauptsatz, Nebensatz

- Ableitungsregeln:
  Satz = Hauptsatz [Nebensatz] ("." | "!" | "?").
  Hauptsatz = wort {wort}.
  Nebensatz = "," wort {wort}.
- Startsymbol: Satz

Eine Besonderheit der EBNF ist, daß es in ihr kein Mittel gibt, die minimale oder maximale Anzahl von Wiederholungen zu beschreiben. Der häufig vorkommende Fall, daß eine Konstruktion x mindestens einmal vorkommen muß, wird daher als $x \{x\}$ formuliert. Die Regel für einen Hauptsatz ist demnach so zu lesen: „Ein Hauptsatz besteht aus einem Wort, dem beliebig viele weitere Worte folgen können, aber nicht müssen". Nach diesen Regeln stellen die folgenden Beispiele gültige „Sätze" dar:

Lauf!
Es ist kalt, nicht?
Wer den Schaden hat, braucht für den Spott nicht zu sorgen.
Dieses Satz richtig sein.
wrdlbrmft Klapümpfen, rüls puff klump Wurgl.

Nach unseren Regeln sind auch die letzten beiden Beispiele gültige Sätze, obwohl sie unser Sprachgefühl verletzen. Das kommt daher, daß unsere Grammatik nur spezifiziert, in welcher Reihenfolge die einzelnen Symbole zu einem Satz zusammengefügt werden dürfen. Darüber hinausgehende Bedingungen, die sich aus dem Zusammenhang (Kontext) ergeben, können nicht festgelegt werden. Das ist auch der Grund, warum solche Grammatiken als „kontextfrei" bezeichnet werden.

3.4.6.2 Konstruktion eines Sprachanalysators

Um einen Eingabetext verarbeiten zu können, braucht man ein Analyseprogramm, das feststellen kann, ob der Eingabetext unserer Grammatik entspricht oder nicht. Die Konstruktion eines Sprachanalysators aus einer Grammatik ist aber nur dann möglich, wenn die Grammatik bestimmte Anforderungen erfüllt. Damit die Grammatik überhaupt einen Sinn ergibt, muß sichergestellt sein, daß jedes Nonterminalsymbol von Startsymbol aus erreicht werden kann und daß die Grammatik keine zyklischen Ableitungsregeln enthält. Beide Bedingungen werden von der folgenden Grammatik verletzt:

A = a B.
B = b A.
C = c B.

Wenn A das Startsymbol ist, ergibt sich ein endloses Wechselspiel zwischen den Regeln A und B. Der einzige „Satz", der dieser Grammatik entspricht, wäre eine endlose Folge von a und b. Die Grammatik enthält also zyklische Ableitungsregeln. Andererseits ist die Regel für C offensichtlich überflüssig, da sie vom Satzsymbol A aus nie erreicht werden kann.

Abgesehen von solchen sinnlosen Konstruktionen ist die Entscheidbarkeit das wichtigste Kriterium für die Konstruktion eines Sprachanalysators. Diese Bedingung besagt, daß es bei jeder Alternative unter Zuhilfenahme des nächsten Eingabesymbols möglich sein muß, zu unterscheiden, mit welcher Alternative die Analyse fortgesetzt werden muß. Dabei ist zu beachten, daß eine Alternative nicht nur dort auftritt, wo die kontextfreie Grammatik einen senkrechten Strich enthält; auch Options- und Wiederholungsklammern erfordern eine solche Fallunterscheidung. Hätten wir zum Beispiel die Regel für einen Hauptsatz in der Form

```
Hauptsatz = {wort} wort.
```

aufgeschrieben, dann wäre bei Vorliegen eines Wortes während der Analyse eines Hauptsatzes nicht entscheidbar, ob dieses Wort Bestandteil der Wiederholung ist oder schon das letzte Wort eines Hauptsatzes darstellt. Wir verzichten an dieser Stelle auf eine eingehende Behandlung dieser Problematik und verweisen den Leser dazu auf die einschlägige Fachliteratur ([Aho 1972], [Knuth 1965], [Lewis 1976]).

Bei der Konstruktion eines Analyseprogramms (im Übersetzerbau auch als *Syntaxanalysator* bezeichnet) wird für jedes Nonterminalsymbol ein Algorithmus formuliert, der dieses Nonterminalsymbol anhand der entsprechenden Ableitungsregel erkennt. Wir setzen dabei einen sogenannten *lexikalischen Analysator* voraus, der den Eingabetext zeichenweise liest und bei jedem Aufruf ein Terminalsymbol liefert. Für unser Beispiel der natürlichsprachlichen Sätze würden wir dazu den folgenden Datentyp verwenden:

```
TYPE Symbol = (wort, komma, punkt, rufzeichen, fragezeichen, fehler, ende);
```

Eine der Aufgaben des lexikalischen Analysators besteht darin, die bedeutungtragenden Zeichen aus dem Eingabetext herauszufiltern. Leerzeichen und eventuell auch Zeilenenden müssen daher überlesen werden. Wenn ein Satzzeichen gelesen wird, muß der lexikalische Analysator die entsprechende Symbolart liefern. Wenn ein Buchstabe gelesen wird, müssen weitere Buchstaben überlesen und die Symbolart *wort* geliefert werden. Wenn der Eingabetext keine weiteren Symbole mehr enthält, liefert der lexikalische Analysator ein spezielles Ende-Symbol, und wenn ein unzulässiges Zeichen im Eingabetext gefunden wird, liefert er ein spezielles Fehlersymbol. Das folgende Modul enthält einen vollständigen lexikalischen Analysator für unsere Beispielsprache:

```
DEFINITION MODULE LexikalischerAnalysator;

TYPE Symbol = (wort, komma, punkt, rufzeichen, fragezeichen, fehler, ende);

VAR sym: Symbol;

PROCEDURE InitLex;
PROCEDURE LiesSymbol;

END LexikalischerAnalysator.
```

```
IMPLEMENTATION MODULE LexikalischerAnalysator;

FROM InOut IMPORT Read, Done;

VAR z: CHAR;
```

```
PROCEDURE InitLex;
BEGIN
   Read(z)
END InitLex;

PROCEDURE LiesSymbol;
BEGIN
   WHILE Done & (z<=" ") DO Read(z) END;
   IF NOT Done THEN sym := ende; RETURN END;
   CASE z OF
      "A".."Z","a".."z":
         REPEAT
            Read(z)
         UNTIL NOT Done OR (((z<"A") OR (z>"Z")) & ((z<"a") OR (z>"z")));
         sym := wort
   |  ",":   Read(z); sym := komma
   |  ".":   Read(z); sym := punkt
   |  "!":   Read(z); sym := rufzeichen
   |  "?":   Read(z); sym := fragezeichen
      ELSE Read(z); sym := fehler
   END
END LiesSymbol;

END LexikalischerAnalysator.
```

Der lexikalische Analysator exportiert die Variable sym, die das jeweils aktuelle Symbol beschreibt. Das aktuelle Symbol wird in allen Prozeduren des Syntaxanalysators benötigt; obwohl exportierte Variablen in der Softwaretechnik verpönt sind, ist diese exportierte Variable doch das bequemste und effizienteste Mittel, um das aktuelle Symbol verfügbar zu machen. Der Wert der Variablen sym darf im Syntaxanalysator nur verwendet, aber nicht verändert werden.

Der lexikalische Analysator benutzt eine lokale Zeichenvariable z, die zu jedem Zeitpunkt das erste noch nicht verarbeitete Zeichen des Eingabetextes enthält. Jedesmal wenn ein Satzzeichen erkannt wurde, muß daher die Prozedur Read aufgerufen werden, um das nächste Zeichen des Eingabetextes zu lesen. Die Initialisierungsprozedur InitLex muß ebenfalls dafür sorgen, daß die Variable z vor dem ersten Aufruf von LiesSymbol das erste Zeichen des Eingabetextes enthält.

Die erste Aktion der Prozedur LiesSymbol besteht darin, bedeutungslose Zeichen zu überlesen. Durch die Abfrage z<=" " werden nicht nur Leerzeichen, sondern auch Steuerzeichen wie Tabulatoren und Zeilenvorschübe ignoriert.

Für jede Ableitungsregel der Grammatik schreibt man eine Funktionsprozedur mit einem booleschen Ergebnis, dessen Wert darüber Auskunft gibt, ob das Nonterminalsymbol erkannt wurde oder nicht. Bei Eintritt in eine Erkennungsprozedur enthält die globale Variable sym das erste Symbol, das von dieser Prozedur erkannt werden soll. Bei erfolgreicher Beendigung einer Erkennungsprozedur (Ergebnis = TRUE) enthält die Variable sym das erste Symbol, das nicht mehr zum gerade erkannten Nonterminalsymbol gehört. Bei Nichterkennung eines Terminalsymbols (Ergebnis = FALSE) enthält sym das als fehlerhaft erkannte Symbol. Die Transformation einer EBNF-Regel in eine Erkennungsprozedur kann völlig systematisch nach den folgenden Regeln geschehen:

```
NTS = ...       PROCEDURE NTS():BOOLEAN;
                BEGIN
                   ...
                   RETURN TRUE
                END NTS;

... a ...       IF sym # a THEN RETURN FALSE END;
                LiesSymbol;

... A ...       IF NOT A() THEN RETURN FALSE END;

... (x | y) ... IF sym IN L(x) THEN
                   erkenne x
                ELSIF sym IN L(y) THEN
                   erkenne y
                ELSE
                   RETURN FALSE
                END;

... [x] ...     IF sym IN L(x) THEN
                   erkenne x
                END;

... {x} ...     WHILE sym IN L(x) DO
                   erkenne x
                END;
```

L(x) bedeutet die Menge der *terminalen Anfänge* der Konstruktion x, das sind alle Terminalsymbole, mit denen x beginnen kann. Der boolesche Ausdruck sym IN L(x) ergibt den Wert TRUE, wenn x mit dem aktuellen Symbol sym beginnen kann (das heißt, wenn Aussicht auf eine erfolgreiche Erkennung von x besteht). Eine Wiederholung ohne Auslassungmöglichkeit kann auch auf die folgende Art erkannt werden:

```
... x {x} ...   REPEAT
                   erkenne x
                UNTIL NOT (sym IN L(x));
```

Mit Hilfe dieser Regeln kann der Syntaxanalysator zur Erkennung natürlichsprachlicher Sätze folgendermaßen formuliert werden:

```
DEFINITION MODULE SyntaxAnalysator;
   PROCEDURE InitSynt;
   PROCEDURE Satz():BOOLEAN;
END SyntaxAnalysator.
```

```
IMPLEMENTATION MODULE SyntaxAnalysator;
FROM LexikalischerAnalysator IMPORT Symbol, sym, InitLex, LiesSymbol;
```

```
PROCEDURE InitSynt;
BEGIN
   InitLex
END InitSynt;

PROCEDURE Hauptsatz():BOOLEAN;
BEGIN
   IF sym#wort THEN RETURN FALSE END;
   LiesSymbol;
   WHILE sym=wort DO
      LiesSymbol
   END;
   RETURN TRUE
END Hauptsatz;

PROCEDURE Nebensatz():BOOLEAN;
BEGIN
   IF sym#komma THEN RETURN FALSE END;
   LiesSymbol;
   IF sym#wort THEN RETURN FALSE END;
   LiesSymbol;
   WHILE sym=wort DO
      LiesSymbol
   END;
   RETURN TRUE
END Nebensatz;

PROCEDURE Satz():BOOLEAN;
BEGIN
   IF NOT Hauptsatz() THEN RETURN FALSE END;
   IF sym=komma THEN
      IF NOT NebenSatz() THEN RETURN FALSE END;
   END;
   IF sym=punkt THEN
      LiesSymbol
   ELSIF sym=rufzeichen THEN
      LiesSymbol
   ELSIF sym=fragezeichen THEN
      LiesSymbol
   ELSE
      RETURN FALSE
   END;
   RETURN TRUE
END Satz;

END SyntaxAnalysator.
```

Man beachte, daß die Prozedur Satz beim Auftreten eines Fehlers bloß das Ergebnis FALSE liefert. Nach einem erfolglosen Aufruf des Syntaxanalysators kann man daher nicht mehr feststellen, von welcher Art der Fehler war und wo er aufgetreten ist. Diese Informationen werden aber benötigt, um den Fehler im Eingabetext zu beseitigen. Eine einfache Abhilfe besteht darin, im Fehlerfall eine Meldung auszugeben. Man geht dabei üblicherweise so vor, daß bei der

Nichterkennung eines Terminalsymbols eine Fehlerprozedur aufgerufen und erst dann die Erkennungsprozedur mit RETURN FALSE verlassen wird, z. B.:

```
IF sym#wort THEN Fehler(wortErwartet); RETURN FALSE END;
```

Die Fehlerprozedur hat einen Eingangsparameter, der die Fehlerart angibt. Diese Information kann benutzt werden, um einen erklärenden Text (z. B. „In Zeile n und Spalte m wurde ein Wort erwartet") auszugeben. Die Fehlerposition kann mit Hilfe zusätzlicher Zugriffsroutinen des lexikalischen Analysators ermittelt werden.

Ein weiterer Nachteil unseres Syntaxanalyse-Moduls ist der, daß er beim Auftreten des ersten Fehlers die weitere Verarbeitung abbricht. In vielen Fällen ist das unzureichend, weil der verbleibende Text nicht mehr geprüft wird. Man wünscht sich daher manchmal einen Analysator, der nach einem Fehler auch noch den restlichen Eingabetext verarbeitet und alle Fehler aufdeckt. Die Schwierigkeit dabei besteht darin, eine Stelle im Eingabetext zu finden, an der die Analyse sinnvoll fortgesetzt werden kann. Im Übersetzerbau werden verschiedene Methoden für einen derartigen *Wiederaufsatz* verwendet. Eine ausführliche Behandlung dieser Techniken würde den Rahmen dieses Buches sprengen, so daß wir den interessierten Leser auf die diesbezügliche Fachliteratur ([Aho 1986], [Waite 1984], [Wirth 1986]) verweisen.

3.4.6.3 Attributierte Grammatiken

Eine kontextfreie Grammatik beschreibt lediglich die Syntax einer Sprache; ein Syntaxanalysator kann daher nur prüfen, ob ein Eingabetext korrekt ist. Wenn man einen Eingabetext *verarbeiten* (d. h. Ergebnisse aus ihm ermitteln) will, sind zusätzliche Aktionen erforderlich. Auch bei der Lösung dieser Aufgabe können wir Anleihe im Übersetzerbau nehmen. Dort werden attributierte Grammatiken zur Beschreibung von Übersetzungsprozessen verwendet. Im weiteren Sinne kann jedes Programm, das aus einem Eingabetext einen Ausgabetext erzeugt, als ein Übersetzer aufgefaßt werden, so daß diese Methode auch für viele andere Aufgaben anwendbar ist.

Eine kontextfreie Grammatik kann zu einer attributierten Grammatik erweitert werden, indem man sie um

- semantische Aktionen,
- semantische Routinen,
- Attribute und
- Kontextbedingungen

ergänzt. *Semantische Aktionen* beschreiben Operationen, die während der Erkennung des Eingabetextes ausgeführt werden sollen. *Attribute* sind Werte, die Eigenschaften von Grammatiksymbolen beschreiben. *Kontextbedingungen* sind über die syntaktischen Regeln hinausgehende Vorschriften, die der Eingabetext erfüllen muß. Wir werden diese Teile einer attributierten Grammatik in der Folge ausführlicher beschreiben und zeigen, auf welche Weise sie sich im Syntaxanalysator niederschlagen.

Semantische Aktionen werden direkt an den passenden Stellen in die kontextfreie Grammatik eingefügt. Wir schließen sie in Anlehnung an [Dobler 1990] zwischen „«" und „»" ein. Eine semantische Aktion unmittelbar nach einem Grammatiksymbol bedeutet, daß sie nach der Erkennung dieses Symbols ausgeführt werden soll. Wenn wir zum Beispiel in unserer Grammatik der natürlichsprachlichen Sätze die Wörter eines Hauptsatzes zählen und ihre Anzahl am Ende des Hauptsatzes ausgeben wollen, können wir das durch die folgende Regel ausdrücken:

```
Hauptsatz =        wort                  « anzahl:=1 »
                   { wort                « anzahl:=anzahl+1 »
                   }                     « WriteCard(anzahl,1); WriteLn »
                   .
```

Nach dem ersten Wort wird die Variable anzahl mit 1 initialisiert, nach jedem weiteren Wort wird sie um 1 erhöht, und am Ende der Regel (sobald feststeht, daß kein weiteres Wort mehr folgt) wird sie ausgegeben. In der Erkennungsprozedur können die entsprechenden Stellen leicht ausfindig gemacht werden. Die semantischen Aktionen werden einfach in die Prozedur eingefügt:

```
PROCEDURE Hauptsatz():BOOLEAN;
VAR anzahl:CARDINAL;
BEGIN
   IF sym#wort THEN RETURN FALSE END;
   anzahl:=1;
   LiesSymbol;
   WHILE sym=wort DO
      anzahl:=anzahl+1;
      LiesSymbol
   END;
   WriteCard(anzahl,1); WriteLn;
   RETURN TRUE
END Hauptsatz;
```

Man beachte, daß die semantischen Aktionen ausgeführt werden, *bevor* das nächste Symbol gelesen wird. Bei unserer einfachen Zählaufgabe spielt das zwar keine Rolle, wir werden aber später bei der Behandlung der Attribute noch auf Situationen stoßen, in denen das aktuelle Terminalsymbol zur Ausführung einer semantischen Aktion benötigt wird.

In der hier verwendeten Schreibweise sind beliebig lange Anweisungsfolgen als semantische Aktionen erlaubt. Wenn semantische Aktionen an mehreren Stellen benötigt werden oder wenn einzelne Aktionen zu komplex werden und damit die attributierte Grammatik zu sehr aufblähen würden, werden einzelne Teilaktionen als Prozeduren realisiert und an den geeigneten Stellen in der attributierten Grammatik aufgerufen. Solche Prozeduren bezeichnet man als *semantische Routinen*. Sie gehören von der Programmlogik her zum Analysator, werden jedoch an anderer Stelle (meist sogar in einem anderen Modul) implementiert. Um den Zusammenhang deutlich zu machen, müssen die semantischen Routinen als solche gekennzeichnet und gemeinsam mit der attributierten Grammatik dokumentiert werden.

Mit semantischen Aktionen und semantischen Routinen kann die Ausführung beliebiger Operationen von der Struktur eines Eingabetextes abhängig gemacht werden. In den meisten Fällen kommt man aber damit nicht aus, weil ein Datenaustausch zwischen semantischen Aktionen verschiedener Regeln nicht möglich ist. Man kann sich zwar mit globalen Variablen behelfen, was aber die bereits bekannten Probleme nach sich zieht. Darüber hinaus treten Schwierigkeiten auf, wenn die Grammatik rekursive Regeln enthält. Eine bessere Lösung besteht darin, den

Datenaustausch zwischen Regeln durch klare Schnittstellen zu definieren, wie wir es von Prozeduren gewohnt sind. Man geht dabei so vor, daß jedes Nonterminalsymbol mit Attributen versehen wird. Attribute können mit den Parametern von Prozeduren verglichen und in Eingangs- und Ausgangsattribute eingeteilt werden. Am häufigsten treten Ausgangsattribute auf. Sie beschreiben Eigenschaften des Nonterminalsymbols. In unserem Beispiel könnte die Länge eines Satzes ein Ausgangsattribut des Nonterminalsymbols Satz sein. In Anlehnung an [Rechenberg 1985a] schreiben wir Attribute tiefgestellt nach dem Symbolnamen und deuten durch einen nach oben oder unten weisenden Pfeil an, ob es sich um Eingangs- oder Ausgangsattribute handelt. Ein Satz mit einem Ausgangsattribut, das die Anzahl seiner Wörter beschreibt, wird daher als $\text{Satz}_{\uparrow\text{woerter}}$ angeschrieben. Diese Schreibweise benutzen wir überall, wo das Nonterminalsymbol auftritt, also sowohl bei seiner Definition als auch bei seiner Verwendung. Das folgende Beispiel zeigt, wie die Zählung der Wörter eines Satzes mit Attributen und semantischen Aktionen geschrieben werden kann.

```
Satz↑woerter =      Hauptsatz↑woerter
                    [ Nebensatz↑w          « woerter:=woerter+w »
                    ]
                    ("." | "!" | "?").
```

Die Wortanzahl eines Satzes ergibt sich nach dieser Regel zuerst aus der Wortanzahl des Hauptsatzes. Wenn noch ein Nebensatz folgt, wird seine Wortanzahl zu der des Hauptsatzes addiert. Damit das funktioniert, müssen auch die Regeln für einen Hauptsatz und für einen Nebensatz mit einem Ausgangsattribut versehen werden. Die Regel für einen Hauptsatz bekommt damit die folgende Gestalt:

```
Hauptsatz↑woerter = wort                   « woerter:=1 »
                    { wort                 « woerter:=woerter+1 »
                    }.
```

Die Regel für einen Nebensatz ist ähnlich aufgebaut. Aus der Analogie zwischen Grammatikregeln und Prozeduren sowie zwischen Attributen und Parametern ergibt sich die Umsetzung einer attributierten Grammatikregel fast von selbst. Die entsprechenden Prozeduren zur Erkennung eines Satzes und eines Hauptsatzes sind im folgenden angegeben.

```
PROCEDURE Satz(VAR woerter:CARDINAL):BOOLEAN;
VAR w: CARDINAL;
BEGIN
  IF NOT Hauptsatz(woerter) THEN RETURN FALSE END;
  IF sym=komma THEN
    IF NOT NebenSatz(w) THEN RETURN FALSE END;
    woerter:=woerter+w
  END;
  IF sym=punkt THEN
    LiesSymbol
  ELSIF sym=rufzeichen THEN
    LiesSymbol
  ELSIF sym=fragezeichen THEN
    LiesSymbol
```

```
    ELSE
      RETURN FALSE
    END;
    RETURN TRUE
  END Satz;

  PROCEDURE Hauptsatz(VAR woerter:CARDINAL):BOOLEAN;
  BEGIN
    IF sym#wort THEN RETURN FALSE END;
    woerter:=1;
    LiesSymbol;
    WHILE sym=wort DO
      woerter:= woerter +1;
      LiesSymbol
    END;
    RETURN TRUE
  END Hauptsatz;
```

Wenn wir uns nun die Aufgabe stellen, nicht die Länge eines Satzes, sondern die durchschnittliche Länge seiner Wörter zu ermitteln, kommen wir mit den bisherigen Mitteln nicht aus, weil die notwendigen Informationen über die Wörter fehlen. Dem kann abgeholfen werden, indem wir auch die Terminalklasse wort mit einem Ausgangsattribut versehen, das seine Länge angibt. Solche Attribute sind nur bei Terminalklassen sinnvoll, nicht aber bei den eigentlichen Terminalsymbolen, für die es ja ohnehin nur eine einzige Schreibweise gibt.

Um die durchschnittliche Länge der Wörter eines Satzes zu bestimmen, benötigt man die Anzahl der Wörter und die Anzahl der Buchstaben des Satzes. Zur Lösung der Aufgabe müssen daher die Regeln für Haupt- und Nebensätze mit je einem zusätzlichen Ausgangsattribut buchstaben versehen werden. Die Terminalklasse wort bekommt ebenfalls ein Ausgangsattribut laenge. Die Regel für einen Hauptsatz hat damit die folgende Form:

```
Hauptsatz↑woerter ↑buchstaben =
            wort ↑buchstaben       « woerter:=1 »
            { wort ↑laenge         « woerter:=woerter+1;
                                     buchstaben:=buchstaben+laenge »
            }.
```

Terminalklassen mit Attributen können nicht auf dieselbe Weise wie Nonterminalsymbole im Syntaxanalysator realisiert werden, weil es für Terminalklassen keine Erkennungsprozeduren gibt. Man muß daher die Schnittstelle zum lexikalischen Analysator so erweitern, daß der Syntaxanalysator auf die Attribute des zuletzt erkannten Terminalsymbols zugreifen kann. Man benutzt dazu aus Effizienzgründen meist globale Variablen, die vom lexikalischen Analysator exportiert werden. Für jedes relevante Attribut einer Terminalklasse gibt es eine solche Variable, die vom lexikalischen Analysator eingestellt wird, wenn ein Symbol dieser Klasse erkannt wurde. Es ist klar, daß die Attributwerte vom Syntaxanalysator nur gelesen, aber nicht verändert werden dürfen.

Das folgende Beispiel zeigt, wie der lexikalische Analysator aus Abschnitt 3.4.6.2 erweitert werden muß, so daß er nach der Erkennung eines Wortes seinen Inhalt und seine Länge zur Verfügung stellt. Die neu hinzugekommenen Teile sind durch Kursivschrift hervorgehoben.

```
DEFINITION MODULE LexikalischerAnalysator;

TYPE Symbol = (wort, komma, punkt, rufzeichen, fragezeichen, fehler, ende);

VAR
   sym: Symbol;
   wortlaut: ARRAY [0..39] OF CHAR;
   wortLaenge: CARDINAL;

PROCEDURE InitLex;
PROCEDURE LiesSymbol;

END LexikalischerAnalysator.
```

```
IMPLEMENTATION MODULE LexikalischerAnalysator;

FROM InOut IMPORT Read, Done;

VAR z: CHAR;

PROCEDURE InitLex;
BEGIN
   Read(z)
END InitLex;

PROCEDURE LiesSymbol;
BEGIN
   WHILE Done & (z<=" ") DO Read(z) END;
   IF NOT Done THEN sym := ende; RETURN END;
   CASE z OF
      "A".."Z","a".."z":
         wortLaenge:=0;
         REPEAT
            IF wortLaenge<40 THEN
               wortlaut[wortLaenge]:=z; INC(wortLaenge)
            END;
            Read(z)
         UNTIL NOT Done OR (((z<"A") OR (z>"Z")) & ((z<"a") OR (z>"z")));
         sym := wort
   |  ",":   Read(z); sym := komma
   |  ".":   Read(z); sym := punkt
   |  "!":   Read(z); sym := rufzeichen
   |  "?":   Read(z); sym := fragezeichen
      ELSE Read(z); sym := fehler
   END
END LiesSymbol;

END LexikalischerAnalysator.
```

Der Einfachheit halber haben wir die Wortlänge auf 40 Buchstaben beschränkt; längere Wörter werden einfach ab dem 41. Zeichen abgeschnitten.

Die oben angegebene Regel zur Erkennung eines Hauptsatzes kann damit auf folgende Weise implementiert werden:

```
FROM LexikalischerAnalysator IMPORT ..., wortLaenge, ...;

PROCEDURE Hauptsatz(VAR woerter,buchstaben:CARDINAL):BOOLEAN;
BEGIN
   IF sym#wort THEN RETURN FALSE END;
   woerter:=1;
   buchstaben:=wortLaenge;
   LiesSymbol;
   WHILE sym=wort DO
      woerter:= woerter +1;
      buchstaben:=buchstaben+wortLaenge;
      LiesSymbol
   END;
   RETURN TRUE
END Hauptsatz;
```

Man beachte, daß bei jedem Aufruf von LiesSymbol die Möglichkeit einer Änderung der globalen Attributwerte besteht. Die Attribute des aktuellen Terminalsymbols stehen also nur bis zum nächsten Aufruf von LiesSymbol zur Verfügung. Wenn sie länger benötigt werden, müssen sie in lokalen Variablen zwischengespeichert werden.

Mit einer kontextfreien Grammatik kann lediglich beschrieben werden, welche Reihenfolge von Symbolen zulässig ist. In der kontextfreien Grammatik für eine Programmiersprache kann zum Beispiel nur festgelegt werden, an welchen Stellen Bezeichner erlaubt sind. Die zusätzlichen Bedingungen, daß jeder Bezeichner vor seiner ersten Verwendung deklariert werden muß und daß er nur entsprechend seiner Deklaration verwendet werden darf, lassen sich auf diese Weise nicht ausdrücken. Man kann aber Attribute und semantische Aktionen benutzen, um über die reine Syntax hinausgehende Korrektheitsbedingungen zu überprüfen. In der Theorie des Übersetzerbaus bedient man sich dazu sogenannter *Kontextbedingungen*, die an den passenden Stellen in die attributierte Grammatik eingeflochten werden. Das folgende Beispiel zeigt vereinfacht, wie solche Kontextbedingungen für eine Wertzuweisung einer Programmiersprache aussehen könnten.

```
Assignment =     identifier↑name        CC: AlreadyDeclared(name)
                                        CC: IsVariable(name)
                                        « varType:=TypeOf(name) »
                 ":="
                 Expression↑exprType    CC: exprType=varType
                 ";" .
```

Die Abkürzung „CC“ steht für „context condition“. Die erste Bedingung besagt, daß der Bezeichner name schon deklariert ist; die zweite Bedingung stellt sicher, daß name eine Variable bezeichnet. Erst wenn beide Bedingungen erfüllt sind, wird die semantische Aktion ausgeführt. Nachdem der Ausdruck, der der Variablen zugewiesen werden soll, erkannt ist, wird geprüft, ob er vom gleichen Typ ist wie die Variable. Dieses Beispiel zeigt deutlich, warum wir von *Kontext*-Bedingungen sprechen: jede einzelne Bedingung prüft die Korrektheit von Beziehungen *zwischen* Symbolen, die aus der kontextfreien Grammatik noch nicht hervorgehen.

Man beachte, daß die Kontextbedingungen lediglich angeben, an welchen Stellen welche Beziehungen gelten müssen, aber nicht, was geschehen soll, wenn eine Bedingung nicht erfüllt ist. Eine ähnliche Situation trat bereits bei der kontextfreien Grammatik auf, die auch nur angibt, wie Sätze der Sprache aufgebaut sind, die Behandlung von Fehlern aber offen läßt. Bei der Umsetzung in ein Programm bereiten die Kontextbedingungen große Schwierigkeiten. Für die Behandlung von Syntaxfehlern sind etliche Methoden bekannt, die in Compilern mit Erfolg eingesetzt werden. Bei der Verletzung von Kontextbedingungen (sogenannten semantischen Fehlern) muß man hingegen von Fall zu Fall entscheiden, was zu tun ist. Das einfachste Verfahren besteht darin, die Verarbeitung beim ersten Fehler einfach abzubrechen und die Behebung des Fehlers dem Benutzer zu überlassen. Wenn aber aus irgendwelchen Gründen die Analyse fortgesetzt werden soll, müssen etwaige Attributwerte so korrigiert werden, daß Folgefehler bei der weiteren Analyse vermieden werden. Wenn in der oben angeführten Regel die erste Kontextbedingung nicht erfüllt ist, könnte beispielsweise so getan werden, als sei der Bezeichner schon als Variable deklariert worden. Man muß dabei auch dafür sorgen, daß varType einen sinnvollen Wert erhält, was wiederum zu einem Folgefehler bei der Prüfung der letzten Kontextbedingung führen kann.

3.4.6.4 Anwendung auf das Entwurfsbeispiel

In den vorangegangenen Abschnitten haben wir an kleinen Beispielen gezeigt, wie attributierte Grammatiken aufgestellt und schließlich in Programme umgesetzt werden können. In diesem Abschnitt wollen wir das Bild abrunden, indem wir die Technik der attributierten Grammatiken auf den Analyseteil unserer Roboter-Aufgabe anwenden. Abbildung 3.38 zeigt diese Teilaufgabe als Blockdiagramm.

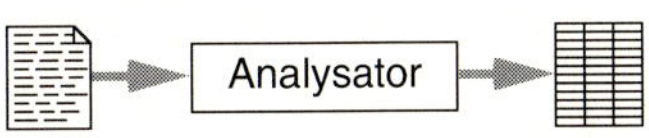

Abb. 3.38: Blockdiagramm der Analyseaufgabe

Wir haben es also mit einem Übersetzungsvorgang von einer Bewegungsbeschreibung in eine Schrittliste zu tun. Man beachte, daß es sich dabei lediglich um eine Transformation der Repräsentation handelt. Beide Darstellungsformen beschreiben dieselbe Bewegung; sie unterscheiden sich nur in ihrer äußeren Form.

Der erste Schritt besteht dabei darin, eine kontextfreie Grammatik für die Sprache des Eingabetextes aufzustellen. Zur Erinnerung wiederholen wir die relevanten Teile der Aufgabenstellung (siehe Abschnitt 3.4.2):

> Der Bewegungsablauf wird durch eine einfache Sprache beschrieben, die die Formulierung geradliniger und kreisförmiger Teilbewegungen gestattet. Jede Teilbewegung wird bei der Simulation in geradlinige Schritte gleicher Länge zerlegt.

- Geradlinige Bewegung zum Punkt (x, y, z) in n Schritten: n L (x, y, z)
- Kreisbewegung zum Punkt (x, y, z) über einen Zwischenpunkt (x1, y1, z1) in n Schritten: n C (x1, y1, z1) (x, y, z)

Die Bewegungsbeschreibung beginnt mit einer Anfangsposition (x0, y0, z0). Der Endpunkt einer Teilbewegung soll gleichzeitig der Anfangspunkt der nächsten Teilbewegung sein. Die Bewegungsbeschreibung wird mit E abgeschlossen.

Jede Koordinate kann absolut oder relativ angegeben werden. Die Zahl 10 bedeutet eine absolute Position (10mm vom Nullpunkt des Koordinatensystems entfernt). Eine relative Koordinate wird durch eine Zahl mit einem vorangestellten Vorzeichen angegeben. +10 bedeutet also eine Bewegung um 10mm vom Ursprung der Teilbewegung weg. Sowohl bei einer linearen als auch bei einer Kreisbewegung beziehen sich alle relativen Angaben auf den Startpunkt des jeweiligen Schrittes.

...

Nebenbedingungen

Der Greifer des Roboters soll auf einen würfelförmigen Raum von 2 Meter Kantenlänge beschränkt sein. Die Positionierungsgenauigkeit wird mit 1 Millimeter angenommen. Alle Koordinatenangaben sind daher auf ganze Zahlen zwischen 0 und 2000 beschränkt. Es muß sichergestellt sein, daß der Greifer diesen Raum nicht verlassen kann.

Zuerst muß Klarheit darüber geschaffen werden, in welche Symbole eine Bewegungsbeschreibung zerfällt. In einem Compiler würde man aus Effizienzgründen das Überlesen von Leerzeichen und das Erkennen von Zahlen (einschließlich der Umwandlung einer Ziffernfolge in den entsprechenden Zahlenwert) dem lexikalischen Analysator überlassen. Damit wären lediglich die Klammern, die Kommas, die Vorzeichen + und – und die Buchstaben L, C und E Terminalsymbole; die Zahlen bildeten eine Terminalklasse mit dem Zahlenwert als Ausgangsattribut. Aus didaktischen Gründen übertreiben wir aber bei der Lösung unseres Beispiels und entscheiden uns dafür, jedes einzelne Zeichen des Eingabetextes als Terminalsymbol zu betrachten. Die Ziffern stellen dabei eine Terminalklasse dar; das Ausgangsattribut ist der Ziffernwert.

Mit diesen ersten Überlegungen erhält man die folgende Liste von Terminalsymbolen:

• Terminalklasse	ziffer $\uparrow_{\text{wert}}$
• Buchstaben	"L", "C" und "E"
• Vorzeichen	"+" und "–"
• Klammern	"(" und ")"
• Komma	","
• Leerzeichen	" "

Beim Entwurf der kontextfreien Grammatik selbst empfiehlt es sich, wie bei der schrittweisen Verfeinerung – also topdown – vorzugehen. Wir beginnen daher mit dem gesamten Eingabetext und zerlegen ihn in seine Bestandteile:

Eine Bewegungsbeschreibung beginnt mit einer Startposition, auf die beliebig viele Bewegungen und schließlich der Buchstabe "E" folgen.

```
BewBeschreibung = Position { Bewegung } "E" .
```

Eine Position besteht aus drei Koordinaten, die durch Kommas getrennt und in Klammern eingeschlossen sind:

Position = “(“ Koordinate “,” Koordinate “,” Koordinate “)” .

Eine Bewegung beginnt immer mit der Schrittanzahl, auf die entweder ein “L” oder ein “C” und eine oder zwei Positionen folgen:

Bewegung = Zahl (“L” Position | “C” Position Position) .

Eine Koordinate wird durch eine Zahl – evtl. mit einem führenden Vorzeichen – dargestellt:

Koordinate = [“+” | “–”] Zahl .

Eine Zahl ist eine beliebig lange Folge von Ziffern, mindestens aber eine Ziffer:

Zahl = ziffer { ziffer } .

Die hier angegebene Grammatik berücksichtigt noch nicht, daß der Eingabetext auch Leerzeichen enthalten darf. Wir wollen Leerzeichen überall erlauben, nur nicht innerhalb einer Zahl und auch nicht zwischen einer Zahl und ihrem Vorzeichen. Da bei unserer einfachen Sprache zur Trennung von Symbolen keine Leerzeichen erforderlich sind, dürfen die Leerzeichen auch fehlen. Da wir auch größere Zwischenräume aus mehreren Leerzeichen zulassen wollen, führen wir ein neues Terminalsymbol ein, das einen beliebig langen (möglicherweise auch leeren) Zwischenraum beschreibt:

Leer = “ ” { “ ” } .

Dieses Terminalsymbol kann nun überall dort eingefügt werden, wo Zwischenräume erlaubt sein sollen. Die passenden Stellen dafür findet man

- am Anfang des Eingabetextes,
- nach den Terminalsymbolen “L”, “C”, “E”, “(”, “)” und “,” und
- nach einer Zahl.

Die vollständige kontextfreie Grammatik hat damit die folgende Gestalt:

```
BewBeschreibung = Leer Position { Bewegung } "E" Leer .
Position =        "(" Leer Koordinate
                  "," Leer Koordinate
                  "," Leer Koordinate
                  ")" Leer .
Bewegung =        Zahl ( "L" Leer Position | "C" Leer Position Position ) .
Koordinate =      [ "+" | "–" ] Zahl .
Zahl =            ziffer { ziffer } Leer .
Leer =            " " { " " } .
```

Zur Attributierung der Grammatik empfiehlt es sich, zuerst zu überlegen, welche Attribute man für die einzelnen Nonterminalsymbole benötigt. Die Regel für die Bewegungsbeschreibung erfordert keine Attribute; das Ergebnis der Analyse ist die Schrittliste. Bei der schrittweisen Verfeinerung haben wir in Abschnitt 3.4.3.3 bereits die Schnittstelle des Moduls zur Verwaltung der Schrittliste definiert. Wir können also die einzelnen Schritte mit Hilfe der Prozedur Schrittliste.FuegeAn eintragen. Der innere Aufbau der Schrittliste ist für ihre Benutzung nicht von

Bedeutung. Um das Verständnis der nachfolgenden attributierten Grammatik zu erleichtern, geben wir die Schnittstelle des Moduls Schrittliste hier nochmals an:

```
DEFINITION MODULE Schrittliste;

TYPE
   Koordinate = [0..2000];
   Position = RECORD x,y,z:Koordinate END;

   PROCEDURE LoescheListe;
      (*   initialisiert die Schrittliste als leer  *)
   PROCEDURE ListenLaenge(): CARDINAL;
      (*   liefert die Anzahl der Schritte in der Schrittliste  *)
   PROCEDURE FuegeAn (pos:Position);
      (*   fügt den Schritt zur Position pos an die Schrittliste an  *)
   PROCEDURE HolePosition (i:CARDINAL; VAR pos:Position);
      (*   liefert den Zielpunkt pos des Schrittes mit dem Index i  *)

END Schrittliste.
```

Eine Bewegung benötigt den Startpunkt (der sich aus dem Endpunkt der vorhergegangenen Bewegung ergibt) und liefert den Endpunkt (der für die nachfolgende Bewegung benötigt wird). Analog dazu liefert eine Position einen Punkt im dreidimensionalen Raum (vom Datentyp Schrittliste.Position). Damit die Position auch dann korrekt berechnet werden kann, wenn sie relative Koordinatenangaben enthält, braucht man zusätzlich ein Eingangsattribut, das den Startpunkt der aktuellen Bewegung enthält. Ähnlich geht man bei einer einzelnen Koordinate vor: ein Eingangsattribut gibt den Startwert an, und ein Ausgangsattribut liefert den berechneten Wert der Koordinate. Die attributierten Symbole sind in der folgenden alfabetischen Aufstellung angegeben:

Terminalsymbol:

ziffer $\uparrow_{\text{wert}}$

  erkennt eine Ziffer mit dem Wert wert (0 bis 9)

Nonterminalsymbole:

Bewegung $\downarrow_{\text{pos0}}$ $\uparrow_{\text{pos}}$

  erkennt eine geradlinige oder kreisförmige an der Stelle pos0 beginnende Teilbewegung, fügt die zu ihrer Ausführung erforderlichen Schritte an die Schrittliste an, und liefert den Endpunkt der Teilbewegung in pos; pos ist gleichzeitig der Anfangspunkt der nächsten Teilbewegung. pos und pos0 sind vom Datentyp Schrittliste.Position.

BewBeschreibung

  erkennt eine Folge von Bewegungsbeschreibungen und erzeugt aus ihr eine Schrittliste.

Koordinate $\downarrow_{\text{v0}}$ $\uparrow_{\text{v}}$

  erkennt eine einzelne (x-, y- oder z-) Koordinate mit dem Wert v. v0 ist der Wert der entsprechenden Koordinate am Anfang der aktuellen Teilbewegung; relative Koordinatenangaben beziehen sich auf diesen Wert. v0 und v sind vom Datentyp Schrittliste.Koordinate.

Leer

  erkennt einen Zwischenraum aus beliebig vielen (auch 0) Leerzeichen.

Position $\downarrow$pos0 $\uparrow$pos
erkennt eine Position und liefert ihre Koordinaten in pos. pos0 ist der Startpunkt der Teilbewegung; relative Koordinatenangaben beziehen sich auf diese Position. pos und pos0 sind vom Datentyp Schrittliste.Position.

Zahl $\uparrow$wert
erkennt eine ganze Zahl mit dem Wert wert (vom Datentyp INTEGER).

Es empfiehlt sich immer, eine derartige Liste der attributierten Symbole anzufertigen. Erstens wird man dadurch gezwungen, sich den Zweck der einzelnen Symbole und die zu ihrer Verarbeitung erforderlichen Aktionen genau zu überlegen. Zweitens dient eine solche Aufstellung gleichzeitig als Teil der Dokumentation eines Übersetzungsprozesses, die ihren Wert besonders beim Lesen langer Grammatiken mit hundert und mehr Regeln zeigt.

Wir haben bei den Terminalsymbolen nur ziffer angeführt, weil dieses Symbol das einzige mit einem Attribut ist. Die Bedeutung der anderen Symbole muß nicht gesondert erklärt werden; sie ergibt sich unmittelbar aus der Grammatik. Im Gegensatz dazu haben wir bei den Nonterminalsymbolen auch die attributlosen angegeben, weil sie durchaus komplexe Regeln mit umfangreichen Aktionen beschreiben können.

Mit den bisherigen Informationen können bereits die semantischen Aktionen in die oben angegebenen Regeln eingefügt werden. In der Folge geben wir jede einzelne Regel getrennt an und kommentieren die zu ihrem Verständnis erforderlichen Entwurfsentscheidungen.

```
BewBeschreibung =
                    Leer                    « pos0.x:=0; pos0.y:=0; pos0.z:=0 »  ①
                    Position ↓pos0 ↑pos     « LoescheListe; FuegeAn(pos);        ②
                                              pos0:=pos »                        ③
                    { Bewegung ↓pos0 ↑pos   « pos0:=pos »                        ④
                    } "E" Leer .
```

① Diese Anweisungen dienen zur Initialisierung der Startposition. Genaugenommen wird hier eine Unvollständigkeit in der Aufgabenstellung behoben. Dort war die Rede davon, daß sich eine Positionsangabe immer „auf den Startpunkt des jeweiligen Schrittes“ bezieht. Es wurde aber versäumt anzugeben, ob bei der Startposition auch relative Koordinatenangaben erlaubt sind und – wenn ja – worauf sie sich beziehen. Wir beheben diesen Mangel, indem wir relative Angaben zulassen und sie auf den Punkt (0,0,0) des Koordinatensystems beziehen.

② Nach der Erkennung des Startpunkts wird die Schrittliste (siehe Abschnitt 3.4.3.3) initialisiert, indem sie zuerst gelöscht und dann die Startposition (als Schritt mit der Nummer 0) angefügt wird. Der Einfachheit halber lassen wir ab nun den Modulnamen vor den Prozedurnamen weg, d. h. wir schreiben FuegeAn statt Schrittliste.FuegeAn.

③ Die Regel für Bewegung erwartet im Eingangsattribut pos0 den Startpunkt der Teilbewegung. Durch diese Zuweisung wird dieser Wert richtig eingestellt.

④ Der Endpunkt einer Teilbewegung ist gleichzeitig der Startpunkt der nächsten Teilbewegung. Diese Anweisung stellt sicher, daß pos0 bei einer Wiederholung der „Schleife“ den richtigen Wert enthält. Weitere semantische Aktionen sind nach der Erkennung einer Teilbewegung nicht erforderlich, weil die Schrittliste bereits *während* ihrer Erkennung entsprechend verlängert wurde.

```
Position ↓pos0 ↑pos =
                 "(" Leer Koordinate ↓pos0.x ↑pos.x                     ①
                 "," Leer Koordinate ↓pos0.y ↑pos.y
                 "," Leer Koordinate ↓pos0.z ↑pos.z ")"
                 Leer .
```

① Hier sind keine semantischen Aktionen erforderlich. Die Erkennung einer Position beschränkt sich auf die Erkennung der drei Koordinaten. Das Einstellen des Ausgangsattributs pos wird einfach durch Übernahme der Ausgangsattribute von Koordinate vorgenommen.

```
Bewegung ↓pos0 ↑pos =
                 Zahl ↑n                  CC: (n>=1) & (n<=1000-ListenLaenge())   ①
                 ( "L" Leer
                   Position ↓pos0 ↑pos    « GeradeBewegung(n,pos0,pos) »          ②
                 | "C" Leer
                   Position ↓pos0 ↑posUe                                          ③
                   Position ↓pos0 ↑pos    « KreisBewegung                         ②
                                              (n,pos0,posUe,pos,ok) »
                                          CC: ok                                  ④
                 ) .
```

① Nach der Erkennung der Schrittanzahl n muß geprüft werden, ob der Wert von n erlaubt ist. Wir geben dazu eine Kontextbedingung an, in der wir vorschreiben, daß die Anzahl der Schritte mindestens 1 und höchstens 1000-ListenLaenge() betragen darf. ListenLaenge ist eine Funktionsprozedur des Moduls Schrittliste. Durch den zweiten Teil der Bedingung wird sichergestellt, daß die Schrittliste durch das Anfügen der Teilbewegung nicht überläuft.

② Zum Anfügen der Einzelschritte werden zwei Prozeduren (GeradeBewegung und KreisBewegung) benutzt. Vor allem der Algorithmus zur Zerlegung einer Kreisbewegung in Einzelschritte ist so kompliziert, daß er die attributierte Grammatik unnötig aufblähen würde. Durch die Einführung von semantischen Routinen bleiben die Regeln kurz und überschaubar. Der Leser muß zum Verständnis der Regeln nur wissen, was die semantischen Routinen bedeuten. Sie werden daher im folgenden Abschnitt getrennt dokumentiert.

③ Die erste Positionsangabe bei einer Kreisbewegung beschreibt den „Übergangspunkt", de hier mit posUe bezeichnet ist. posUe ist eine lokale Variable, die nur innerhalb dieser Regel verwendet wird.

④ Die semantische Routine KreisBewegung liefert einen booleschen Wert ok, der angibt, ob die Endpunkte aller Einzelschritte der Bewegung innerhalb des Roboter-Koordinatensystems liegen. Diese Kontextbedingung prüft, ob der Aktionsradius des Roboters im Zuge der Kreisbewegung nicht verlassen wurde. Bei einer geraden Bewegung ist eine derartige Prüfung nicht erforderlich, weil die Zwischenpunkte automatisch innerhalb der erlaubten Grenzen liegen, wenn Start- und Endpunkt gültig sind (was durch die folgende Regel zur Erkennung einer Koordinate sichergestellt wird). Es lassen sich aber leicht drei Punkte innerhalb eines Würfels angeben, so daß der durch sie führende Kreis teilweise außerhalb des Würfels liegt.

```
Koordinate ↓v0 ↑v =
                                « vorz:=0 »                    ①
              [ "+"             « vorz:=+1 »                   ②
              | "–"             « vorz:=–1 »
              ]
              Zahl ↑v           «if vorz#0 then                ③
                                    v:=v0+vorz*v
                                  end »
                                CC: (v>=0) & (v<=2000)         ④
```

① Die lokale Hilfsvariable vorz dient dazu, um nach der Erkennung einer Zahl noch feststellen zu können, welches Vorzeichen der Zahl voranging. vorz wird mit 0 initialisiert, um zu signalisieren, daß noch kein Vorzeichen erkannt wurde.

② Bei der Erkennung von "+" oder "–" wird der Variablen vorz der Wert +1 bzw. –1 zugewiesen. Wenn kein Vorzeichen vorkommt, behält vorz den Wert 0.

③ Nach der Erkennung einer Zahl mit dem Wert v muß noch geprüft werden, ob sie ein Vorzeichen hatte, d. h., ob es sich um eine relative Koordinatenangabe handelt. Durch Multiplikation von v mit vorz ergibt sich der Wert, der zu v0 addiert werden muß, um eine absolute Koordinatenangabe zu erhalten.

④ Am Ende muß noch geprüft werden, ob die Koordinate im zulässigen Bereich zwischen 0 und 2000 liegt. Allgemein gilt die Regel, daß Kontextbedingungen zum frühestmöglichen Zeitpunkt erkannt werden sollen. Das ist besonders bei Ausgangsattributen wichtig. Ihre Korrektheit sollte möglichst schon in der Regel geprüft werden, die das Attribut liefert.

```
Zahl ↑wert =
              ziffer ↑wert                                     ①
              { ziffer ↑w       « wert:=wert*10+w »            ②
              }
              Leer .
```

① Der Wert einer einstelligen Zahl ergibt sich aus dem Wert der Ziffer. Man beachte, daß keine semantische Aktion erforderlich ist, um diese Beziehung auszudrücken; im Falle einer einstelligen Zahl wird einfach das Ausgangsattribut von ziffer als Ausgangsattribut von Zahl weiterverwendet.

② Eine Zahl wird von links nach rechts erkannt. Zur Berechnung des Zahlenwertes wird das Horner-Schema verwendet.

```
Leer =        " " { " " } .
```

Damit ist die Attributierung abgeschlossen. De Vollständigkeit halber müssen noch die semantischen Routinen GeradeBewegung und KreisBewegung spezifiziert werden. Wir fassen sie in einem neuen Modul Bewegungen zusammen und geben seine kommentierte Schnittstelle an:

```
DEFINITION MODULE Bewegungen;

FROM SchrittListe IMPORT Position;
```

```
PROCEDURE GeradeBewegung (n:INTEGER; pos0,pos:Position);
(*  fügt die zur Ausführung einer geradlinigen Bewegung von pos0 nach pos
    erforderlichen Schritte an die Schrittliste an. n ist die Anzahl der Schritte.  *)

PROCEDURE KreisBewegung
   (n:INTEGER;
    pos0,posUe,pos:Position;
    VAR ok:BOOLEAN);
(*  fügt die zur Ausführung einer Kreisbewegung von pos0 nach pos erforderlichen
Schritte an
    die Schrittliste an. Der Kreis wird vollständig durch die drei Punkte pos0, posUe und pos
    beschrieben. n ist die Anzahl der Schritte; der Ausgangsparameter ok gibt an, ob die
    Endpunkte aller Einzelschritte im Bewegungsraum des Roboters liegen.  *)

END Bewegungen.
```

Wir verzichten auf die Angabe der algorithmischen Lösungen der beiden Prozeduren GeradeBewegung und Kreisbewegung, da es hier in erster Linie um die Lösung eines geometrischen Problems geht, und wir aus der Entwicklung dieser Algorithmen keine weiteren softwaretechnischen Erkenntnisse mehr gewinnen können. Der Leser sei allerdings darauf hingewiesen, daß die Algorithmen alles andere als trivial sind.

Die Umsetzung dieser attributierten Grammatik in Module erfolgt nach den oben angegebenen Regeln. Wir geben zuerst den lexikalischen Analysator an, der wegen der Einfachheit der Symbole sehr kurz ist:

```
DEFINITION MODULE LexikalischerAnalysator;

TYPE Symbol =
   (ziffer, lSymbol, cSymbol, eSymbol, plus, minus, linkeKlammer,
    rechteKlammer, komma, leerZeichen, fehler, ende);

VAR
   sym: Symbol;
   ziffernWert: INTEGER;  (*Attribut von ziffer*)

PROCEDURE InitLex;
PROCEDURE LiesSymbol;

END LexikalischerAnalysator.
```

```
IMPLEMENTATION MODULE LexikalischerAnalysator;

FROM Eingabetext IMPORT Laenge, Zeichen;

VAR textPos: CARDINAL;  (*Position des letzten Zeichens im Eingabetext*)

PROCEDURE InitLex;
BEGIN
   textPos:=0
END InitLex;
```

```
PROCEDURE LiesSymbol;
VAR z:CHAR;
BEGIN
   IF textPos=Laenge() THEN sym := ende; RETURN END;
   INC(textPos);
   z:=Zeichen(textPos);
   CASE z OF
      "0".."9": sym := ziffer; ziffernWert := ORD(z)–ORD("0")
   | "L", "l":  sym := lSymbol
   | "C", "c":  sym := cSymbol
   | "E", "e":  sym := eSymbol
   | "+":       sym := plus
   | "–":       sym := minus
   | "(":       sym := linkeKlammer
   | ")":       sym := rechteKlammer
   | ",":       sym := komma
   | 0C.." ":   sym := leerZeichen   (*alle Steuerzeichen (TAB, CR, etc) und Leerzeichen*)
      ELSE      sym := fehler
   END
END LiesSymbol;

END LexikalischerAnalysator.
```

Wir geben nicht den vollständigen Syntaxanalysator an, sondern beschränken uns auf die Regel zur Erkennung einer Koordinate, um zu zeigen, wie die Behandlung von Kontextbedingungen gehandhabt wird:

```
PROCEDURE Koordinate (v0:INTEGER; VAR v:INTEGER): BOOLEAN;
VAR vorz:INTEGER;
BEGIN
   vorz:=0;
   IF sym=plus THEN
      vorz:=+1; LiesSymbol
   ELSIF sym="–" THEN
      vorz:=–1; LiesSymbol
   END;
   IF NOT Zahl(v) THEN RETURN FALSE END;
   IF vorz#0 THEN v:=v0+vorz*v END;
   IF (v<0) OR (v>2000) THEN
      FehlerMeldung("ungültiger Koordinatenwert"); RETURN FALSE
   END;
   RETURN TRUE
END Bewegung;
```

Wenn die Kontextbedingung nicht erfüllt ist, wird ein Fehler gemeldet und die Verarbeitung wie bei einem Syntaxfehler abgebrochen. Die Prozedur FehlerMeldung soll nicht nur dem Benutzer mitteilen, welcher Fehler aufgetreten ist, sondern muß auch einen Hinweis auf die Fehlerstelle geben.

Da die Umsetzung einer attributierten Grammatik in einen Übersetzer eine Routine-Tätigkeit ist, kann sie automatisiert, d. h. einem Programm überlassen werden. Solche Programme werden *Compiler-Generatoren* oder *Compiler-Compiler* genannt. Sie verarbeiten eine attributierte Grammatik und erzeugen aus ihr ein Programmstück, das einen Eingabetext auf syntaktische Korrektheit untersucht und während der Analyse die semantischen Aktionen ausführt. In den letzten Jahren wurde auf diesem Gebiet intensive Forschung betrieben, so daß heute mehrere Compiler-Compiler für verschiedene Anwendungsgebiete und Zielmaschinen zur Verfügung stehen (z. B. *YACC* [Johnson 1975], *GAG* [Kastens 1982], *HLP* [Koskimies 1984] und *Coco-2* [Dobler 1990]). Zur Abrundung des Bildes zeigen wir, wie eine attributierte Grammatik verfaßt werden muß, damit sie vom Compiler-Compiler Coco-2 verarbeitet werden kann. Coco-2 haben wir deshalb ausgewählt, weil es sich dabei um eine der neuesten Entwicklungen handelt.

```
COMPILER Roboter

SEM <<                                                              ①
   FROM Schrittliste IMPORT
      Koordinate, Position, LoescheListe, FuegeAn, ListenLaenge;
   FROM Bewegungen IMPORT
      GeradeBewegung, KreisBewegung;
   FROM Fehler IMPORT
      MeldeFehler;
>>

CHARACTER SETS                                                      ②

   dezimalziffer = "0" .. "9".

TOKENS                                                              ③

   "L". "C". "E".
   "+". "–".
   "(". ")".
   ",". " ".

TOKEN CLASSES                                                       ④

   ziffer <<VAR wert:INTEGER>> =
                    dezimalziffer        LEX <<wert:=ORD(tokenStr[1]);>> .   ⑤

NONTERMINALS                                                        ⑥

   Roboter.
   Eingabetext.
   Position <<pos0:Position; VAR pos:Position>>.
   Bewegung <<pos0:Position; VAR pos:Position>>.
   Koordinate <<v0:Koordinate; VAR v:Koordinate>>.
   Zahl <<VAR wert:INTEGER>>.
   Leer.
```

```
RULES                                                          ⑦

  Roboter =
                    Eingabetext .

  Eingabetext =
                                      LOCAL <<VAR pos0:Position;>>    ⑧
                    Leer              SEM <<                          ⑨
                                         pos0.x:=0; pos0.y:=0; pos0.z:=0;
                                         >>
                    Position <<pos0,pos>>  SEM <<
                                         LoescheListe; FuegeAn(pos);
                                         pos0:=pos;
                                         >>
                    { Bewegung <<pos0,pos>>
                                      SEM <<pos0:=pos;>>
                    }
                    "E" Leer .

  Position <<pos0:Position; VAR pos:Position>> =
                    "(" Leer Koordinate <<pos0.x,pos.x>>
                    "," Leer Koordinate <<pos0.y,pos.y>>
                    "," Leer Koordinate <<pos0.z,pos.z>> ")"
                    Leer .

  Bewegung <<pos0:Position; VAR pos:Position>> =
                                      LOCAL <<
                                         VAR
                                           n:INTEGER;
                                           posUe:Position;
                                           ok:BOOLEAN;
                                         >>
                    Zahl <<n>>        SEM << (*CC*)                   ⑩
                                         IF (n<1)
                                         OR (n>1000–ListenLaenge()) THEN
                                           MeldeFehler
                                         END;
                                         >>
                    ( "L" Leer
                      Position <<pos0,pos>>
                                      SEM <<
                                         GeradeBewegung(n,pos0,pos);
                                      >>
```

```
                    | "C" Leer
                     Position <<pos0,posUe>>
                     Position <<pos0,pos>>
                                              SEM <<
                                                  KreisBewegung
                                                    (n,pos,pos0,posUe,pos,ok);
                                                  (*CC*)
                                                  IF NOT ok THEN MeldeFehler END;
                                                  >>
                    ) .

    Koordinate <<v0:Koordinate; VAR v:Koordinate>> =
                                              LOCAL <<VAR vorz:INTEGER;>>
                                              SEM <<vorz:=0;>>
                    [ "+"                     SEM <<vorz:=+1;>>
                    | "–"                     SEM <<vorz:=–1;>>
                    ]
                    Zahl <<v>>                SEM <<
                                                  IF vorz<>0 THEN
                                                    v:=v0+vorz*v
                                                  END;
                                                  (*CC*)
                                                  IF (v<0) OR (v>2000) THEN
                                                   MeldeFehler
                                                  END;
                                                  >>

    Zahl <<VAR wert:INTEGER>> =
                                              LOCAL <<VAR v:INTEGER;>>
                    ziffer <<wert>>
                    { ziffer <<v>>            SEM <<wert:=wert*10+v;>>
                    } .

    Leer=
                    " " {" "} .

  END Roboter.
```

① Coco-2 erzeugt aus der attributierten Grammatik einen Compiler, der andere Module benutzt. Zu Beginn der attributierten Grammatik muß daher angeführt werden, von welchen Modulen welche Datentypen und Prozeduren benötigt werden.

② Unter CHARACTER SETS können Zeichenmengen zur Vereinfachung der Beschreibung der Terminalsymbole deklariert werden. In diesem Fall wird nur die Menge der Ziffernzeichen benötigt.

③ Im Abschnitt TOKENS werden die (einfachen) Terminalsymbole angeführt. Die Symbole können durch Namen oder – wie hier – durch Zeichenketten bezeichnet werden.

④ Die Terminalklassen werden im Abschnitt TOKEN CLASSES deklariert. Sie haben außer einem Namen noch ein oder mehrere Attribute. Attribute werden bei Coco-2 in doppelte spitze Klammern eingeschlossen.

⑤ Eine Ziffer wird als ein Element aus der Menge dezimalziffer definiert. Eine Alternative dazu wäre eine explizite Aufzählung in der Form "0" | "1" | "2" | ... | "9". Hinter dem Schlüsselwort LEX werden die Anweisungen zur Berechnung der Ausgangsattributs angegeben. tokenStr ist hier eine vom lexikalischen Analysator zur Verfügung gestellte Variable, die das zuletzt gelesene Terminalsymbol als Zeichenkette enthält.

⑥ Im Abschnitt NONTERMINALS müssen alle in der Grammatik vorkommenden Nonterminalsymbole deklariert werden. Diese Liste dient unter anderem zur Kontrolle, ob die Grammatik vollständig ist.

⑦ Im Abschnitt RULES – dem Hauptteil der attributierten Grammatik – werden die Regeln für die Nonterminalsymbole angegeben.

⑧ Jede Regel wird in eine entsprechende Analyseprozedur übersetzt. Zwischen den spitzen Klammern nach dem Schlüsselwort LOCAL können Deklarationen angebracht werden, die nur innerhalb dieser Prozedur gültig sein sollen. Diese Deklarationen werden meist – wie auch hier – für lokale Variablen verwendet.

⑨ Semantische Aktionen werden im Gegensatz zur oben eingeführten Schreibweise nach dem Schlüsselwort SEM in spitze Klammern eingeschlossen. Die semantischen Aktionen werden vom Compiler-Compiler an den passenden Stellen in den erzeugten Compiler eingebettet. Es ist daher wesentlich, daß sowohl die Deklarationen als auch die Anweisungen den Regeln der Implementierungssprache (hier: Modula-2) entsprechen.

⑩ In Coco-2 gibt es kein Sprachelement zur Beschreibung von Kontextbedingungen. Die Prüfung der Bedingungen muß – wie auch im händisch geschriebenen Syntaxanalysator – ausprogrammiert werden. Insbesondere muß auch angegeben werden, was geschehen soll, wenn eine Kontextbedingung verletzt wird. Wir haben hier die Kontextbedingungen durch Kommentare der Form (*CC*) hervorgehoben.

3.4.7 Objektorientierter Entwurf

Beim funktionsorientierten Entwurf geht man von den auszuführenden Aktionen aus. Während die Gesamtaufgabe schrittweise in Teilaufgaben zerlegt wird, sollten dabei im Idealfall auch die zu verarbeitenden Daten schrittweise verfeinert werden. Das geht gut, solange nur wenige oder elementare Daten an der Aufgabe beteiligt sind. Sobald aber viele Daten mit komplexem Aufbau zu bearbeiten sind, wird das Ergebnis unüberschaubar, weil auf die Daten meist an vielen weit verstreuten Stellen zugegriffen wird. Das wirkt sich negativ auf die Änderbarkeit, Testbarkeit und Wartbarkeit des Produkts aus. Datenkapselung und Modularisierung können nur bedingt Abhilfe bieten, sobald die Problemgröße ein bestimmtes Ausmaß übersteigt. Bei umfangreichen Projekten empfiehlt es sich daher, die Daten stärker in den Mittelpunkt des Interesses zu rücken und den Entwurf „um die Daten herum“ aufzubauen.

Die Konzentration auf die Aktionen drückt sich beim funktionsorientierten Entwurf darin aus, daß Zeitwörter im Vordergrund stehen. Zum Beispiel würde bei einer Ampelsteuerung eine Prozedur

```
PROCEDURE SchalteUm (VAR a:Ampel; f:Farbe);
```

entstehen. Im Gegensatz dazu stehen beim objektorientierten Entwurf die Hauptwörter im Vordergrund. In diesem Fall würde das Objekt „Ampel“ eine zentrale Rolle spielen.

Der objektorientierte Entwurf erfordert eine andere Denkweise des Entwerfers als der funktionsorientierte Entwurf. Da die Daten im Mittelpunkt des Interesses stehen, werden die Algorithmen zuerst nicht betrachtet und statt dessen die Objekte und die zwischen ihnen bestehenden Beziehungen untersucht. Das Grundproblem beim objektorientierten Entwurf besteht im Auffinden geeigneter Klassen zur Lösung der Aufgabe. Dann muß festgelegt werden, in welcher Beziehung diese Klassen und ihre Objekte zueinander stehen und welche Operationen mit den einzelnen Objekten möglich sein sollen.

In der Literatur findet man unterschiedliche Ansätze für objektorientierte Analyse und objektorientierten Entwurf. Einige Autoren empfehlen die Anwendung des *Entity-Relationship-Modells* zur Modellierung des Zusammenspiels der Objekte, andere benutzen dazu *semantische Netze*. Die Forschung auf dem Gebiet des objektorientierten Entwurfs ist noch lange nicht abgeschlossen; bisher konnte sich noch keines der empfohlenen Verfahren durchsetzen. Der interessierte Leser findet Beschreibungen dieser Methoden in [Booch 1991], [Coad 1990], [Heitz 1988], [Rumbaugh 1991], [Wasserman 1990], [Wilson 1990], [Wirfs-Brock 1989] und [Wirfs-Brock 1990].

Wir vertreten die Auffassung, daß die meisten der empfohlenen Methoden kaum mehr enthalten als der gesunde Hausverstand vorgibt. Bei diesen Verfahren liegt das Hauptgewicht in der Regel auf einer bestimmten Notation. Sie erwecken den Eindruck, daß, wenn man nur die richtige Notation benutzt, sich alles andere von selbst findet. Der Entwurf großer Software-Systeme ist und bleibt eine schwierige Aufgabe – auch wenn objektorientierte Techniken eingesetzt werden. Wir können daher kein rundum befriedigendes Verfahren angeben und benutzen statt dessen ein elementares Verfahren zur Auffindung der für die Lösung benötigten Objekte – die in der Folge beschriebene Methode von Abbot.

3.4.7.1 Die Methode von Abbot

Beim objektorientierten Entwurf versucht man, möglichst schnell die an der Aufgabe beteiligten Objekte zu identifizieren. Das können Daten (z. B. Texte), Formulare (z. B. Bestellformulare), Geräte (z. B. Roboter) oder Organisationsmittel (z. B. Archive) sein. Abbot [Abbot 1983] hat gezeigt, daß sich eine verbale Spezifikation als Grundlage des Entwurfs eignet. Er empfiehlt ein Vorgehen, bei dem bestimmte Wortarten (Hauptwörter, Zeitwörter) in der Spezifikation gesucht werden und aus ihnen der Entwurf abgeleitet wird. Abbot wendet das Verfahren an, um abstrakte Datenstrukturen zu bilden und die mit ihnen erforderlichen Operationen zu bestimmen. Es hat sich aber gezeigt, daß dieses Verfahren auch als Grundlage für einen objektorientierten Entwurf verwendet werden kann. Man geht dabei etwa nach dem folgenden Schema vor:

- *Herausfiltern der Hauptwörter*
  Die Relevanz eines Hauptworts hängt von seiner Art ab:
  - *Gattungsnamen* (z. B. „Mensch“, „Auto“, „Ampel“) spielen eine zentrale Rolle. Jeder dieser Begriffe ist ein möglicher Kandidat für eine Klasse.
  - *Eigennamen* dienen als Bezeichner für bestimmte Objekte (z. B. „Paris“, „Krieg und Frieden“, „Salvador Dali“). Sie können indirekt zu Klassenbildungen führen, da es zu

jedem Eigennamen auch einen entsprechenden Gattungsnamen gibt (z. B. „Stadt", „Buch", „Maler").
- *Mengen-* und *Größenangaben* (z. B. „Liter") sowie *Materialbezeichnungen* (z. B. „Holz") und *Sammelnamen* (z. B. „Regierung") eignen sich meist nicht zur Bildung von Klassen.
- Dasselbe gilt für *abstrakte Begriffe* (z. B. „Arbeit", „Neid", „Schönheit").
- *Hauptwörtlich gebrauchte Zeitwörter* deuten auf Aktionen hin. Sie werden wie die ihnen zugrundeliegenden Zeitwörter behandelt.

• *Suchen von Gemeinsamkeiten*
In realen Aufgabenstellungen treten in der Regel viele verwandte Hauptwörter auf, wie zum Beispiel „Abteilungsleiter" und „Vorgesetzter", „Autor" und „Verfasser", „Auto" und „Kraftfahrzeug", „Straße" und „Einbahn". In diesen Fällen muß zuerst geklärt werden, ob es sich dabei auch wirklich um verschiedene Begriffe handelt, oder ob sie die gleiche Klasse bedeuten. Die Antwort auf die Frage „Gleich oder verschieden?" geht in den meisten Fällen aus der Aufgabenstellung hervor. Zum Beispiel wird es für eine Verkehrssimulation unwichtig sein, ob auf einer Straße nur Autos oder beliebige Kraftfahrzeuge unterwegs sind. Für ein Programm zur Verwaltung von Kennzeichen und Zulassungen wird diese Unterscheidung aber sehr wohl eine Rolle spielen. Das Kriterium für die Unterscheidbarkeit ist auf jeden Fall die Frage, ob die Elemente der fraglichen Klassen unterschiedliche Eigenschaften haben.
Wenn für zwei verwandte Begriffe feststeht, daß sie verschiedene Dinge bezeichnen, sollte geklärt werden, in welcher Beziehung sie zueinander stehen. Oft wird man eine Teilmengenrelation entdecken, die sich meist in Sätzen wie „Jedes Auto ist auch ein Kraftfahrzeug" ausdrückt. Diese „Ist-ein-Relation" ist das wichtigste Kriterium für die Bildung von Klassenhierarchien. Sie wird ausführlicher im Abschnitt 3.4.7.2 behandelt.

• *Auffinden der relevanten Zeitwörter*
Zeitwörter bezeichnen Aktionen mit Objekten. Im Gegensatz zum funktionsorientierten Vorgehen werden diese Aktionen aber nicht isoliert, sondern immer in Verbindung mit Objekten bestimmter Klassen betrachtet. Zum Beispiel gehört das Zeitwort „umschalten" zu einer Verkehrsampel, und „beschleunigen" ist mit einem Fahrzeug verbunden. Die Zuordnung zu einer bestimmten Klasse fällt bei intransitiv gebrauchten Zeitwörtern leicht, da sie nur mit dem Subjekt eines Satzes in Verbindung stehen (z. B. „stehenbleiben"). Problematischer sind transitiv gebrauchte Zeitwörter und Satzformen, die mehrere Hauptwörter verbinden. Zum Beispiel geht aus der Aussage „Das *Auto* soll auf dem *Bildschirm* angezeigt werden" nicht hervor, ob die Aktion „anzeigen" dem Bildschirm oder dem Auto zugeordnet werden soll. Solche Fragen treten beim objektorientierten Entwurf leider häufig auf. Eine übliche Lösung des Problems besteht darin, die Aktion beiden in Frage kommenden Klassen zuzuordnen und bei der Implementierung eine der beiden Operationen auf die andere zurückzuführen.

Natürlich stellen diese Regeln kein allgemein gültiges Rezept dar, das bei strikter Befolgung einen guten Entwurf garantiert. Vor allem die Entscheidung, welche Hauptwörter als Grundlage für Klassen gewählt werden sollen, und das Problem der Zuordnung von Aktionen zu Klassen bereiten oft Schwierigkeiten. Auch der Umfang und die Qualität der vorliegenden Spezifikation haben einen Einfluß auf den entstehenden Entwurf. Eine zu knappe Spezifikation, in der viele

Details offen gelassen wurden, zwingt den Entwerfer oft dazu, die Aufgabenstellung nach seinen eigenen Vorstellungen zu ergänzen. Das Ergebnis ist dann eine Sammlung von Klassen, die mit der ursprünglichen Problemwelt wenig zu tun haben kann. Eine zu ausführliche Spezifikation hingegen birgt die Gefahr zu vieler Klassen und führt oft dazu, daß sich der Entwerfer in unnötigen Details verstrickt. Es ist von Vorteil, wenn die Spezifikation in der Terminologie der Problemwelt verfaßt ist. Dadurch wird der Entwerfer gezwungen, sich in die Rolle des Auftraggebers zu versetzen. Als Folge davon entstehen Klassen, deren Bedeutung auch vom Auftraggeber verstanden werden kann.

Wenn in der Spezifikationsphase Prototyping benutzt wurde, liegt nur ein Teil der Anforderungsdefinition in Form einer verbalen Beschreibung vor. Das hat zur Folge, daß zur Identifikation der Objekte auch der Prototyp herangezogen werden muß. Prototypen eignen sich dazu besonders gut, weil sie anschauliche Modelle des zu realisierenden Systems darstellen. Zum Beispiel sind bei Benutzerschnittstellen-Prototyping alle auf dem Bildschirm dargestellten Interaktionselemente potentielle Kandidaten für Objekte.

Wenn man eine Spezifikation nach den bisher angegebenen Regeln behandelt, kommt man mit etwas Übung und Intuition zu einer natürlichen objektorientierten Zerlegung des Gesamtproblems. Es entstehen Klassen mit klaren Schnittstellen, die weitgehend unabhängig voneinander behandelt werden können. Ähnlich wie bei der schrittweisen Verfeinerung kann man für jede Klasse wiederum eine detailliertere Spezifikation aufstellen, die wieder nach demselben Schema bearbeitet wird. Die Objekte, die anfangs noch als Black Boxes betrachtet werden, nehmen dabei immer konkretere Gestalt an. Beim algorithmischen Entwurf der Aktionen wird man in der Regel auf weitere Klassen stoßen, die mit der ursprünglichen Problemstellung nur noch am Rande zu tun haben. Beim Entwurf eines Simulationsprogramms für eine Ampelsteuerung könnten zum Beispiel der Reihe nach folgende Klassen entstehen:

① direkt aus der Spezifikation:
Verkehrsampel, Auto, Straße, Kreuzung, Zeit, Statistik
② beim Entwurf der Klassen aus ①:
Fahrspur, Richtung, Farbe, Histogramm
③ beim algorithmischen Entwurf der Operationen:
Ereignis, Generator, Warteschlange, Liste, Menge, Matrix

Die anfangs gewonnenen Klassen haben noch direkt mit der Problemwelt zu tun, während die letzten Klassen nur für die Implementierung von Bedeutung sind. Durch ein Topdown-Vorgehen nach Abbot kann daher die Abstraktionslücke (die sogenannte „semantische Lücke“), die oft zwischen der Denkwelt des Auftraggebers und der des Implementierers klafft, weitgehend geschlossen werden.

3.4.7.2 Bildung von Klassenhierarchien

Ein besonderes Kennzeichen der objektorientierten Programmierung ist es, daß die Klassen (=Datentypen) hierarchisch gegliedert werden. Dieses Vorgehen hat aus organisatorischer Sicht den Vorteil, daß ähnliche Dinge erkannt und unter einem gemeinsamen Oberbegriff zusammengefaßt werden. Dadurch entsteht eine Baumstruktur, bei der die allgemeinen (abstrakten) Begriffe nahe der Wurzel stehen und die Blätter die spezialisierten (konkreten) Begriffe darstellen. Ein Beispiel dafür ist die in Abbildung 3.39 gezeigte Gliederung der Klasse der Kraftfahrzeuge.

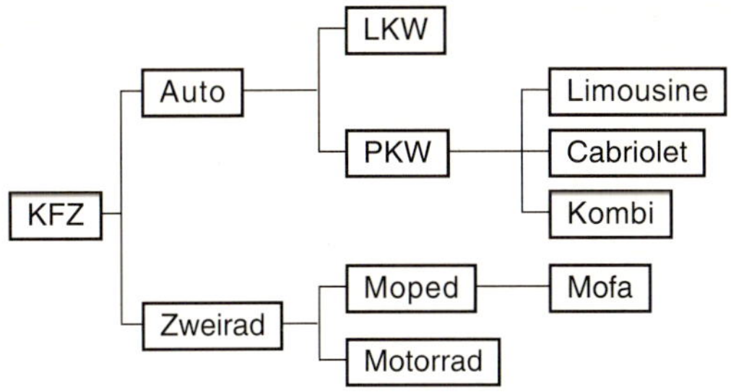

Abb. 3.39: Klassenhierarchie der Kraftfahrzeuge

Die Klasse KFZ bestimmt die allgemeinen Eigenschaften der von ihr abhängenden Klassen. Unabhängig von der Art des Fahrzeugs hat zum Beispiel jedes Kraftfahrzeug eine Marke, einen Typ, eine Seriennummer, eine Motorleistung und vieles mehr. Jedes Auto hat (da es ebenfalls ein KFZ ist) ebenfalls diese Eigenschaften. Dazu kommt als weiteres Merkmal noch die Anzahl der Räder, der Türen und anderes. Dieses Schema läßt sich beliebig fortsetzen. Bei jedem Spezialisierungsschritt kommen zu den allgemeinen Eigenschaften weitere hinzu.

Ein weiteres Kennzeichen einer Klassenhierarchie ist die Erweiterung der Funktionalität mit zunehmender Spezialisierung. Mit einem Cabriolet kann man zum Beispiel alles machen, was auch mit einem PKW möglich ist. Darüber hinaus kann man aber noch sein Dach öffnen.

Die wichtigste Beziehung in einer Klassenbibliothek ist die Ist-ein-Relation. Da die Klasse der PKWs eine Teilmenge der Klasse der Autos ist, *ist* auch jeder PKW ein Auto. Diese Beziehung stellt das erste Kriterium zur Bildung von Klassenhierarchien dar. Oft gibt es aber mehrere Zuordnungsmöglichkeiten. Man könnte zum Beispiel die Klasse der Kombifahrzeuge auch als Teilmenge der LKWs auffassen. Bei solchen Mehrdeutigkeiten kann sich die Suche nach dem passendsten Oberbegriff schwierig gestalten.

Für die Implementierung hat eine derartige Klassenhierarchie zwei wichtige Konsequenzen:

- *Vererbung*: Eigenschaften und Funktionen, die für eine allgemeine Klasse definiert wurden, gelten automatisch auch für die von ihr abhängenden spezielleren Klassen. Wenn es zum Beispiel für ein Auto eine Funktion gibt, die aus Luftwiderstandsbeiwert und den Motordaten die Höchstgeschwindigkeit ermittelt, dann kann diese Funktion auch auf Objekte aller davon abgeleiteten Klassen angewandt werden.
- *Polymorphismus*: Ein Programmstück, das für Objekte einer Klasse K funktioniert, kann auch mit Objekten einer von K abgeleiteten Klasse arbeiten, obwohl solche Objekte andere Eigenschaften (Aufbau, Verhalten) als K-Objekte haben können. Das ist deshalb möglich, weil in abgeleiteten Klassen nur neue Eigenschaften hinzukommen, aber nie welche entfernt werden können. Daraus ergibt sich eine Flexibilität, die mit herkömmlicher Programmierung nur mühsam erreicht werden kann.

Diese beiden Eigenschaften müssen auch bei der Bildung von Klassenhierarchien berücksichtigt werden. Wenn in einem Personalverwaltungssystem zum Beispiel die Begriffe „Angestellter", „Abteilungsleiter", „Sachbearbeiter" und „Buchhalter" vorkommen, sollte man überlegen, in welchem Zusammenhang Objekte dieser Klassen verwendet werden und welche Eigenschaften und Funktionen zwischen Klassen vererbt werden können. Wenn ein Buchhalter als Sachbearbeiter mit einem speziellen Aufgabengebiet aufgefaßt werden kann, könnte beispielsweise die folgende Hierarchie entstehen:

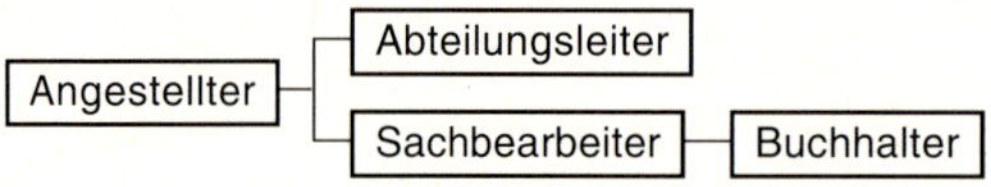

Abb. 3.40: Klassenhierarchie von Angestellten

Wenn sich jedoch ein Buchhalter von einem anderen Sachbearbeiter unterscheidet (z. B. weil ein Sachbearbeiter leistungsorientiert arbeitet und Anspruch auf eine Prämie hat, ein Buchhalter jedoch nicht), dann ist diese Hierarchie ungeeignet, so daß sich unter Umständen eine flachere Gliederung empfiehlt, zum Beispiel:

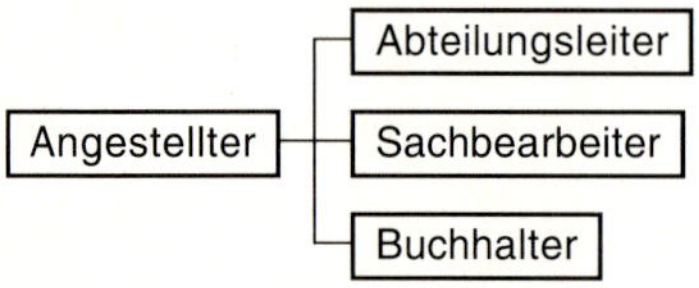

Abb. 3.41: Abgeflachte Klassenhierarchie von Angestellten

Es ist aber genausogut möglich, daß es gar keine für die zu lösende Aufgabe relevanten Unterschiede gibt, so daß auf eine Unterscheidung der verschiedenen Angestellten gänzlich verzichtet werden kann.

Oft kommen in einer Spezifikation Begriffe vor, die einander in vielerlei Hinsicht ähneln, sich aber in einigen Details signifikant unterscheiden. Ein Beispiel dafür tritt auf, wenn ein Programm Rechtecke und Kreise anzeigen soll. Diese beiden weisen Eigenschaften auf, die gemeinsam behandelt werden können (z. B. Strichdicke, Füllmuster, Bewegen auf dem Bildschirm), sie können aber nicht sinnvoll mit einer Ist-ein-Relation verbunden werden. In solchen Fällen muß eine gemeinsame Oberklasse geschaffen werden, der die beiden Klassen untergeordnet werden können, zum Beispiel „Grafik". Die einem Rechteck und einem Kreis gemeinsamen Eigenschaften (z. B. Strichstärke, Farbe, Füllmuster) werden dann in die gemeinsame Oberklasse verlegt, und in den abgeleiteten Klassen werden nur noch die speziellen Eigenschaften und Operationen (Mittelpunkt und Radius, Breite und Höhe, Zeichenoperationen) implementiert. Die gemeinsame Oberklasse stellt eine Abstraktion der speziellen Klassen dar. Man spricht daher in diesem Zusammenhang von *abstrakten Klassen.*

Wenn es bereits eine Sammlung von vorgefertigten Klassen (eine Klassenbibliothek) gibt, kann man sich bei der Implementierung und auch schon beim Entwurf viel Arbeit sparen. Man findet unter Umständen schon eine passende Klasse oder zumindest eine allgemeinere, aus der man die gewünschte Klasse durch Vererbung und Spezialisierung ableiten kann. In diesem Fall ist der Entwurfsvorgang durch zwei gegenläufige Aktivitäten charakterisiert:

Das Verfahren von Abbot ist ein *analytisches Topdown-Verfahren*, weil man von der Aufgabenstellung ausgehend mit dem Entwurf der anwendungsbezogenen Klassen beginnt und zu den implementierungspezifischen Klassen fortschreitet. Es nimmt keine Rücksicht auf eventuell schon vorhandene Klassen. Wenn neue Klassen ausschließlich auf der Basis schon in der Klassenbibliothek vorhandener Klassen gebildet werden, entspricht das einem *konstruktiven Bottomup-Vorgehen*. Wie so oft liegt die Wahrheit in der Mitte. Bei einer hinreichend komplexen Spezifikation wird man kaum problemnahe Klassen in der Klassenbibliothek finden. Es ist daher auf jeden Fall sinnvoll, die ersten Klassen analytisch zu ermitteln. Je näher man jedoch zu den Implementierungsdetails kommt, desto wichtiger ist die Berücksichtigung der Klassenbibliothek, weil man sonst Gefahr läuft, bestehende Klassen zu übersehen. Das Produkt wird daher von zwei Seiten her wachsen, wie Abbildung 3.42 zeigt.

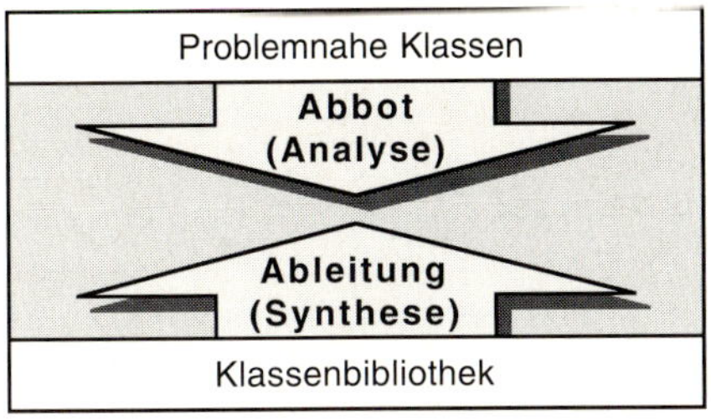

Abb. 3.42: Gemischte Topdown- und Bottomup-Softwarekonstruktion bei objektorientiertem Entwurf

3.4.7.3 Generalisierung

Die Wiederverwendbarkeit spielt bei der objektorientierten Programmierung eine zentrale Rolle. Man unterscheidet dabei häufig Wiederverwendung innerhalb eines Programms und zwischen Programmen. Innerhalb eines Programms wird die Wiederverwendung durch Vererbung realisiert. Eine hohe Wiederverwendung entsteht fast nebenbei beim Entwurf der Klassenhierarchie durch Einführung von Abstraktionsebenen. Eine Klassenbibliothek als Grundlage der Implementierung ist das wichtigste Mittel zur Erzielung einer hohen Wiederverwendung zwischen Programmen. Meist wird eine solche Klassenbibliothek vom Compilerhersteller zur Verfügung gestellt. Wenn häufig ähnliche Aufgaben zu lösen sind, kristallisieren sich dabei immer wieder ähnliche Teilaufgaben heraus, die in verschiedenen Programmen gleich gelöst werden können. Es empfiehlt sich daher, bei jeder Klasse eine möglichst hohe Allgemeinheit anzustreben, um eine gute Wiederverwendbarkeit in späteren Projekten sicherzustellen. Dabei sind vor allem die folgenden Maßnahmen zweckmäßig:

- *Vorbeugende Erweiterung*: Bei der Entwicklung einer neuen Klasse sollten nicht bloß jene Eigenschaften implementiert werden, die man unbedingt zur Lösung der aktuellen Aufgabe braucht. Man sollte auch vorausplanen und Überlegungen anstellen, in welchem Zusammenhang die Klasse noch verwendet werden könnte.
- *Faktorisierung*: Wenn es absehbar ist, daß es für eine Klasse später einmal Alternativen mit ähnlichem Verhalten geben wird, sollten abstrakte Klassen eingeplant werden, von denen die zukünftigen Klassen abgeleitet werden können. Dieses Vorgehen ist vor allem bei der Konstruktion neuer Klassen auf der Basis der Klassenbibliothek sinnvoll. Vor allem dann, wenn zwischen der Basisklasse und der neuen Klasse eine große Abstraktionslücke besteht (z. B. zwischen Grafikelement und editierbarem Text), sollten Zwischenklassen eingeführt werden (z. B. nicht-editierbarer Text).
- *Einfache Funktionen*: Da bei der Ableitung neuer Klassen bestehende Funktionen, die nicht genau passen, neu implementiert („überschrieben") werden müssen, sollen komplexe Funktionen vermieden werden. Es ist besser, umfangreiche Funktionen schon beim Entwurf in kleinere zu zerlegen, die bei Bedarf getrennt überschrieben werden können.

Eine möglichst hohe Allgemeinheit kann am leichtesten erreicht werden, wenn mit dem Entwurf wiederverwendbarer Klassen eigene unabhängige Design-Teams beauftragt werden, die nicht unmittelbar mit dem aktuellen Projekt zu tun haben. Trotzdem stellt sich erst bei einer späteren Wiederverwendung heraus, ob dieses Ziel auch erreicht wurde. Wenn sich dabei Mängel zeigen, muß ein Neuentwurf der Klasse in Betracht gezogen werden (Stabilisierungszyklus, siehe Abschnitt 3.1.5).

3.4.7.4 Anwendung auf das Entwurfsbeispiel

Im Abschnitt 3.4.2 wurde die Anzeigekomponente äußerst knapp durch den Satz „Der Roboter soll auf dem Bildschirm in Aufriß, Grundriß, Seitenriß und Schrägriß dargestellt werden" und durch eine Skizze des Roboters (Abbildung 3.43) spezifiziert.

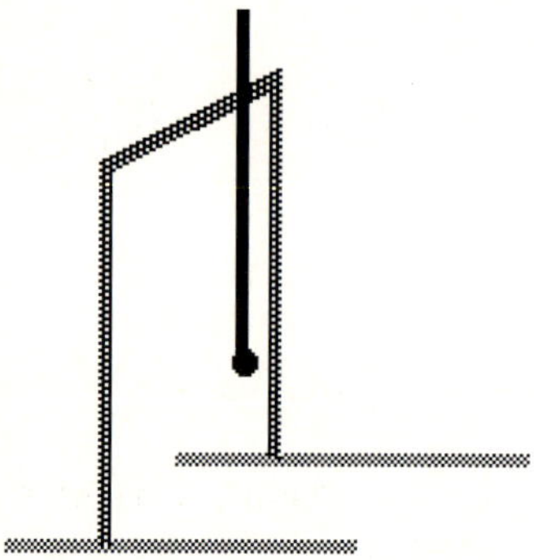

Abb. 3.43: Aufbau des Roboters

Wir wollen in diesem Abschnitt zeigen, wie eine objektorientierte Lösung dieser Teilaufgabe entworfen werden kann. Wir gehen davon aus, daß keine Klassenbibliothek zur Verfügung steht, der Entwurf also rein topdown durchgeführt werden soll.

Wir werden uns bei der Lösung dieser Aufgabe auf die Festlegung der für die Anzeige des Roboters erforderlichen Klassen und ihrer Schnittstellen beschränken. Wie diese Klassen implementiert werden können, wird in Kapitel 5 gezeigt.

Um nach dem Verfahren von Abbot vorgehen zu können, benötigen wir vorerst eine ausführlichere verbale Spezifikation, etwa in der folgenden Form:

> Ein Portalroboter, bestehend aus einem Fundament und einem Portal mit einem vertikalen Greiferarm, soll lineare Bewegungen ausführen können und nach jeder Teilbewegung im Aufriß, Grundriß, Seitenriß und Schrägriß gezeichnet werden.
> Das Fundament besteht aus zwei Schienen, das Portal aus drei Balken (zwei vertikalen und einem horizontalen). Der Greiferarm soll durch einen Balken und eine Kugel (für den Greifer) dargestellt werden.

Die folgende Aufstellung zeigt *alle* Haupt und Zeitwörter, die in dieser Spezifikation vorkommen, in alfabetischer Reihenfolge. Wir haben dabei bewußt noch keine Filterung nach den in Abschnitt 3.4.7.1 angegebenen Kriterien vorgenommen.

Hauptwörter:

Aufriß, Balken, Bewegung, Fundament, Greiferarm, Grundriß, Kugel, Portal, Portalroboter, Schiene, Schrägriß, Seitenriß, Teilbewegung

Zeitwörter:

ausführen, bestehen (aus), darstellen, zeichnen

Die erste Aufgabe besteht darin, die wesentlichen Hauptwörter von den unwesentlichen zu trennen. Dabei ist es sinnvoll, mit konkreten Begriffen zu beginnen, die in der Spezifikation eine wesentliche Rolle spielen. In unserem Fall sind das der Roboter und seine Bestandteile:

Balken, Fundament, Greiferarm, Kugel, Portal, Portalroboter, Schiene

Das Hauptwort „Bewegung" kommt im Zusammenhang mit dem Zeitwort „ausführen" vor. Daraus kann die Aktion „Bewegung ausführen" abgeleitet werden, oder einfach:

bewegen

Die vier verschiedenen Risse kommen im Zusammenhang mit „zeichnen" vor. Man kann daraus schließen, daß vier verschiedene Zeichenoperationen erforderlich sind:

Aufriß zeichnen
Grundriß zeichnen
Schrägriß zeichnen
Seitenriß zeichnen

Damit bleibt als letztes Hauptwort noch „Teilbewegung" übrig. In der Spezifikation kommt dieses Wort in der Formulierung „nach jeder Teilbewegung" vor, es wird also hier benutzt, um den zeitlichen Ablauf zu beschreiben, der aber vorläufig noch von untergeordnetem Interesse ist.

Damit bleiben nur noch zwei Zeitwörter zu behandeln: Die Phrase „besteht aus" beschreibt keine Aktion, sondern einen Zustand (genauer: eine Relation zwischen Objekten). Sie ist zu Beginn des Entwurfs noch nicht von Bedeutung, muß aber beim späteren Entwurf der Objektstrukturen berücksichtigt werden. Das Zeitwort „darstellen" wird in der Spezifikation als Synonym für „zeichnen" verwendet; es trägt zu unserem Entwurf nichts Neues bei.

Der nächste Schritt besteht darin, aus den relevanten Hauptwörtern die Klassen abzuleiten. Im Prinzip könnte man für jeden Begriff eine Klasse einführen, die Beispielspezifikation enthält jedoch zwei Begriffe, die sich in ihrer Bedeutung kaum voneinander unterscheiden: Eine „Schiene" hat für die Simulation dieselbe Bedeutung wie ein „Balken". Man kann das überprüfen, indem man in der Spezifikation das Wort „Schienen" durch „Balken" ersetzt. Den Begriff „Schiene" kann also als Klassenkandidat ausgeschieden werden. Damit bleiben noch sechs weitere Begriffe, deren Gemeinsamkeit darin besteht, daß es sich bei ihnen um konkrete Teile handelt, die alle gezeichnet werden müssen und von denen die meisten bewegt werden können. Man kann daher eine abstrakte Klasse „Teil" einführen, von der alle weiteren Teile abgeleitet werden. Eine weitere Abstraktion ergibt sich, wenn man erkennt, daß sich die verschiedenen Teile in elementare (d. h. nicht weiter zerlegbare) und zusammengesetzte einteilen lassen. Daraus kann die in Abbildung 3.44 dargestellte Hierarchie abgeleitet werden:

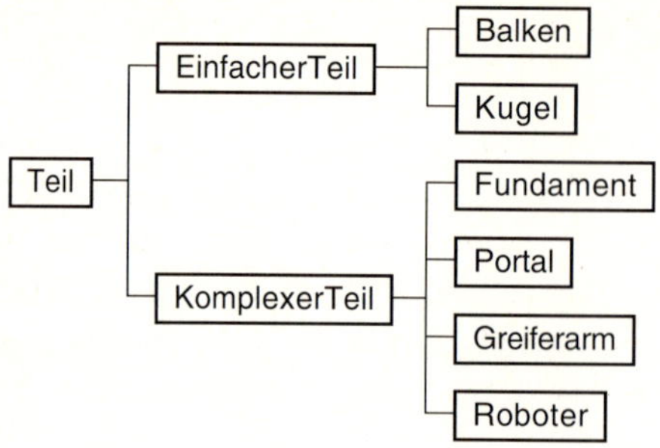

Abb. 3.44: Klassenhierarchie der Roboterteile (1. Entwurf)

Die Tatsache, zusammengesetzt zu sein, ist ein wesentliches Merkmal, das zusätzliche Eigenschaften und Operationen bedeutet. Insbesondere hat ein komplexer Teil eine Menge von Elementen des Datentyps Teil, wobei es denkbar ist, daß zur Laufzeit neue Teile hinzugefügt oder wieder welche entfernt werden, also die Struktur eines komplexen Teils dynamisch verändert wird. Die Hinzunahme derartiger auf den ersten Blick überflüssiger Operationen ist typisch für das Vorausplanen beim objektorientierten Entwurf.

Umgekehrt haben die einfachen Teile Kugel und Balken keine Gemeinsamkeiten, die nicht schon in der Klasse Teil definiert wären. Daraus kann man schließen, daß die Klasse EinfacherTeil überflüssig ist. Damit ergibt sich die vereinfachte Klassenhierarchie in Abbildung 3.45.

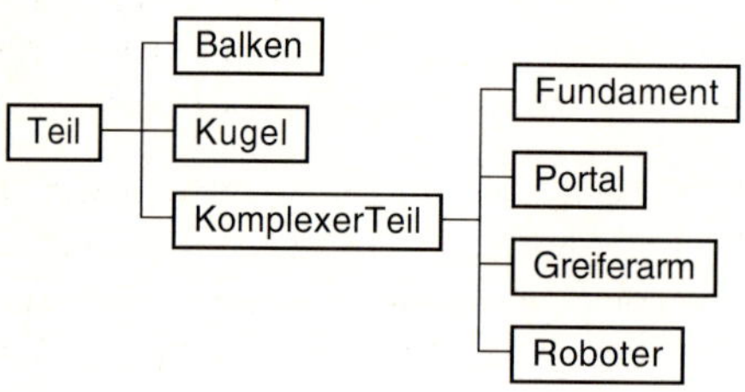

Abb. 3.45: Klassenhierarchie der Roboterteile (endgültige Version)

Jetzt bleibt noch die Aufgabe, die Schnittstellen der Klassen festzulegen. Wir werden dazu für jede Klasse alle Operationen mit ihren Parametern angeben. Bei den abgeleiteten Klassen verzichten wir auf die Wiederholung der geerbten Funktionen und geben nur die neu hinzukommenden Operationen an.

Die allgemeine Schnittstelle eines Teils wird folgendermaßen festgelegt:

```
Teil
   bewege (↓dx:Integer, ↓dy:Integer, ↓dz:Integer)
   zeichneAufriß (↓r:Rechteck)
   zeichneGrundriß (↓r:Rechteck)
   zeichneSeitenriß (↓r:Rechteck)
   zeichneSchrägriß (↓r:Rechteck)
```

Man beachte, daß Teil eine abstrakte Klasse ist. Die Gestalt eines Teils ist ohne weitere Spezialisierung nicht definiert. Aus diesem Grund können auch die in der Klasse Teil definierten

Operationen dort nicht implementiert werden. Ihre Implementierung muß den konkreteren Klassen überlassen werden.

Die oben dargestellte Schnittstelle legt nur die Namen der Operationen, die Anzahl der Parameter und ihre Datentypen fest. Sie sagt aber noch nichts darüber aus, wie die Operationen realisiert werden sollen. Eine exakte Spezifikation einer Klasse in unserem Sinne muß daher noch weitere verbale Erläuterungen enthalten, damit sie für eine Fortsetzung des Verfahrens von Abbot geeignet ist. Um zu zeigen, welcher Detailliertheitsgrad dafür erforderlich ist, geben wir die Detail-Spezifikationen der ersten beiden Operationen an:

bewege (↓dx:Integer, ↓dy:Integer, ↓dz:Integer)
: bewegt den Teil um (dx,dy,dz) Einheiten relativ zu seiner aktuellen Position. Die Bewegung wird dabei nicht am Bildschirm angezeigt, sondern schlägt sich nur in einer Zustandsänderung des Teils nieder.

zeichneAufriß (↓r:Rechteck)
: zeichnet den Teil im Aufriß (d. h. in einer Projektion entlang der y-Achse) im aktuellen Fenster innerhalb des durch r definierten Rechtecks. Dabei wird eine Transformation realer Koordinaten in Bildschirmkoordinaten vorgenommen, so daß der Punkt (x,y)=(0,0) in der linken unteren und der Punkt (x,y)=(2000,2000) in der rechten oberen Ecke des Rechtecks r angezeigt wird.

Wenn das Verfahren von Abbot mit dieser Spezifikation fortgesetzt wird, stößt man auf weitere Hauptwörter (z. B. „Position", „Bildschirm", „Fenster", „Rechteck"), die ebenfalls als potentielle Klassen in Betracht gezogen werden müssen. Wir wollen aber auf eine Weiterführung des Verfahrens verzichten und uns statt dessen auf den weiteren Entwurf der Roboterteile beschränken.

Sobald die Schnittstellendefinition einer Klasse (vorläufig) feststeht, wenden wir uns der nächsten Klasse zu. Um den Überblick zu wahren, empfiehlt es sich dabei, mit einer von der gerade bearbeiteten Klasse abgeleiteten fortzusetzen. Wenn es mehrere gibt, sollte man dabei wieder mit einer abstrakten Klassen anfangen. In unserem Fall bietet es sich also an, die Klasse KomplexerTeil als nächste zu bearbeiten.

Ein komplexer Teil erbt alle Operationen von Teil und enthält zusätzlich die zur Verwaltung seiner Einzelteile erforderlichen Funktionen:

```
KomplexerTeil
    teileAnzahl → Integer
    einzelTeil (↓nr:Integer) → Teil
    fügeTeilAn (↓t:Teil)
    entferneTeil (↓nr:Integer)
```

Die Operationen einzelTeil und entferneTeil erwarten eine Nummer des zu liefernden bzw. zu entfernenden Teils. Wir gehen davon aus, daß die Einzelteile eines komplexen Teils numeriert sind. Wenn der Teil mit der Nummer *i* aus einem komplexen Teil mit *n* Einzelteilen entfernt wird, erhalten die Teile mit den Nummern *i*+1 bis *n* die Nummern *i* bis *n*–1.

Um die Spezifikation der Klasse zu vervollständigen, müßte noch das Fehlerverhalten festgelegt werden (z. B. was geschehen soll, wenn der Parameter nr der Operation einzelTeil kleiner als 1 oder größer als die Anzahl der Teile ist).

Für die elementaren Teile Balken und Kugel werden noch einige Operationen benötigt, mit denen ihre Ausdehnung und ihre Position im Raum abgefragt und verändert werden können:

Balken
  anfang → Position
  ende → Position
  dicke → Integer
  setzeAnfang (↓pos:Position)
  setzeEnde (↓pos:Position)
  setzeDicke (↓d:Integer)

Die Lage eines Balkens im Raum wird die Koordinaten seines Anfangs- und Endpunkts definiert. Die Bezeichnungen „Anfang“ und „Ende“ sind hier natürlich willkürlich, da man die beiden Enden eines Balkens nicht voneinander unterscheiden kann. Wir gehen davon aus, daß ein Balken einen quadratischen Querschnitt hat, dessen Seitenlänge durch das Attribut „Dicke“ bestimmt wird. Für jedes Attribut gibt es je eine Operation für das Abfragen und das Ändern der entsprechenden Eigenschaft.

Kugel
  zentrum → Position
  radius → Integer
  setzeZentrum (↓pos:Position)
  setzeRadius (↓d:Integer)

Eine Kugel kann am einfachsten durch Angabe ihres Mittelpunkts und ihres Radius beschrieben werden. Auch hier sehen wir je eine Operation zum Abfragen und zum Ändern vor.

Bei den zusammengesetzten Teilen Fundament, Portal, Greiferarm und Roboter verzichten wir auf allgemeine Operationen zum Verändern aller möglichen Attribute, sondern sehen lediglich eine Initialisierungsoperation vor, mit der diese Teile in einen definierten Anfangszustand gebracht werden. Die Hauptaufgabe dieser Initialisierung besteht darin, die komplexen Teile aus ihren Einzelteilen zusammenzusetzen. Lediglich beim Roboter sehen wir eine weitere Operation vor, mit der seine aktuelle Position (d. h. die Position des Greiferarms im Raum) abgefragt werden kann. Aus diesen Überlegungen ergeben sich die folgenden Schnittstellen für diese Teile:

Fundament
  initialisiere (↓länge:Integer, ↓breite:Integer)
Portal
  initialisiere (↓höhe:Integer, ↓breite:Integer, ↓x0:Integer)
Greiferarm
  initialisiere (↓länge:Integer, ↓pos:Position)
Roboter
  initialisiere (↓länge:Integer, ↓breite:Integer, ↓höhe:Integer, ↓pos:Position)
  greiferPosition → Position

Die Initialisierungsoperationen haben für alle Teile sinnvollerweise den gleichen Namen, sie benötigen aber verschiedene Parameter. Das ist ein Beispiel dafür, daß gleiche Operationen nicht immer faktorisiert und in einer gemeinsamen abstrakten Oberklasse zusammengefaßt werden können.

Bei allen Initialisierungsoperationen setzen wir voraus, daß das linke Ende der vorderen Fundament-Schiene an der Stelle (0,0,0), also im Ursprung des Koordinatensystems, liegt. Wenn wir diese vereinfachende Beschränkung umgehen wollten, müßten wir bei jeder Prozedur auch noch diese Ursprungskoordinaten angeben.

Jeder Teil wird durch Angabe seiner Größe initialisiert. Das Fundament hat nur eine Länge und eine Breite. Da es nicht beweglich ist, sind keine weiteren Angaben erforderlich. Das Portal kann sich in Längsrichtung bewegen, so daß hier zusätzlich eine Angabe der anfänglichen Entfernung vom Nullpunkt benötigt wird. Analog dazu muß bei der Initialisierung des Greiferarms seine Position im Raum festgelegt werden.

Damit ist der objektorientierte Entwurf dieser Teilaufgabe vorläufig abgeschlossen. Im Vergleich mit einem konventionellen Entwurf nach der schrittweisen Verfeinerung kann man daran die folgenden Beobachtungen machen:

- Das Geheimnisprinzip wurde konsequent befolgt. Der Entwurf legt nur die Schnittstellen der Objekte fest, läßt aber ihren Aufbau und die Implementierung der Operationen völlig offen. Damit ist ein hohes Maß an Sicherheit gegeben, ohne daß dieser Aspekt besonders berücksichtigt worden wäre.
- Das Zusammenspiel der einzelnen Objektarten wurde zwar während des Entwurfs berücksichtigt, schlägt sich aber kaum im Ergebnis nieder. Das betrifft sowohl die Beziehungen zwischen Objekten (aus welchen Teilen besteht ein Roboter?) als auch Aufrufe von Algorithmen (welche Prozeduren werden beim Bewegen eines Roboters aufgerufen?). Diese lose Kopplung wirkt sich besonders günstig auf spätere Änderungen und Erweiterungen aus.
- Es gibt kein „Hauptprogramm", sondern vielmehr eine Vielzahl von Operationen, die bei Bedarf aufgerufen werden können. Diese Tatsache macht Anfängern oft Schwierigkeiten, weil sie die Einbettung in das Gesamtsystem nicht sehen und daher den Zusammenhang zu verlieren glauben. Es ist aber typisch für den objektorientierten Entwurf, daß nur festgelegt wird, *was* man mit Objekten tun kann, aber nicht, *wann* tatsächlich etwas geschieht.
- Der Entwurf ist flexibel und nahezu beliebig erweiterbar. Man kann zum Beispiel leicht weitere elementare Teile (z. B. Flächen und Quader) oder zusammengesetzte Teile (z. B. Winkel, Gerüste, Tische und beliebig geformte Körper) mit geringem Aufwand hinzufügen. Das Aussehen eines Roboters kann damit (sogar noch nach der Fertigstellung der Implementierung) jederzeit verändert werden.
- Einige Klassen sind von der gestellten Simulationsaufgabe weitgehend unabhängig. Das gilt vor allem für die abstrakten Klassen und für die elementaren Teile. Diese Klassen können in späteren Projekten mit ähnlicher Aufgabenstellung (z. B. für CAD-Anwendungen) unverändert wiederverwendet werden. Es ist auch möglich, einen neuen, spezielleren Roboter zu konstruieren, der die wesentlichen Eigenschaften von der hier entworfenen Klasse erbt, aber noch weitere Funktionen hat (z. B. automatische Protokollierung aller Bewegungen).

- Das Ergebnis des Entwurfs (die Systemarchitektur) unterscheidet sich grundsätzlich vom Ergebnis einer funktionalen Zerlegung und stellt eine viel anschaulichere Abstraktion des realen Systems dar (Verkleinerung der semantischen Lücke).

Wir haben beim Entwurf eine Reihe von Klassen erhalten, die als Module aufgefaßt werden können. Der objektorientierte Entwurf kann daher mit Recht auch als Modularisierungstechnik bezeichnet werden. Durch die Konzentration auf die Objektarten ist die Zerlegung in voneinander weitgehend unabhängige Teile fast als Nebenprodukt entstanden. Wir werden in Abschnitt 5.9 zeigen, daß die Implementierung der Klassen keine großen Schwierigkeiten mehr bereitet.

Zusammenfassung

Das Ziel des Abschnitts 3.4 bestand darin, den Leser mit verschiedenen Entwurfstechniken (funktionsorientierter, datenorientierter und objektorientierter Entwurf) vertraut zu machen. Wir haben dazu für unsere Beispielaufgabe (Portalroboter) einzelne Komponenten mit den am besten für sie geeigneten Techniken entworfen:

- Der Analysator für die Bewegungsbeschreibung wurde mit attributierten Grammatiken entworfen, weil sich diese Technik gut für die „Übersetzung" eines strukturierten Eingabestroms (Bewegungsbeschreibung) in eine interne Darstellung (Schrittliste) eignet.
- Die Steuerung des Simulationsablaufes wurde funktional nach der Methode der schrittweisen Verfeinerung entworfen, weil die Behandlung der Benutzereingaben bei der ereignisgesteuerten Programmierung auf natürliche Weise zu einer Vielzahl kleiner Prozeduren führt. Diesen Teil der Aufgabenstellung hätten wir auch objektorientiert entwerfen können, wir haben aber aus didaktischen Gründen einen funktionalen Entwurf vorgezogen.
- Die Anzeige des Roboters wurde objektorientiert entworfen, weil diese Technik am besten zur Nachbildung von Vorgängen in der realen Welt geeignet ist.

3.5 Implementierung

Unter dem Begriff „*Implementierung eines Programmsystems*" verstehen wir die Transformation der Entwurfsergebnisse in Programme, die auf einem bestimmten Zielrechner ausführbar sind.

Eine gute Implementierung ist dadurch gekennzeichnet, daß sich in ihr die Entwurfsentscheidungen widerspiegeln. Insbesondere soll gewährleistet sein,

- daß die beim Entwurf gewählten und festgelegten Zerlegungsstrukturen, Datenstrukturen und Bezeichner sich in der Implementierung leicht erkennbar wiederfinden,
- daß die Abstraktionsebenen des Entwurfs (die Klassen, Module, Algorithmen, Datenstrukturen und Datentypen) auch in der Implementierung realierbar sind,
- daß die Schnittstellen zwischen den Teilen eines Programmsystems in der Implementierung explizit beschrieben sind,
- daß die Konsistenz von Objekten und Operationen bereits durch den Compiler (vor dem eigentlichen Test) geprüft werden kann.

Der Grad der Erfüllung dieser Eigenschaften hängt von der Wahl der Implementierungssprache und vom Programmierstil ab.

3.5.1 Wahl der Implementierungssprache

Die Frage, welche Programmiersprache die „richtige“ sei, ist seit jeher ein beliebtes Gesprächsthema in Programmiererkreisen. Tatsächlich spielt die Entscheidung, in welcher Sprache ein Projekt implementiert wird, oft eine wichtige Rolle. Im Idealfall sollte der Entwurf ohne Kenntnis der späteren Implementierungssprache vorgenommen werden, so daß er später in einer beliebigen Sprache realisiert werden kann. Leider ist das in der Praxis meist nicht zu machen, weil bestimmte Rahmenbedingungen (zum Beispiel Vorschriften des Auftraggebers oder die Verfügbarkeit von Compilern) von vornherein eine bestimmte Programmiersprache erzwingen. Man kann daher im allgemeinen davon ausgehen, daß die Implementierungssprache schon zu Projektbeginn bekannt ist. Dieses Wissen hat einen enormen Einfluß auf den Entwurf und damit auf das Endprodukt. Das liegt daran, daß jeder Programmiersprache ein eigenes Denkmodell zugrunde liegt, das den Lösungsweg mitbestimmt [Rechenberg 1990]. So kann zum Beispiel die Verfügbarkeit oder das Fehlen einzelner Sprachelemente dazu führen, daß völlig verschiedene Entwürfe zustande kommen. Ein Basic-Programmierer wird beispielsweise nie auf die Idee kommen, abstrakte Datentypen zu verwenden, und ein Fortran-Programmierer wird in seinem Entwurf rekursive Algorithmen vermeiden, weil seine Implementierungssprache sie nicht einzusetzen gestattet.

Im Laufe der Zeit wurden schon Tausende von Programmiersprachen erfunden, deren Entwicklung durch Fortschritte im Software Engineering ausgelöst wurde (und umgekehrt). Neuere Programmiersprachen entsprechen daher eher dem Stand der Technik und eignen sich besser zur Herstellung hochwertiger Software-Produkte. Trotzdem gibt es keine „beste Programmiersprache“, die sich für alle Aufgaben gleich gut eignet. Eine Vielzahl von Kriterien muß beachtet werden, um für eine bestimmte Aufgabe unter bestimmten Rahmenbedingungen die günstigste Implementierungssprache zu finden. Wir wollen in diesem Abschnitt bewußt nicht eine bestimmte Programmiersprache favorisieren, sondern nur Eigenschaften anführen, die einen Einfluß auf die Sprachauswahl haben können. Wir betrachten dazu die folgenden Qualitätskriterien für Programmiersprachen:

- Modularität
- Dokumentationswert
- Datenstrukturen
- Ablaufsteuerung
- Effizienz
- Sicherheit
- Portabilität
- Dialogtauglichkeit
- spezielle Sprachelemente

Unter der *Modularität* einer Programmiersprache verstehen wir, in welchem Ausmaß sie die Modularisierung von Programmen unterstützt. Die Aufteilung eines großen Programms in mehrere Module ist eine Voraussetzung für die Durchführung großer Software-Projekte. Ohne Modularisierung ist keine Arbeitsteilung bei der Implementierung möglich. Außerdem sind monolithische Programme „aus einem Guß“ ab einer bestimmten Größe nicht mehr handhabbar. Sie sind aufwendig zu warten, schwierig zu dokumentieren und verlangsamen die Implementierung durch lange Übersetzungszeiten. Sprachen wie Standard-Pascal (das überhaupt keine Module vorsieht) sind daher für große Projekte ungeeignet.

Wenn eine Sprache die Zerlegung eines Programms in kleinere Einheiten gestattet, muß allerdings auch gewährleistet sein, daß die Teile zusammenpassen. Wenn eine Prozedur aus einem anderen Modul aufgerufen wird, muß daher geprüft werden können, ob die Prozedur tatsächlich existiert und ob sie richtig verwendet wird (d. h. ob die Anzahl der Parameter und ihre Datentypen stimmen). Man unterscheidet Sprachen mit unabhängiger Übersetzung (z. B. C und Fortran), bei denen diese Prüfung – wenn überhaupt – erst beim Zusammenfügen der Module stattfindet, und solche mit getrennter Übersetzung (z. B. Ada, Chill und Modula-2), bei denen jedes Modul eine Schnittstellenbeschreibung hat, deren Einhaltung schon bei der Übersetzung geprüft wird. Je früher ein Fehler erkannt wird, desto weniger kostet seine Behebung. Besonders schlimm ist es, wenn die Kompatibilität zweier Module gar nicht oder nur teilweise geprüft werden kann, weil das zu Fehlern führen kann, die sich erst zur Laufzeit auswirken und dann unter Umständen irreparable Schäden anrichten. Je größer ein Softwareprojekt ist und je mehr Personen daran mitarbeiten, desto größer ist die Bedeutung der intermodularen Schnittstellenprüfung.

Der *Dokumentationswert* einer Programmiersprache beeinflußt die Lesbarkeit und damit die Wartbarkeit der Programme. Er ist daher besonders bei langlebigen Programmen von Bedeutung und bei solchen, die vom Kunden weiterentwickelt werden sollen. Ein hoher Dokumentationswert kommt unter anderem durch explizite Schnittstellenbeschreibungen bei getrennter Übersetzung (wie z. B. in Ada und Modula-2) zustande. Auch die Verwendung von Schlüsselwörtern anstelle von Sonderzeichen (z. B. BEGIN...END in Pascal statt {...} in C) wirkt sich positiv auf die Lesbarkeit aus, weil die größere Redundanz weniger Anlaß zu Flüchtigkeitsfehlern beim Lesen gibt. Da Programme in der Regel nur einmal geschrieben, aber öfter gelesen werden, macht sich der geringe Mehraufwand beim Schreiben spätestens in der Wartungsphase bezahlt. Auch der Sprachumfang hat einen Einfluß auf die Lesbarkeit von Programmen. Große Sprachen mit vielen Sonderfunktionen wie Ada sind schwer in all ihren Details zu erfassen, so daß Mißinterpretationen möglich sind. Bei Sprachen mittleren Umfangs wie Pascal und Modula-2 ist diese Gefahr deutlich geringer.

Vor allem wenn komplexe Daten zu verarbeiten sind, spielt die Verfügbarkeit von *Datenstrukturen* in der Programmiersprache eine wichtige Rolle. In älteren Sprachen wie Basic, Fortran und Cobol gibt es nur die Möglichkeit, mehrere gleichartige Elemente zu Feldern zusammenzufassen oder Strukturen aus verschiedenartigen Elementen zu bilden. Rekursive Datenstrukturen können in diesen Sprachen nur schwer realisiert werden. Sprachen wie C gestatten die Deklaration von Zeigern auf Datenstrukturen. Damit sind beliebig komplexe Gebilde möglich, deren Umfang und Struktur sich zur Laufzeit noch ändern kann. Der Nachteil all dieser Datenstrukturen ist aber, daß sie offen sind, also unbeschränkte Zugriffe erlauben. Vor allem in großen Projekten, an denen mehrere Gruppen arbeiten, sind daher abstrakte Datenstrukturen von Bedeutung. Sie können zwar in jeder modularen Sprache nachgebildet werden, einer Sprache mit eigenen Elementen für diese Konzepte ist aber wegen der besseren Lesbarkeit der Vorzug zu geben. In objektorientierten Sprachen können darüber hinaus erweiterbare abstrakte Datentypen gebildet werden. Dadurch können komplexe Programmsysteme elegant und mit geringem Aufwand realisiert werden. Wenn eine flexible und erweiterbare Lösung gesucht wird, dann ist man mit objektorientierten Sprachen besonders gut beraten.

Ein weiteres Qualitätsmerkmal von Programmiersprachen ist das Vorhandensein von Sprachelementen zur *Strukturierung der Ablaufsteuerung*. In Sprachen wie Basic, C und Fortran gibt es zum Beispiel Goto-Anweisungen in verschiedensten Variationen, die natürlich von den

Programmierern auch zur Bildung unbeschränkter und damit schwer verständlicher Ablaufstrukturen verwendet werden. In Pascal wird die Verwendung der Goto-Anweisung schon erschwert, weil die Sprungziele explizit deklariert werden müssen. In Eiffel, Modula-2 und Smalltalk hingegen gibt es überhaupt keine Goto-Anweisung, wodurch eine bessere Strukturierung des Programmablaufs erzwungen wird.

In technischen Anwendungen können zusätzliche Möglichkeiten zur Ablaufsteuerung eine wichtige Rolle spielen. Dazu gehören Ausnahme- und Unterbrechungsbehandlung sowie parallele Prozesse und Mechanismen zu ihrer Synchronisation. Viele Programmiersprachen (wie zum Beispiel Ada und Eiffel) unterstützen einige dieser Konzepte und erlauben damit in bestimmten Fällen einfachere Programmstrukturen. Es ist aber auch zu beachten, daß jede Abweichung von einem sequentiellen Ablauf schwer zu verstehen ist und sich daher negativ auf die Lesbarkeit auswirkt.

Die *Effizienz* von Programmiersprachen wird meist als Kriterium überschätzt. So hat zum Beispiel die Programmiersprache C den Ruf, daß man in ihr sehr effiziente Programme schreiben kann, während man objektorientierten Sprachen Ineffizienz nachsagt. Man kann aber nur in wenigen Fällen sagen, daß eine Sprache vom Prinzip her besonders effizient oder besonders ineffizient ist. Optimierende Compiler erzeugen oft hervorragenden Code, der von einem erfahrenen Assembler-Programmierer kaum besser geschrieben werden könnte. Wenn es um zeitkritische Operationen geht, ist es daher besser, sich nach einem schnelleren Rechner oder einem besseren Compiler umzusehen statt eine „effizientere" Programmiersprache einzusetzen.

Die *Sicherheit* einer Programmiersprache ist im wesentlichen durch ihre Lesbarkeit und durch ihre Mechanismen zur Typprüfung (auch über Modulgrenzen hinweg) bestimmt. Unabhängig vom Einsatzgebiet ist daher eine Sprache mit statischer Typisierung vorzuziehen. Statische Typisierung bedeutet, daß der Compiler für jeden Ausdruck feststellen kann, welchen Typ der Ausdruck zur Laufzeit haben wird. Weitere Sicherheitsrisiken sind Typkonvertierungen (sogenannte Type-Casts) und die Möglichkeit von Rechenoperationen mit Zeigern, die zum Beispiel bei der Programmierung in C zum guten Ton gehören. Auch Laufzeitprüfungen sind für die Sicherheit (vor allem während der Entwicklungsphase) wichtig. Diese Funktionen gehören aber in der Regel in den Aufgabenbereich des Compilers. Mechanismen zur Formulierung von Assertionen (wie in Eiffel) und Möglichkeiten zur Ausnahmebehandlung (wie in Eiffel und Ada) tragen ebenfalls zur Sicherheit einer Programmiersprache bei.

Die *Portabilität* kann ein wesentliches Kriterium sein, wenn ein Softwareprodukt für mehrere verschiedene Rechner entwickelt werden soll. In einer solchen Situation ist es empfehlenswert, auf eine genormte Sprache wie zum Beispiel Ada oder C zu setzen. Damit allein ist die Portabilität aber noch nicht gewährleistet, weil auch eventuelle noch zur Sprache gehörende externe Module genormt sein müssen. Das ist zum Beispiel ein Problem der Sprache Modula-2, weil verschiedene Compilerhersteller auch verschiedene Modulbibliotheken anbieten. Ein weiteres Kriterium neben der Standardisierung ist die Verfügbarkeit von Compilern für die Sprache auf verschiedenen Rechnern. Wer zum Beispiel Software für Großrechner entwickelt, wird mit einer Festlegung auf Fortran praktisch überall einen Compiler finden. Bei Kleincomputern sieht die Situation anders aus, weil dort Pascal-Compiler weitaus verbreiteter sind als Fortran-Compiler.

Für interaktive Programme muß auch die Programmiersprache *dialogtauglich* sein. In Fortran und Cobol gibt es zum Beispiel nur zeilenweise Ein- und Ausgabe; hochinteraktive Programme (die auf jeden Tastendruck reagieren) können daher nur mit Hilfe spezieller Bibliotheken entwickelt werden. Einige Sprachen wie APL, Basic und Logo sind besonders auf den Dialog mit dem Benutzer (und auch mit dem Programmierer) abgestimmt. Diese Sprachen sind daher für solche Anwendungen besser geeignet. Auch objektorientierte Programmiersprachen eignen sich sehr gut zur Entwicklung interaktiver Programme, vor allem, wenn es eine entsprechende Klassenbibliothek oder ein Application Framework (siehe Abschnitt 5.7) für sie gibt.

Für spezielle Aufgaben können *spezielle Sprachelemente* ausschlaggebend für die Wahl der Programmiersprache sein. In technischen Anwendungen kann zum Beispiel die Verfügbarkeit von komplexzahliger Arithmetik (wie in Fortran) und im kommerziellen Bereich können Festkommazahlen mit großen Wertebereichen (wie in Cobol) wichtig sein. Wenn mathematische Probleme zu lösen sind, können Matrixoperationen (wie in APL) die Aufgabe erleichtern, und Übersetzungs- und Zeichenkettenoperationen können in Snobol besonders elegant gelöst werden. Wenn solche speziellen Sprachelemente fehlen, können sie in modularen Sprachen durch Bibliotheksmodule zur Verfügung gestellt werden. Objektorientierte Sprachen sind dabei besonders gut zur Erweiterung des Sprachumfangs geeignet.

Neben den Spracheigenschaften spielen auch pragmatische Erwägungen eine Rolle. Die beste Programmiersprache nützt wenig, wenn bestimmte Rahmenbedingungen ihren Einsatz verbieten oder unratsam erscheinen lassen. Solche Einflußfaktoren können sein:

- Qualität des Compilers
- Verfügbarkeit von Bibliotheken
- Entwicklungswerkzeuge
- Firmenpolitik
- Externe Anforderungen

Die *Qualität des Compilers* ist ausschlaggebend für die eigentliche Implementierungsphase. Ein guter Compiler soll nicht nur effizienten Code erzeugen, sondern auch Unterstützung bei der Fehlersuche (z. B. durch klare Fehlermeldungen und durch Laufzeitprüfungen) bieten. Vor allem im Mikrocomputer-Bereich gibt es viele in Entwicklungssysteme integrierte Compiler. In solchen Fällen muß auch die Benutzerfreundlichkeit dieser Systeme in die Beurteilung mit einbezogen werden.

Bei modularen Programmiersprachen kann die *Verfügbarkeit von Bibliotheken* für verschiedene Aufgabengebiete ein wesentliches Auswahlkriterium sein. Zum Beispiel gibt es für praktisch alle Fortran-Compiler Bibliotheken mit einer Vielzahl mathematischer Funktionen, und Smalltalk-Klassenbibliotheken enthalten eine Unmenge allgemein verwendbarer Klassen zur Konstruktion interaktiver Programme. Die Verfügbarkeit von Bibliotheken kann aber auch vom verwendeten Compiler abhängen. So kann man zum Beispiel die Fortran-Bibliothek auch in C oder Modula-2 nutzen, wenn der Compiler die Anbindung von Routinen aus fremden Sprachen unterstützt. Umgekehrt gibt es aber auch Bibliotheken, die nur in übersetzter Form vorliegen und daher nur in Verbindung mit einem bestimmten Compiler genutzt werden können.

Der Trend geht heute zum Einsatz von *Werkzeugen* für die Unterstützung der Software-Entwicklung. Viele für die Implementierungsphase gedachte Werkzeuge sind aber an eine bestimmte

Programmiersprache oder sogar an einen bestimmten Compiler gebunden. Beispiele für solche Werkzeuge sind strukturorientierte Editoren, Debugger und Programmgeneratoren. Wenn zum Beispiel Werkzeuge wie Lex und YACC (zwei Werkzeuge zur Anwendung von attributierten Grammatiken auf Unix-Rechnern) eingesetzt werden sollen, dann wird man um eine Implementierung in C kaum herumkommen. Die Wahl einer anderen Sprache wäre nur dann gerechtfertigt, wenn sie einen viel größeren Gewinn erwarten läßt als der Wegfall der Werkzeuge kostet.

Oft ist eine bestimmte *Firmenpolitik* für die Wahl der Programmiersprache mitverantwortlich. Zum Beispiel wird die Sprachentscheidung häufig nicht von den Implementierern getroffen, sondern von Managern, die aus Gründen der Einheitlichkeit firmenweit nur eine einzige Sprache einsetzen wollen. Eine derartige Entscheidung wurde zum Beispiel im amerikanischen Verteidigungsministerium gefällt. Im militärischen Bereich darf in Amerika (und damit auch in den meisten anderen NATO-Ländern) nur in Ada programmiert werden. Solche globalen Entscheidungen sind auch im Telekommunikationsbereich anzutreffen, wo viele Programmierer an verschiedenen Orten über Jahrzehnte hinweg am selben Produkt arbeiten.

Auch firmeninterne Gegebenheiten wie etwa der Ausbildungsstand der Mitarbeiter oder eine über Jahre hinweg aufgebaute Modulbibliothek können eine Festlegung auf eine bestimmte Sprache erzwingen. Die Umstellung auf eine modernere Programmiersprache wird vermieden, um Schulungskosten, den Ankauf neuer Werkzeuge und die Neuimplementierung bestehender Software zu vermeiden.

Manchmal erzwingen *externe Anforderungen* den Einsatz einer bestimmten Programmiersprache. Im Bereich der EG wird zum Beispiel immer häufiger Ada vorgeschrieben, und in der Automatisierungstechnik wird meist verlangt, daß die Programme in Fortran oder in C geschrieben werden. Solche Anforderungen kommen dann zustande, wenn der Auftraggeber nicht bloß am fertigen Produkt in übersetzter Form interessiert ist, sondern in der eigenen Software-Abteilung Wartungsarbeiten und Weiterentwicklungen am Produkt vornehmen will. In diesem Fall bestimmt der Ausbildungsstand der Programmierermannschaft des Auftraggebers die Implementierungssprache.

3.5.2 Programmierstil

Programmsysteme können, nachdem sie implementiert und ausgetestet wurden, in den seltensten Fällen ohne Änderung über einen längeren Zeitraum hinweg eingesetzt werden. Meist ist es gerade umgekehrt, die Anforderungen werden nach der Fertigstellung verändert oder erweitert, und während des Betriebs treten noch unerkannte Fehler oder Mängel auf. Die Implementierung muß laufend geändert oder ergänzt werden, dazu muß der Quellcode immer wieder gelesen und verstanden werden. Im Idealfall soll die Funktion eines Programmbausteines ohne Kenntnis der Entwurfsdokumente, nur aus seinem Quellcode, verständlich sein. Der Quellcode ist das einzige Dokument, das garantiert immer den aktuellen Stand der Implementierung beschreibt.

Die Lesbarkeit eines Programms hängt von der verwendeten Programmiersprache und vom *Programmierstil* des Implementierers ab. Das Schreiben lesbarer Programme ist ein kreativer Prozeß. Der Programmierstil des Implementierers beeinflußt die Lesbarkeit eines Programms viel mehr als die verwendete Programmiersprache. Ein stilistisch gut geschriebenes Fortran- oder

Cobol-Programm kann besser lesbar sein als ein schlecht geschriebenes Modula-2- oder Smalltalk-Programm.

Die wichtigsten Elemente guten Programmierstils sind:

Strukturiertheit, *Ausdruckskraft*, *äußere Form* und *Effizienz*.

Das bezieht sich sowohl auf den *Entwurf* als auch auf die *Implementierung*. Wir haben die entsprechenden Prinzipien bei der Entwicklung der bisher angegebenen Beispiele stets angewandt, ohne den Leser darauf hinzuweisen. Dies wollen wir im folgenden nachholen.

Obwohl die Effizienz ein wichtiges Qualitätsmerkmal ist, werden wir hier auf die Behandlung von Effizienzfragen verzichten. Erst wenn wir ein Problem und seine Lösung richtig verstanden haben, hat es Sinn, die Effizienz zu untersuchen.

Strukturierung

Die *Strukturierung* bezieht sich auf die Zerlegung eines Programmsystems mit dem Ziel, die Komplexität durch Abstraktion zu meistern und nach Einfachheit und Überschaubarkeit zu streben; man nennt das die *Strukturierung im Großen*. Die Strukturierung bezieht sich aber auch auf die Auswahl angemessener Programmbausteine bei der algorithmischen Formulierung von Teillösungen; man nennt das die *Strukturierung im Kleinen*.

Strukturierung im Großen

Die Prinzipien zur Strukturierung im Großen haben wir bereits in den Abschnitten 3.4.3 und 3.4.5 bis 3.4.7 ausführlich behandelt. Das Ergebnis dieses Prozesses sind Klassen und Methoden bei objektorientierter Zerlegung sowie Module und Prozeduren, die diesen Modulen zugeordnet sind. Bei der Programmierung müssen die im Entwurf definierten Bausteine so realisiert werden, daß sie auf einem Computer ausführbar sind. Das Mittel für diesen Umsetzungsprozeß ist die Programmiersprache. Bei der Implementierung eines Programmsystems kommt es darauf an, daß die beim Entwurf definierte Zerlegung in der Programmiersprache ausdrückbar ist; daß also alle Teile in der gewählten Sprache darstellbar sind.

Strukturierung im Kleinen

Für das Verstehen und Ausprüfen von Algorithmen ist es notwendig, daß die Algorithmen einfach zu lesen sind. Viele Komplexitätsprobleme kommen von der Freiheit bei der Verwendung von Sprunganweisungen, d. h. von der Konstruktion unbeschränkter Ablaufstrukturen. Die Grundidee der *strukturierten Programmierung* besteht darin, bei der Formulierung von Algorithmen nur Ablaufstrukturen mit *einem Eingang* und *einem Ausgang* zu verwenden. Die Folge davon ist eine Korrespondenz zwischen der statischen Aufschreibung eines Algorithmus und seinem dynamischen Ablaufverhalten. Was im Programmtext *hintereinander* steht, wird im allgemeinen auch *nacheinander* ausgeführt. Dadurch werden Algorithmen überschaubar und können leichter verifiziert, geändert oder erweitert werden.

Böhm und Jacopini [Böhm 1966] haben gezeigt, daß jeder Algorithmus durch Kombination der Bausteine *Sequenz*, *Verzweigung* und *Wiederholung* (die alle nur einen Eingang und einen Ausgang haben) darstellbar ist.

Abbildung 3.46 zeigt diese Bausteine in Form von Ablaufdiagrammen. Diagramme für Algorithmen, die sich nur aus diesen Elementen zusammensetzen, heißen *D-Diagramme* (benannt nach E. W. Dijkstra). Wir wollen darüber hinaus noch die in Abbildung 3.47 dargestellten Bausteine zulassen, weil sie sich nicht negativ auf die Verständlichkeit auswirken.

Wenn man Algorithmen durch Kombinationen dieser Bausteine beschreibt, ist keine Sprunganweisung (d. h. kein GOTO) erforderlich. Die Programmierung ohne GOTOs bietet aber noch keine Garantie für Strukturiertheit. Man kann durch Auswahl unpassender Programmbausteine auch schlecht strukturierte Programme schreiben, die keine einzige Sprunganweisung enthalten.

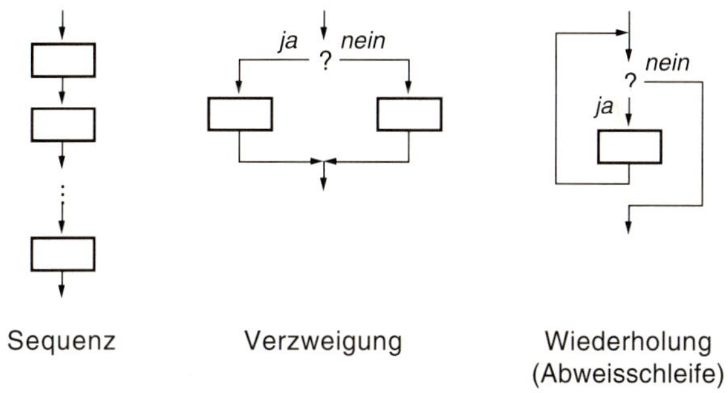

Abb. 3.46: D-Diagramm-Programmbausteine

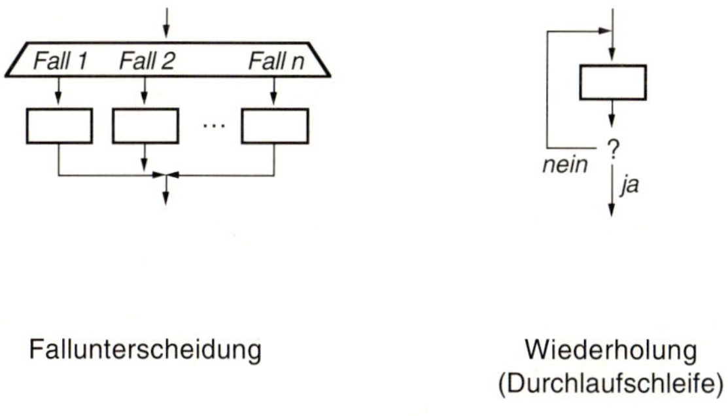

Abb. 3.47 Weitere Programmbausteine

An den folgenden drei Beispielen (siehe dazu [Blaschek 1990]) wollen wir nun noch zeigen, auf welche Weise sich unbeschränkte Ablaufstrukturen, die in der Praxis häufig zu finden sind, in strukturierte Lösungen transformieren lassen.

Beispiel 1

Gegeben ist folgende (schlechte) Programmstruktur:

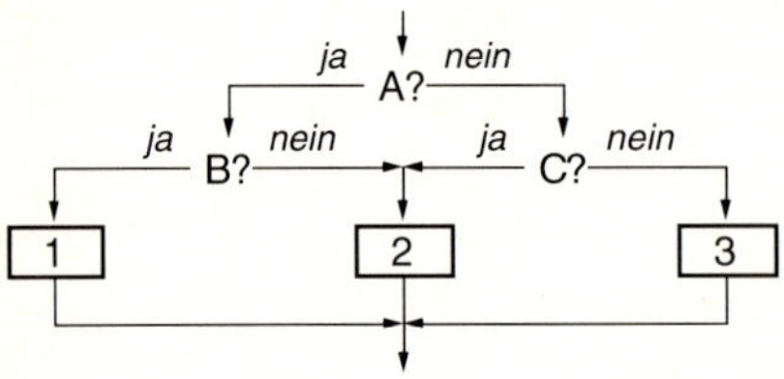

Gesucht ist eine Transformation in eine strukturierte Form.

1. Lösung: Transformation der Abfragebedingungen

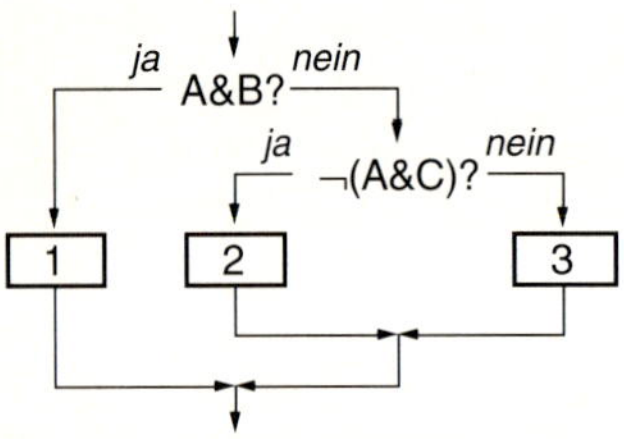

2. Lösung: Codeverdopplung

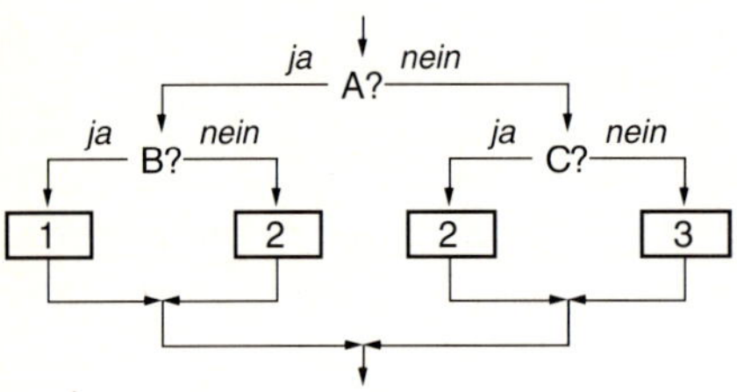

Beispiel 2

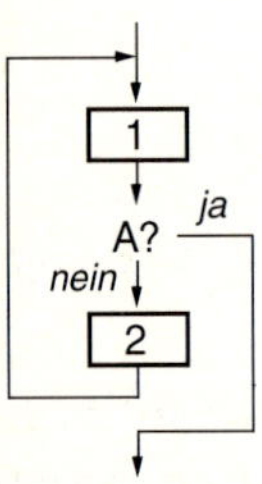

Gegeben ist eine sogenannten *n+1/2–Schleife* (n+1/2 Durchläufe), wie sie häufig in LOOP-Anweisungen vorkommt.

Gesucht ist eine Schleifenform, die den Regeln der strukturierten Programmierung entspricht.

1. Lösung: Einführung einer booleschen Hilfsvariablen (looping)

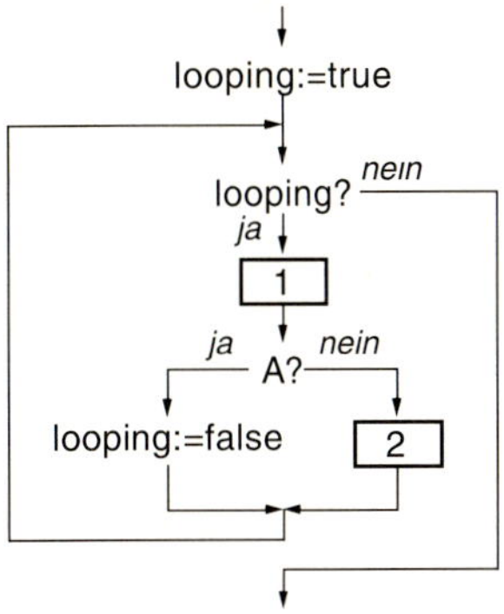

2. Lösung: Codeverdopplung

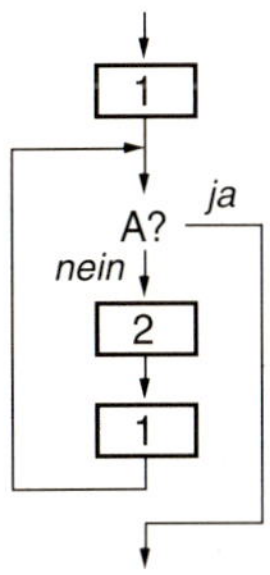

Beispiel 3

Gegeben ist folgende Programmstruktur (die wir *Kreuzstruktur* nennen); sie ist oft in Dialogprogrammen zu finden:

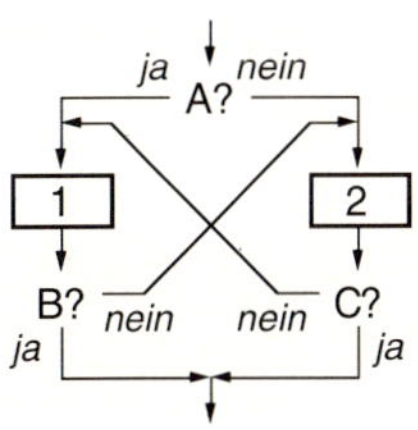

Gesucht ist eine Transformation in eine den Regeln der strukturierten Programmierung entsprechende Form.

Bei näherer Untersuchung der Struktur kann man feststellen, daß abwechselnd 1 und 2 ausgeführt werden und zwar so lange, bis B oder C wahr ist. Dieser Ablauf erinnert an ein Spiel zwischen zwei Partnern. Am Beginn wird ausgelost, welcher der beiden Spieler beginnt (Abfrage A), nach jedem Zug muß entschieden werden, ob das Spiel mit dem anderen Spieler fortgesetzt wird oder zu Ende ist. Wir können eine strukturierte Lösung für diesen Algorithmus angeben, indem wir eine Hilfsvariable next einführen, die die Werte 1, 2 oder 0 annehmen kann, je nachdem, ob Spieler 1 oder Spieler 2 am Zug ist oder ob abgebrochen werden soll.

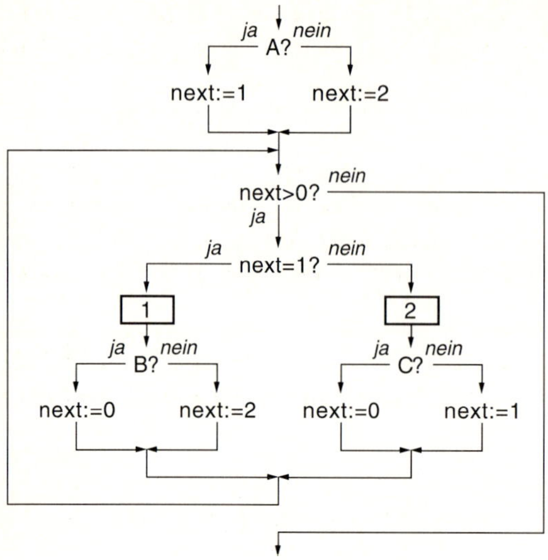

Diese Struktur entspricht dem von uns (als Element der strukturierten Programmierung) angegebenen Baustein der Abweisschleife.

Ausdruckskraft

Die Realisierung von Programmsystemen schließt die Benennung von Objekten und die Beschreibung von Aktionen, die diese Objekte manipulieren, mit ein. Der *Namenwahl* kommt beim Schreiben von Algorithmen besondere Bedeutung zu.

Mancherorts hat es sich zum Beispiel eingebürgert, Bezeichner immer mit einem Kurzzeichen für das Programmierprojekt oder gar mit den Initialen des Programmierers beginnen zu lassen. So sind Namen wie WPSMHGW (Grenzwert für das Projekt „Wärmepumpensteuerung", Programmierer: Maier Hans) leider keine Seltenheit. Daß solche Namen die Lesbarkeit bedeutend erschweren, liegt auf der Hand.

Wir empfehlen daher, der Ausdruckskraft von Bezeichnern besondere Bedeutung beizumessen und folgende Regeln einzuhalten:

- Wähle aussagekräftige Namen, auch wenn die Bezeichner dadurch lang werden. Der Schreibaufwand lohnt sich spätestens dann, wenn ein Programm nach langer Zeit korrigiert und erweitert werden soll. Für lokale Namen (bei denen Deklaration und Verwendung nahe beieinander liegen) können auch kürzere Namen verwendet werden.
- Benutze nur allgemein gebräuchliche Abkürzungen, die der Leser eines Programms ohne weitere Erläuterungen verstehen kann. Verwende Abkürzungen immer im gleichen Sinn (also nicht temp für „Temperatur" und „temporär").
- Vergib innerhalb eines Programmsystems nur Namen in einer Sprache (z. B. nicht gemischt englisch/deutsch).
- Benutze Groß- und Kleinschreibung, um verschiedene Arten von Bezeichnern zu unterscheiden (z. B. große Anfangsbuchstaben für Datentypen, Klassen und Module; kleine für Variablen) und um lange Namen besser lesbar zu machen (z. B. CheckInputValue).

- Verwende Hauptwörter für Werte, Zeitwörter für Tätigkeiten und Eigenschaftswörter für Bedingugen, um die Bedeutungen von Bezeichnern deutlich hervortreten zu lassen (z. B. breite, ReadKey, gueltig).
- Stelle einmal für dich selbst Regeln auf, und befolge sie dann konsequent.

Guter Programmierstil drückt sich auch im Gebrauch von Kommentaren aus; sie entscheiden mit über die Lesbarkeit eines Programms und sind daher wichtige Programmbestandteile. Richtiges Kommentieren von Programmen ist jedoch nicht einfach und setzt Erfahrung, Phantasie und die Fähigkeit voraus, das Wesentliche kurz und präzise auszudrücken. Wir geben in der Folge einige Regeln zum Schreiben von Kommentaren an:

- Jede Systemkomponente (jedes Modul und jede Klasse) sollte mit einem ausführlichen Kommentar beginnen, der dem Leser Auskunft über einige allgemeine Fragen zur Systemkomponente gibt:
  - Was leistet die Komponente?
  - Wozu (in welchem Zusammenhang) wird die Komponente verwendet?
  - Welche Verfahren, spezielle Methoden, ... werden benutzt?
  - Wer ist der Verfasser?
  - Wann wurde die Komponente geschrieben?
  - Welche Änderungen wurden bereits vorgenommen?
- Jede Prozedur bzw. Methode sollte mit einem Kommentar versehen werden, der ihre Aufgabe (und eventuell ihre Arbeitsweise) beschreibt. Das gilt besonders für die Schnittstellenbeschreibungen.
- Die Bedeutung von Variablen sollte durch einen Kommentar erklärt werden.
- Programmteile, die für abgeschlossene Teilaufgaben verantwortlich sind, sollten durch Kommentare gekennzeichnet werden.
- Schwer verständliche Anweisungen (z. B. trickreiche Verfahren oder Programmteile, die Besonderheiten eines bestimmten Computers ausnutzen) sollten in Kommentaren so beschrieben werden, daß sie leicht vom Leser verstanden werden können.
- Ein Programmsystem sollte so wenig und so knappe Kommentare wie möglich, aber so viele und so ausführliche Kommentare wie nötig enthalten.
- Es ist besonders darauf zu achten, daß Programmänderungen sich nicht nur auf Deklarationen und Anweisungen auswirken, sondern daß auch die Kommentare im Programmsystem immer auf dem laufenden sind (falsche Kommentare sind schlechter als überhaupt keine!)

Diese Regeln sind mit Absicht allgemein gehalten, da es keine Regeln gibt, die für jedes Programmsystem und jedes Aufgabengebiet in gleicher Weise angewandt werden könnten. Das Kommentieren von Programmsystemen ist eine Kunst, genau wie das Entwerfen und Schreiben von Programmsystemen.

Äußere Form

Neben der Namenwahl und der Kommentierung hängt die Lesbarkeit eines Programmsystems auch von seiner äußeren Form ab. Wir empfehlen daher folgende Regeln zur Gestaltung der äußeren Form von Programmen:

- In jedem Programmbaustein sollten die Deklarationen (von Datentypen, Konstanten, Variablen, etc.) deutlich vom Anweisungsteil getrennt werden.
- Die Deklarationsteile sollten wenn möglich ein einheitliches Gliederungsschema aufweisen, z. B. durch folgende Reihenfolge: Konstanten, Datentypen, Variablen, Klassen und Module, Methoden und Prozeduren.
- Die Schnittstellenbeschreibung (Parameterlisten von Methoden und Prozeduren) soll eine Trennung der Eingangs-, Ausgangs- und Übergangsparameter vorsehen.
- Kommentare und Programmtext sollten deutlich voneinander getrennt werden.
- Die Programmstruktur sollte durch Einrückung sichtbar gemacht werden, zum Beispiel:

```
...
REPEAT
   Read(char,eof);
   IF NOT eof THEN
      tl := tl+1; text[tl] := char
   ELSE
      PrepareText(text, tl)
   END
UNTIL eof;
...
```

Wir haben uns bemüht, diese Regeln in diesem Buch konsequent einzuhalten.

3.5.3 Inkrementelle Implementierung

Die konsequente Anwendung des prototyping-orientierten Ansatzes zur Software-Entwicklung, wie wir ihn in den Abschnitten 1.3 und 3.1.3 beschrieben haben, hat auch Auswirkungen auf die Implementierungsphase. Der Entwicklungsprozeß ist dabei inkrementell. Um zu diskutieren, welche Auswirkungen das auf die Implementierung hat, illustrieren wir noch einmal die einzelnen Aktivitäten des Software-Entwicklungsprozesses (Abbildung 3.48).

Der obere Teil der Abbildung 3.48 zeigt die dem Life-Cycle-Modell entsprechenden Phasen des Entwicklungsprozesses, während im unteren Teil der Abbildung die Vorgangsweise und Aktivitäten der Phasen im einzelnen dargestellt sind. Im oberen Teil des Bildes sind die einzelnen Phasen durch zwei verschiedene Arten von Pfeilen miteinander verbunden; die dünnen Pfeile symbolisieren die Phasensequenz, die dicken Pfeile symbolisieren die dem Modell zugrundeliegenden Zyklen zwischen den einzelnen Phasen.

Die Grundidee der inkrementellen Implementierung besteht darin, daß Entwurfs- und Implementierungsphase quasi verschmelzen und nicht mehr, wie beim klassischen sequentiellen Software-Life-Cycle-Modell gefordert, streng getrennte Phasen darstellen. Die Empfehlung dieser Vorgangsweise beruht auf der (aus Erfahrung gewonnenen) Annahme, daß Entwurfs- und Implementierungsentscheidungen sich wechselseitig stark beeinflussen, und daher eine rigorose Trennung von Entwurf und Implementierung nicht zum Ziel führt. In vielen Fällen zeigt sich erst bei der Implementierung, ob eine im Entwurf gewählte Zerlegungsstruktur problemadäquat ist.

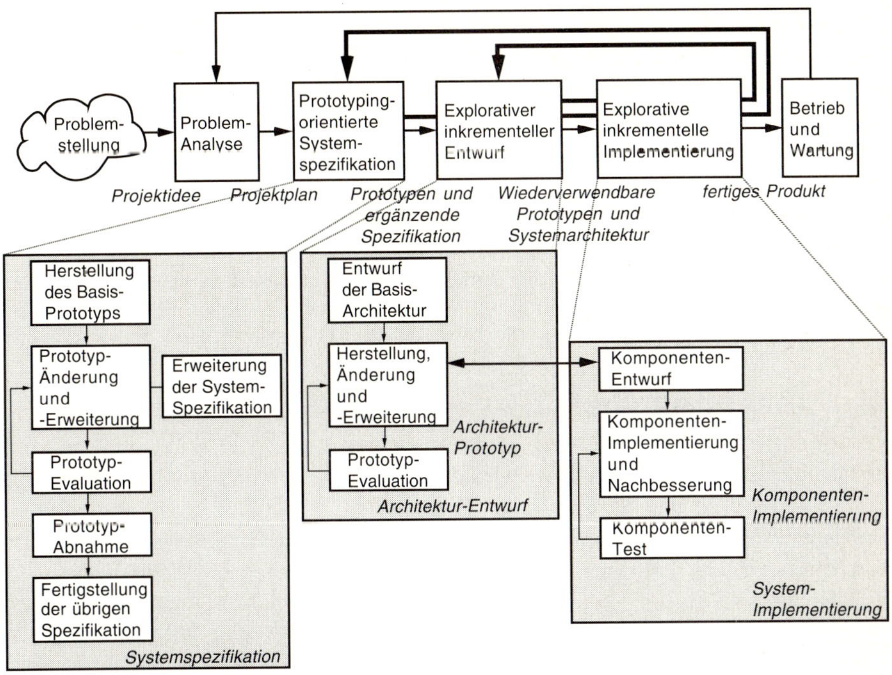

Abb. 3.48: Prototyping-orientierte inkrementelle Software-Entwicklung (vgl. [Bischofberger 1992])

Inkrementelle Implementierung bedeutet, daß nach jedem architekturrelevanten Entwurfsschritt die aktuelle Systemarchitektur anhand realer Anwendungsfälle verifiziert wird. Dies bedingt, daß das Zusammenspiel der im Entwurf (in Form von Schnittstellenspezifikationen) festgelegten Systemkomponenten verifiziert wird. Um dies zu ermöglichen, werden die Systemkomponenten, d. h. ihr Input/Output-Verhalten, simuliert oder als Prototyp realisiert. Dabei muß man sich selbstverständlich Gedanken über die Implementierung der einzelnen Komponenten machen. Die dabei gewonnenen Erkenntnisse werden, soweit dies möglich ist, direkt in eine (Rumpf-)Implementierung der Komponenten umgesetzt, beziehungsweise für den späteren Implementierungsprozeß dokumentiert. Bestehen Zweifel an der Realisierbarkeit einer Komponente, dann wird der Entwurfsprozeß unterbrochen und die Implementierung dieser Komponente vorgenommen. Erst wenn die Realisierung und ihre Einbettung in die bisherige Systemarchitektur überprüft sind, wird der Entwurfsprozeß fortgesetzt oder die Architektur entsprechend den bei der Komponentenimplementierung gewonnenen Erkenntnissen angepaßt.

Die Effizienz dieser Vorgangsweise hängt davon ab, wie weit es möglich ist, die in verschiedenen Formalismen beschriebene und in unterschiedlichen Fertigungsgraden vorhandenen Systemkomponenten zu einem Gesamtsystem zu integrieren, um damit realitätsnahe Experimente durchzuführen. Teile des Systems, z. B. die Benutzerschnittstelle oder das Datenmodell, liegen in Form von Prototypen vor, andere Teile, die zum Beispiel aus einer bereits vorhandenen Bausteinbibliothek stammen oder die im Sinne der inkrementellen Implementierung bereits fertiggestellt wurden, liegen in Form von ausführbarem Code vor, und für bloß entworfene Systemkomponenten liegt nur eine Spezifikation ihrer Schnittstelle vor. Bei der Validierung des aktuellen Systementwurfs sollen immer dann, wenn die Benutzerschnittstelle angesprochen wird, die entsprechenden Prototypen aktiviert werden. Wenn eine bereits in übersetzter Form vorliegende Systemkomponente betroffen ist, soll sie direkt ausgeführt werden. Wenn eine Systemkomponente betroffen ist, für die nur eine Spezifikation der Schnittstelle vorliegt, muß diese Systemkomponente simuliert werden. Dies ist nur möglich, wenn eine Software-Entwicklungsumgebung vorhanden ist, die den Integrations- und Ausführungsprozeß solcher „hybrider Systeme" unterstützt. Es würde den Rahmen dieses Buches sprengen, wenn wir eine solche Entwicklungsumgebung und Szenarien ihrer Anwendung beschreiben wollten. Der interessierte Leser findet beides in [Bischofberger 1992].

3.6 Test und Installation

Die Qualität eines Softwareprodukts wird davon geprägt, in welchem Umfang die Qualitätskriterien Korrektheit und Zuverlässigkeit (siehe Kapitel 2) erfüllt sind, d. h. wie viele Fehler überhaupt und wie viele schwerwiegende Fehler im Hinblick auf ihre Folgen bei der Anwendung des Softwareprodukts auftreten. Jedes Softwareprodukt muß daher sorgfältig getestet werden.

Das *Ziel des Testens* ist das Aufdecken möglichst vieler Fehler. Als *Fehler* verstehen wir dabei jede Abweichung des Verhaltens von dem in der Anforderungsdefinition festgelegten Verhalten. Die *Ursache eines Fehlers* kann in der Spezifikation, im Entwurf oder in der Implementierung verborgen sein, sie kann nicht – wenn das Qualitätsmerkmal „Robustheit" erfüllt sein soll – in der fehlerhaften Auswahl der Eingabewerte eines Programmsystems liegen. *Testen* ist eine *projektbegleitende Maßnahme* zur Qualitätssicherung. Sie bezieht sich auf die Phasen Systemspezifikation, Entwurf, Implementierung und Wartung (Tests von Nachbesserungen) und muß auch die Überprüfung der Robustheit mit einschließen. Wenn wir dennoch von einer *Testphase* im Software-Lebenszyklus sprechen, so deshalb, weil man den Test des Endprodukts erst nach Abschluß aller vorangegangenen Phasen durchführen kann. Wir diskutieren aber im folgenden Testaktivitäten, die sich auf alle Phasen des Software-Life-Cycle verteilen.

Eng verbunden mit dem Testen ist das sogenannte *„Debugging"*. Während das Testen eine Tätigkeit zum Aufdecken von Fehlern ist, ist das Debugging eine Tätigkeit zum Auffinden und zur Behebung von *Fehlerursachen.*

Wir beschreiben in diesem Abschnitt verschiedene Testmethoden und diskutieren, in welcher Weise das Testen und Debugging durchgeführt und dokumentiert werden sollen. Zum Schluß geben wir noch an, welche Maßnahmen für die Installation eines Softwareprodukts notwendig sind.

3.6.1 Testmethoden

Bevor wir verschiedene *Testmethoden* diskutieren, d. h. Angaben darüber machen, welche Aktivitäten für das systematische Testen eines Programmsystems notwendig sind, müssen wir die Frage stellen, was zu testen ist.

Zu testen sind die *Systemspezifikation*, die *einzelnen Module*, die *Verbindungen zwischen Modulen*, die *Integration der Module* zum Gesamtsystem und die *Akzeptanz* des Softwareprodukts.

Wir beschreiben zunächst kurz, was wir unter den oben angegebenen Tests verstehen, welche Ziele wir dabei verfolgen und geben dann verschiedene Testmethoden und Teststrategien an.

Testen der Systemspezifikation

Die Systemspezifikation ist die Grundlage für die Planung und Durchführung der Programmtests. Verständlichkeit und Eindeutigkeit der Systemspezifikation sind Voraussetzungen für das Testen eines Programmsystems. Das *Ziel des Spezifikationstests* ist daher, die *Vollständigkeit, Klarheit, Konsistenz* und *Realisierbarkeit einer Systemspezifikation* zu prüfen.

Zur Analyse von Systemspezifikationen schlagen *Hughes* und *Michtom* [Hughes 1976] die Technik von *„Ursache und Wirkung"* vor. *Ursachen* bedeuten in diesem Zusammenhang Bedingungen oder Kombinationen von Bedingungen, die vorgegeben sind oder auftreten können, *Wirkungen* sind Ergebnisse oder Tätigkeiten. Der Spezifikationstest soll zeigen, ob Ursachen (Daten, Funktionen) angegeben sind, für die keine Wirkungen (Funktionen, Ergebnisse) definiert wurden oder auch umgekehrt. Eine wichtige Rolle beim Testen der Systemspezifikation spielen Prototypen der Benutzerschnittstelle und einzelner Systemkomponenten. Sie gestatten eine experimentelle Überprüfung der Systemspezifikation. Der Spezifikationstest muß stets in Zusammenarbeit mit dem Benutzer ausgeführt werden.

Testen der Module

Module kapseln Datenstrukturen und Funktionen, die mit den Datenstrukturen arbeiten. Das *Ziel des Modultests* ist, alle *Abweichungen der Implementierung von der Modulspezifikation* aufzudecken. Beim Modultest müssen daher zuerst die einzelnen Funktionen und dann ihr Zusammenwirken getestet werden. Module sind im allgemeinen keine für sich alleine lauffähigen Programme; ihre Ausführung setzt vielfach die Existenz anderer Module voraus (wegen der Vernetzung von Modulen durch Import- und Vererbungsbeziehungen). Der Test kann nur dann durchgeführt werden, wenn die *„Umgebung"* des Moduls bereits vorhanden ist oder simuliert werden kann. Ein Teil der Arbeit beim Modultest besteht darin, eine geeignete *Testumgebung* zu schaffen, die es erlaubt, das Modul aufzurufen, die Ergebnisse der Verarbeitung zu untersuchen und die Wirkung noch nicht vorhandener, aber benötigter Module zu simulieren (siehe Abbildung 3.49). Das Problem dabei ist, die Testumgebung möglichst einfach zu halten, denn je komplizierter sie ist, desto höher ist die Wahrscheinlichkeit, daß sie selbst Fehler enthält.

Testen der Modulverbindungen

Der dem Modultest folgende Schritt ist der *Test von Subsystemen*. Unter einem *Subsystem* verstehen wir die nach problembezogenen Gesichtspunkten durchgeführte Zusammenfassung einzelner (getesteter) Module. Das *Ziel* dabei besteht darin, die *Verbindungen zwischen den einzelnen Modulen* eines Subsystems zu testen. Der Test bezieht sich also auf die Prüfung der Korrektheit der Modulkommunikation und unterscheidet sich in der Vorgangsweise kaum vom Modultest. Auch für Subsysteme müssen Testumgebungen geschaffen werden. Nach dem Test von Subsystemen werden mehrere Subsysteme zu einem neuen (hierarchisch höheren) Subsystem zusammengefaßt, und es wird erneut die Verbindung zwischen diesen Subsystemen getestet. Man nennt diese Form des hierarchischen Tests auch *Integrationstest*.

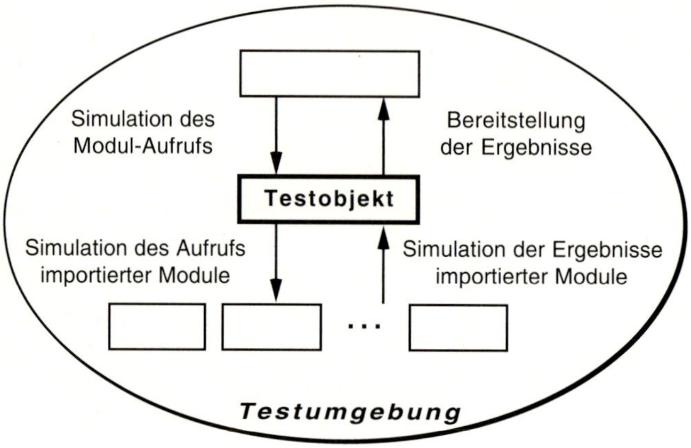

Abb. 3.49: Testobjekt und Testumgebung

Test des Gesamtsystems

Beim Test des Gesamtsystems wird die *Integration aller Subsysteme* getestet. Das Ziel dabei ist es, alle Abweichungen des Systemverhaltens in Bezug auf das in der Anforderungsdefinition spezifizierte Systemverhalten aufzudecken. Dabei geht es nicht nur darum, die Vollständigkeit der Benutzeranforderungen und die Korrektheit der Ergebnisse zu prüfen, sondern auch darum, zu testen, ob das Programmsystem zuverlässig und robust gegen fehlerhafte Eingabedaten ist. Dabei muß auch die Einhaltung nicht-funktionaler Anforderungen (siehe Abschnitt 3.3.1) wie z. B. die geforderte Effizienz, geprüft werden. Umfang und Anzahl der Tests wie auch die *Wahl der richtigen Testdaten* sind von Anwendungsfall zu Anwendungsfall verschieden, wir können daher nach dem heutigen Stand der Technik kein Universalrezept für das Testen von Programmsystemen angeben. Der Aufwand für das Testen des Gesamtsystems muß sich wohl danach richten, welchen Schaden das Fehlverhalten eines Programmsystems nach sich ziehen kann.

Abnahmetest

Die Entwicklung eines Softwareprodukts endet mit dem *Abnahmetest (Test der Akzeptanz)* durch den Benutzer. Beim Abnahmetest wird das Softwaresystem mit *realen Daten* unter *realen Einsatzbedingungen* getestet. Der Abnahmetest hat zum Ziel, alle Fehler aufzudecken, die z. B. durch Mißverständnisse bei Absprachen zwischen Benutzern und Softwareentwicklern, durch falsche Schätzungen anwendungsbedingter Datenmengen oder etwa durch unrealistische Annahmen bezüglich der realen Umgebung eines Softwaresystems entstanden sind. Erst dieser Test zeigt, ob die tatsächliche Anwendung mit der Anforderungsdefinition übereinstimmt und ob das Systemverhalten den Erwartungen der Benutzer entspricht. Gerade die richtige Ausgestaltung der Schnittstelle zwischen einem Softwaresystem und seinen Benutzern bereitet dem Softwaretechniker – meist mangels Erfahrung auf dem speziellen Anwendungsgebiet – große

Schwierigkeiten. Die Benutzerfreundlichkeit (oder -feindlichkeit) eines Softwareprodukts zeigt sich erst hier. Das Testen mit echten Anwendungsfällen durch den Benutzer selbst ist daher unerläßlich. Bei prototyping-orientiertem Vorgehen findet der Abnahmetest teilweise schon während der Spezifikation statt.

Im folgenden beschreiben wir verschiedene Methoden, die helfen, die oben angeführten Tests durchzuführen.

3.6.1.1 Verifikation von Algorithmen

Während des Entwurfs eines Softwaresystems erhebt sich für den Softwaretechniker ständig die Frage, ob denn der eingeschlagene Lösungsweg auch zielführend ist, und die bisher entworfenen Komponenten korrekt sind, d. h. ob sie die vorgegebene Spezifikation erfüllen. Im Idealfall möchte man jederzeit den Beweis antreten können, daß die im Entwurf enthaltenen Algorithmen und ihr Zusammenspiel für jede angenommene Eingabe das aufgrund der Spezifikation erwartete Ergebnis liefern. Da für große Softwaresysteme, wie sie heutzutage entwickelt werden, weder die Eingabemenge noch die erwartete Resultatmenge (wegen der kombinatorischen Explosion) vollständig beschreibbar sind, Können solche Systeme nicht mehr vollständig getestet werden. Deshalb muß der Versuch unternommen werden, bereits im Entwurfsstadium größtmögliche Klarheit über die Korrektheit der Lösung zu gewinnen.

Es ist klar, daß ein solcher Korrektheitsnachweis kaum ohne formale und mathematische Hilfsmittel geführt werden kann. Mathematisch orientierte *Verifikationstechniken* sind unter anderem in den Arbeiten von *McCarthy* [McCarthy 1962], *Naur* [Naur 1966], *Floyd* [Floyd 1967], *Hoare* [Hoare 1969], *Manna* [Manna 1969], *Knuth* [Knuth 1973] und *Dijkstra* [Dijkstra 1976] beschrieben. Eine Übersicht über verschiedene Verfahren der Algorithmenverifikation findet der Leser in [Elspas 1972].

Die Anwendung eines Verifikationsverfahrens zwingt den Softwaretechniker, alle Entwurfsentscheidungen nochmals nachzuvollziehen und hilft deshalb beim Auffinden logischer Fehler. Dabei ist der Aspekt des tatsächlichen „*Verstehens*“ eines Algorithmus mindestens ebenso wichtig wie der Beweis der Korrektheit. Die *Verifikation* ist eine äußerst nützliche Technik zum frühzeitigen Aufspüren von Entwurfsfehlern und ergänzt außerdem die Entwurfsdokumentation. Die Verifikation kann aber selbst fehlerhaft sein; sie ersetzt nicht das Testen eines Softwareprodukts. Je größer ein Programmsystem ist, desto schwieriger ist es, eine vollständige Verifikation durchzuführen. *Gerhart* und *Yelowitz* schreiben in [Gerhart 1976] dazu:

> *Bewahren Sie sich gegenüber Programmverifikationen eine vorsichtige, skeptische Einstellung; fassen Sie diese Technik als eines von mehreren Hilfsmitteln zum Nachweis der Korrektheit von Programmen auf, in dem die benutzte Formalisierung und Abstraktion möglicherweise zu besserer Einsicht und besserer Dokumentation führen. Beachten Sie, daß es fast immer einige Programmteile gibt, die besser ohne Formalismus zu erklären sind und es wertlos ist zu versuchen, auch diese Teile in ein formales Korsett zu zwingen. Formalismen sollen den gesunden Verstand, die Programmiererfahrung und die Intuition ergänzen, aber gewiß nicht ersetzen.*

Die Verifikation kann für den Korrektheitsbeweis von kurzen und einfachen Algorithmen erfolgreich angewendet werden. Bei großen Programmsystemen steigen die Schwierigkeiten aber so stark an, daß man sich darüber klar sein muß, daß die Verifikation als praktische Testhilfe für die Herstellung großer Programmsysteme versagt. Da Software Engineering sich aber gerade mit der Herstellung *großer* Programmsysteme befaßt, verzichten wir in diesem Buch auf eine ausführliche Behandlung von Verifikationstechniken.

3.6.1.2 Statische Programmanalyse

Die *statische Programmanalyse* befaßt sich mit dem Auffinden von Fehlern ohne direkte Ausführung des Testobjekts. Die Aktivitäten beim statischen Test beziehen sich auf *syntaktische*, *strukturelle* oder *semantische Analysen des Testobjekts* (vgl. dazu [Ramamoorthy 1974] und [Schmitz 1982]). Das Ziel dabei besteht darin, zu einem möglichst frühen Zeitpunkt fehlerverdächtige Stellen des Testobjekts zu lokalisieren.

Die wichtigsten Tätigkeiten der statischen Programmanalyse sind:

- Code-Inspektion
- Komplexitätsanalyse
- Strukturanalyse
- Datenflußanalyse

Eine nützliche Technik zum Auffinden von Entwurfs- und Implementierungsfehlern ist die *Code-Inspektion*. Viele Fehler könnten leicht gefunden werden, wenn der Verfasser seine Programme nur sorgfältig genug lesen würde. Leider fehlt dem Einzelnen dazu oft die Motivation.

Die Idee der Code-Inspektion ist es, daß der Autor sein Programm Schritt für Schritt mit anderen Softwaretechnikern durchspricht. *Fagan* [Fagan 1976] schlägt dazu ein Team von vier Personen vor, bestehend aus:

(1) einem erfahrenen, aber nicht am Projekt beteiligten Softwaretechniker als Moderator,
(2) dem Designer des Testobjekts,
(3) dem für die Implementierung zuständigen Programmierer,
(4) dem für den Test zuständigen Mitarbeiter.

Dabei soll jeder entdeckte Fehler vom Moderator notiert und die Inspektion fortgesetzt werden. Die *Aufgabe des Inspektions-Teams* ist das *Aufdecken, nicht die Korrektur* von Fehlern. Erst wenn die Inspektion vollständig abgeschlossen ist, werden der Designer und der Implementierer mit der Korrektur beauftragt.

Das Ziel der *Komplexitätsanalyse* ist die Ermittlung von Maßzahlen für die Komplexität eines Programms. Darunter verstehen wir Komplexitätsmaße von Modulen (z. B. nach *McCabe* [McCabe 1976] oder *Halstead* [Halstead 1972]), Schachtelungstiefen von Schleifen, Längen von Prozeduren und Modulen, Import- und Verwendungszahl von Modulen und die Komplexität der Schnittstellen von Prozeduren und Methoden [Blaschek 1985]. Die Ergebnisse der Komplexitätsanalyse gestatten es, in gewissen Grenzen Aussagen über die Qualität eines Softwareprodukts zu machen und fehlerträchtige Stellen im Programmsystem zu lokalisieren. Allerdings ist Komplexität schwer objektiv zu beurteilen; ein von einem Programmierer als einfach empfundenes Programm kann von einem anderen als komplex beurteilt werden. Die Aussagekraft von Komplexitätsmaßzahlen ist deshalb umstritten. Wir verzichten daher auf eine ausführlichere Behandlung und verweisen den interessierten Leser auf die oben angegebene Literatur.

Die *Strukturanalyse* hat zum Ziel, Strukturanomalien eines Testobjektes aufzudecken. Sie soll z. B. Auskunft darüber geben, ob alle Anweisungen eines Programms vom Programmanfang aus erreicht werden können, ob das Programmende von allen Anweisungen aus erreichbar ist, ob in einem Programm Schleifen mit Einsprüngen enthalten sind oder ob der Kontrollfluß unerlaubte Strukturen enthält.

Die *Datenflußanalyse* soll helfen, Datenflußanomalien aufzudecken. Sie liefert Informationen darüber, ob ein Datenobjekt vor seiner Benutzung einen Wert erhalten hat und ob ein Datenobjekt nach einer Wertzuweisung auch benutzt wird. Die Datenflußanalyse soll sowohl für den Rumpf eines Testobjekts als auch für die Schnittstellen zwischen Testobjekten durchgeführt werden.

3.6.1.3 Dynamisches Testen

Beim *dynamischen Testen* werden die Testobjekte ausgeführt oder simuliert. Die Aktivitäten beim dynamischen Test umfassen

- die Vorbereitung des Testobjekts zur Fehlerlokalisierung,
- die Bereitstellung einer Testumgebung,
- die Auswahl geeigneter Testfälle und -daten,
- die Testausführung und -auswertung.

Das dynamische Testen ist ein unerläßlicher Prozeß im Software-Life-Cycle. Jede Prozedur, jedes Modul und jede Klasse, jedes Subsystem und das Gesamtsystem müssen dynamisch getestet werden, auch wenn statische Tests oder Programmverifikationen durchgeführt wurden. Wir werden daher die oben angeführten Aktivitäten des dynamischen Tests im Abschnitt 3.6.2 (Testausführung) ausführlich beschreiben.

3.6.1.4 Black-Box- und White-Box-Test

Für jedes Testobjekt kann prinzipiell auf *zwei Arten* geprüft werden, ob es seine Spezifikation erfüllt:

(1) Prüfung des Ein/Ausgabeverhaltens ohne Berücksichtigung der inneren Struktur des Testobjektes (Schnittstellentest).
(2) Prüfung des Ein/Ausgabeverhaltens unter Betrachtung der inneren Strukturen (Schnittstellen- und Strukturtest).

Die erste Testmethode wird *„Black-Box-Test“* oder *„funktionaler Test“* oder auch *„exterior test“*, die zweite Methode wird *„White-Box-Test“* oder *„Strukturtest“* oder *„interior test“* genannt.

Black-Box-Tests dienen dazu, Abweichungen eines Testobjekts von seiner Spezifikation aufzudecken. Die Auswahl der Testfälle basiert auf der Spezifikation des Testobjekts ohne Kenntnis seiner inneren Struktur. Bei der Auswahl der Testfälle ist es wichtig, auch Testfälle zu konstruieren, die das Verhalten des Testobjekts bei fehlerhaften Eingabedaten zeigen.

Das Black-Box-Testen liefert keine Information darüber, ob alle Funktionen des Testobjekts auch tatsächlich benötigt werden oder ob Datenobjekte manipuliert werden, die keinen Einfluß auf das Ein/Ausgabeverhalten des Testobjekts haben. Solche Hinweise auf Design- und Implementierungsfehler liefert nur der White-Box-Test.

Beim *White-Box-Test* beziehen sich die Testaktivitäten nicht nur auf die Überprüfung des Ein/Ausgabeverhaltens, sondern auch auf Betrachtungen der inneren Struktur des Testobjekts. Das Ziel dabei ist es, für jeden möglichen Pfad durch das Testobjekt das Verhalten des Testobjekts in Abhängigkeit von den Eingabedaten festzustellen. Bei dieser Methode geschieht die Auswahl der Testfälle aufgrund der Kenntnis der Ablaufstruktur des Testobjekts. Die Wahl der Testfälle hat zu berücksichtigen, daß

- jedes Modul und jede Funktion des Testobjekts mindestens einmal aufgerufen wird,
- jeder Zweig mindestens einmal durchlaufen wird,
- möglichst viele Pfade durchlaufen werden.

Es ist wichtig, darauf zu achten, daß jeder Zweig durchlaufen wird. Es reicht nicht aus, nur sicherzustellen, daß jede Anweisung ausgeführt wird, weil bei binären Verzweigungen – wie das folgende Beispiel zeigt – dann unter Umständen Fehler nicht gefunden werden, weil nicht alle Zweige getestet werden.

Die Anweisungsfolge:

```
IF bedingung THEN
   aktion1
END;
aktion2
```

sollte lauten:

```
IF bedingung THEN
   aktion1
   aktion2
END
```

Dieser Fehler wird nicht erkannt, wenn nur die Ausführung aller Anweisungen getestet und nur ein Testfall mit `bedingung=TRUE` ausgeführt wird.

Es ist wichtig zu bedenken, daß es auch für gut strukturierte Programme praktisch unmöglich ist, alle Pfade – darunter verstehen wir alle möglichen Anweisungsfolgen eines Programms – auszutesten. Dies zeigt das in Abbildung 3.50 dargestellte und von *Pressman* [Pressman 1987] angegebene Beispiel für eine einfache Programmstruktur. Es ist auch bei einer automatischen Testdatengenerierung unmöglich, alle Pfade zu testen, weil die Anzahl der dazu benötigten Testläufe viel zu hoch ist.

Der White-Box-Test ist trotzdem eine der wichtigsten Testmethoden. Man kann damit für eine begrenzte Anzahl von Programmpfaden – dies reicht in der Praxis meist aus – die richtige Manipulation der Datenstrukturen und das Ein/Ausgabeverhalten von Testobjekten überprüfen.

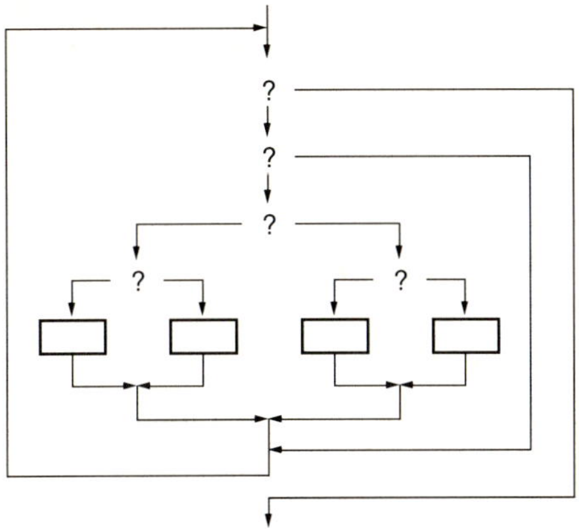

Abb. 3.50: Kontrollflußgraph; bei 10 Schleifendurchläufen gibt es schon fast eine Million Pfade

3.6.1.5 Topdown- und Bottomup-Test

Die bisher diskutierten Testmethoden behandeln vor allem Fragen des Modul-Tests. Wir haben noch keine Strategie für das Austesten vollständiger Softwaresysteme angegeben. Während beim Programmentwurf meist topdown (d. h. von außen nach innen) vorgegangen wird, ist es beim Testen üblicherweise umgekehrt. Zuerst werden die elementaren Bausteine, die Fundamente eines Programmsystems, getestet und dann erst ihre Integration. Diese Vorgangsweise wird Bottomup-Test genannt. Man kann aber – dem Prinzip der schrittweisen Verfeinerung folgend – auch umgekehrt vorgehen und ein Programmsystem von außen nach innen fortschreitend testen. Wir sprechen dann von einem Topdown-Test. Beide Methoden haben ihre Vor- und Nachteile und werden in der Praxis eingesetzt.

Beim *Topdown-Test* wird zuerst das Steuermodul implementiert und auch getestet. Dabei werden importierte Module durch Ersatzmodule vertreten. Ersatzmodule haben dieselben Schnittstellen wie die importierten Module und simulieren deren Ein/Ausgabeverhalten. Nach dem Test des Steuermoduls werden auch alle weiteren Module des Programmsystems auf dieselbe Weise getestet, d. h. ihre Funktionen solange durch Ersatzprozeduren vertreten, bis die Implementierung so weit fortgeschritten ist, daß die Funktionen implementiert und getestet werden können. Der Test erfolgt also schrittweise mit der Implementierung. Implementierungs- und Testphase fallen zusammen. Es ist kein Integrationstest von Subsystemen notwendig.

Die Anwendung dieser Strategie hat viele *Vorteile*. Design-Fehler werden zum frühestmöglichen Zeitpunkt erkannt, dadurch werden Entwicklungszeit und -kosten gespart, weil Korrekturen im Moduldesign noch vor der Implementierung durchgeführt werden können. Die Eigenschaften eines Softwaresystems zeigen sich von Anfang an, dies ermöglicht eine einfache Überprüfung des Entwicklungsstandes und der Akzeptanz durch den Benutzer. Das Softwaresystem kann von Anfang an mit realen Prüffällen auf das sorgfältigste getestet werden, ohne die Bereitstellung von (teuren) Testumgebungen.

Das klingt alles sehr überzeugend und fast so, als hätte man den Stein der Weisen gefunden. Die Praxis zeigt jedoch, daß diese Methode auch schwerwiegende *Nachteile* besitzt. Der strenge Topdown-Test kann sich sehr schwierig gestalten, weil die Konstruktion von brauchbaren Ersatzobjekten oft kompliziert ist, insbesondere dann, wenn es sich um komplexe Funktionen handelt. Je einfacher aber die Ersatzobjekte gehalten werden, desto weniger Testfälle können simuliert werden. Fehler in tieferen Schichten lassen sich schwer lokalisieren, können sich aber auf das Design des ganzen Systems auswirken. Ein weiterer Nachteil ist, daß in komplexen Systemen die benutzerrelevanten Ergebnisse meist nicht von den oberen Schichten des Programmsystems, sondern von den unteren ausgegeben werden; ebenso verhält es sich mit der Steuerung von Mensch-Maschine-Dialogen, weil die dazu notwendigen Funktionen auf die ganze Hierarchie verteilt sein können. Es ist schwierig, dafür brauchbare Ersatzfunktionen bereitzustellen, die trotzdem einfach zu implementieren sind. Fehler lassen sich schwer lokalisieren, weil von Anfang an viele Module beteiligt sind. Nachteilig ist auch, daß zum Testen der unteren Schichten stets das ganze Programmsystem geladen werden muß und daß die Testfälle dafür schwierig zu konstruieren sind.

Eine konsequente Anwendung des prototyping-orientierten Ansatzes zur Softwareentwicklung, wie wir sie bereits in der vorangegangenen Abschnitten beschrieben haben, kann die oben erwähnten Schwierigkeiten weitgehend beseitigen, weil der Test bereits vor oder zumindest begleitend mit der Implementierung stattfindet. Fehler werden daher früher erkannt und können leichter beseitigt werden. Eine prototyping-orientiertes Testen ermöglicht im Verein mit adäquaten Werkzeugen zur Unterstützung des Prototyping-Prozesses (siehe dazu Kapitel 7) eine Topdown-Teststrategie. Die Vorgehensweise dazu haben wir bereits im Abschnitt 3.5.3 „Inkrementelle Implementierung" beschrieben.

Beim *Bottomup-Test* geht man umgekehrt wie beim Topdown-Test vor. Zuerst werden jene Funktionen, die selbst keine anderen Programmbausteine benötigen, getestet, dann ihre Integration zu einem Modul. Nach dem Modultest wird die Integration mehrerer (getesteter) Module zu einem Subsystem getestet, bis schließlich die Integration der Subsysteme, d. h. das Gesamtsystem, getestet werden kann. Die Vorteile des Bottomup-Tests sind die Nachteile des Topdown-Tests und umgekehrt.

Die Bottomup-Testmethode ist solide und bewährt. Die zu testenden Objekte sind in all ihren Einzelheiten bekannt. Es ist oft einfacher, relevante Testfälle und Testdaten zu definieren. Die Bottomup-Vorgangsweise ist (wenn nicht eine prototyping-orientierte inkrementelle Entwicklungsstrategie befolgt wird) psychologisch befriedigender, weil der Tester Gewißheit hat, daß die Fundamente für seine Testobjekte bereits in allen Einzelheiten geprüft sind.

Die *Nachteile* dabei sind, daß die Eigenschaften des fertigen Produkts erst nach Abschluß aller Implementierungen und Tests bekannt sind und Entwurfsfehler in den oberen Schichten erst sehr spät erkannt werden. Dies kann verheerende Folgen haben, weil ihre Korrektur meist Änderungen in tieferen Schichten nach sich zieht und daher auch alle früheren Tests wiederholt werden müssen. Das Austesten der einzelnen Schichten verursacht außerdem hohe Kosten für die Bereitstellung von geeigneten Testumgebungen.

3.6.2 Testplanung und -ausführung

Die gewählte Teststrategie kann bereits den Systementwurf beeinflussen, daher ist es notwendig, möglichst früh – am besten bereits in der Phase der Systemspezifikation – eine grobe *Testplanung* vorzunehmen. Die *Testausführung* erfordert eine sorgfältige *Vorbereitung der Testobjekte und Testfälle.*

Die Testobjekte der untersten Schichten (Module bzw. Klassen) von Softwaresystemen sollen von den Implementierern selbst, die Integration von Testobjekten hingegen soll von Mitarbeitern, die nicht direkt an der Implementierung der Testobjekte beteiligt waren, getestet werden. Wir beschreiben im folgenden die wichtigsten Tätigkeiten bei der Testplanung und der Testausführung.

3.6.2.1 Testplanung

Zweck der *Testplanung* ist es, die Aufgaben, Ziele und Strategien für die Testausführung fest zulegen. Die Testplanung legt fest:

- die Testmethode,
- die Testdokumentation,
- die Testobjekte und Qualitätsanforderungen, die an sie zu stellen sind,
- die Testkriterien, die erfüllt werden müssen (Anzahl der Testfälle, Prozentsatz der zu testenden Programmpfade,...),
- die Art des Abnahmetests für die einzelnen Testobjekte,
- die Testpersonen,
- die einzusetzenden Testwerkzeuge.

Der Testplan bildet die Grundlage für die Qualitätssicherung und ist Voraussetzung für die Überwachung und Steuerung der Testausführung durch den Projektleiter. Die zur Erstellung eines möglichst detaillierten Testplans aufgewendete Zeit ist daher gut investiert.

3.6.2.2 Vorbereitung von Testobjekten zur Fehlerlokalisierung

Durch das *Ausführen eines Testobjekts* sollen alle Fehler, die bei den statischen Tests noch unerkannt blieben, aufgedeckt werden. Die *Fehlererkennung* sagt aber im allgemeinen noch nichts über die *Fehlerursache* aus, und die *Fehlerdiagnose* kann ein sehr mühsamer Prozeß sein.

Die *Vorbereitung des Testobjekts zur Fehlerlokalisierung* ist daher eine wichtige Maßnahme zur rationellen Herstellung von Softwareprodukten. Wir können zwar kein Universalrezept, aber doch einige nützliche Techniken dafür angeben.

Der einfachste und natürlichste Weg ist die Verfolgung des Ablaufs eines Testobjektes und die Verfolgung und Überwachung des Zustandes (d. h. der Werte wichtiger Variablen) eines Testobjekts an bestimmten Stellen. Für beide bieten moderne Programmierumgebungen heute Werkzeuge an. Fehlen die Werkzeuge, ist es ratsam, das Testobjekt mit ein- und ausschaltbaren

Anweisungen zur Programmablauf- und Zustandsverfolgung und zur Zustandsüberwachung zu versehen.

Zur *Programmablaufverfolgung* ist es nützlich, den Ansprung von Marken, den Durchlauf von Schleifen oder die Ausführung bestimmter Anweisungen zu protokollieren. Zur *Zustandsverfolgung* muß es möglich sein, an bestimmten Stellen des Testobjekts die Werte wichtiger Zustandsgrößen (Variablen) und z. B. den minimalen und maximalen Wert, den eine Variable während des Ablaufs angenommen hat, auszugeben. Die *Zustandsüberwachung* bezieht sich auf die Bereitstellung von Hinweisen, ob eine Variable einen festgelegten Grenzwert über- oder unterschreitet oder die Überwachung von Indexüberschreitungen oder Nichteinhaltung von Bedingungen (Assertionen), die an bestimmten Stellen im Testobjekt erfüllt sein müssen.

3.6.2.3 Auswahl der Testfälle und Testdaten

Wir haben schon darauf hingewiesen, daß *vollständiges Testen (exhaustive testing)* auch bei einfachen Testobjekten in der Regel unmöglich ist. Die Anzahl der Kombinationen von Eingabedaten (Testfällen) ist schon bei einfachen Testobjekten so groß (vgl. Abschnitt 3.6.1.4), daß derartige Tests nicht realisiert werden können. Die richtige Auswahl von Testfällen, um dennoch mit den gegebenen Ressourcen, Zeit und Kosten möglichst viele Fehler aufzudecken, erfordert daher von den Testern viel Erfahrung und Intuition.

Es ist wichtig, zwischen den Begriffen „Testdaten" und „Testfall" zu unterscheiden. *Testdaten* sind die „Eingabedaten", mit denen ein bestimmtes Testobjekt geprüft werden soll. Die Beschreibung eines *Testfalls* besteht aus der Angabe des Testobjekts und der Funktionen, die geprüft werden sollen, der Spezifikation von Eingabewerten (Testdaten) und der genauen Beschreibung der für diese Testdaten erwarteten Ergebnisse.

Die Auswahl der Testfälle für das Austesten von Softwareprodukten ist ein kreativer Prozeß. Es läßt sich deshalb keine allgemeingültige Methode dafür angeben. Nützliche Hinweise dazu findet der Leser in [Ostrand 1988]. Darüber hinaus wollen wir aber im folgenden die wichtigsten Kriterien, die bei der Testfallauswahl zu berücksichtigen sind, angeben.

Test von Programmbausteinen

Programmbausteine (Module, Funktionen) müssen einem Strukturtest (vgl. 3.6.1.4) unterzogen werden. Dabei ist es nicht ausreichend, Testfälle zu konstruieren, die sicherstellen, daß jede Anweisung mindestens einmal ausgeführt wird, wie das folgende in [Kimm 1979] angegebene Beispiel zeigt.

In einem Programmstück zur Berechnung des Maximums dreier Zahlen

```
IF x>=y THEN max:=x ELSE max:=y END;
IF z>=max THEN max:=z ELSE max:=y END;
```

werden mit Eingabedaten der Art

$z>=x>=y$ *und* $y>x$ *und* $y>z$

alle Anweisungen einmal ausgeführt und richtige Ergebnisse geliefert. Es wird nicht erkannt, daß Eingabefälle, bei denen x das Maximum ist, zu einem Fehler führen.

Das schwächste Kriterium, das bei der Auswahl der Testfälle erfüllt sein soll, ist, daß jeder Programmzweig mindestens einmal durchlaufen wird. Aber auch das reicht nicht aus, wie obiges Beispiel zeigt.

Es ist wichtig, die Testfälle für ein Testobjekt so auszuwählen, daß

- für alle Funktionseinheiten und deren Schnittstellenverhalten geprüft wird, ob sie ihre Spezifikationen erfüllen,
- alle Zweige der Funktionseinheiten durchlaufen werden,
- der kleinste und größte Wert jedes Eingabedatums berücksichtigt wird (Grenzwerttest),
- jede Schleife mit minimaler und maximaler Durchlaufzahl geprüft wird,
- alle Fehlerausgänge des Testobjekts geprüft werden,
- die Reaktion des Testobjekts auf willkürliche Eingabedaten überprüft wird (Streß-Test, Zufallstest).

Test der Integration von Programmbausteinen

Beim Test der *Integration von Programmbausteinen* geht man davon aus, daß die Bausteine alle getestet sind, d. h. als korrekt angesehen werden können. Bei der Auswahl der Testfälle besteht kein wesentlicher Unterschied zum Test von Programmbausteinen. Jeder Programmbaustein wird wie eine Anweisung behandelt. Das zu testende (Sub-) System wird als Sammlung von Black-Boxes betrachtet, und die Testfälle sind so auszuwählen, daß die Funktionen aller Bausteine mindestens einmal ausgeführt werden. Aus Übersichtlichkeitsgründen ist es empfehlenswert, den Zusammenhang zwischen den Testfällen und den davon betroffenen Funktionen und Programmbausteinen in einer Tabelle (Abbildung 3.51) darzustellen.

	Baustein 1				Baustein 2			
Funktion	1	2	3	4	5	6	7	8
Testfall 1	X	X						
2			X					
3					X		X	
4				X				X

Abb. 3.51: Testfallmatrix

Es reicht aber auch dabei nicht aus, bloß so viele Testfälle zu konstruieren, daß alle Funktionen ausgeführt werden, insbesondere dann nicht, wenn mehrere Funktionen mit denselben Datenbeständen arbeiten. Dann ist es notwendig, auch Testfälle, die die Kombination von Funktionen prüfen, zu konstruieren.

Das *Ziel der Testfallermittlung* ist die Bestimmung von Eingabedatenkombinationen, die geeignet sind, möglichst viele Fehler eines Testobjekts aufzudecken. Da eine vollkommene Zuverlässigkeit der Testfallauswahl praktisch nicht erreichbar ist, ist die Güte der Testdaten von entscheidender Bedeutung.

Bei der *Testfallermittlung* müssen sowohl *aufgabenorientierte Kriterien* – diese sind abhängig von der Spezifikation des Testobjekts, setzen aber keine Kenntnis des Programmtextes voraus –

als auch *strukturorientierte Kriterien* – sie setzen die Kenntnis des Programmtextes voraus – berücksichtigt werden. Die Testfälle sollen möglichst typische Datenmengen, aber stark differierende Anwendungsfälle repräsentieren. Vor der Ausführung eines Testfalls sollen die erwarteten Ergebnisse notiert werden, sonst kommt es zum „Proofreader-Effekt", d. h., der Tester ist geneigt, falsche Ergebnisse als richtig anzusehen. Am besten ist es, wenn man ein Werkzeug hat, das die gelieferten mit den erwarteten Ergebnissen vergleicht. Werden durch einen Testfall Fehler aufgedeckt und Korrekturen vorgenommen, müssen alle bereits durchgeführten Tests wiederholt werden. Zu diesem Zweck sind alle Testfälle sorgfältig aufzubewahren. Eine umfassende Behandlung der Frage, welche Testfälle in welchem Zusammenhang angebracht sind, findet der Leser bei Myers in [Myers 1979].

3.6.2.4 Bereitstellung der Testumgebung

Das dynamische Testen von Modulen oder Subsystemen erfordert die Bereitstellung einer *Testumgebung* zur Simulation der realen Einsatzbedingungen für ein Testobjekt. Die Testumgebung (siehe auch Abbildung 3.49) muß alle Ressourcen enthalten, die notwendig sind

- zum (wiederholten) Aufruf des Testobjekts,
- zur Bereitstellung von Eingabedaten (Daten, die gelesen werden sollen),
- zur Simulation benötigter, aber noch nicht vorhandener externer Ressourcen (z. B. importierte Module, Betriebssystemkomponenten, ...) und deren Ergebnisse (z. B. Werte von Ergebnisgrößen, Interrupts, Prozesse, ...),
- zur Anzeige oder Ausgabe der Ergebnisse einer Testausführung.

Die Testumgebung soll so einfach wie möglich gehalten werden, um zu vermeiden, daß sie selbst Fehler enthält. Sie muß jedoch erlauben, daß eine hinreichende Anzahl verschiedener Tests durchgeführt werden kann.

3.6.2.5 Testauswertung und Fehlersuche

Nach der Testausführung kann man anhand der Testfallbeschreibung feststellen, ob die Ergebnisse des Testlaufs mit den erwarteten Ergebnissen übereinstimmen und ob alle in der Testfallbeschreibung angeführten Funktionen auch tatsächlich ausgeführt wurden. Wird dabei ein Fehler festgestellt, so ist noch nichts über seine Ursache ausgesagt.

Wie geht man vor, wenn man die *Fehlerursache* finden will? Der einfachste Weg ist die Verfolgung des Ablaufs eines Testobjekts. Man kann dazu die in 3.6.2.2 angegebenen Hilfen zur Programmverfolgung und Zustandsüberwachung benutzen und versuchen, damit den Fehler einzukreisen. Die Fehlersuche wird wesentlich einfacher, wenn das Testobjekt über einen modularen Aufbau mit eindeutig definierten Schnittstellen verfügt. Dann genügt es in vielen Fällen, die Daten an den Schnittstellen zu beobachten und den fehlerhaften Programmteil zu isolieren. Innerhalb des fehlerhaften Moduls wird dann durch „feinere" Steuerfluß- und Zustandsüberwachung versucht, den Fehler zu lokalisieren.

Ist ein Fehler lokalisiert und seine Ursache erkannt, bieten sich manchmal mehrere Möglichkeiten an, ihn zu beheben. Bevor man sich für eine Möglichkeit entscheidet, ist genau zu überlegen, welche Folgewirkung die Korrektur auf andere Teile des Testobjekts hat. Dazu ist es nützlich, nicht nur die Implementierung des Testobjekts zu untersuchen, sondern vor allem den abstrakteren Entwurf zu studieren. Die *Fehlerkorrektur* erfordert besondere Sorgfalt, weil dabei allzu leicht neue (vielleicht sogar noch schlimmere) Fehler eingeschleust werden können. Die Wahrscheinlichkeit, daß eine Korrektur beim ersten Versuch richtig ist, liegt unter 50% [Wolverton 1972]. Nach jeder Fehlerkorrektur müssen daher der Testfall, der zur Aufdeckung des korrigierten Fehlers geführt hat und auch alle anderen Testfälle, denen das Testobjekt bereits unterzogen wurde, wiederholt werden.

Wenn keine Werkzeuge zur Programmverfolgung und Zustandsüberwachung verfügbar sind, sollen Hilfsdruckanweisungen nach dem Ausprüfen nicht entfernt werden sollen. Sie sollen jederzeit wieder aktiviert werden können.

3.6.2.6 Typische Fehler

In der Praxis zeigt es sich, daß bestimmte Fehler immer wieder gemacht werden. Die Kenntnis dieser Fehlerquellen kann für das Auffinden und die Korrektur von Fehlern eine große Hilfe sein. Im folgenden werden kurz einige solche Fehler aufgezählt:

- Nichtberücksichtigung von Sonderfällen (z. B. Division durch Null),
- Fehlende Behandlung von Grenzwerten,
- Überschreitung von Feldgrenzen,
- Iterative Schleifen, die nicht abbrechen,
- Nichtinitialisierung von Variablen,
- Falsche logische Ausdrücke (besonders im Zusammenhang mit einem Negationsoperator) in Bedingungen,
- Nichtübereinstimmung von Parameteranzahl und -typ in aktuellen und formalen Parameterlisten (dieser Fehler wird bei Sprachen mit strenger Typenprüfung und separater Übersetzung bereits vom Compiler erkannt),
- Unerlaubte Benutzung gemeinsamer Daten (dieser Fehler wird bei Datenkapselung vermieden).

3.6.3 Testdokumentation

Die *Testdokumentation* ist von großer Wichtigkeit für die wirtschaftliche Durchführung der Testphase, für die Qualitätskontrolle und für die Wartungsphase. Sie stellt auch bei arbeitsteiliger Softwareherstellung die Kommunikationsbasis für die am Test beteiligten Personen dar. Die Testdokumentation soll enthalten:

- den Testplan,
- die Spezifikation der Testfälle,
- Angaben zu den verwendeten Testumgebungen,
- die Testergebnisse der einzelnen Testläufe,
- Zahl und Art der aufgedeckten Fehler,
- die Beschreibung von Maßnahmen zur Fehlerkorrektur,
- Angaben über die Anzahl der benötigten Testläufe für jedes Testobjekt.

Leider wird der Notwendigkeit einer ausführlichen Testdokumentation in der Praxis noch viel zu wenig Bedeutung beigemessen. Die Notwendigkeit dieses Dokuments ergibt sich schon aus der Forderung, daß nach der Korrektur eines Fehlers alle bereits durchgeführten Testläufe eines geänderten Testobjekts wiederholt werden müssen. Dies gilt auch für Nachbesserungen in der Wartungsphase. Die Testdokumentation soll aber auch Material für Statistiken zur besseren Planung zukünftiger Projekte liefern.

3.6.4 Abnahmetest und Installation

Der *Zweck des Abnahmetests* ist es, dem Auftraggeber zu zeigen, daß das nunmehr fertiggestellte Softwareprodukt seinen in der Anforderungsdefinition festgehaltenen Anforderungen entspricht. Vor der Freigabe zur Installation muß daher der Abnahmetest durchgeführt werden.

Beim Abnahmetest wird das Verhalten des Produkts aus der Sicht des Benutzers unter realen Umgebungsbedingungen getestet. Die Grundlagen für die Auswahl der Testfälle sind ausschließlich die in der Anforderungsdefinition angegebenen *Abnahmekriterien* (und nicht der Programmtext). Die Testfallermittlung für den Abnahmetest ist eine schwierige Aufgabe und sollte vom Benutzer selbst vorgenommen werden; er hat als einziger authentische Vorstellungen über den Anwendungsbereich. Der Abnahmetest bezieht auch den Test der Benutzerdokumentation (siehe Abschnitt 3.7.1.1) mit ein. Stellt der Abnehmer Differenzen zwischen den in der Benutzerdokumentation angegebenen Bedienungshinweisen und der tatsächlich vom Softwareprodukt erwarteten Bedienung fest, so kann dies eine Implementierungsänderung erforderlich machen. Der Abnahmetest soll ebenfalls in der Testdokumentation protokolliert werden.

Nach Abschluß des Abnahmetests erfolgt die eigentliche *Installation* des Softwareprodukts. In vielen Anwendungsfällen werden mehr oder weniger große externe Datenbestände manipuliert. Wenn das zu installierende Softwareprodukt auf solche Datenbestände (z. B. Stammdateien) zugreift, so müssen die entsprechenden Dateien vor der Installation initialisiert werden, wenn dies nicht schon vor dem Abnahmetest durchgeführt wurde. Diese *Initialisierung von Dateien* (z. B. Erfassung von Stammdaten) kann sehr aufwendig sein und die Implementierung umfangreicher Erfassungs- und Prüfprogramme erforderlich machen. Die Entwicklung dieser Programme muß daher ebenso sorgfältig geplant, durchgeführt und dokumentiert werden wie die der funktionalen Komponenten des Softwareprodukts, auch dann, wenn sie nur zum Installationszeitpunkt benötigt werden.

Nach der Installation soll der Anwender einen Leistungstest durchführen. *Ziel des Leistungstests* ist es, die *nichtfunktionalen Anforderungen* (wie z. B. Auslastung, Antwortzeiten bei Dialogsystemen) und die *Stabilität (Zuverlässigkeit)* des Softwareprodukts, d. h. sein Verhalten über einen längeren Zeitraum hinweg, zu prüfen.

3.7 Dokumentation und Wartung

Softwareprodukte werden in der Regel nicht von ihren Entwicklern benutzt, sondern von Personen, die weder bei der Implementierung mitgearbeitet haben noch Kenntnisse auf dem Gebiet des Software Engineering besitzen. Softwareprodukte müssen auch häufig nachgebessert, an veränderte Umgebungsbedingungen angepaßt oder erweitert werden – wir nennen dies die *Wartung* von Softwareprodukten – und die Wartungstätigkeit muß ebenfalls oft von Personen vorgenommen werden, die nicht bei der Entwicklung mitgearbeitet haben. Der Betrieb und die Wartung von Softwareprodukten erfordern daher – wie bei anderen Industrieprodukten auch – eine ausführliche *Dokumentation*.

Der Dokumentation wird vielfach zu geringe Bedeutung beigemessen, und viele Programmierer empfinden die Dokumentationsarbeiten als eine lästige Notwendigkeit, die sie zu umgehen versuchn. Betrachtet man jedoch die Tatsache, daß heute bereits mehr als die Hälfte des Aufwandes beim Einsatz von Softwareprodukten für Wartungsarbeiten aufgebracht wird und die Softwarewartungskosten stetig steigen (siehe Abbildung 3.52 und 3.53), so muß man daraus den Schluß ziehen, daß man nach Kräften versuchen sollte, den Wartungsanteil an den Kosten des Software-Life-Cycles zu senken. Das bedeutet, die Änderbarkeit und Erweiterbarkeit sowie die Korrektheit und Zuverlässigkeit zu steigern. Die Dokumentation spielt dabei eine wesentliche Rolle.

Abb. 3.52: Relative Kosten der Software-Life-Cycle-Phasen [Arthur 1988]

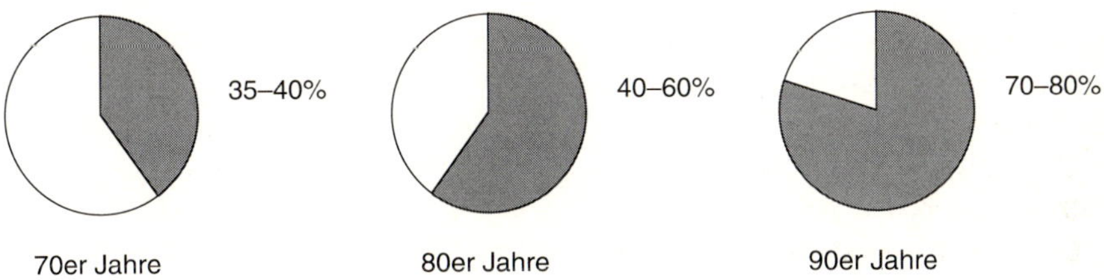

Abb.3.53: Anteil der Wartung an den Entwicklungskosten [Pressman 1987]

Die Auseinandersetzung mit Aspekten, die die Dokumentation und Wartung von Softwareprodukten betreffen, ist daher ein wichtiger Bestandteil des Software Engineering.

Wir gliedern diesen Abschnitt in zwei Teile. Im ersten Teil beschreiben wir den Inhalt, den Aufbau und die Entstehung der Dokumentation von Softwareprodukten, und im zweiten Teil beschreiben wir Aspekte der Wartung.

3.7.1 Die Dokumentation von Softwareprodukten

Die *Dokumentation* soll während der Entwicklungsphasen die Kommunikation zwischen den an der Entwicklung beteiligten Personen ermöglichen und nach Abschluß der Entwicklungsphasen den Einsatz und die Wartung von Softwareprodukten unterstützen. Sie soll außerdem den

Projektverlauf zum Zwecke der Kalkulation der Herstellungskosten und zur besseren Planung zukünftiger Projekte dokumentieren.

Die *Dokumentation* soll darüber informieren,

- welchen Zweck und welche besonderen Eigenschaften ein Softwaresystem hat,
- welche Maßnahmen zur Installation erforderlich sind,
- wie ein Anwender das Softwaresystem zur Lösung seiner Aufgaben einsetzen kann,
- wie das Softwaresystem implementiert ist und wie es getestet wurde,
- wie der Herstellungsprozeß und die Entwicklungsmannschaft organisiert waren, welche Schwierigkeiten aufgetreten sind und welcher Aufwand angefallen ist.

Die *Leser* der Dokumente lassen sich in drei Gruppen einteilen:

1. Die *Anwender* des Softwareprodukts und *Interessenten.*
2. Die *Entwickler* des Softwareprodukts und Personen, die Änderungen und Erweiterungen am System vornehmen wollen.
3. Die *Manager* von Softwareprojekten.

Um dem unterschiedlichen Informationsbedürfnis dieser drei Gruppen Rechnung zu tragen, soll die Dokumentation in drei Teile, die den einzelnen Gruppen zugeordnet sind, zerlegt werden. Dabei ist es wichtig darauf zu achten, daß jedes dieser drei Dokumente nur jene Informationen enthält, die für den entsprechenden Leserkreis von Interesse sind und alles andere konsequent weggelassen wird. Der Leser soll nicht mit Informationen belastet werden, die nichts mit seinen Aufgaben zu tun haben. Die Dokumentation soll *einfach zu lesen* sein, sie soll *so wenig Information wie möglich*, aber *so viel Information wie nötig* enthalten. Den drei Lesergruppen entsprechend teilen wir die Dokumentation von Softwareprodukten folgendermaßen ein:

1. Die *Benutzerdokumentation.* Sie enthält alle Informationen für denjenigen, der das Softwaresystem kennenlernen will und für den Anwender. Sie ist natürlich auch für die Systementwickler von Interesse, da sie die Grundlage für die Implementierung der Benutzerschnittstelle eines Softwaresystems ist.

2. Die *Systemdokumentation.* Sie enthält jene Informationen, die für das Verständnis des Systemaufbaus und den Systemtest notwendig sind. Sie dient der Kommunikation zwischen den Systementwicklern und unterstützt diejenigen, die die Wartung des Systems durchführen müssen.

3. Die *Projektdokumentation.* Sie enthält Einzelheiten der Systementwicklung aus organisatorischer und kalkulatorischer Sicht (Projektplan und -organisation, Tagebuch, Personal-, Material- und Zeitaufwand). Sie dient zur Projektfortschrittskontrolle, zur Berechnung der Projektkosten und soll Informationen für zukünftige Projekte liefern.

Im folgenden beschreiben wir den Inhalt und den Aufbau dieser drei Dokumentarten.

3.7.1.1 Benutzerdokumentation

Die *Benutzerdokumentation* muß sicherstellen, daß das Softwareprodukt ohne Zuhilfenahme weiterer Informationen benutzt werden kann. In diesem Dokument wird zuerst allgemein beschrieben, was das Softwareprodukt charakterisiert und dann alles, was der Benutzer wissen muß, um es anwenden zu können. Dazu gehören:

(1) eine allgemeine Systembeschreibung
(2) eine Installations- und Bedienungsanleitung
(3) eventuell eine Operator-Anleitung

zu (1) Die *allgemeine Systembeschreibung* soll das enthalten, wodurch das System charakterisiert ist, was es kann, was es nicht kann. Diese Beschreibung soll keine Einzelheiten enthalten. Ihr Ziel besteht darin, den Leser darüber zu informieren, welchen Zweck das Softwaresystem hat, wo seine Stärken und Schwächen liegen und welche Voraussetzungen für den Betrieb notwendig sind. Dieser Teil soll insbesondere Informationen enthalten über

- den Zweck des Softwaresystems,
- benötigte Hard- und Softwareressourcen,
- die Art und Weise der Benutzer-System-Interaktion,
- die Form der produzierten Ergebnisse,
- organisatorische und informatorische Voraussetzungen,
- implementierungsbedingte Restriktionen,
- die Flexibilität und Portabilität des Softwaresystems.

zu (2) Die *Installations- und Bedienungsanleitung* soll alles enthalten, was der Benutzer wissen muß, um das Softwaresystem anwenden zu können. Dabei soll das Softwaresystem als Black Box aufgefaßt und nur Angaben über die Benutzerschnittstelle gemacht werden. Dieser Teil enthält

- Angaben über Durchführung und Voraussetzungen der Installation des Softwaresystems (z. B. benötigte Dateien, technische Ressourcen) und seine Einbettung in das verwendete Betriebssystem,
- eine vollständige und leicht verständliche Beschreibung aller Systemfunktionen und der für ihre Ausführung notwendigen Benutzeraktionen,
- typische Anwendungsbeispiele für alle Systemfunktionen,
- Angaben und Erläuterungen über die Eingabedaten,
- Darstellung und Erläuterung der Ergebnisse, am besten anhand von Beispielen,
- Zusammenstellung der Fehlermeldungen und Hinweise auf Fehlerursachen und Maßnahmen zur Fehlerbeseitigung.

Die Bedienungsanleitung soll in zwei Teile gegliedert sein. Der erste Teil dient der Übersicht und soll so geschrieben sein, daß er sequentiell gelesen werden kann. Der zweite Teil dient als Referenz und soll die typischen Arbeiten und die dazu notwendigen Systemfunktionen und Benutzeraktionen beschreiben. Dieses Referenzhandbuch muß daher zum selektiven Lesen geeignet sein. Das heißt, die Gliederung muß so sein, daß die gesuchte Information schnell zu finden ist. Zusätzlich empfiehlt es sich, eine Referenzkarte anzufertigen, die alle wesentlichen Informationen in Kurzform darstellt.

zu (3) Für Softwareprodukte, die einen Host-Rechner, der von einem Operator überwacht wird, benötigen, muß die Benutzerdokumentation auch eine Operator-Anleitung enthalten. Die Operator-Anleitung beschreibt alle Nachrichten, die das zu dokumentierende Softwaresystem auf der Operator-Station ausgibt, welche Ursache die Nachricht ausgelöst hat und welche Reaktionen darauf vom Operator erwartet werden.

Die Dokumentation ist ein *besonders wichtiger Bestandteil* eines Softwareprodukts. Die Benutzerfreundlichkeit von Softwareprodukten wird nicht nur durch die softwaretechnische Ausgestaltung der Benutzerschnittstellen, sondern auch ganz wesentlich durch den Inhalt, den Aufbau und die Form der Benutzerdokumentation beeinflußt.

Die Benutzerdokumentation soll *knapp* und *präzise*, aber *mit Redundanz* formuliert sein. Sie soll so aufgebaut sein, daß der Leser nicht gezwungen ist, das ganze Dokument zu lesen um herauszufinden, wie die einfachsten Funktionen ausgeführt werden. Sie soll so strukturiert sein, daß er vom Allgemeinen zum Besonderen fortschreiten und sich so langsam alle Feinheiten, die das System anzubieten hat, erschließen kann.

Für Softwaresysteme, die mehrere Gruppen von Anwendern mit unterschiedlicher Benutzerschnittstelle unterstützen, ist es zweckmäßig, für jede Benutzergruppe eine separate Benutzerdokumentation zu erstellen oder das Dokument so zu gliedern, daß jede Benutzergruppe die für sie notwendigen Informationen ohne Bezug auf die Information für andere Gruppen in abgeschlossener Form präsentiert bekommt.

Die Benutzerdokumentation ist ein *Nachschlagewerk* und soll daher ein ausführliches Inhalts- und Stichwortverzeichnis enthalten.

Besondere Bedeutung kommt der *Lesbarkeit* der Benutzerdokumentation zu – sie muß von den Benutzern verstanden werden können. Daher muß die Wahl geeigneter Sprachmittel sorgfältig überlegt werden. Viele Benutzer sind nicht daran gewöhnt, streng formale Beschreibungen zu lesen. Daher ist es nicht zweckmäßig, zum Beispiel die Syntax einer Eingabesprache als Grammatik in Backus-Naur-Form zu beschreiben. Wenn Formalismen zur Präzisierung erforderlich sind, dann muß angenommen werden, daß diese dem Benutzer unbekannt sind und daher ihr Sinn vor ihrer Verwendung ausführlich beschrieben werden muß. Gleiches gilt für die Verwendung von Fachbegriffen und grafischen Symbolen aus dem Bereich der Softwaretechnik; auch sie sind nicht allgemein bekannt und bedürfen einer Erläuterung.

Ein wichtiges Kriterium für die Güte und Akzeptanz der Dokumentation ist der *Stil*, in dem die Dokumentation verfaßt ist. Stilistische Brillianz ist eine Fähigkeit, die nur wenigen gegeben ist, aber die Befolgung einfacher Stilregeln sollte eine Selbstverständlichkeit sein. Bei *Sommerville* [Sommerville 1985] findet man dazu die folgenden Stilregeln:

(1) Verwende aktive anstelle von passiven Formulierungen beim Schreiben von Benutzerhandbüchern.
(2) Verwende keine langen Sätze, die mehrere verschiedene Tatsachen beschreiben. Es ist viel besser, statt dessen mehrere kurze Sätze zu schreiben.
(3) Verweise auf vorher gegebene Informationen nicht allein durch Angabe von Kapitelnummern, sondern erinnere den Leser auch an Titel und Inhalt des Kapitels.
(4) Numeriere und tabelliere Aussagen, anstatt sie als fortlaufenden Text hinzuschreiben.

(5) Wenn eine Beschreibung sehr komplex ist, wiederhole dich und formuliere zwei oder mehrere Beschreibungen derselben Sache. Falls der Leser eine der Beschreibungen nicht versteht, kann es ihm nützen, wenn du ein und dieselbe Sache mit verschiedenen Worten erklärst.
(6) Schreibe nicht weitschweifig. Wenn du etwas mit fünf Worten sagen kannst, verwende nicht zehn, um deine Beschreibung gründlicher erscheinen zu lassen. Die Quantität einer Dokumentation hat wenig Wert, die Qualität ist wichtig.
(7) Schreibe präzise und definiere alle verwendeten Begriffe. In der Softwaretechnik haben viele Begriffe mehr als eine Bedeutung. Wenn du solche Begriffe (z. B. Modul, Prozeß) verwendest, versichere dich, daß ihre Definition eindeutig ist.
(8) Schreibe kurze Absätze. Im allgemeinen sollte ein Absatz nicht mehr als sieben Zeilen umfassen. Die Einhaltung dieser Regel kommt dem begrenzten Kurzzeitgedächtnis des Lesers entgegen.
(9) Verwende Haupt- und Untertitel. Sorge dafür, daß alle Überschriften konsistent durchnumeriert sind.

Die Benutzerdokumentation ist im Idealfall sowohl auf Papier als auch in elektronischer Form als Bestandteil des Softwareprodukts verfügbar. Die Möglichkeit einer benutzergesteuerten Selektion von Informationen ist von großer Bedeutung, da in der Regel häufig der Fall eintritt, daß der Benutzer zwar das System im großen und ganzen beherrscht, aber in bestimmten Einzelfragen (z. B. bei der Ausführung selten gebrauchter Systemfunktionen) Hilfe benötigt.

Die Informationsselektion wird am besten dadurch unterstützt, daß für die Benutzerdokumentation ein ausführlicher und gut durchdachter Index erstellt wird und die Möglichkeit einer sogenannten Online-Help-Funktion angeboten wird. Der Benutzer soll im Bedarfsfalle Informationen, z. B. zu Benutzerschnittstellenelementen wie Funktionsknöpfen und Datenelementen (siehe Abbildung 3.54), auf dem Bildschirm einblenden können. Das Bereitstellen und die Ausformulierung solcher Informationen ist ein aufwendiger Prozeß, der in der Planung eines Softwareprojekts berücksichtigt werden muß.

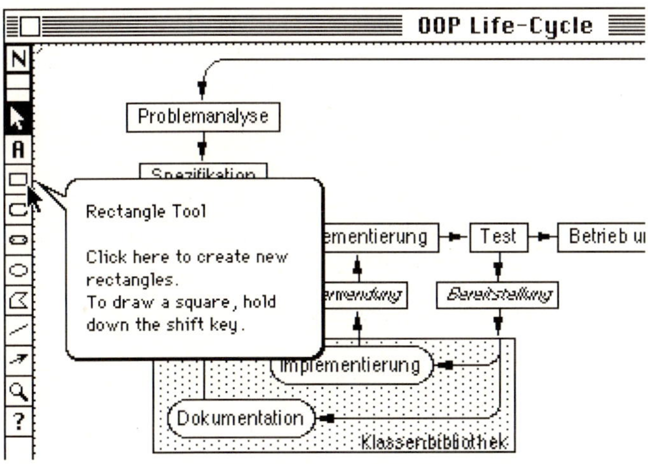

Abb. 3.54: Online-Help-Funktion in einem Zeichenprogramm

Bei modernen Benutzerschnittstellen kann auf Teile der Benutzerdokumentation verzichtet oder ihr Umfang stark eingeschränkt werden. Die folgenden Eigenschaften eines Programms erlauben eine Kürzung der Bedienungsanleitung:

- *Verwendung von Bildsymbolen*
  Die Ausdruckskraft von Bildern ist in der Regel höher als die von verbalen Beschreibungen.
- *Konsistente Benutzerschnittstelle*
  Wenn ähnliche Funktionen auf ähnliche Weise ausgeführt werden können, müssen sie nur einmal dokumentiert werden.
- *Online-Help*
  Wenn Teile des Benutzerhandbuchs direkt in ein Programm integriert sind, reicht ein Hinweis auf die Hilfe-Funktion im Benutzerhandbuch.
- *Undo-Möglichkeit*
  Wenn der Benutzer die Möglichkeit hat, eine ausgeführte Aktion zurückzunehmen, kann die Beschreibung des Fehlerverhaltens knapp gehalten werden.

3.7.1.2 Systemdokumentation

Die *Systemdokumentation* beschreibt alle Einzelheiten des Aufbaus eines Softwaresystems, die Struktur der einzelnen Komponenten und die Testaktivitäten. Sie soll alle Informationen enthalten, die notwendig sind zum Verständnis der Implementierung, zur Kommunikation der Systementwickler, zur Fehlersuche, zur Änderung und Erweiterung des Systems. Sie enthält daher alle phasenabschließenden Dokumente. Wir schlagen dazu folgende inhaltliche Gliederung vor:

(1) Beschreibung der Aufgabenstellung (Systemspezifikation),
(2) Beschreibung der Implementierung im Großen,
(3) Beschreibung der Implementierung im Kleinen,
(4) Beschreibung der verwendeten Dateien,
(5) Testprotokollierung,
(6) Listung aller Programme.

zu (1) Es ist klar, daß die *Systemspezifikation* Bestandteil der Systemdokumentation sein muß. Da diese meist als Vertrag zwischen Auftraggeber und Softwareentwickler verfaßt ist, ist es zweckmäßig, sie für die Systemdokumentation von der Vertragsform in die Form einer Aufgabenstellung umzuarbeiten.

Dazu gehören bei prototyping-orientierter Software-Entwicklung auch alle entwickelten Prototypen und die ergänzenden Beschreibungen, insbesondere dann, wenn wiederverwendbare Prototypen eingesetzt wurden. Beim Einsatz wiederverwendbarer Prototypen müssen Änderungs- und Erweiterungsarbeiten auf der Ebene des Prototyps vorgenommen werden, die Sicherung und Dokumentation dieser Prototypen ist für die Wartung (und dazu dient die Dokumentation in erster Linie) von Bedeutung.

zu (2) Die *Beschreibung der Implementierung im Großen* soll die Konzeption und Grundstruktur des Softwaresystems und – soweit nötig – auch die seiner Komponenten so beschreiben, daß sie von einem Softwaretechniker verstanden werden kann. Sie zeigt die gewählte Zerlegung der Gesamtlösung in Teillösungen, beschreibt, welche Komponenten zur Problemlösung verwendet wurden und wie ihre Schnittstellen definiert sind. Wenn man den Systementwurf streng objektorientiert oder auch nach dem Prinzip der schrittweisen Verfeinerung ausführt und die einzelnen Entwurfsschritte entsprechend kommentiert, entsteht dieses Dokument (während der Entwurfsphase) fast von selbst. Wichtig ist, daß *nicht nur die Resultate* dokumentiert, sondern *auch den Entstehungsprozeß* festgehalten und Hinweise auf besondere Schwierigkeiten, die sich ergeben haben oder sich bei Änderungen ergeben können, angebracht werden. Dieses Dokument darf weder zu allgemein noch zu detailliert sein. Der Leser muß daraus ermessen können, welche Konsequenzen die Änderung eines beliebigen Systemteiles nach sich zieht.

Bei objektorientierter Softwarekonstruktion enthält dieser Teil der Systemdokumentation insbesondere Angaben zu dem verwendeten Application Framework beziehungsweise zur verwendeten Klassenbibliothek (siehe Abschnitt 5.7). Da sich die Struktur während des Software-Life-Cycle ständig verändert, ist es zweckmäßig, diese Information nicht als Dokument auf Papier sondern durch Werkzeuge, sogenannte Klassen- und Strukturbrowser zur Verfügung zu stellen (siehe dazu Kapitel 7 „Werkzeuge des Software Engineering"), die eine Inspektion des Quellcodes und der damit verbundene Dokumente ermöglichen. Nur so kann man sicherstellen, daß dieser Teil der Systemdokumentation auf dem jeweils aktuellen Stande ist.

zu (3) Die *Beschreibung der Implementierung im Kleinen* ist im allgemeinen einfach zu erstellen. Sie enthält die Beschreibung aller Komponenten, am besten nach einem einheitlichen Schema. Wird zur Implementierung eine Programmiersprache mit Trennung von Schnittstellen und Implementierungsbeschreibung (z. B. Modula-2) benutzt, und werden die in 3.5.2 angegebenen Konventionen zur Kommentierung von Programmen eingehalten, so liegt damit bereits ein Teil der Beschreibung der Implementierung im Kleinen vor. Dies hat den Vorteil, daß die Beschreibung im Kleinen immer auf dem aktuellen Stand ist, die Wartung dieses Dokuments keine großen Schwierigkeiten bereitet und der Dokumentationsumfang gering gehalten wird. Bei Verwendung älterer Programmiersprachen, die kein Klassen- oder Modulkonzept, keine Trennung von Schnittstelle und Implementierung, keine Möglichkeit, abstrakte Datentypen zu formulieren und keine explizite Beschreibung von Import- und Exportschnittstellen anbieten, reicht die Programmliste für die Dokumentation keinesfalls aus. Wir schlagen dafür folgendes Dokumentationsschema vor: Jede Modulbeschreibung besteht aus einem Beschreibungskopf und einem Beschreibungsrumpf mit folgender Gestalt:

Name:	Der Name des Moduls
Stichwort:	Kurze Kennzeichnung der Aufgabe des Moduls.
Importschnittstelle:	Angabe von Name, Typ und Bedeutung aller importierten Operationen und ihre Zugehörigkeit zu einem Modul.
Exportschnittstelle:	Angabe von Name, Typ und Bedeutung aller exportierten Operationen.
Aufrufe:	Aufrufe sämtlicher exportierter Prozeduren mit Parametern und Parametertypen. Dabei ist es nützlich, Eingangs-, Ergebnis- und Übergangsparameter zu kennzeichnen.

Aufgabe:
Kurze Beschreibung der Aufgaben des Moduls.

Abstrakte Datenstrukturen
Beschreibung der abstrakten Datenstrukturen, wenn das Modul eine Datenkapsel implementiert. Wir beschreiben hier die Eigenschaften der Datenstrukturen aus der Sicht des Modulbenutzers und machen keine Angaben, die sich auf die konkrete Implementierung beziehen.

Exportierte Prozeduren und interne Prozeduren
Unter diesen beiden Punkten beschreiben wir die Wirkungen der Prozeduren des Moduls. Falls die Prozedur von ihrer Umgebung abhängt, beschreiben wir zuerst den Anfangszustand. Dann folgt die Beschreibung des Algorithmus in einer der Komplexität der Prozedur angemessenen Form. Ihr folgt falls nötig die Beschreibung des Endzustandes, d. h. des Zustands der Umgebung nach Ausführung der Prozedur. Die Prozedurbeschreibung muß auch alle für den Anwender relevanten Angaben über das Verhalten im Fehlerfall sowie Hinweise auf die Behandlung von Sonderfällen enthalten.

Konkrete Datenstruktur
Beschreibung der konkreten Implementierung der abstrakten Datenstrukturen (falls das Modul abstrakte Datenstrukturen manipuliert).

Modulinitialisierung
Beschreibung der im Modulrumpf vorgenommenen Initialisierungen. Dieser Punkt entfällt, falls es eine eigene Initialisierungsprozedur gibt.

Bei objektorientierter Programmierung ist es vor allem im Hinblick auf die Wiederverwendbarkeit wichtig, die Dokumentation der Klassenschnittstellen mit besonderer Sorgfalt zu beschreiben (siehe dazu auch Abschnitt 5.3.4). Wir schlagen folgendes Dokumentationsschema vor:

Name:	Der Name der Klasse
Stichwort:	Kurze Kennzeichnung des Zwecks der Klasse
Erbenschnittstelle:	Beschreibung der Komponenten und Messages, auf die Erben Zugriff haben.
Exportschnittstelle:	Beschreibung der Komponenten und Messages, auf die Klienten Zugriff haben. Die Beschreibungen der Erben- und Export-Schnittstelle umfassen Name, Typ und Bedeutung der Komponenten, sowie Name und Parameter der Messages und Hinweise für die Verwendung und das Überschreiben von Methoden (siehe dazu auch Abschnitt 5.7.4 „Organisatorische Maßnahmen für den Einsatz von Klassenbibliotheken").
Basisschnittstelle:	Beschreibung, von welchen anderen Klassen geerbt wird.
Importschnittstelle:	Beschreibung, welche anderen Klassen für die Implementierung herangezogen wurden.

Aufgabe:
Kurze Beschreibung der Aufgaben der Klasse.

Abstrakte Datenstruktur:
Beschreibung der abstrakten Datenstruktur, die durch die Klasse realisiert wird. Wir beschreiben hier die Eigenschaften der Datenstruktur aus der Sicht der Klassenbenutzer und machen keine Angaben über die konkrete Implementierung.

Methoden:
Beschreibung der Implementierung aller Methoden zur Realisierung der entsprechenden Messages. Oft sind die Methoden so klein, daß eine detaillierte Beschreibung überflüssig ist.

Die Vererbungsbeziehungen, das Wissen, wo welche Methoden überschrieben sind und welche Wechselbeziehungen sonst zwischen den einzelnen Klassen und den dazugehörenden Dokumenten bestehen, ist für die Verwendung einer Klassenbibliothek und in der Wartungsphase besonders wichtig. Diese Beziehungen sind auf konventionelle Weise nicht mit vertretbarem Aufwand zu dokumentieren, insbesondere nicht auf dem aktuellen Stand zu halten. Deshalb ist es auch hier zweckmäßig, diese Information nicht in Form von Dokumenten auf Papier, sondern über Hypertext-Werkzeuge (siehe dazu [Sametinger 1991]) bereitzustellen.

Da bei objektorientierter Softwarekonstruktion die Verwendung von Klassenbibliotheken und Application Frameworks im Vordergrund steht und damit zum Teil auch schon Entwurfsentscheidungen vorweggenommen werden, kommt der Dokumentation solcher Bibliotheken besondere Bedeutung zu. Um die Wiederverwendbarkeit zu erleichtern, ist es daher oft zweckmäßig, die Verwendung einzelner Bausteine sowie deren Zusammenspiel anhand von Beispielen zu erläutern.

zu (4) Falls das zu beschreibende Softwaresystem mit externen Dateien arbeitet, ist es notwendig, auch eine *Beschreibung der verwendeten Dateien* anzulegen. Die Dateibeschreibung enthält für jede Datei Informationen über

- den Dateinamen,
- den Inhalt,
- den Satzaufbau,
- die Dateiorganisation,
- die (maximale) Dateigröße,
- die Zugriffsrechte und möglichen Zugriffsarten,
- die Form der möglichen Lese- und Schreiboperationen.

zu (5) Im Testprotokoll werden alle Vorkehrungen für das Testen beschrieben, die Testdaten und die Testergebnisse für alle Testfälle. Insbesondere gehören dazu:

- ein Testplan für den Integrationstest und den Abnahmetest,
- ein Testplan für jede Systemkomponente,
- für jede separat getestete Systemkomponente und jedes Subsystem eine Dokumentation der verwendeten Testumgebung, falls diese nicht durch ein Werkzeug bereitgestellt wird,
- eine Protokollierung der ausgeführten Testfälle,
- eine Protokollierung der ausgeführten Schwachstellenanalyse.

Die Vollständigkeit des Testprotokolls ist für die Qualitätskontrolle und bei Systemänderungen für die Wiederholung von Testfällen von besonderer Bedeutung. Leider wird dies in der Praxis oft unterschätzt, und vielfach fehlt das Testprotokoll überhaupt.

Da im Falle einer Änderung oder Korrektur an einem Programm alle vorher durchgeführten Testläufe wiederholt werden müssen, um sicherzugehen, daß die Änderung keine unerwünschten Nebeneffekte nach sich gezogen hat, ist die Dokumentation der durchgeführten Testfälle von besonderer Wichtigkeit. Dies ist aber ein äußerst aufwendiger Prozeß, der ebenfalls in der Regel nur werkzeugunterstützt zu bewerkstelligen ist. Werkzeuge zur Abspeicherung und Wiederholung von Testszenarios gehören deshalb ebenfalls zu den Dokumentationswerkzeugen; ein Beispiel dafür ist die in [Bischofberger 1992] beschriebene Software-Entwicklungsumgebung TOPOS.

Die *Systemdokumentation* soll wie die Benutzerdokumentation *knapp* und *präzise* geschrieben werden. In der Regel wird zuviel, nicht zu wenig dokumentiert. Umfangreiche Dokumentationen sind mühsam zu studieren und repräsentieren oft nicht den aktuellen Stand eines Softwareprodukts, weil ihre Verwaltung und Wartung noch schwieriger ist als die des Softwareprodukts selbst.

Die obigen Ausführungen zur Systemdokumentation machen deutlich, daß sequentieller Text und manuell erstellte Diagramme keine geeignete Form für eine Systemdokumentation sind. Um den vielfachen Anforderungen an die Systemdokumentation gerecht zu werden, eignet sich Hypertext (der interessierte Leser findet Angaben dazu unter anderem in [Bigelow 1988], [Fidero 1988], [Garg 1988] und [Nielsen 1990]) in Verbindung mit Werkzeugen zur Informationsextrakion aus dem Quellcode und zum komfortablen Lesen von Hypertext-Dokumenten. Die Systemdokumentation soll daher in elektronischer Form erstellt werden.

Im Unterschied zur Benutzerdokumentation sollen bei der Systemdokumentation möglichst *formale Sprachmittel* zur Beschreibung eingesetzt werden. Dabei ist aber zu beachten, daß von allen Beteiligten dieselben Formalismen und Darstellungsformen angewendet werden, damit der Leser einen einheitlichen Stil vorfindet. Die in 3.7.1.1 angegebenen Stilregeln gelten auch für die Erstellung der Systemdokumentation.

Die Systemdokumentation soll auf keinen Fall erst nach der Testphase erstellt werden. Sie entsteht nach und nach während der gesamten Entwicklung. Das Dokument (1) entsteht bereits in der Spezifikationsphase, (2) in der Entwurfsphase, (3), (4) und (6) während der Implementierung und (5) in der Spezifikations- und Testphase.

Nach Fertigstellung des Softwareprodukts sollen die in den einzelnen Phasen entstandenen Dokumente lediglich überprüft, gegebenenfalls ergänzt und korrigiert und stilistisch vereinheitlicht werden.

3.7.1.3 Projektdokumentation

Die *Projektdokumentation* enthält Informationen zur Projektverwaltung und zur Projektkontrolle. Die *Projektverwaltung* erfordert eine Vereinheitlichung der Kommunikationsmittel, d. h. die Vorgabe von Konventionen und Standards für alle im Laufe der Systementwicklung entstehenden Zwischenprodukte. Zur *Projektfortschrittskontrolle* muß ein Projektplan existieren und der Systementwicklungsprozeß verständlich gemacht werden. Die *Qualitätskontrolle* erfordert ebenfalls die Definition von Standards für Zwischenprodukte und die Festlegung geeigneter Prüfpunkte im Software-Entwicklungsprozeß. Zum Zwecke der *Ermittlung der Herstellungskosten* eines Softwareprodukts muß der Aufwand an Personal, Arbeitszeit, Maschinenzeit, etc. sorgfältig dokumentiert werden. Insbesondere gehören zur Projektdokumentation

- ein Projektplan, der die einzelnen Realisierungsphasen und den dafür geplanten Zeitrahmen vorgibt,
- ein Organisationsplan, der die Personalzuteilung und -führung für die einzelnen Realisierungsphasen vorgibt,
- eine Angabe darüber, welche Ergebnisse (Dokumente) nach jeder Realisierungsphase vorliegen müssen,
- die Definition von Projektstandards; darin wird z. B. festgelegt, welche Entwurfsmethode und welche Teststrategie angewendet werden soll; Konventionen für die Dokumentation; usw.
- ein Verzeichnis aller zum Projekt gehörenden Dokumente; dieses Verzeichnis enthält für jedes Dokument Informationen über den Entwicklungsstand (geplant, in Arbeit, freigegeben), die Zugriffsrechte und seine Archivierung,
- ein Verzeichnis über die verbrauchte Arbeitszeit, Maschinenzeit und sonstigen Aufwendungen,

- ein Projekttagebuch zur Protokollierung der Besprechungen von Projektmitarbeitern. Das Projekttagebuch gibt Aufschluß über den Projektverlauf, hilft dem Projektleiter bei der Projektfortschrittskontrolle und enthält wertvolle Informationen über Entscheidungen, die lange zurückliegen und deren Begründung die Projektmitarbeiter bereits vergessen haben.

Wir wollen zum Abschluß dieses Abschnitts nochmals darauf hinweisen, daß die Dokumentation ein *integraler Bestandteil* eines Softwaresystems ist. Der Dokumentation kommt keine eigene Phase im Software-Life-Cycle zu, sie ist Bestandteil aller Phasen und wird nur nach Abschluß der Implementierungs- und Testarbeiten überarbeitet und ergänzt. Jede Änderung eines Softwaresystems bedingt eine Änderung der Dokumentation. Die effiziente und einfache Verwaltung der Dokumente ist eine Grundvoraussetzung für eine ordnungsgemäße Dokumentation, deshalb empfiehlt es sich, zur Dokumentation computergestützte Werkzeuge einzusetzen (siehe dazu Kapitel 7).

3.7.2 Die Wartung von Softwareprodukten

Die *Wartung von Softwareprodukten* umfaßt alle Arbeiten, die nach Abschluß der Entwicklungsarbeiten an einem Softwaresystem vorgenommen werden. Es ist praktisch unmöglich, ein Softwareprodukt zu entwickeln, das keine Wartung erfordert. Wir haben bereits darauf hingewiesen, daß es nicht möglich ist, die Korrektheit eines Softwaresystems durch Tests nachzuweisen. Viele Fehler werden erst beim tatsächlichen Einsatz erkannt und können daher erst nach den Entwicklungsphasen beseitigt werden. Häufig kommen auch während des Betriebs neue Benutzeranforderungen dazu, die ebenfalls Systemänderungen nach sich ziehen.

Die Softwarewartung umfaßt:

(1) Nachbesserungen der Benutzerschnittstelle und Optimierungen
Erst der Betrieb eines Softwaresystems zeigt die tatsächliche Güte der Benutzerschnittstelle, die Auslastung und die Laufzeit der einzelnen Systemkomponenten. Durch gezielte Änderungen und Optimierungen kann das Laufzeitverhalten verbessert und die Benutzerschnittstelle (sofern diese nicht vollständig als Prototyp realisiert wurde) an die tatsächlichen Erfordernisse angepaßt werden. Wir sprechen in diesem Fall nicht von einer Fehlerkorrektur, weil der Grund für die Wartungstätigkeit nicht eine Abweichung des Systemverhaltens von dem in der Anforderungsdefinition spezifizierten Verhalten ist, sondern nachträgliche Korrekturwünsche der Benutzer.

(2) Die Korrektur von Fehlern, die beim Testen nicht entdeckt wurden
Da es unmöglich ist, alle Programmpfade eines komplexen Softwaresystems und alle möglichen Kombinationen von Eingabedaten zu testen, werden Fehler oft erst während des Betriebs von Softwareprodukten erkannt. Sie können daher erst im Rahmen der Softwarewartung behoben werden.

(3) Änderungen infolge neuer Benutzeranforderungen
Mit zunehmender Dauer des Einsatzes eines Softwaresystems kommen immer neue Benutzerwünsche dazu, an deren Notwendigkeit oder Realisierbarkeit die Benutzer anfangs gezweifelt

haben. Auch organisatorische Umstellungen oder sonstige innerbetriebliche Veränderungen und der Einsatz anderer Softwareprodukte bedingen in vielen Fällen neue Anforderungen an ein Softwareprodukt.

Lientz und *Swanson* [Lientz 1980] nennen diese drei Arten der Wartung „*perfective, corrective* and *adaptive maintenance*" und geben an, daß etwa 65% der Wartungskosten auf die erste Art, 17% auf die zweite und 18% auf die dritte Art der Wartung entfallen.

Eine halbwegs genaue Schätzung der Wartungskosten eines Softwareprodukts ist praktisch unmöglich, da die Gründe für die Wartung kaum a priori abzusehen sind und weitgehend außerhalb des Einflußbereichs der Softwareentwickler liegen.

In der Regel werden die Wartungskosten unterschätzt. Die Untersuchungen von *Lientz* und *Swanson* [Lientz 1980], *Pressman* [Pressman 1987] und *Arthur* [Arthur 1988] zeigen, daß die Wartungskosten mehr als 50% der Gesamtkosten ausmachen. Es lohnt sich daher, dem Qualitätsmerkmal *Wartbarkeit* besondere Beachtung zu schenken und Softwaresysteme so zu konstruieren, daß sie wartungsfreundlich sind.

Ein *wartungsfreundliches System* implementieren heißt, Modularität, Strukturiertheit, Lesbarkeit und Testbarkeit zu garantieren und während des gesamten Entwicklungsprozesses jede Festlegung auf die Möglichkeit und Wahrscheinlichkeit einer späteren Änderung zu überprüfen.

Die in den vorangegangenen Abschnitten präsentierten Techniken der Softwareentwicklung sind besonders darauf ausgerichtet, die Wartbarkeit von Softwareprodukten zu garantieren. Die wichtigsten Kriterien für die Wartbarkeit sind:

(1) Die Verständlichkeit
Darunter verstehen wir die Klarheit der Organisation des Softwaresystems, die Einsichtigkeit der Zerlegung des Gesamtsystems und die Strukturiertheit des Systems und seiner Komponenten. Die in Abschnitt 3.4.3 und in den Abschnitten 3.4.5 bis 3.4.7 diskutierten Zerlegungs- und Entwurfsprinzipien fördern die Verständlichkeit.

(2) Die Komponentenunabhängigkeit
Die Programmkomponenten müssen so konstruiert sein, daß Änderungen keine Auswirkungen auf die Umgebung haben. Die in Abschnitt 3.4.3 angegebenen Richtlinien zur Modularisierung fördern die Komponentenunabhängigkeit.

(3) Die verwendete Programmiersprache
Programmsysteme, die in einer vom Standpunkt des Software Engineering aus akzeptablen Programmiersprache (z. B. Modula-2 [Wirth 1985], Oberon-2 [Mössenböck 1991] oder Smalltalk [Goldberg 1983]) implementiert sind, sind leichter zu lesen (und daher auch leichter zu warten) als Programmsysteme, die in nicht dem Stand der Technik entsprechenden Programmiersprachen (wie z. B. Basic oder RPG) geschrieben sind. Die Kriterien zur Wahl der Programmiersprache haben wir in Abschnitt 3.5.1 angegeben.

(4) Der Programmierstil
Er bestimmt die Struktur und die Lesbarkeit der Implementierung. Ein Softwaresystem ist änderbar, wenn es möglich ist, die von der Änderung betroffenen Stellen leicht zu finden und wenn die vorliegende Programmstruktur so geartet ist, daß sich die Konsequenzen der Änderung leicht abschätzen lassen. Was wir unter einem guten Programmierstil verstehen, haben wir in Abschnitt 3.5.2 beschrieben.

(5) Die Testbarkeit
Nach jeder Änderung muß das System erneut ausgetestet werden. Es ist daher wichtig, daß die in der Testphase vorgenommenen Vorbereitungen der Testobjekte für die Fehlersuche auch noch für die Wartung zur Verfügung stehen. Ebenso verhält es sich mit der Testumgebung der einzelnen Komponenten eines Softwaresystems.

(6) Die Änder- und Erweiterbarkeit
Man sollte bereits zum Zeitpunkt der Softwareentwicklung darauf achten, daß die vorhandenen Systemkomponenten so konstruiert sind, daß Erweiterungen möglich sind, ohne die vorhandene Struktur anzutasten. Es ist daher notwendig, die Programmstruktur, die Datenstrukturen und auch Dateistrukturen so anzulegen, daß sie leicht erweitert werden können. Die in Kapitel 5 angegebene Technik der objektorientierten Programmierung fördert die Erweiterbarkeit in einem bisher undenkbaren Ausmaß.

(7) Die Dokumentation
Die Systemdokumentation ist die Voraussetzung für die Wartbarkeit von Softwareprodukten. Die Verständlichkeit eines Softwaresystems ist weitestgehend von der Qualität der Systemdokumentation bestimmt. Softwarewartung ohne Systemdokumentation und mit Systempflegern, die nicht am Entwicklungsprozeß beteiligt waren, ist in der Regel eine teure Angelegenheit, in manchen Fällen ist sie sogar unmöglich. Die Daten für Tests, die nach einer Änderung vorgenommen werden müssen, sind ebenfalls Informationen, die die Systemdokumentation liefert. Inhalt und Aufbau der Systemdokumentation haben wir in Abschnitt 3.7.1.2 beschrieben.

4 Besondere Aspekte prototyping-orientierter Software-Entwicklung

In den voranstehenden Kapiteln haben wir auch diskutiert, was wir unter Prototyping in der Software-Entwicklung verstehen, welche Arten von Prototypen wir unterscheiden und wie eine methodische Vorgangsweise dazu in das Software-Life-Cycle-Modell integriert werden kann. Kosten-, risiko- und qualitätsbezogene Aspekte haben wir nur am Rande behandelt. Dieses Kapitel ist eine Zusammenfassung quantitativer und qualitativer Aspekte prototyping-orientierter Software-Entwicklung (vgl. dazu [Bischofberger 1992]). Darüber hinaus versuchen wir, eine Reihe von Fragen, die im Zusammenhang mit prototyping-orientierter Software-Entwicklung häufig gestellt werden, zu beantworten.

4.1 Kosten-, Qualitäts- und Risikoaspekte

Kosten

Prototyping-orientierte Software-Entwicklung führt in der Regel zu keiner Verminderung der Software-Entwicklungskosten und auch nicht zu einer Verkürzung der Entwicklungszeit. Teilweise ist sogar das Gegenteil der Fall. Der Grund dafür ist die im Vergleich zu konventioneller Software-Entwicklung wesentlich stärkere Einbeziehung der Benutzer in den Entwicklungsprozeß. Dies führt dazu, daß Anforderungen an das geplante Softwaresystem, die normalerweise erst während des Betriebes des fertigen Produkts entstehen, bereits in der Spezifikationsphase zutage treten und damit die Anforderungen an das geplante Produkt erhöhen. Außerdem kostet die Erprobung der Prototypen durch die Benutzer Zeit und beansprucht zusätzliche Ressourcen.

Prototyping-orientierte Software-Entwicklung führt aber in der Regel zu einer Verringerung der Software-Life-Cycle Kosten, weil vor allem die hohen Wartungskosten und meist auch die Betriebskosten infolge der Qualitätssteigerung gesenkt werden können. Die gegenüber einem Pflichtenheft adäquatere Systemspezifikation, die mit Prototypen erzielt werden kann, ist eine wesentlich bessere Basis für den Entwurf und die Implementierung. Der Anteil an „perfective" und „adaptive maintenance", der nach Lientz und Swanson [Lientz 1980] zusammen ca. 83% der Wartungskosten ausmacht (siehe dazu Abschnitt 3.7.2), kann dadurch deutlich gesenkt werden. Frühzeitige Experimente mit der Benutzerschnittstelle führen zu ergonomisch besseren Produkten, was sich auf die Betriebskosten günstig auswirkt.

Qualität

Prototyping-orientierte Software-Entwicklung, fachmännisch durchgeführt, führt zu einer signifikanten Steigerung der Qualitätsmerkmale *Benutzerfreundlichkeit*, *funktionale Adäquatheit*, *Änder- und Erweiterbarkeit*, *Korrektheit* und *Zuverlässigkeit* und ist damit eine äußerst effiziente Qualitätssicherungsmaßnahme.

Prototyping eignet sich sehr gut, um verschiedene Aspekte der benutzergerechten Gestaltung der Benutzerschnittstelle experimentell zu prüfen und frühzeitig Hinweise auf die tatsächlichen Anforderungen der Benutzer zu bekommen. Die Benutzerfreundlichkeit einer Lösung kann bereits vor dem Entwurf und Implementierung ermittelt und wesentlich kostengünstiger gesteigert werden als am fertigen Produkt. Dies führt zu einer kostengünstigen Steigerung des Qualitätsmerkmals Benutzerfreundlichkeit.

Ben √chnittstellenprototypen erlauben realitätsnahe Experimente und unterstützen damit die Funktionsexploration. Viele Anforderungen werden erst im konkreten Anwendungsfall klar. Prototyping im Spezifikationsprozeß unterstützt die Definition der funktionalen Anforderungen besonders gut.

Je präziser und vollständiger eine Systemspezifikation ist, desto sicherer ist die Basis für den Entwurf und die Implementierung. Dadurch kann die Korrektheit, Zuverlässigkeit, Änder- und Erweiterbarkeit eines Softwareprodukts leichter erreicht werden (selbstverständlich nur dann, wenn beim Entwurf und bei der Implementierung softwaretechnische Prinzipien eingehalten werden).

Eine prototyping-orientierte Entwurfsvalidierung gestattet es, die Adäquatheit einer gewählten Zerlegung vor der Implementierung zu beurteilen und fördert die Bereitschaft zur Architekturverbesserung durch Redesign.

Die prototyping-orientierte Vorgangsweise verbessert nicht nur die Qualität des Produkts, sondern auch die „Qualität des Entwicklungsprozesses". Eine präzise Systemspezifikation ermöglicht eine genauere Abschätzung des notwendigen Entwurfs-, Implementierungs- und Testaufwandes und führt damit zu einer signifikanten Verbesserung der *Planbarkeit* und *Termintreue* von Softwareprojekten. Die Methode unterstützt darüber hinaus die arbeitsteilige Software-Entwicklung besonders gut, weil die Kommunikationsschwierigkeiten zwischen Anwendern und Softwaretechnikern und den Softwaretechnikern untereinander verringert werden. Eine experimentell abgesicherte Modellvalidierung, wie man sie bei prototyping-orientierter Vorgangsweise vorfindet, vermindert die Anzahl der unsicheren Annahmen in einem Softwareprojekt und führt damit zu einer Reduktion des „Flop-Risikos".

Risiken

Prototyping führt jedoch nich nur zu einer beträchtlichen Verminderung der Risikofaktoren im Software-Entwicklungsprozeß, sondern bringt auch neue Risikofaktoren mit sich.

Die Erfahrung zeigt, daß es beim Einsatz von Prototyping dazu kommen kann, daß der Spezifikationsprozeß unnötig aufgebläht wird und in manchen Fällen nicht mehr zu enden droht (je mehr der Benutzer hat, je mehr will er).

Es besteht die Gefahr der Auslieferung von System-Prototypen statt von Produkten. Wenn die Anwender während des Spezifikationsprozesses mit Prototypen konfrontiert werden, die bereits einen Großteil der gewünschten Funktionalität aufweisen, dann ist häufig zu beobachten, daß die Anwender lieber weniger und noch nicht vollständig ausgefeilte Funktionalität sofort einsetzen wollen als auf eine saubere und effiziente Implementierung, für die der Prototyp nur das Modell darstellt, zu warten. Dies führt dann zu einer Vernachlässigung softwaretechnischer Prinzipien in der Systemimplementierung und damit zur Gefahr des Verlustes von Qualitätsmerkmalen, allen voran Struktur, Erweiterbarkeit und Effizienz.

Ein weiteres Risiko ist das der Kostenrechtfertigung. Bei konventioneller Software-Entwicklung dauert es sehr lange, bis der Anwender mit lauffähigen Programmen konfrontiert ist, bei prototyping-orienterter Software-Entwicklung ist das Umgekehrte der Fall: Der Benutzer kann sehr früh (mit Prototypen) experimentieren und findet einen Teil der Funktionalität schon in befriedigendem Ausmaß vor. Es entsteht der falsche Eindruck, daß die Herstellung eines Softwareproduktes viel einfacher geworden ist und mit viel geringerem Aufwand als bisher möglich ist. Dies führt beim Auftraggeber zu Unverständnis im Hinblick auf den tatsächlichen Aufwand, um aus einem Prototyp ein Produkt zu machen.

4.2 Ausgewählte Fragen zu prototyping-orientierter Software-Entwicklung

Gibt es Anwendungen, für die eine prototyping-orientierte Entwicklung besonders geeignet sind und solche, für die die Technik kaum oder gar nicht geeignet ist?

Eine weit verbreitete Ansicht ist, daß Prototyping eine nützliche Technik zur Spezifikation und Entwicklung von Applikationen aus kommerziellen Anwendungsbereichen (z. B. Informationssysteme, Planungssysteme), aber kaum in technischen Anwendungsbereichen (z. B. Prozeßautomation, Echtzeit-Anwendungen) einsetzbar ist.

Der (meßbare) Nutzen prototyping-orientierter Software-Entwicklung in verschiedenen Anwendungsbereichen ist sehr unterschiedlich. Die Ursache dafür ist jedoch meist das Fehlen entsprechender Werkzeuge und nicht die mangelnde Anwendbarkeit dieser Technik. Jede neue Applikation, für die die gewünschte *Funktionalität*, die *Art der Funktionsnutzung* oder die *Realisierbarkeit* bestimmter Systemkomponenten nicht zweifelsfrei feststeht, ist ein Kandidat für prototyping-orientierte Software-Entwicklung. In der Praxis gibt es heute kaum Softwareprojekte, auf die dies nicht zutrifft, auch nicht in technisch orientierten Anwendungsbereichen.

In welchem Ausmaß sollen die Benutzer in den Software-Entwicklungsprozeß einbezogen werden?

Die Empfehlungen reichen von 50% Benutzer und 50% Softwaretechniker-Anteil bis hin zum sogenannten „End-User-Computing“. Die Aufwandsverteilung ist unterschiedlich, je nachdem, ob man das Spezifikationsprototyping oder das Architekturprototyping betrachtet. Das Spezifikationsprototyping soll in gemeinsamer Verantwortlichkeit von Benutzer und Software-Entwickler durchgeführt werden. Erfahrungen aus mehreren Großprojekten ergaben eine Aufwandsverteilung von 60 : 40 für Benutzer und Software-Entwickler. Der Benutzeranteil ist höher, weil die Validierung des Prototyps meist aufwendiger ist als die werkzeuggestützte Implementierung. Der Aufwand für die Validierung wird meist unterschätzt; es wird oft nicht berücksichtigt, daß zu Experimenten mit Prototypen auch zeitaufwendige Diskussionen über die Gestaltung der Benutzerschnittstelle und die Notwendigkeit von Systemfunktionen gehören. Dazu kommt, daß die Anwender oft nach der Konfrontation mit einem Prototyp ihre ursprünglichen Anforderungen neu überdenken, was zu einer völlig anderen Systemspezifikation führen kann.

Die Verantwortlichkeit für das Architekturprototyping soll nach Ansicht der Autoren ausschließlich bei den Software-Entwicklern liegen. Der Benutzer ist nur für die Bereitstellung realer Anwendungsfälle verantwortlich und übernimmt eine Beratungsfunktion bei den Experimenten. Die Aufwandsverteilung beim Architekturprototyping liegt bei 20 : 80 für Benutzer und Software-Entwickler.

Einige am Markt erhältliche Softwareprodukte (insbesondere Spreadsheet-Programme und einfache Datenbanksysteme) erlauben es dem Benutzer, für kleinere Aufgaben selbst Softwarelösungen zu entwickeln. Dieses sogenannte „End-User-Computing“, bei dem der Benutzer selbst zum Softwareentwickler wird, hat zweifellos einige Vorteile: Mißverständnisse infolge Kommunikationsschwierigkeiten zwischen Anwender und Entwickler fallen weg, die Akzeptanzprobleme entfallen wegen der Personalunion von Entwickler und Anwender, und Koordinierungsprobleme bei der Systemeinführung werden vermindert. Unserer Ansicht nach überwiegen jedoch die Nachteile deutlich. End-User-Computing führt in der Regel zu Insellösungen, weil der Benutzer nur seine unmittelbaren Anforderungen berücksichtigt und meist keine Möglichkeit hat, seine Lösung mit anderen Lösungen zu integrieren. Das führt in vielen Fällen zu Datenredundanz und in der Folge zu Inkonsistenzen in den Datenbeständen eines Betriebes und zu Mehrfachbearbeitung von betrieblichen Funktionen. Darüber hinaus verhindert diese Vorgangsweise Schwachstellenidentifikation und Innovation, weil der Benutzer meist nicht gewillt ist, Schwachstellen seiner Eigenentwicklung zuzugeben und innovative Gesamtlösungen dadurch erschwert werden. Erschwerend kommt hinzu, daß die „End-User“ keine softwaretechnische Ausbildung haben. Die besten Softwaresysteme sind gerade nicht von Anwendern entwickelt worden. Die Gewährleistung von entsprechender Ergonomie, Effizienz, Eleganz und Integrität erfordert ein hohes Maß an Spezialwissen. Vom End-User-Computing ist nach Ansicht der Autoren (mit wenigen Ausnahmen) abzuraten.

Kann Prototyping als evolutionäre Entwicklungsstrategie zur Generierung von Softwareprodukten eingesetzt werden?

Im Prinzip ja, aber nur, wenn die Werkzeuge guten Code erzeugen. Leider sind heute kaum Werkzeuge auf dem Markt, die die entsprechenden Anforderungen hinsichtlich der Laufzeit, der Strukturiertheit und Erweiterbarkeit des erzeugten Codes erfüllen.

Wie unterscheiden sich prototyping- und topdown-orientierte Software-Entwicklung, und was haben sie gemeinsam?

Prototyping-orientierte Software-Entwicklung entspricht einer topdown-orientierten Entwicklungsstrategie. Im Unterschied zu klassischer topdown-orientierter Software-Entwicklung liegt bei prototyping-orienterter Software-Entwicklung nach der Spezifikationsphase bereits ein ausführbares Rumpf-System vor, ohne daß Code in der Implementierungssprache geschrieben werden mußte. Die Implementierung beginnt früher, es werden nicht mehr algorithmische Sprachen dazu eingesetzt, sondern Implementierungswerkzeuge mit einem höheren Abstraktionsgrad (z. B. Benutzerschnittstellen-Generatoren, Viert-Generations-Systeme, Hypertext-Systeme). Der Topdown-Test (siehe Abschnitt 3.6.1) kann konsequenter durchgeführt werden als bei klassischer Topdown-Strategie ohne Prototyping, weil früher realitätsnahe Funktionstests möglich sind und der Benutzer stärker in den Topdown-Test einbezogen werden kann.

Welche Rolle spielen bewährte Techniken wie z. B. attributierte Grammatiken oder SADT im Rahmen der prototyping-orientierten Software-Entwicklung?

Die meisten speziellen Techniken haben mit Prototyping direkt nichts zu tun; sie sind orthogonal dazu. Eine dem Stand der Technik entsprechende Vorgangsweise kombiniert die Vorteile bewährter Techniken mit denen neuer Techniken. Moderne Software-Entwicklungsumgebungen enthalten demnach auch Werkzeuge, die mehrere Methoden unterstützen.

5 Objektorientierte Programmierung

In den bisherigen Kapiteln haben wir bereits mehrmals auf die Bedeutung der objektorientierten Techniken im Software Engineering hingewiesen. In Kapitel 3 haben wir gezeigt, wie ein Programmsystem objektorientiert entworfen werden kann. In diesem Kapitel behandeln wir die objektorientierte Programmierung besonders ausführlich. Wir werden dazu vorerst dem Wesen der objektorientierten Programmierung auf den Grund gehen, wobei besonderes Augenmerk auf die Vererbung gelegt wird. Nach einer allgemeinen Behandlung des Themas zeigen wir, wie die objektorientierten Prinzipien in verschiedenen Programmiersprachen realisiert sind. Da Klassenbibliotheken eine zentrale Rolle in der objektorientierten Programmierung spielen, ist ihnen ein eigener Abschnitt gewidmet. Schließlich zeigen wir, wie der im Abschnitt 3.4.7.4 entwickelte Entwurf in eine Implementierung umgesetzt werden kann.

5.1 Wozu objektorientierte Programmierung?

Eine neue Technik sollte nur dann eingesetzt werden, wenn von ihr auch Vorteile zu erwarten sind. Das können neue Möglichkeiten sein, aber auch einfach die Vermeidung von Nachteilen der bisher eingesetzten Technik.

Die objektorientierte Programmierung kann zu einer Herabsetzung der Komplexität von Softwareprodukten beitragen, die Wiederverwendung vorhandener Softwarebausteine fördern und die Flexibilität von Softwaresystemen verbessern. Wir beleuchten in den folgenden Abschnitten die objektorientierte Programmierung und zeigen dabei, wie sich die Probleme der konventionellen Software-Entwicklung mit ihr besser lösen lassen.

5.1.1 Komplexität von Softwareprodukten

Eines der Hauptprobleme bei der konventionellen Programmentwicklung ist die kaum überschaubare Komplexität der dabei entstehenden Produkte. Ein Programmsystem besteht aus einer Vielzahl von Einzelteilen (Prozeduren, Daten, Dateien), zwischen denen verschiedene Beziehungen bestehen. Das Unangenehme daran ist, daß die Anzahl der möglichen Verbindungen nicht linear mit der Anzahl der Komponenten ansteigt, wie die Sequenz in Abbildung 5.1 zeigt.

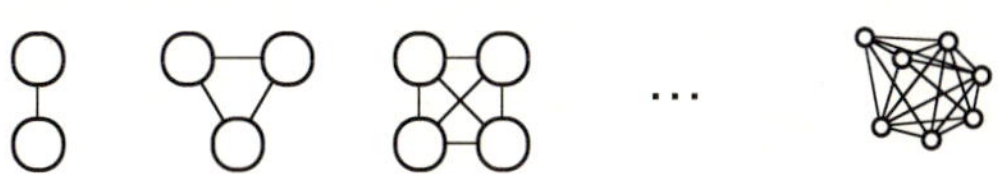

Komponenten	2	3	4	…	n
Verbindungen	1	3	6	…	$\frac{n \cdot (n-1)}{2}$

Abb. 5.1: Komplexitätsanstieg bei wachsender Komponentenanzahl

Das quadratische Ansteigen der Verbindungsmöglichkeiten bewirkt eine Vervierfachung der Beziehungen bei einer Verdopplung der Komponenten. Da man bei der Realisierung eines

Softwareprojekts nicht bloß die Einzelteile, sondern auch ihr Zusammenwirken verstehen muß, bedeutet das, daß ein doppelt so großes Programm einen viermal so hohen Analyse- und Implementierungsaufwand verursacht. Der einzige Ausweg aus diesem Dilemma besteht in einer Reduktion der Verbindungen, zum Beispiel durch Modularisierung. Wenn man ein Programm mit 16 Komponenten in vier Module mit je vier Komponenten gliedert, dann ergeben sich für jedes Modul 6 mögliche innere Verbindungen und weitere 6 Verbindungen zwischen den Modulen. Das sind insgesamt 30 Relationen im Vergleich zu 120 möglichen, wenn alle 16 Einzelteile direkt verknüpft sind. Das bedeutet eine Komplexitätsreduktion um den Faktor 4. Leider hat die Modularisierung bei besonders großen Systemen auch ihre Grenzen, weil die Anzahl der Module dann schon so stark ansteigt, daß die Vernetzung zwischen ihnen kaum mehr zu verstehen ist. Dazu kommen dann noch Kommunikationsprobleme, weil zur Realisierung solcher Projekte auch sehr große Entwicklermannschaften benötigt werden.

5.1.2 Wiederverwendung

Das Komplexitätsproblem kann durch Wiederverwendung existierender Komponenten entschärft werden. Die Verwendung bestehender Programmteile führt zwar nicht zu einer Reduktion der Komplexität, sie entlastet aber von lästigen Routinetätigkeiten und ermöglicht es damit den Entwicklern, sich auf die anwendungsspezifischen Probleme zu konzentrieren. Leider ist die Wiederverwendung bei der konventionellen Programmentwicklung auf Aufrufe von Prozeduren in vorgefertigten oder selbst angelegten Bibliotheken beschränkt. Sobald sich herausstellt, daß eine bestehende Komponente nicht genau paßt, muß zusätzlicher Aufwand getrieben werden, der die Vorteile einer Funktionsbibliothek leicht zunichte machen kann. Grundsätzlich bieten sich drei Möglichkeiten an, wenn ein bestehender Baustein nicht genau paßt:

- *Neuentwicklung*. Häufig ist es am einfachsten, die gewünschte Funktion neu zu entwickeln. Das kostet natürlich Zeit und Geld, kann sich aber auf die Qualität des Produkts positiv auswirken, weil beim ersten Mal gemachte Fehler bei einer Neuentwicklung nicht mehr wiederholt werden.
- *Anpassung*. Oft kann die bestehende Komponente so abgeändert werden, daß sie die gewünschte Funktion erfüllt. Damit das gut geht, ist eine genaue Kenntnis des Originals erforderlich. Wenn eine „geringfügige Anpassung“ auch oft verlockend erscheint, so hat sie doch ihre Tücken. Ein Problem entsteht durch ungenügendes Verstehen des Originals, so daß sich leicht heimtückische Fehler einschleichen. Ein weiteres Problem liegt in der entstehenden Versionsvielfalt. Sobald mehrere unterschiedliche Varianten desselben Bausteins existieren, müssen sie verwaltet werden. Bei einer späteren Wiederverwendung gestaltet sich die Auswahl des richtigen Bausteins schwierig, und beim Auftreten von Fehlern müssen die Korrekturen in allen betroffenen Versionen vorgenommen werden, so daß der durch die Wiederverwendung entstandene Vorteil leicht ins Gegenteil (nämlich einen erhöhten Wartungsaufwand) umschlägt.
- *„Doppelter Boden“*. Wenn die gewünschte Funktion mehr leisten soll als die bereits vorhandene, kann man manchmal eine einfache Funktion implementieren, die die ursprüngliche benutzt, aber außerdem noch die gewünschten Zusatzaufgaben erfüllt. In diesem Fall liegt echten Wiederverwendung vor. Dieses Vorgehen hat noch dazu den Vorteil, daß das Innenleben des Originals nicht bekannt sein muß. Wenn sich etwas an der Implementierung

des ursprünglichen Bausteins ändert (z. B. im Zuge einer Fehlerkorrektur), kann die erweiterte Funktion ohne Modifikation weiterverwendet werden.

Bei der objektorientierten Programmierung kann die Wiederverwendung durch gezieltes Erben und Anpassen bestehender Komponenten deutlich verbessert werden. Darüber hinaus entsteht – wie schon im Abschnitt 3.4.7 über objektorientierten Entwurf gezeigt wurde – fast automatisch eine natürliche Modularisierung des Gesamtsystems.

5.1.3 Flexibilität und Kompatibilität

Während ein konventionelles Programm aus kooperierenden Funktionen besteht, muß man sich ein objektorientiertes Programm als Sammlung von miteinander kommunizierenden Objekten vorstellen. Der wesentliche Unterschied dabei besteht darin, daß die Daten nicht mehr passiv sind, sondern selbst Aktionen ausführen können. Eine von einem Objekt ausgeführte Aktion kann in einer Zustandsänderung des Objekts oder wiederum in der Aktivierung anderer Objekte bestehen. Objekte werden als Komponenten betrachtet, die miteinander in Beziehung stehen und „Nachrichten" austauschen. Es bietet sich ein Vergleich mit technischen Bauteilen an. So kann man zum Beispiel eine elektronische Schaltung als Objekt-Netz auffassen. Abbildung 5.2 zeigt, wie das zu verstehen ist.

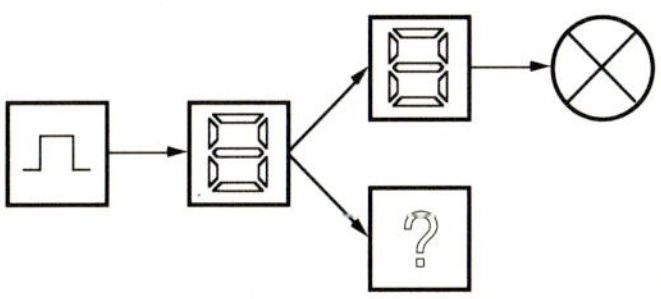

Abb. 5.2: Elektronische Schaltung als Objekt-Netz

Ein Taktgeber sendet einen Impuls an ein Zähler-Objekt. Der Zähler reagiert darauf, indem er seinen Wert um 1 erhöht. Wenn dadurch der Zählerwert 10 erreicht würde, wird der Wert auf 0 zurückgesetzt und wiederum ein Impuls an ein anderes Objekt ausgesandt. Von einem Empfänger-Objekt wird hier nur verlangt, daß es die richtige Schnittstelle hat, also zumindest einen Anschluß, der Impulse einer bestimmten Spannung aufnehmen kann. Auf welche Weise der Empfänger darauf reagiert, ist für den Sender völlig belanglos. An der Ausgangsleitung eines Zählers kann daher ein weiterer Zähler genausogut wie ein Blinklicht angeschlossen werden. Auch bisher unbekannte Bauelemente (die vielleicht noch in Entwicklung sind) können später an dieser Leitung angeschlossen werden, ohne daß sich am inneren Aufbau eines Zählers etwas ändern müßte.

In der konventionellen Programmierung gibt es kein Gegenstück mit einer vergleichbaren Flexibilität. Um die Verarbeitung eines Zählerimpulses mit konventionellen Mitteln zu programmieren, würde man etwa so vorgehen, wie im folgenden Programmfragment gezeigt:

```
TYPE
   Zaehler = POINTER TO ZaehlerInhalt;
   ZaehlerInhalt = RECORD
      wert: [0..9];
      ausgang: Zaehler
   END;

PROCEDURE VerarbeiteImpuls(z:Zaehler);
BEGIN
   WITH z^ DO
      IF wert < 9 THEN
         wert := wert+1
      ELSE
         wert := 0;
         VerarbeiteImpuls(ausgang)
      END
   END
END VerarbeiteImpuls;
```

Bei dieser Lösung wurde angenommen, daß am Ausgang wieder ein Zähler anliegt, damit die Operation VerarbeiteImpuls(ausgang) funktioniert. Wenn man dafür sorgen will, daß verschiedene Elemente an einen Zähler angeschlossen werden können, muß man sich mit einem Record-Typ mit Varianten behelfen, etwa nach dem folgenden Muster:

```
TYPE
   ElementTyp = (zaehler, lampe, flipFlop);
   BauElement = RECORD
      CASE typ:ElementTyp OF
         zaehler: Zaehler
      | lampe:    Lampe
      | flipFlop: FlipFlop
      END
   END;
   Zaehler = RECORD
      wert: [0..9];
      ausgang:BauElement
   END;
```

Da nun noch nicht von vornherein bekannt ist, welches Element am Ausgang angeschlossen ist, muß auch bei der Verarbeitung eines Impulses eine Fallunterscheidung gemacht werden:

```
PROCEDURE VerarbeiteImpuls(z:Zaehler);
BEGIN
   WITH z^ DO
      IF wert < 9 THEN
         wert :- wert + 1
      ELSE
         wert := 0;
         CASE ausgang.typ OF
            zaehler: VerarbeiteImpuls(ausgang.z)
         |  lampe: LeuchteAuf(ausgang.l)
         |  flipFlop: SchalteUm(ausgang.f)
         END
      END
   END
END VerarbeiteImpuls;
```

Eine derartige Fallunterscheidung ist überall erforderlich, wo am Ausgang eines Bauteils ein anderes Bauelement angeschlossen werden kann. Diese Fallunterscheidungen sind über das ganze Programm verstreut und haben überall eine ähnliche Gestalt.

Besonders unangenehm daran ist, daß die Berücksichtigung eines neuen Bauelements (z. B. eines Summers oder eines Relais') lästige und fehleranfällige Änderungen an allen möglichen Stellen des gesamten Programmsystems erfordert. Es handelt sich dabei zwar um eine Routinetätigkeit, die man fast ohne nachzudenken bewältigen kann, aber es kann leicht geschehen, daß die eine oder andere Stelle (vielleicht sogar ein ganzes Modul) übersehen wird. Die Auswirkungen spürt man dann erst zur Laufzeit, wenn bei der Ausführung einer Case-Anweisung kein passender Eintrag gefunden wird.

Wir werden in den folgenden Abschnitten zeigen, wie sich dieses Problem beim Einsatz objektorientierter Techniken praktisch von selbst löst.

5.2 Grundlagen der objektorientierten Programmierung

In diesem Abschnitt wollen wir versuchen, die theoretischen Grundlagen der objektorientierten Programmierung zu schaffen. Wir beginnen mit einer Erklärung der Begriffe „Objekt" und „Klasse" und gehen dann dem Wesen der dynamischen Bindung, des Polymorphismus und der Vererbung auf den Grund. Diese Konzepte spielen in der objektorientierten Programmierung eine zentrale Rolle. Ihr Verständnis ist daher eine unabdingbare Voraussetzung für den richtigen Einsatz dieser Technik.

5.2.1 Die Begriffe „Objekt" und „Klasse"

Der Begriff „Objekt" ist in der Programmierung nicht neu. Er wird oft als allgemeine Bezeichnung für Dinge verwendet, die nicht genauer spezifiziert werden sollen. So kann man zum Beispiel in Beschreibungen von Programmiersprachen das Wort „Objekt" als allgemeine

Bezeichnung für Variablen, Konstanten, Datentypen und Prozeduren finden. Im Zusammenhang mit der objektorientierten Programmierung hat der Objektbegriff jedoch eine klar definierte Bedeutung. Ein Objekt in unserem Sinn ist dadurch charakterisiert, daß es einen *Zustand* hat, bestimmte *Aktionen* ausführen kann und zu einer (Objekt-)*Klasse* gehört. Eine Variable kann einen Verweis auf ein Objekt (eine *Objekt-Referenz*) enthalten, wie in Abbildung 5.3 dargestellt.

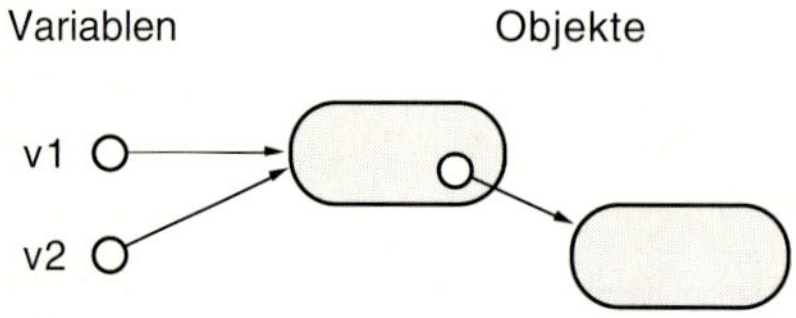

Abb. 5.3: Variablen und Objekte

Man kann sich Objekte wie dynamisch erzeugte Daten vorstellen, die über Zeiger erreichbar und miteinander verbunden sind. Wir sprechen aber trotzdem abstrakt von einer Referenz, weil die tatsächliche Repräsentation von Objekten zur Laufzeit nicht unbedingt mit Hilfe von Zeigern realisiert sein muß (z. B. sind auch indirekte Zeiger oder Indizes in sogenannten Objekttabellen gebräuchlich). Ein Objekt kann wiederum Variablen enthalten, die auf andere Objekte verweisen. Auf diese Weise können beliebig komplexe Objektstrukturen gebildet werden.

Verschiedene Variablen können auch auf dasselbe Objekt verweisen. Wir sprechen in diesem Fall von *Objekt-Identität*, weil die über v1 und v2 erreichbaren Objekte identisch sind. Man könnte auch sagen, daß v1 und v2 verschiedene Namen desselben Objekts sind. Diese Situation wird daher auch als *Alias-Effekt* bezeichnet. Änderung des Objekts über die Variable v1 wirken sich auch auf Programmteile aus, in denen v2 benutzt wird. Das kann zu Mißverständnissen und Fehlern führen.

Jedes Objekt hat eine klar definierte Schnittstelle, die festlegt, welche Operationen mit ihm möglich sind. Der Zustand des Objekts ist im Idealfall gekapselt, also von außen nicht zugänglich. Wenn der Zustand eines Objekts verändert werden soll, ist das nur mit Hilfe der in der Schnittstelle definierten Operationen möglich.

Hinweis: In vielen objektorientierten Programmiersprachen ist die Objektstruktur von außen bekannt, so daß das Geheimnisprinzip aufgeweicht wird. Wir raten aus Sicherheitsgründen davon ab, die Kenntnis der Objektstruktur für direkte Manipulationen von Objekten auszunutzen. Wir werden daher bei unserer Diskussion immer strenge Datenkapselung als gegeben annehmen.

Die in der Schnittstelle angegebenen Operationen haben die Bedeutung von Zugriffsroutinen, wie wir sie im Abschnitt über Datenkapselung schon besprochen haben. Abbildung 5.4 zeigt, wie man sich ein Objekt vorstellen kann.

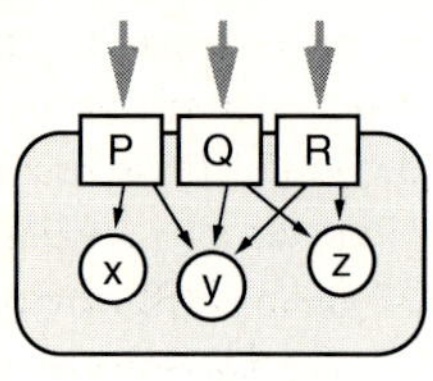

Abb. 5.4: Ein einfaches Objekt

Das hier dargestellte Objekt enthält drei gekapselte Variablen x, y und z. In seiner Schnittstelle sind drei Operationen P, Q und R definiert, die von außen aufgerufen werden können. Wenn die Variable v auf dieses Objekt verweist, dann sind mit ihr die Operationen v:P, v:Q und v:R möglich. Dabei muß man im Auge behalten, daß man bei der Verwendung von v lediglich weiß, daß diese Operationen zur Verfügung stehen und wie sie zu benutzen sind; wie sie realisiert sind, bleibt in der Implementierung des Objekts verborgen.

Das hier skizzierte Objektmodell kann so verstanden werden, daß jedes Objekt seine eigenen Daten und seine eigenen Operationen hat. In Wirklichkeit gibt es viele gleichartige Objekte mit derselben Schnittstelle, derselben Struktur und demselben Verhalten. Wir sprechen dann davon, daß die Objekte zur selben Klasse gehören. Ihre Gemeinsamkeiten müssen nur einmal in einer Klassenbeschreibung definiert werden. In dieser Hinsicht entsprechen Klassen weitgehend den abstrakten Datentypen. Wir verwenden Klassennamen auch wie Typnamen und deklarieren zum Beispiel eine Variable v der Klasse C in der Form

```
VAR
   v: C;
```

Wir werden nach einer solchen Deklaration des öfteren v als ein „C-Objekt" bezeichnen. Der Leser sollte sich aber darüber im Klaren sein, daß die Variable nicht ein Objekt, sondern eine Referenz auf ein Objekt enthält.

Eine über die konventionellen Datentypen hinausgehende Eigenschaft von Klassen ist aber die Möglichkeit, sie hierarchisch anzuordnen, wie schon im Abschnitt 3.4.7.2 gezeigt wurde. Wir legen vorläufig fest, daß jede Klasse von einer anderen abgeleitet sein kann, aber nicht muß, und benutzen die folgende Schreibweise zur Definition der Schnittstelle von Klassen:

```
INTERFACE OF NewClass;
INHERITS FROM OldClass;
   simpleOp;
   paramOp(param:ParamType);
   functionOp: ResultType;
   paramFunctionOp(param:ParamType):ResultType;
   ...
END NewClass.
```

Die hier gewählte Schreibweise ist an die Definitionsmodule von Modula-2 angelehnt. Eine Schnittstellenbeschreibung soll demnach mit INTERFACE OF und dem Namen der definierten Klasse (hier: NewClass) beginnen. Danach wird angegeben, von welcher bereits existierenden Klasse die neue Klasse abgeleitet werden soll. Das Schlüsselwort INHERITS (engl. *inherit = erben*) sagt aus, daß es sich dabei um eine Vererbungsbeziehung handelt. NewClass erbt die Schnittstelle von OldClass. Das bedeutet, daß mit Objekten der Klasse NewClass automatisch alle Operationen möglich sind, die mit Objekten der Klasse OldClass erlaubt sind. Die Schnittstelle der neuen Klasse kann erweitert werden, indem man zusätzliche Operationen für sie definiert. simpleOp ist dabei eine parameterlose Operation, paramOp eine Operation mit einem Parameter des Typs ParamType, wobei der Parameter-Typ natürlich wieder eine Klasse sein kann. Die Operation functionOp entspricht einer parameterlosen Funktionsprozedur, die ein Ergebnis des Datentyps ResultType liefert, und paramFunctionOp ist eine Funktion mit Parametern. Das folgende Fragment zeigt, welche Schreibweise wir für die Benutzung einer Klasse verwenden wollen:

```
VAR
   obj: NewClass;
   param: ParamType;
   result: ResultType;
...
obj := NewClass:new;

obj:simpleOp;

obj:paramOp(param);

result := obj:functionOp;

result := obj:paramFunctionOp(param);
```

Im Gegensatz zu Prozeduren in der konventionellen Programmierung sind die hier definierten Operationen an ein Objekt der entsprechenden Klasse gebunden. Wenn die Operation simpleOp ausgeführt werden soll, muß daher auch angegeben werden, auf welches Objekt sie angewendet werden soll. Die Verschiebung des Schwerpunkts von den Funktionen zu den Daten drückt sich bei der objektorientierten Denkweise auch in der Sprache aus. Bei der Konstruktion x:m spricht nicht mehr davon, die Operation m auf das Objekt x anzuwenden, sondern davon, daß das Objekt x aufgefordert wird, die Operation m auszuführen. Diese Aufforderung wird im Englischen als *message* bezeichnet. In der deutschsprachigen Literatur wird dieser Begriff manchmal wörtlich als *Nachricht* oder *Botschaft* übersetzt. Wir halten beide Übersetzungen für unglücklich, weil sie leicht mißverstanden werden können. m ist nicht bloß eine Mitteilung an das Objekt x, sondern eine *Aufforderung*, dem das Objekt Folge leisten muß. (Wie diese Reaktion aussieht, entscheidet das Objekt selbst). Wir werden daher auf einen neuerlichen Übersetzungsversuch verzichten und statt dessen *Message* wie ein deutsches Wort gebrauchen. In Anlehnung an die übliche Terminologie werden wir bei x:m davon sprechen, daß *dem Objekt x die Message m gesendet* wird. Das Senden einer Message entspricht einem Prozeduraufruf. Der Sender gibt dem Empfänger einen Auftrag und kann erst dann weiterarbeiten, wenn der Empfänger seinen Auftrag erledigt hat. Das heißt, Messages und ihre Abarbeitung erfolgen sequentiell und nicht parallel.

Variablen sind statische Größen in dem Sinn, daß bereits der Compiler Speicherplatz für sie reservieren kann. Objekte sind dagegen dynamisch Größen, die erst zur Laufzeit durch explizite Erzeugung ins Leben treten. Ein weiterer Unterschied zwischen Variablen und Objekten besteht darin, daß Variablen einen Namen haben, Objekte aber namenlos sind (und deshalb nur über Variablen referenziert werden können). Jede objektorientierte Sprache stellt einen Mechanismus zur Verfügung, mit dem ein neues Objekt erzeugt und eine Referenz auf das neue Objekt einer Variablen zugewiesen werden kann. Die von uns dafür gewählte Schreibweise ist der Sprache Smalltalk [Goldberg 1983] entnommen. Wir tun so, als ob eine Klasse ebenfalls ein Objekt wäre, und stellen uns vor, daß jede Klasse auf die Message new reagiert, indem sie ein neues Objekt eben dieser Klasse erzeugt. Wir nehmen dabei an, daß der Erzeugungsprozeß in zwei Schritten abläuft: Erst wird Speicherplatz für das Objekt reserviert, und dann wird das erzeugte Objekt aufgefordert, sich in passender Weise zu initialisieren. Wir setzen dabei voraus, daß in jeder Klasse eine Message initialize implementiert ist, die diese Aufgabe übernimmt.

In einer *Klassendefinition* wird nur festgelegt, auf welche Messages Objekte der Klasse reagieren. Wie diese Reaktion aussieht (d. h. welche Aktionen bei Empfang der Message ausgeführt werden) und welche Struktur die Objekte haben, wird in der *Klassenimplementierung* beschrieben. Wir legen vorläufig folgende Schreibweise dafür fest:

```
IMPLEMENTATION OF NewClass;
  VAR
    comp: SomeType;

  simpleOp IS
  VAR
    local: AnotherType;
  BEGIN
    Aktionen
  END simpleOp;
  ...
END NewClass.
```

Die Vererbungsbeziehung (d. h. von welcher Klasse die neue Klasse abgeleitet ist) wurde bereits in der Klassendefinition festgelegt; sie muß in der Implementierung nicht mehr wiederholt werden. Durch die Vererbung ist bereits festgelegt, daß jedes Objekt der Klasse NewClass zumindest die Komponenten enthält, die auch Objekte der Klasse OldClass haben. Wenn für die Implementierung der Klasse weitere Komponenten benötigt werden, können sie durch zusätzliche Variablendeklarationen in der Klasse eingeführt werden. In unserem Beispiel haben alle NewClass-Objekte eine zusätzliche Komponente comp.

Die bei Empfang einer Message auszuführenden Aktionen werden durch eine *Methode* festgelegt. Für jede in der Klassendefinition neu hinzugefügte Message (z. B. simpleOp) muß es in der Klassenimplementierung eine gleichnamige Methode geben. Eine Methode hat denselben Aufbau wie eine herkömmliche Prozedur. Sie besteht aus lokalen Deklarationen und Anweisungen. Ein wesentlicher Unterschied zu einer Prozedur besteht darin, daß Methoden immer an ein Empfängerobjekt gebunden sind. Häufig wird aber das Empfängerobjekt innerhalb von Methoden wieder als Empfänger einer anderen Message oder als Parameter einer Message an ein anderes Objekt verwendet. In den meisten objektorientierten Sprachen wird in diesen Fällen der Name self benutzt, um den Empfänger der gerade ausgeführten Methode zu bezeichnen, zum Beispiel:

```
self:writeToFile(f);
list:append(self);
```

Eine Klasse hat zwei Aufgaben: Sie dient zur Beschreibung der *Struktur* und des *Verhaltens* ihrer Objekte, wird aber auch zur *Erzeugung neuer Objekte* benutzt. In diesem Sinne wird eine Klasse oft als „Objekt-Schablone“ oder als „Objekt-Fabrik“ bezeichnet. Eine weitere Besonderheit von Klassen ist die Möglichkeit, sie hierarchisch anzuordnen. Abbildung 5.5 soll die verschiedenen Beziehungen zwischen Klassen und ihren Objekten veranschaulichen.

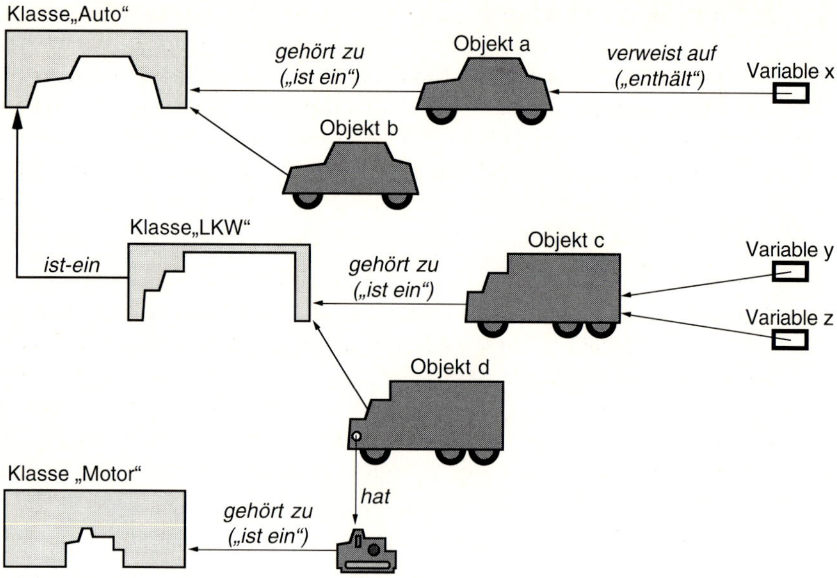

Abb. 5.5: Beziehungen zwischen Objekten und Klassen

Eine Variable *verweist auf* (salopp ausgedrückt: *enthält*) ein Objekt. Mehrere Variablen können auf dasselbe (identische) Objekt verweisen. Jedes Objekt *gehört zu* einer Klasse. Zwischen den Klassen besteht – entsprechend ihrer Stellung in der Vererbungshierarchie – eine *Ist-ein*-Beziehung. Diese Bezeichnung wird umgangssprachlich auch auf die Beziehung zwischen Objekten und ihren Klassen angewandt („a ist ein Auto", manchmal sogar „x ist ein Auto"). Die *Gehört-zu*-Beziehung wird oft auch für die indirekte Klassenzugehörigkeit verwendet. Das Objekt c gehört zum Beispiel auch zur Klasse der Autos (weil ein LKW auch ein Auto *ist*).

Eine weitere Beziehung ergibt sich durch die in Objekten enthaltenen Variablen. Zum Beispiel hat das Objekt d eine Variable, die auf ein Motor-Objekt verweist. In der objektorientierten Terminologie wird diese Beziehung als *Hat-ein*-Beziehung bezeichnet. Sie spielt eine wichtige Rolle bei der Kommunikation von Objekten und bei der Bildung komplexer Objektstrukturen.

In der englischsprachigen Literatur werden die Objekte auch als *instances* von Klassen bezeichnet. Die Entsprechung für *instance* im Deutschen ist *Exemplar*; leider wurde statt dessen der englische Begriff gedankenlos eingedeutscht. Man kann daher häufig lesen, daß Objekte *Instanzen* von Klassen seien, was natürlich mit dem Gerichtswesen nichts zu tun hat. Noch schlimmer ist es, daß in Objekten enthaltene Variablen dann als *Instanzvariablen* bezeichnet werden. Wir sprechen statt dessen von *Objektkomponenten* oder einfach von *Komponenten*.

5.2.2 Dynamische Bindung

Bei herkömmlicher Programmierung kann man durch bloße Untersuchung des Programmtextes feststellen, welche Wirkung ein Prozeduraufruf zur Laufzeit haben wird. In Standard-Pascal gibt es nur eine einzige Übersetzungseinheit. Die gerufene Prozedur befindet sich daher immer im selben Quelltext, in dem auch der Prozeduraufruf steht. In diesem Fall kann schon der Compiler dafür sorgen, daß der Prozeduraufruf in einen Sprungbefehl direkt zur ersten Anweisung der Prozedur übersetzt wird.

Bei Programmiersprachen mit getrennter (z. B. Ada und Modula-2) oder unabhängiger Übersetzung (z. B. C) ist das nicht mehr möglich, weil die gerufene Prozedur in einer anderen Übersetzungseinheit stecken kann, die noch nicht einmal geschrieben wurde. Die Bindung des Prozeduraufrufs an die auszuführenden Anweisungen kann daher nicht mehr vom Compiler vorgenommen werden, sondern muß später (aber noch vor der Ausführung des Programms) vom Linker oder Lader aufgelöst werden. Der Programmierer kann in diesen Sprachen nicht mehr überprüfen, welche Wirkung ein Prozeduraufruf haben wird, sondern muß sich auf die Schnittstellenbeschreibung der Prozedur verlassen.

Objektorientierten Programmiersprachen gehen noch einen Schritt weiter. Bei ihnen hängt die Wirkung jeder Message vom Typ des Empfänger-Objekts ab. Die Bindung einer Message an die auszuführende Methode wird zur Laufzeit jedesmal neu bestimmt. Das muß auch so sein, weil es viele gleichnamige Methoden geben kann. Es muß daher dafür gesorgt werden, daß beim Senden einer Message die richtige Methode aufgerufen wird.

Wenn von „Bindung“ die Rede ist, meinen wir im Zusammenhang mit objektorientierter Programmierung die Bindung eines Aufrufs (einer Prozedur oder Message) an eine bestimmte Anweisungsfolge (Prozedur oder Methode). Das Schlagwort „dynamische Bindung“ bezieht sich also immer auf die Message-Methoden-Bindung. Allgemein können Programmiersprachen nach dem Bindungszeitpunkt in die folgenden drei Kategorien eingeteilt werden:

	Bindungszeitpunkt	statisch vollziehbar	Beispielsprachen
früh	Übersetzungszeit	ja	Standard-Pascal
↓	Link-Zeit	teilweise	Ada, C, Modula-2
spät	Laufzeit	nein	C++, Smalltalk, Eiffel

In den ersten beiden Fällen ändert sich die Bindung zur Laufzeit des Programms nicht mehr. Man spricht daher von *statischer Bindung* im Gegensatz zur *dynamischen Bindung* bei objektorientierten Sprachen. Für die meisten Einsteiger in die objektorientierte Programmierung stellt die dynamische Bindung oft ein Verständnisproblem dar, weil derselbe Aufruf zu verschiedenen Zeitpunkten verschiedene Wirkungen haben kann. Auch bei der Fehlersuche (zum Beispiel bei einem „walk-through“ – einer Simulation des Programms am Schreibtisch) ist die dynamische Bindung hinderlich (siehe dazu [Ponder 1992]). Andererseits eröffnet gerade diese Dynamik neue Dimensionen bei der Programmierung.

Der Vollständigkeit halber muß noch erwähnt werden, daß es auch in vielen konventionellen Programmiersprachen Sprachelemente zur Realisierung von dynamischer Bindung gibt. In Standard-Pascal kann zum Beispiel ein formaler Parameter einer Prozedur wieder eine Prozedur sein. Innerhalb der Prozedur kann die Parameter-Prozedur aufgerufen werden, aber erst bei ihrem

Aufruf wird festgelegt, welche konkrete Prozedur damit gemeint ist. Modula-2 geht in dieser Hinsicht noch einen Schritt weiter, weil man beliebige Variablen als Prozeduren deklarieren kann. Das folgende Beispiel zeigt, wie dynamische Bindung in Modula-2 realisiert werden kann:

```
VAR
   action: PROCEDURE(Rectangle);     (* Prozedurvariable *)
   r: Rectangle;
...
PROCEDURE Erase(r:Rectangle); BEGIN ... END Erase;
PROCEDURE Invert(r:Rectangle); BEGIN ... END Invert;
...
IF mode=clear THEN action := Erase ELSE action := Invert END;
...
action(r);    (* dynamische Bindung *)
```

Der Variablen action können in Abhängigkeit von bestimmten Bedingungen verschiedene Prozeduren (genauer: deren Startadressen) zugewiesen werden. Die Wirkung des Aufrufs action(r) hängt in unserem Beispiel davon ab, ob die Variable mode den Wert clear hat oder nicht.

5.2.3 Polymorphismus

In konventionellen Programmiersprachen hat sich heute die statische Typisierung allgemein durchgesetzt. Sie zwingt den Programmierer, alle Variablen zu deklarieren und damit ihren Datentyp festzulegen. Der Compiler kann dadurch die korrekte Verwendung einer Variablen prüfen und auf diese Weise viele Fehler verhindern helfen. Der Datentyp einer Variablen legt nicht nur fest, welche Operationen mit ihr möglich sind, sondern auch, welche Werte sie zur Laufzeit annehmen kann. In den meisten konventionellen Sprachen kann eine Variable daher während ihrer gesamten Lebensdauer nur Werte ein und desselben Datentyps annehmen.

Hinweis: In manchen Programmiersprachen (z. B. in Pascal) können numerischen Variablen Werte anderer Datentypen zugewiesen werden. In diesen Sprachen findet aber vor der eigentlichen Zuweisung immer eine implizite Konversion des Wertes in den Datentyp der Variablen statt. Die Variable selbst enthält daher trotzdem immer nur Werte desselben Datentyps.

Bei der objektorientierten Programmierung treten viele ähnliche Datentypen auf, mit denen die gleichen Operationen möglich sind. Mit einer Variablen v der Klasse B sind zum Beispiel alle Operationen erlaubt, die in der Klasse B definiert wurden. Wenn eine neue Klasse C von B abgeleitet wird, dann sind mit C-Objekten dieselben Operationen erlaubt wie mit B-Objekten (möglicherweise sogar noch mehr). Es liegt daher nahe, überall wo ein B-Objekt erlaubt ist, auch ein C-Objekt zuzulassen. Mit anderen Worten, die Variable v soll nicht nur Referenzen auf B-Objekte, sondern auch Referenzen auf C-Objekte enthalten dürfen. Zur Laufzeit kann die Variable v damit verschiedene Gestalt annehmen, weshalb man in dieser Situation von *Polymorphismus* (gr. πολυς = viel-, μορφη = Gestalt) spricht.

Betrachten wir dazu die in Abschnitt 3.4.7.4 entwickelte und in Abbildung 5.6 nochmals dargestellte Klassenhierarchie.

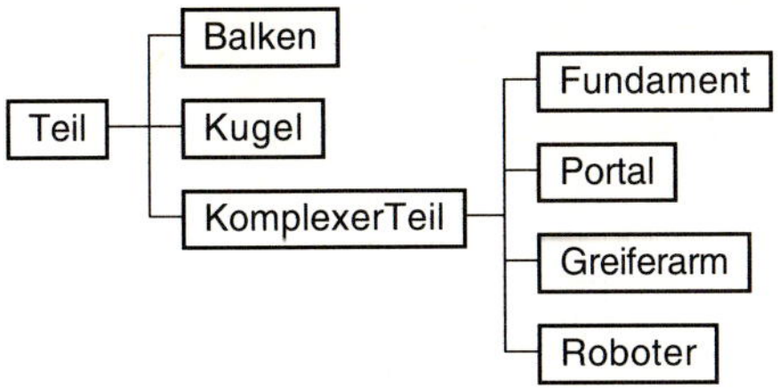

Abb. 5.6: Klassenhierarchie der Roboterteile

Da die Klassen Balken, Kugel und KomplexerTeil direkt und die Klassen Fundament, Portal, Greiferarm und Roboter indirekt von der Klasse Teil abgeleitet sind, sind mit Objekten dieser Klassen auf jeden Fall alle Operationen möglich, die auch mit einem Objekt der Klasse Teil erlaubt sind. Es spricht also nichts dagegen, einer Variablen v des Datentyps (= der Klasse) Teil auch ein Objekt der Klasse Kugel zuzuweisen. Damit ist zum Beispiel die Operation v:bewege(0,100,50) möglich. Das folgende Beispiel zeigt eine denkbare Anwendung des Polymorphismus:

```
VAR
   v: Teil;
   k: Kugel;
   r: Roboter;
...
IF x THEN v := k ELSE v := r END;
...
v:bewege(0,100,50);
v:zeichneAufriß(rect);
```

Die Wirkung der Anweisung v:bewege(0,100,50) hängt davon ab, ob v zur Laufzeit eine Referenz auf eine Kugel oder auf einen Roboter enthält. Bei Operationen mit polymorphen Variablen ist also immer auch dynamische Bindung im Spiel.

Man beachte, daß man nicht einmal vorhersagen kann, ob die Variable nach der Zuweisung v:=r auch wirklich auf ein Roboter-Objekt verweist. Der Variablen r kann nämlich zuvor ein Objekt einer wiederum von Roboter abgeleiteten Klasse zugewiesen worden sein. Auf jeden Fall kann man auch dann sicher sein, daß die mit v durchgeführten Operationen erlaubt sind.

Während in konventionellen Sprachen immer gewährleistet ist, daß eine Variable des Datentyps S auch zur Laufzeit einen Wert des Datentyps S (d. h. eine Referenz auf ein Objekt der Klasse S) enthält, muß bei objektorientierten Sprachen sorgfältig zwischen dem *statischen* und dem *dynamischen* Datentyp einer Variablen unterschieden werden. Der statische Datentyp ergibt sich aus der Deklaration, der dynamische Datentyp hingegen ist der Type (die Klasse) des Objekt, auf das die Variable zur Laufzeit verweist. Der dynamische Datentyp ergibt sich also aus der Vorgeschichte zur Laufzeit. Die bei Polymorphismus üblichen Regeln besagen dabei, daß einer Variablen der (statischen) Klasse S ein Verweis auf ein Objekt der (dynamischen) Klasse D nur dann zugewiesen werden darf, wenn D=S oder D von S abgeleitet ist. Daraus ergibt sich, daß Zuweisungen nur entlang der Klassenhierarchie (in unserer Darstellung von rechts nach links) erlaubt sind. Zum Beispiel ist die Zuweisung k:=v verboten, weil man von der Variablen v nicht sicher sagen kann, ob sie auf ein Kugel-Objekt verweist. Diese Bedingung müßte aber erfüllt sein, weil nach dieser Zuweisung zum Beispiel die Operation k:setzeRadius(5) möglich wäre.

Zusammen mit der dynamischen Bindung ist der Polymorphismus die Grundlage für die Flexibilität objektorientierter Programmsysteme. Die Lockerung der statischen Kompatibilitätsregeln hat zur Folge, daß ein bereits vollständig entwickeltes Programm später auch mit Objekten arbeiten kann, für die es eigentlich gar nicht vorgesehen war. Selbst langjährige Kenner der Materie sind immer wieder verblüfft, wenn ihre Programme bloß durch Hinzufügen einiger neuer Klassen um ursprünglich nicht eingeplante Funktionalität bereichert werden, ohne daß die Programme selbst geändert werden mußten.

Die Simulation elektronischer Bauteile (siehe Abschnitt 5.1.3) kann objektorientiert einfach und elegant gelöst werden. Man braucht dazu eine Klasse Bauteil, deren Objekte zumindest die Operation verarbeiteImpuls unterstützen:

```
INTERFACE OF Bauteil;
   ...
   verarbeiteImpuls;
   ...
END Bauteil.
```

Von dieser Klasse können beliebig viele spezifische Bauteile abgeleitet werden. Zum Beispiel könnte die Klasse Zaehler folgendermaßen implementiert sein:

```
IMPLEMENTATION OF Zaehler;
   VAR
      wert: [0..9];                -- augenblicklicher Wert des Zählers
      ausgang: Bauteil; -- am Ausgang angeschlossener Bauteil

   verbinde (b:Bauteil) IS
   BEGIN
      ausgang := b
   END verbinde;

   ruecksetzen IS
   BEGIN
      wert := 0
   END ruecksetzen;

   verarbeiteImpuls IS
   BEGIN
      IF wert < 9 THEN
         wert := wert + 1
      ELSE
         wert := 0;
         ausgang:verarbeiteImpuls
      END
   END verarbeiteImpuls;
...
END Bauteil.
```

Ein Zähler-Objekt hat zwei Komponenten. Die erste repräsentiert den augenblicklichen Wert, also den Zustand des Zählers. Die zweite Komponente enthält einen Verweis auf jenen Bauteil, der am Ausgang des Zählers angeschlossen ist. Die Methode verbinde dient dazu, einen beliebigen Bauteil b mit dem Ausgang des Zählers zu verbinden. Die Methode ruecksetzen kann benutzt werden, um den Zähler in seinen Anfangszustand zu versetzen. Die Verarbeitung eines Impulses kann nun ganz einfach formuliert werden. Da das durch die Komponente ausgang referenzierte Objekt mit Sicherheit von der Klasse Bauteil ist, kann man sicher sein, daß es die Operation verarbeiteImpuls ausführen kann. Welche Wirkung die Message verarbeiteImpuls zur Laufzeit haben wird, können allerdings noch nicht vorhergesagt werden. Der hier beschriebene Zähler ist so allgemein, daß auch erst später entwickelte Bauteile an seinem Ausgang angeschlossen werden können. Eine derartige Flexibilität könnte mit konventioneller Programmierung nur schwer erreicht werden.

5.2.4 Vererbung

Während dynamische Bindung und Polymorphismus eine Erhöhung der Flexibilität bewirken, ist die Vererbung dafür verantwortlich, daß objektorientierte Programme mit wesentlich geringerem Aufwand als vergleichbare konventionell implementierte entwickelt werden können. Wenn es schon eine Klasse gibt, die bereits wesentliche Funktionen zur Verfügung stellt, kann eine davon abgeleitete Klasse diese Funktionen mitbenutzen.

Betrachten wir zum Beispiel eine kleine Klasse B mit der folgenden Schnittstelle und Implementierung:

```
INTERFACE OF B;
   P;
   Q;
END B.
```

```
IMPLEMENTATION OF B;
   VAR x, y: ...;
   P IS BEGIN ... END P;
   Q IS BEGIN ... END Q;
END B.
```

Wenn von dieser Klasse eine neue Klasse C abgeleitet wird, ohne zusätzliche Funktionen für sie zu definieren, dann verhalten sich Objekte der neuen Klasse fürs erste genau wie Objekte ihrer Basisklasse. C-Objekte haben dieselbe Struktur und dasselbe Verhalten wie B-Objekte (siehe Abbildung 5.7).

```
INTERFACE OF C;
   INHERITS FROM B;
END C.
```

```
IMPLEMENTATION OF C;
END C.
```

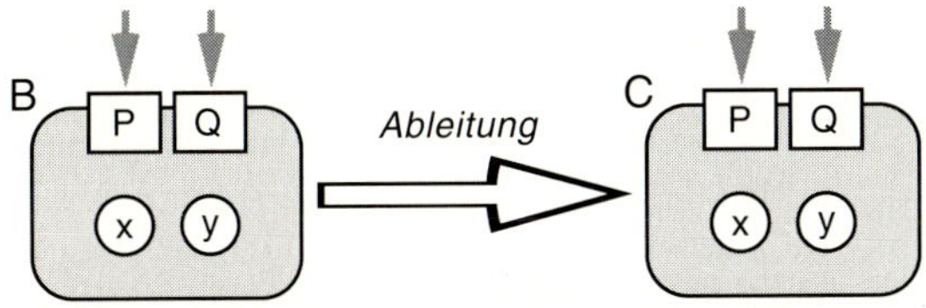

Abb. 5.7: Vererbung von Eigenschaften bei Ableitung

Die Klasse C erbt also alle Eigenschaften von ihrer Basisklasse B. Genaugenommen muß hier zwischen Schnittstellen- und Implementierungsvererbung unterschieden werden, was in Abbildung 5.8 veranschaulicht wird.

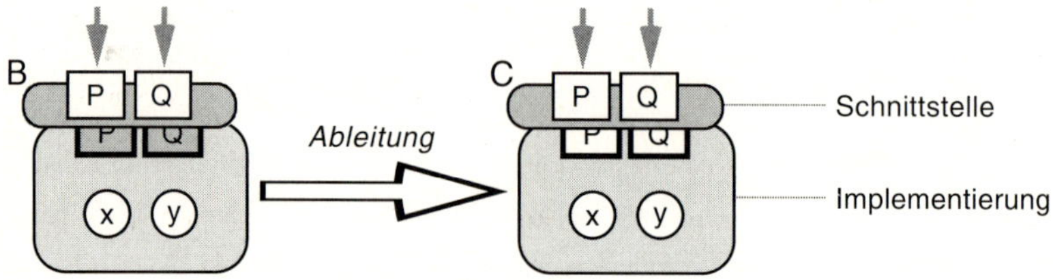

Abb. 5.8: Vererbung von Schnittstelle und Implementierung

Die Klasse C erbt die gesamte Schnittstelle von B. Das bedeutet, daß mit Objekten der Klasse C dieselben Operationen möglich sind wie mit Objekten der Klasse B – nicht mehr und nicht weniger. Die Schnittstellenvererbung wirkt also auf die *Funktionalität*, die den Klienten zur Verfügung gestellt wird.

Die Implementierungsvererbung bewirkt, daß die Klasse C auch das *Verhalten* und die *Struktur* von der Klasse B erbt. Das bedeutet in diesem Beispiel, daß C-Objekte nicht nur die Messages P und Q „verstehen", sondern daß sie auch genauso darauf reagieren wie B-Objekte. Die Strukturvererbung führt dazu, daß C-Objekte genauso wie B-Objekte die Komponenten x und y haben, was auch erforderlich ist, damit die Operationen P und Q realisiert werden können.

Die Verhaltensvererbung darf nicht so verstanden werden, daß der Code für die Methoden P und Q in der Klasse C dupliziert wird. Man muß sich diese Vererbung vielmehr so vorstellen, als ob ein C-Objekt „wüßte", daß die Methoden P und Q schon in der Klasse B realisiert sind. Es existiert also eine Verbindung zwischen den Klassen B und C, die unter anderem auch dafür verantwortlich ist, daß sich Änderungen an Methoden einer Klasse auf die davon abgeleiteten Klassen auswirken, ohne daß deren Neuübersetzung erforderlich wäre. Diese Aspekte werden in Abschnitt 5.2.5 („Dynamik-Modelle") noch ausführlicher behandelt.

Die von einer Klasse geerbten Eigenschaften können später erweitert und abgewandelt werden, wobei wiederum zwischen Schnittstellen- und Implementierungsvererbung unterschieden werden muß:

- Die Schnittstelle kann nur *erweitert* werden. Das bedeutet, daß die bereits bestehenden Operationen nicht verändert, sondern nur neue Operationen hinzugefügt werden dürfen (sonst würde der Polymorphismus nicht funktionieren).
- Für jede in der Schnittstelle neu hinzugekommene Operation *muß* eine Methode implementiert werden, damit bei Empfang der Message auch klar ist, welche Aktionen auszuführen sind. Darüber hinaus können auch für geerbte Operationen neue Methoden geschrieben werden. Man spricht dann vom *Überschreiben* der geerbten Methode. Wenn in einer der neu geschriebenen Methoden zusätzliche Objektkomponenten benötigt werden, können diese in der abgeleiteten Klasse hinzugefügt werden. Wie bei der Klassenschnittstelle gilt auch hier, daß Deklarationen bestehender Komponenten nicht entfernt oder modifiziert werden können.

Das folgende Beispiel (Abbildung 5.9) zeigt, welche Abweichungen im Fall der Klasse C möglich sind:

```
INTERFACE OF C;
   INHERITS FROM B;
   R; -- new message
END C.
```

```
IMPLEMENTATION OF C;
   VAR z: ...; -- new component
   R IS BEGIN ... END R; -- new method
   P IS BEGIN ... END P; -- overridden method
END C.
```

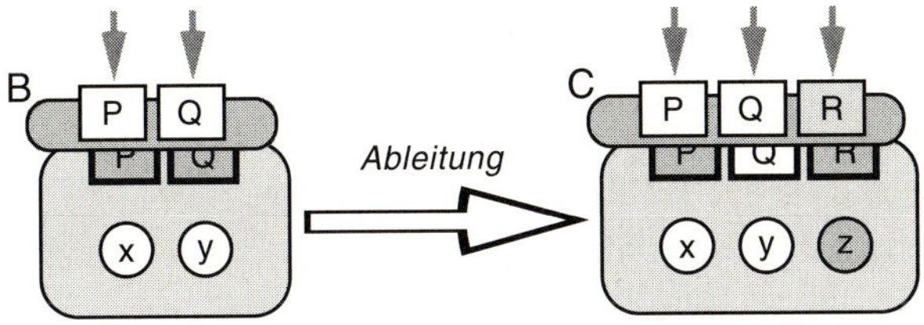

Abb. 5.9: Erweiterungen und Modifikationen von abgeleiteten Klassen; neu hinzugefügte und modifizierte Messages, Methoden und Komponenten sind grau dargestellt.

Zusätzlich zu den von B geerbten Operationen P und Q wird in der Klasse C eine neue Operation R definiert. Für R muß daher auch eine Implementierung bereitgestellt werden. Die Operation Q wird ohne Modifikationen geerbt, aber die Operation P wird durch eine neue Methode überschrieben. Da die Methoden P und R eine neue Objektkomponente benötigen, wird die Gestalt der C-Objekte um ein Element z erweitert.

Häufig soll eine geerbte Methode nicht vollständig überschrieben, sondern lediglich um zusätzliche Aktionen erweitert werden. Es wäre ein krasser Verstoß gegen die Regeln der Wiederverwendbarkeit, eine neue Methode zu schreiben, die denselben Code wie die Original-Methode, aber noch einige Erweiterungen enthält. Viel besser ist es, in der neuen Methode erst einmal die überschriebene Methode aufzurufen und dann noch die zusätzlich erforderlichen Aktionen zu programmieren. Im Beispiel der C-Methode P könnte ein erster Versuch etwa so aussehen:

```
P IS
BEGIN
   self:P;
   zusätzliche Aktionen
END P;
```

Leider funktioniert das so nicht, denn die dynamische Bindung sorgt dafür, daß der Aufruf self:P wieder eine Aktivierung der Methode P von C bewirkt (weil ja das aktuelle Empfänger-Objekt self ein C-Objekt ist). Wir hätten damit eine endlose Rekursion statt der gewünschten Funktionserweiterung einer Methode. Das bedeutet, daß wir mit den bisher eingeführten Sprachmitteln nicht auskommen. Wir benötigen noch eine Message-Konstruktion, die den Aufruf der überschriebenen Methode ermöglicht. In Anlehnung an ähnliche Sprachelemente in existierenden objektorientierten Sprachen führen wir hier das Schlüsselwort base ein, das in einem Methodenaufruf an der Stelle von self stehen kann. base:P soll die überschriebene Methode in der Basisklasse aufrufen. Dabei ist aber zu beachten, daß das Empfängerobjekt dasselbe bleibt. Wenn in der überschriebenen P-Methode self benutzt wird, bedeutet das also immer noch ein C-Objekt. Die korrekte Formulierung einer Funktionserweiterung hat damit also die folgende Form:

```
P:
BEGIN
   base:P;
   zusätzliche Aktionen
END P;
```

Was bisher allgemein und abstrakt erklärt wurde, soll nun durch ein Beispiel verdeutlicht werden. Wir setzen voraus, daß es bereits eine Klasse Rectangle mit der folgenden Schnittstelle gibt:

```
INTERFACE OF Rectangle;

   draw;                        -- draws the rectangle with white interior and black
border
   erase;                       -- removes the rectangle from the screen

   left: Integer;               -- returns the position of the rectangle's left border
   top: Integer;                -- returns the position of the rectangle's top border
   width: Integer;              -- returns the rectangle's width
   height: Integer;             -- returns the rectangle's height

   moveTo (x,y:Integer);        -- moves the rectangle's top left corner to (x,y)
   moveBy (dx,dy:Integer);      -- moves the rectangle's position by (dx,dy)
   changeSize (w,h:Integer);    -- sets the rectangle's dimensions to (w,h)

END Rectangle.
```

Wie bei den früheren Beispielen haben wir auch hier getrennte Operationen zum Abfragen und Ändern des Zustands eines Rechtecks vorgesehen. Die erste Gruppe von Operationen betrifft die Anzeige eines Rechtecks, die zweite Gruppe die Abfrage elementarer Eigenschaften und die dritte das Ändern dieser Eigenschaften. Wir haben allerdings hier keine getrennten Operationen zum Ändern jedes einzelnen Attributs vorgesehen, sondern je eine Operation zum Ändern der Position und der Ausdehnung eines Rechtecks. Globale Änderungen werden auf diese Weise einfacher, weil man weniger Messages dafür braucht. Wenn man aber nur die Höhe eines Rechtecks verändern will, muß man sich zuerst seine Breite besorgen und sie beim Aufruf von changeSize mitgeben: `myRect:changeSize(myRect:width, 50)`. Ob man sich für elementare oder für zusammengesetzte Operationen entscheidet, ist weitgehend Geschmackssache. Man sollte jedoch berücksichtigen, daß die voraussichtlich häufigsten Operationen möglichst einfach ausgeführt werden können.

Die oben angegebene Schnittstellenbeschreibung ist trotz der Kommentare noch unvollständig. Es wird zwar erklärt, welche Wirkung die einzelnen Operationen haben, ihr Zusammenspiel ist aber offen gelassen. Insbesondere wurde nichts darüber ausgesagt, welche Wirkung die Operationen moveTo und changeSize haben sollen, wenn das Rechteck bereits auf dem Bildschirm angezeigt ist. Wir beheben diesen Mangel nachträglich, indem wir definieren, daß sich Zustandsänderungen nicht auf eine eventuelle Anzeige des Objekts auf dem Bildschirm auswirken sollen. Man kann damit zum Beispiel eine Reihe von versetzten Rechtecken mit der folgenden Schleife zeichnen:

```
FOR i:=0 TO 4 DO
   myRect:moveBy(8,4);
   myRect:draw
END;
```

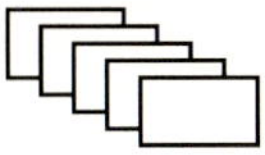

Wir wollen nun eine weitere Klasse von Rechtecken schaffen, die mit einem beliebigen Grauton gefüllt werden können. Der Grauton soll in Prozent angegeben werden, wobei 0 weiß und 100 schwarz bedeutet. Wir entwerfen also eine neue Klasse GrayRectangle, deren Objekte ein zusätzliches Attribut „Dunkelheit" haben. Alle übrigen schon in der Klasse Rectangle definierten Eigenschaften sollen erhalten bleiben, so daß wir die neue Klasse von der bereits existierenden ableiten können. Wie üblich sehen wir auch hier je eine Operation zum Abfragen und Ändern des neuen Attributs vor:

```
INTERFACE OF GrayRectangle;

   INHERITS FROM Rectangle;

   darkness: Integer;             -- returns the rectangle's darkness (in percent)
   setDarkness (d:Integer);       -- sets the rectangle's darkness to d%

END GrayRectangle.
```

Man beachte, daß die von Rectangle geerbten Operationen in dieser Schnittstellendefinition nicht mehr wiederholt werden; durch die Angabe INHERITS FROM Rectangle ist bereits ausgedrückt, daß mit GrayRectangle-Objekten auch die Operationen draw, erase, moveTo usw. möglich sind. Zum Beispiel kann ein GrayRectangle-Objekt myGrayRect auf die folgende Weise verwendet werden:

```
FOR i:=0 TO 4 DO
   myGrayRect:moveBy(8,4);
   myGrayRect:setDarkness(i*25);
   myGrayRect:draw
END;
```

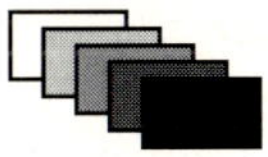

Mit der Schnittstellendefinition ist die Entwicklung der neuen Klasse leider noch nicht abgeschlossen; wir müssen noch dafür sorgen, daß die neuen Operationen auch ausgeführt werden. Wir geben die Klassenimplementierung vorläufig ohne weitere Kommentare an und erklären hinterher einige für das Verständnis wichtige Details.

```
IMPLEMENTATION OF GrayRectangle;

   VAR grayValue: INTEGER;        -- the rectangle's darkness in percent      ①

   darkness: Integer IS           -- return the rectangle's darkness          ②
   BEGIN
      RETURN grayValue
   END darkness;
```

```
    setDarkness (d:Integer) IS          -- sets the rectangle's darkness to d%      ②
    BEGIN
        grayValue := d
    END setDarkness;

    draw IS                             -- draw the rectangle, filled with gray     ③
    BEGIN
        base:draw;
        fill interior with gray
    END draw;

    initialize IS                       -- initialize the rectangle as w            ④
    BEGIN
        base:initialize;
        grayValue := 0
    END initialize;

END GrayRectangle.
```

Anmerkungen:

① Die zusätzliche Eigenschaft „Dunkelheit" muß durch eine neue Objektkomponente beschrieben werden, die wir hier mit grayValue bezeichnen. Man beachte, daß in der Klassenimplementierung nur die *zusätzlichen* Komponenten deklariert werden; wir wissen (weil wir die Implementierung der Klasse Rectangle nicht angegeben haben) an dieser Stelle nicht einmal, durch welche Objektkomponenten die Position und Ausdehnung eines Rechtecks (und damit auch eines grauen Rechtecks) beschrieben werden. Dieses Wissen ist auch unnötig, weil wir z. B. die Breite jederzeit mit Hilfe von self:width ermitteln können.

② Da die Operationen darkness und setDarkness in der Schnittstelle hinzugefügt wurden, müssen für sie auch Methoden geschrieben werden. Die Implementierungen sind hier denkbar einfach, weil nur der Wert der Objektkomponente grayValue zurückgegeben bzw. eingestellt werden muß.

③ Da das Rechteck jetzt auch anders auf dem Bildschirm erscheinen soll, muß die draw-Operation überschrieben werden. Wir gehen dabei so vor, daß zuerst die überschriebene Methode aktiviert wird, die dafür sorgt, daß das Rechteck mit weißem Inhalt und schwarzem Rand gezeichnet wird. Anschließend muß nur noch das Innere des Rechtecks mit dem passenden Grauton gefüllt werden. Die genaue Ausformulierung haben wir dabei weggelassen, weil die dazu erforderlichen Anweisungen vom Rechner und evtl. auch von der verwendeten Grafik-Software abhängen.

④ Ähnlich wie die Zeichenoperation muß auch die Initialisierungsmethode überschrieben werden. Zur Erinnerung: Wir gehen davon aus, daß diese Methode automatisch aufgerufen wird, sobald ein Objekt dieser Klasse erzeugt wurde. Auch hier wird durch einen Aufruf der überschriebenen Methode erst dafür gesorgt, daß die Objektkomponenten der Basisklasse initialisiert werden. Anschließend werden die zusätzlichen Komponenten (hier nur grayValue) mit passenden Anfangswerten versehen. In unserem Beispiel erhält grayValue den Wert 0; das entspricht einem weißen Rechteck.

Man beachte, daß die Operationen erase, moveTo, left, top, width, height, moveTo, moveBy und changeSize nicht überschrieben wurden. Diese Methoden können unverändert geerbt werden. Diese Situation ist charakteristisch für die objektorientierte Programmierung. Durch die automatische Übernahme von geerbter Funktionalität ergibt sich die bei objektorientierten Programmsystemen typische Einsparung von neu zu schreibendem Code.

5.2.5 Dynamik-Modelle

Wir haben im vorherigen Abschnitt bereits darauf hingewiesen, daß die Vererbung nicht auf einer Duplizierung des vererbten Codes beruht, sondern daß eine Verbindung zwischen einer Klasse und ihrer Basisklasse besteht, so daß ein Objekt „weiß", woher es welche Methoden erbt. Wie funktioniert nun die dynamische Bindung wirklich, und wie wird Vererbung realisiert? Diese Fragen bereiten Einsteigern in die objektorientierte Programmierung oft Schwierigkeiten. Wir wollen daher in diesem Abschnitt versuchen, Licht in die Realisierung dieser Konzepte zu bringen. Wir beginnen mit zwei Modellen und zeigen anschließend, wie diese Modelle in konkreten Programmiersprachen tatsächlich realisiert sind.

Wenn mit einem Objekt x eine Operation op ausgeführt werden soll (x:op), dann muß zuerst der dynamische Datentyp von x bestimmt werden, den wir im folgenden mit *D* bezeichnen. Das Ziel der Methodensuche besteht dann darin, die für das Paar ['*op*', *D*] passende Methode zu finden. Eine derartige Suche kann mit jedem der zwei Kriterien beginnen. Daran orientieren sich auch die beiden folgenden Modelle. Das erste Modell (das wir als *algorithmisch* bezeichnen) benutzt den Methodennamen als Primärkriterium und sucht eine Klasse, in der die Methode implementiert ist. Da die Methode in mehreren Klassen implementiert sein kann, muß jene Klasse gefunden werden, in der die in *D* gültige Methode *op* implementiert ist. Das zweite Modell (hier als *Schichtenmodell* bezeichnet) benutzt die Klasse *D* als Primärkriterium und sucht in dieser Klasse durch Nachsehen in einer Tabelle die richtige Methode.

Das *algorithmische Modell* beruht auf der Idee, daß in jeder Klasse festgehalten ist, welche Methoden in ihr implementiert sind. Abbildung 5.10 zeigt den Algorithmus zur Auswahl der passenden Methode für eine Message *op*.

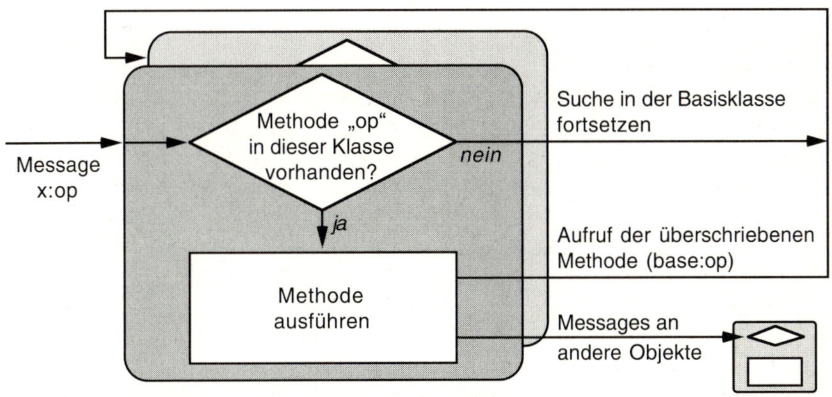

Abb. 5.10: Algorithmische Methodensuche

Wenn ein Objekt eine Message empfängt, wird zuerst in der Klasse des Objekts (=dynamischer Datentyp von x) nachgesehen, ob dort eine entsprechende Methode implementiert ist. Wenn das der Fall ist, wird sie ausgeführt, was weitere Messages (an dasselbe Objekt oder an andere Objekte) nach sich ziehen kann. Wenn es keine entsprechende Methode gibt, wird die Suche in der Basisklasse fortgesetzt. Dabei kann wieder der Fall eintreten, daß die Methode dort nicht implementiert ist, womit die Suche in der Basisklasse der Basisklasse fortgesetzt wird. In statisch typisierten objektorientierten Sprachen (nur diesen Fall haben wir bisher betrachtet) wird die Methode irgendwann einmal gefunden. In objektorientierten Sprachen ohne statische Typisierung (z. B. Smalltalk [Goldberg 1983] und Self [Ungar 87]) kann es auch geschehen, daß die Methode überhaupt nicht gefunden wird. Dann wird beim Versuch, die Suche in der Basisklasse fortzusetzen, festgestellt, daß es keine weitere Basisklasse mehr gibt. Die Suche endet daher mit Mißerfolg, und das Programm muß wegen eines Laufzeitfehlers (in Smalltalk: „message not understood") abgebrochen werden.

Abbildung 5.11 zeigt anhand einer einfachen Klassenhierarchie, wie die Methodensuche bei verschiedenen dynamischen Datentypen des mit der Variablen x verbundenen Objekts funktioniert.

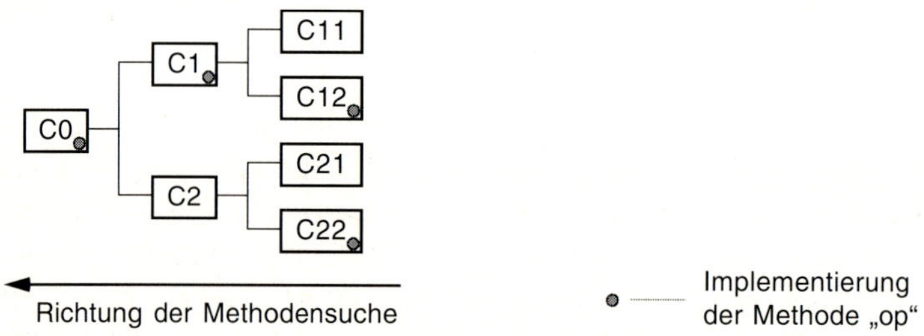

Abb. 5.11: Methodensuche in einer Klassenhierarchie

Wir nehmen an, daß die Methode op in den Klassen C0, C1, C12 und C22 implementiert ist. Wenn die Variable x eine Referenz auf ein Objekt einer dieser Klassen enthält, wird die Methode sofort gefunden. Wenn das Objekt jedoch z. B. von der Klasse C11 ist, wird die Methode erst in der Basisklasse C1 gefunden. Analog dazu wird die Methode erst in der Klasse C0 gefunden, wenn das Objekt von der Klasse C21 ist. Wenn die Methode op in der Klasse C22 einen Aufruf der Form base:op enthält, dann wird auch dieser Aufruf vorerst an die Basisklasse C2 weitergeleitet. Da die Methode dort nicht implementiert ist, wird die Suche in der Basisklasse C0 fortgesetzt. Ein base-Aufruf muß also nicht unbedingt von der direkten Basisklasse ausgeführt werden.

Wichtig: Wenn das Objekt von der Klasse C21 ist, wird zwar die in C0 enthaltene Methode ausgeführt. Wenn aber in dieser Methode wiederum ein self-Aufruf mit einer anderen Message steckt (z. B. self:op2) beginnt die Methodensuche wieder beim dynamischen Datentyp von self, also in der Klasse C21! Das bedeutet, daß auch eine geerbte Methode nicht immer das gleiche Verhalten haben muß, weil sie sich anderer Methoden bedienen kann, die überschrieben worden sein können.

Das *Schichtenmodell* beruht auf einer völlig anderen Idee. Die Messages einer Klasse werden numeriert. Die Numerierung kann zum Beispiel nach folgendem Schema vorgenommen werden:

- Die Message initialize bekommt die Nummer 0.
- Die Messages einer Klasse C ohne Basisklasse werden von 1 weg in der Reihenfolge ihres Auftretens in der Klassendefinition numeriert. Für die Klasse wird außerdem die höchste Messagenummer festgehalten.
- Die Numerierung der Messages einer von C abgeleiteten Klasse beginnt mit der um 1 erhöhten höchsten Messagenummer der Klasse C. Es werden wiederum nur die Messages aus der Klassendefinition berücksichtigt. Die geerbten Messages behalten ihre Nummern bei.

Beispiel: Den Messages der Klassen Rectangle und GrayRectangle (siehe Abschnitt 5.1.5) werden die folgenden Nummern zugeordnet:

Rectangle:	1	draw	4	top	7	moveTo
	2	erase	5	width	8	moveBy
	3	left	6	height	9	changeSize
		höchste Messagenummer: 9				
GrayRectangle:	10	darkness	11	setDarkness		
		höchste Messagenummer: 11				

Für jede Klasse wird nun eine Tabelle angelegt, die man sich auf einer durchsichtigen Scheibe aufgetragen vorstellen kann. Die Scheibe wird in numerierte Spalten eingeteilt; wenn die Klasse eine Method für die Message mit der Nummer i enthält, wird in der i-ten Spalte ein Blatt Papier mit dem Quelltext der Methode aufgeklebt. Die vollständige Methodentabelle für eine Klasse entsteht, wenn man – beginnend mit der Wurzelklasse – die Scheiben aller Basisklassen übereinander legt und obenauf noch die zur Klasse selbst gehörende Scheibe plaziert (Abbildung 5.12).

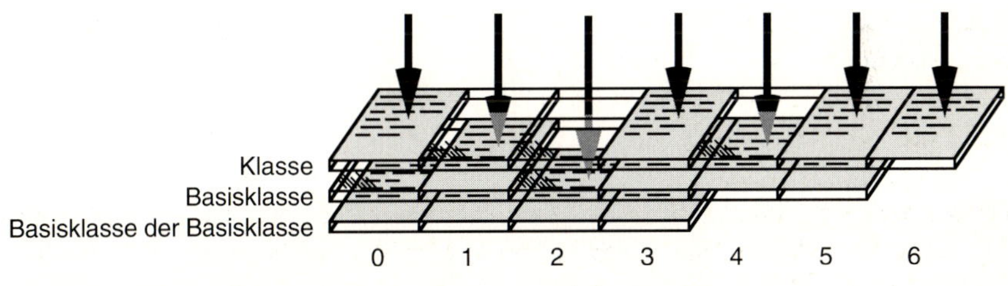

Abb. 5.12: Schichtenmodell

Wenn man nun die aus mehreren Schichten bestehende Tabelle von oben betrachtet, sieht man auf einen Blick, welche Methoden bei welchen Messages ausgeführt würden. Eine in der aktuellen Klasse implementierte Methode sieht man dabei schon in der obersten Schicht, während man bei geerbten Methoden durch eine oder mehrere Scheiben hindurchsieht. Von der Seite betrachtet sieht dieser Stapel wie in Abbildung 5.13 dargestellt aus.

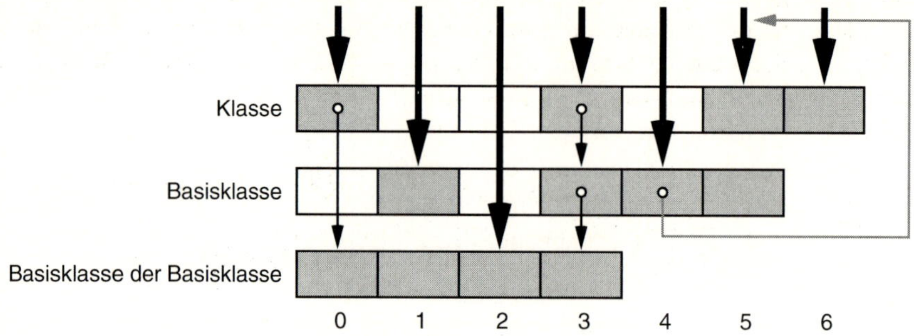

Abb. 5.13: Methodenauswahl im Schichtenmodell

Die von einer Methode wegführenden dünnen Pfeile symbolisieren in dieser Darstellung base-Aufrufe. Wie man hier sieht, entspricht ein Aufruf einer überschriebenen Methode dem Entfernen aller Schichten bis einschließlich derjenigen, in der die gerade ausgeführte Methode liegt. Man sieht dann noch einmal von oben auf den Stapel und führt jene Methode aus, die jetzt sichtbar ist. Der dünne graue Pfeil von der Methode 4 der Basisklasse zur Methode 5 der abgeleiteten Klasse zeigt, was bei einem Aufruf der Form self:msg5 geschieht: Die Methodensuche beginnt wieder in der aktuellen Klasse, also beim dynamischen Datentyp von self.

Obwohl die beiden hier vorgestellten Verfahren als Denkmodelle gedacht sind, entsprechen sie doch weitgehend den heute üblichen Realisierungen der dynamischen Bindung. Der Rest dieses Abschnitts zeigt, wie die dynamische Bindung in Smalltalk und in C++ funktioniert. Wir benutzen dazu das in Abbildung 5.14 gezeigte einfache Beispiel.

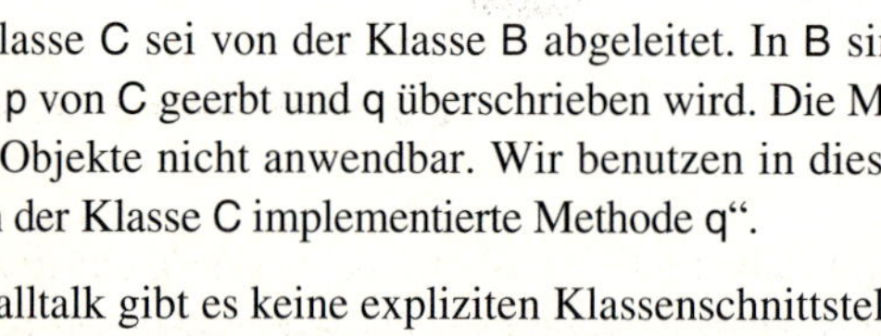

Abb. 5.14: Ein einfaches Beispiel, im Schichtenmodell dargestellt

Die Klasse C sei von der Klasse B abgeleitet. In B sind die Methoden p und q implementiert, wobei p von C geerbt und q überschrieben wird. Die Methode r ist nur in C implementiert; sie ist auf B-Objekte nicht anwendbar. Wir benutzen in diesem Zusammenhang die Notation C.q für „die in der Klasse C implementierte Methode q".

In Smalltalk gibt es keine expliziten Klassenschnittstellen und keine statische Typisierung. Eine fortlaufende Numerierung der Methoden ist daher nicht möglich, wodurch sich das Schichtenmodell nicht für die Methodensuche eignet. Die heute gängigen Smalltalk-Systeme benutzen je eine Methodentabelle für jede Klasse, in der die Namen und die Startadressen aller in dieser Klasse implementierten Methoden vermerkt sind. Wenn eine Methode in einer Klasse nicht gefunden wird, wird die Suche wie im algorithmischen Modell beschrieben in der Basisklasse fortgesetzt. Zu diesem Zweck enthält die Methodentabelle noch einen Verweis zur Methodentabelle der Basisklasse. Eine weitere Übereinstimmung mit der hier gezeigten algorithmischen Methodensuche besteht darin, daß es tatsächlich einen Algorithmus (den *message dispatcher*) gibt, der – ausgehend von einem Methodennamen und der zu einer Klasse gehörenden Methodentabelle – die passende Methode sucht. Damit das funktioniert, braucht jedes Objekt einen Zeiger zu der Methodentabelle seiner Klasse. Abbildung 5.15 zeigt die Speicherstruktur, wenn wir je ein B- und ein C-Objekt angelegt haben.

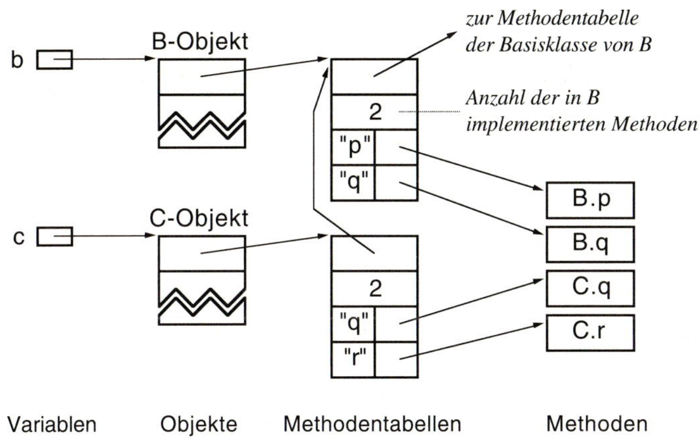

Abb. 5.15: Speichermodell bei algorithmischer Methodensuche

Der Aufruf c:q bewirkt eine Aktivierung des Suchalgorithmus „Dispatch". Zur Erfüllung seiner Aufgabe benötigt dieser Algorithmus den Namen der Methode und den Zeiger auf die Methodentabelle, in der die Suche beginnen soll. In Pseudocode kann dieser Algorithmus folgendermaßen dargestellt werden:

```
Dispatch (↓name ↓tablePtr):
VAR codeAdr: Pointer;
BEGIN
   Lookup (↓name ↓tablePtr ↑codeAdr);
   WHILE codeAdr = NIL DO
      tablePtr := tablePtr^.baseTable;        -- find the method table of the base class
      IF tablePtr = NIL THEN HALT END;        -- no more base class
      Lookup (↓name ↓tablePtr ↑codeAdr);
   END WHILE;
   call method starting at codeAdr
END Dispatch;
```

Die Prozedur Lookup sucht in der Methodentabelle nach dem Namen der Methode und liefert die dazugehörende Startadresse der Methode (oder NIL, wenn es keine Methode dieses Namens gibt). Es ist klar, daß die Effizienz dieses Verfahrens fast ausschließlich von der effizienten Namenssuche abhängt. Meist werden die Methodennamen arithmetisiert (d. h. durch Zahlen dargestellt) und in Hash-Listen gespeichert.

Die algorithmische Methodensuche hat den Nachteil, daß sie relativ langsam ist, weil bei jeder Message eine Prozedur aufgerufen werden muß, die erst einmal bestimmt, welche Methode auszuführen ist. Sie hat aber den Vorteil, daß die Methodentabellen kompakt sind, weil geerbte Methoden darin keinen Niederschlag finden. Ein weiterer Vorteil ist die enorme Flexibilität, der

Smalltalk seine hohe Beliebtheit verdankt. Es ist mit dieser Technik nämlich möglich, zu einer Klasse eine neue Methode hinzuzufügen, die dann ab sofort auf alle abgeleiteten Klassen weitervererbt wird.

Das zweite Verfahren wird in den meisten Hybridsprachen (z. B. C++) benutzt. Es arbeitet mit Indizierung in *vollständigen* Methodentabellen (die alle, auch die geerbten, Methoden enthalten). Die Methoden werden wie oben beschrieben numeriert. Jede Klasse erhält eine Methodentabelle mit so vielen Einträgen, daß alle Methoden darin untergebracht werden können. Da die Methoden jetzt direkt mit ihren Indizes identifiziert werden können, sind ihre Namen nicht mehr erforderlich. Das oben bei der algorithmischen Methodensuche benutzte Beispiel führt beim Schichtenmodell zu der in Abbildung 5.16 gezeigten Speicherstruktur.

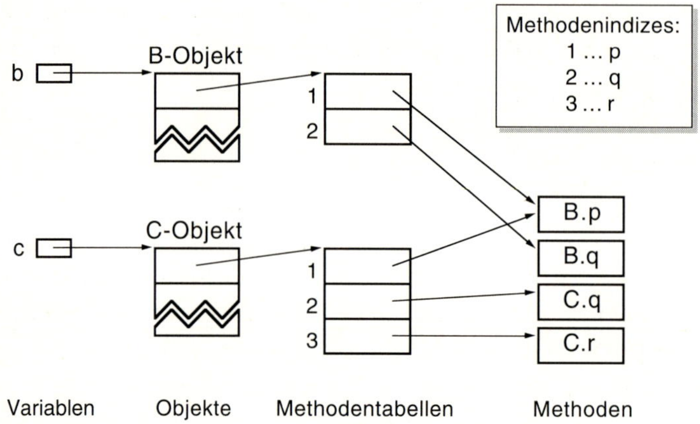

Abb. 5.16: Speichermodell bei Methodenindizierung

Auch hier hat jedes Objekt einen Zeiger zur Methodentabelle seiner Klasse. Allerdings wird jetzt die Verkettung einer Klasse mit ihrer Basisklasse und die Anzahl der Methoden in der Tabelle nicht mehr benötigt. Beim Aufruf Aufruf b:q wird nun in der Methodentabelle an der Stelle 2 (der Methodennummer von q) nachgesehen und die Methode mit der dort verzeichneten Startadresse aufgerufen. Wenn wie in Abbildung 5.16 das mit der Variablen b verbundene Objekt zur Klasse B gehört, wird dadurch die Methode B.q aktiviert, wenn b aber auf ein C-Objekt verweist, wird C.q aufgerufen, weil ja die Methode q in C überschrieben wurde. Verglichen mit einem konventionellen statisch gebundenen Prozeduraufruf kostet ein dynamisch gebundener Methodenaufruf drei Speicherzugriffe zusätzlich. Das ist sehr wenig im Vergleich zu der aufwendigen algorithmischen Methodensuche.

In der Praxis werden die Methodentabellen nicht nur zur Realisierung der dynamischen Bindung benutzt. Da es für jede Klasse eine eigene Methodentabelle gibt, liegt es nahe, die Tabelle zu einer Klassenbeschreibung auszubauen, die noch weitere Informationen über die Klasse und ihre Objekte enthält. Üblicherweise enthält die Tabelle dann außer den Methoden noch

- den Namen der Klasse,
- einen Verweis auf die Basisklasse,
- die Größe der Objekte dieser Klasse,
- Hinweise auf die Struktur von Objekten (z. B. für die Speicherbereinigung).

Solche Informationen über Klassen und Objekte, die nicht die Werte der Objektkomponenten betreffen, bezeichnet man als *Meta-Informationen*. Sie ermöglichen es, zur Laufzeit den Namen der Klasse eines Objekts zu erfragen oder festzustellen, ob ein Objekt direkt oder indirekt zu einer bestimmten Klasse gehört. Leider ist der Umfang der in verschiedenen Sprachen verfügbaren Meta-Information sehr unterschiedlich. Während zum Beispiel ein Klassentest fester Bestandteil in manchen Sprachen ist, gibt es in anderen diese Möglichkeit nicht.

5.3 Vererbungsarten

Die Vererbung ist ein so zentrales Konzept der objektorientierten Programmierung, daß wir in diesem Abschnitt einige besondere Vererbungsarten diskutieren wollen, die in bestimmten Programmiersprachen unterstützt werden. Wir behandeln dabei insbesondere die folgenden Punkte:

- Einfache und mehrfache Vererbung
- Geschützte Vererbung
- Eingeschränkte Vererbung
- Zugriffsrechte

Dabei soll vor allem gezeigt werden, daß die objektorientierten Konzepte in verschiedenen Sprachen auch verschieden aufgefaßt und unterstützt werden. Das ist beim objektorientierten Entwurf besonders unangenehm, weil man schon in der Entwurfsphase wissen muß, welche Spracheigenschaften später zur Realisierung zur Verfügung stehen werden.

5.3.1 Einfache und mehrfache Vererbung

Wir haben bisher bei der Konstruktion einer neuen Klasse immer nur *eine* Basisklasse benutzt. In diesem Fall spricht man von *einfacher Vererbung*. In der realen Welt stößt man aber immer wieder auf Dinge, die sich nicht eindeutig einer Klasse zuordnen lassen, sondern eigentlich zu mehreren Klassen gleichzeitig gehören. Wenn man zum Beispiel eine Klassenhierarchie der Fortbewegungsmittel aufstellen möchte, wird man vorerst auf die in Abbildung 5.17 dargestellte einfache Hierarchie kommen.

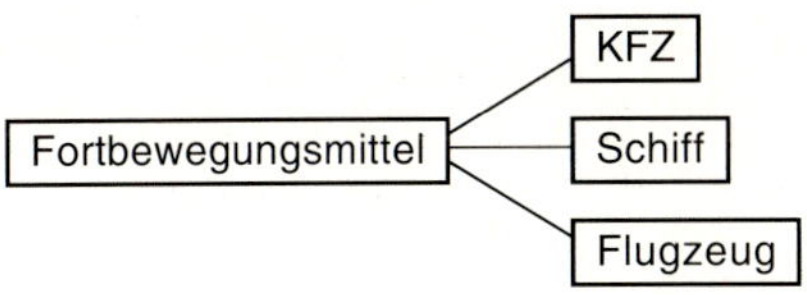

Abb. 5.17: Klassenhierarchie der Fortbewegungsmittel

Die einzelnen Klassen können dann noch beliebig verfeinert werden, wie in Abschnitt 3.4.7.2 am Beispiel KFZ gezeigt wurde. Wenn man nun ein Amphibienfahrzeug oder ein Wasserflugzeug in dieser Hierarchie unterbringen müßte, stieße man schon auf ernste Probleme, die daher kommen, weil man von einem Amphibienfahrzeug mit gutem Recht behaupten kann, daß es sowohl zur Klasse der Kraftfahrzeuge als auch zur Klasse der Schiffe gehört. Dieser Konflikt drückt sich aber nicht nur in der Ist-ein-Beziehung aus, sondern auch in den Eigenschaften der Klassen und den Operationen, die mit ihren Objekten möglich sein sollen. So wird ein Schiff einen Tiefgang und ein Flugzeug ein maximales Abfluggewicht haben, ein Wasserflugzeug aber beides. Es liegt hier also nahe, sich eine Möglichkeit zu wünschen, von *beiden* in Frage kommenden Basisklassen zu erben. Das führt in unserem Beispiel etwa zu der Klassenhierarchie in Abbildung 5.18.

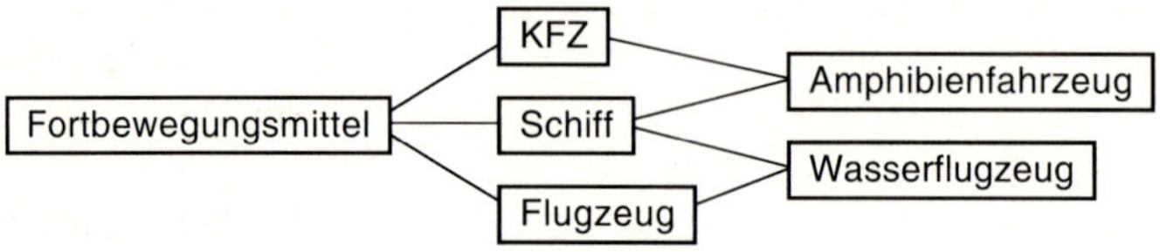

Abb. 5.18: Klassenhierarchie mit mehrfacher Vererbung

5.3.1.1 Kriterien für mehrfache Vererbung

In der einschlägigen Literatur werden oft Beispiele aus der realen Welt (wie etwa das „Hausboot", auf das wir im folgenden noch zu sprechen kommen werden) für die Nützlichkeit der mehrfachen Vererbung angeführt. So anschaulich diese Beispiele auch sein mögen, tragen sie leider nichts zu einer kritischen Beurteilung des praktischen Wertes der mehrfachen Vererbung bei. Wir wollen daher im folgenden an einem Beispiel aus der Welt der Programmierung zeigen, wozu man die mehrfache Vererbung brauchen kann. Zuvor sind aber erst noch einige Überlegungen angebracht, in welchen Situationen mehrfache Vererbung benutzt werden kann und wo sie vermieden werden sollte:

- *Ist-ein-Beziehung*. Wenn eine neue Klasse AB von den beiden Klassen A und B erben soll, dann ist besonders genau zu untersuchen, ob man auch wirklich von jedem AB-Objekt sagen kann, daß es *sowohl* ein A-Objekt *als auch* ein B-Objekt *ist*. Nur dann sollte mehrfache Vererbung benutzt werden. Schon beim Amphibienfahrzeug kann man darüber streiten, weil man es wahrscheinlich in erster Linie als Auto (KFZ) sehen wird, das aber auch im Wasser fahren kann. Auch ein Hausboot *ist* in erster Linie ein Boot, das ein Haus *hat* oder als solches benutzt wird. Noch klarer ist die Sache beim Wasserflugzeug: Es *ist* auf jeden Fall ein Flugzeug, das aber auch auf dem Wasser landen kann. Eine Hilfestellung bei der Beantwortung dieser Frage bieten die zusammengesetzten Hauptwörter, die oft die Idee zum Einsatz der mehrfachen Vererbung liefern. Das Hauptwort am Ende drückt immer die Primär-Eigenschaft aus, während die davor stehenden Wörter zur näheren Bestimmung des Grundbegriffs dienen (vgl. z. B. „Hausboot" und „Bootshaus").
- *Wiederverwendung von Code*. Damit die mehrfache Vererbung für die Programmierung einen spürbaren Nutzen bringt, muß sie sich durch eine besonders hohe Wiederverwendung von Code auszeichnen. Wenn man also alle oder fast alle Operationen von nur einer der ins Auge gefaßten Basisklassen erben kann, ist die mehrfache Vererbung wahrscheinlich fehl am Platz. Umgekehrt ausgedrückt: Wenn man von einer Klasse nichts erben kann, sollte man sie auch nicht als Basisklasse wählen.
- *Schnittstellenvererbung*. Die Ableitung einer neuen Klasse von einer bestehenden bedeutet aber nicht nur Vererbung von Code, sondern auch die Vererbung der Schnittstelle. Im Falle der mehrfachen Vererbung heißt das, daß sich die Schnittstelle einer neuen Klasse AB aus der Vereinigungsmenge der Schnittstellen ihrer Basisklassen A und B ergibt. Das führt zu der

Folgerung, daß mehrfache Vererbung dort angebracht ist, wo die Summe der mit den Basisklassen möglichen Operationen etwa das ergibt, was man von der neuen Klasse erwartet. Oft wird der Fehler begangen, daß zu viel geerbt wird, wodurch die Schnittstelle der neuen Klasse unnötig aufgebläht wird und dadurch viele Funktionen enthält, die überflüssig oder gar unerwünscht sind.

- *Kompatibilität.* Wenn man von einer Klasse B eine neue Klasse C ableitet, dann sind (dynamische) C-Objekte mit Variablen des (statischen) Datentyps B kompatibel. Bei mehrfacher Vererbung bedeutet das, daß Objekte der neuen Klasse AB sowohl A- als auch B-Variablen zugewiesen werden können. Das heißt, daß sorgfältig überlegt werden muß, ob ein Objekt der neuen Klasse im Kontext *jeder* Basisklasse einen Sinn ergibt. Wenn zum Beispiel die Verwendung eines AB-Objekt an einer Stelle, wo ein B-Objekt erwartet wird, nicht beabsichtigt oder unerwünscht ist, sollte eine andere Form der Realisierung überlegt werden.
- *Objektidentität.* Ein Objekt gehört während seiner gesamten Lebensdauer immer zu ein und derselben Klasse. Das sollte bedacht werden, wenn man mehrfache Vererbung benutzen will, um einem A-Objekt auch B-Eigenschaften zu verleihen. Ein Beispiel dafür ist ein Rechteck (Klasse Rectangle), das man färben will. Man kann nun ein ColoredRectangle schaffen, indem man sowohl von Rectangle als auch von Color erbt. Das geht gut, solange man sich damit zufrieden gibt, daß ein „farbloses" Rechteck nie farbig werden kann. In einem Grafikeditor würde man sich das aber wünschen. Eine ähnliche Situation ergibt sich beim Wasserflugzeug: Wenn es abnehmbare Schwimmkörper hat, die durch Räder ersetzt werden können, dann müßte es dabei zwar seine Identität beibehalten, aber seine Klassenzugehörigkeit ändern. Eine solche „Mutation" ist aber (außer in manchen Spezialsprachen) nicht möglich.

Ein Beispiel für mehrfache Vererbung ergibt sich, wenn man den Inhalt eines Plattenspeichers (Magnetplatte oder CD-ROM) durch Objekte abbilden möchte. Die atomaren Bestandteile sind die Dateien (Klasse File), die entweder direkt auf der Platte (Klasse Disk) oder in einem Unterverzeichnis (Klasse Directory) untergebracht sind. Durch Faktorisierung gemeinsamer Eigenschaften kommt man zu drei abstrakten Klassen:

- NamedItem: Platten, Dateien und Verzeichnisse haben alle einen Namen. Die Namenskonventionen (erlaubte Zeichen, maximale Länge) sind meist für alle drei Klassen einheitlich.
- Container: Platten und Verzeichnissen ist gemeinsam, daß sie – im Gegensatz zu einer Datei – beliebig viele (solange die Speicherkapazität ausreicht) Dateien oder wiederum Verzeichnisse enthalten können.
- Element: Verzeichnisse und Dateien haben gemeinsam, daß sie in einem Container enthalten sind. Sie können von einem Container in einen anderen bewegt und kopiert oder überhaupt entfernt werden (was mit einer Platte nicht möglich ist).

Mit diesen Überlegungen kommt man auf ganz natürliche Weise zu der in Abbildung 5.19 gezeigten Klassenhierarchie.

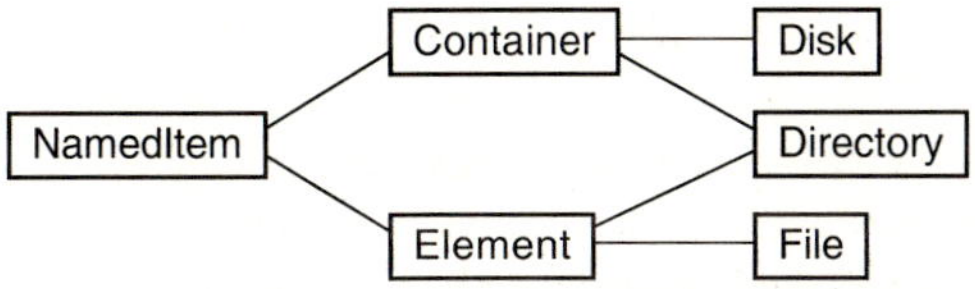

Abb. 5.19: Mehrfache Vererbung bei der Modellierung eines Plattenspeichers

Diese Klassenhierarchie ist kein gekünsteltes Beispiel, das wir hier nur zeigen, um den Nutzen der mehrfachen Vererbung zu demonstrieren. Sie entstand vielmehr im Rahmen eines Forschungsprojekts als erster Lösungsansatz beim Entwurf einer Klassenbibliothek. Wir wollen nun überprüfen, wie weit die oben aufgestellten Kriterien bei der mehrfachen Vererbung im Fall der Klasse Directory erfüllt werden:

- *Ist-ein-Beziehung.* Ein Directory ist sowohl ein Container (weil es weitere Teile enthalten kann) als auch ein Element (weil es selbst Bestandteil eines Containers ist). Keine der beiden Basisklassen hat Vorrang vor der anderen, und keine kann ohne weiteres in Frage gestellt werden.
- *Wiederverwendung von Code.* In Container sind alle Methoden realisiert, um festzustellen, aus wievielen und welchen Einträgen ein Directory besteht, und um zu überprüfen, ob es einen Eintrag mit einem bestimmten Namen enthält. In Element sind alle Methoden implementiert, mit denen ein Directory in einen anderen Container bewegt werden kann und mit denen überprüft werden kann, zu welchem Container es gehört. Ein Directory kann also von beiden Basisklassen essentielle Methoden erben.
- *Schnittstellenvererbung.* Alle mit Container- und Element-Objekten möglichen Operationen sind auch mit Directory-Objekten möglich und sinnvoll. Das ist auch nicht weiter verwunderlich, weil die abstrakten Basisklassen ja durch Herausheben der Gemeinsamkeiten der von ihnen abgeleiteten Klassen definiert wurden.
- *Kompatibilität.* Ein Directory kann sowohl als Container als auch als Element dienen. Zum Beispiel kann es (im Container-Kontext) wie eine Disk manipuliert werden, aber auch (im Element-Kontext) wie eine Datei in einen anderen Container bewegt werden.
- *Objektidentität.* Ein Directory wird zur Zusammenfassung von Dateien innerhalb einer Platte erzeugt und behält diesen „Lebenszweck" bei, bis es gelöscht wird. Insbesondere wird es niemals in eine Platte oder eine Datei umgewandelt werden.

Ein Directory verhält sich also wie ein Musterbeispiel und erfüllt alle Anforderungen, um von zwei Basisklassen zu erben. Trotzdem ist es kein typisches Beispiel dafür, wie mehrfache Vererbung heute meist eingesetzt wird. Der Grund dafür ist, daß wir uns beim Entwurf der oben gezeigten Hierarchie von Schnittstellenüberlegungen leiten ließen und die Objekte als schwarze Kästen betrachtet haben. Das ist unumgänglich, wenn man den Polymorphismus ausnutzen will und trotzdem klare Schnittstellen mit passenden Parameter- und Funktionstypen anstrebt. Betrachten wir zum Beispiel die Schnittstellen der beiden Directory-Operationen parent zum Feststellen des umschließenden Containers und contains zum Überprüfen, ob es ein bestimmtes Element enthält:

```
parent: Container;   -- kann sowohl eine Disk als auch ein Directory liefern
contains(e:Element): Boolean;   -- e kann sowohl ein File als auch ein Directory sein
```

Aus den Schnittstellen geht klar hervor, welche Objekte bei diesen Operationen beteiligt sind; bei der Benutzung kann man daher kaum Überraschungen erleben, die nicht schon vom Compiler aufgrund einer Inkompatibilität entdeckt würden.

In der Praxis wird mehrfache Vererbung allerdings weniger eingesetzt, um klare Schnittstellen und saubere abstrakte Konzepte zu schaffen, als vielmehr um möglichst viel bereits geschriebenen Code wiederzuverwenden. Es steht also nicht die Schnittstellen-, sondern die Implementierungsvererbung im Vordergrund. Ein Beispiel dafür ist die in [Meyer 1988] gezeigte Eiffel-

Klasse Tree (im Original: TREE) für Bäume. Dabei wird nicht zwischen Bäumen und Baumknoten unterschieden (eigentlich wäre die Bezeichnung TreeNode passender). Ein Baumknoten ist als verkettetes Element realisiert; er hat eine Verbindung zu seinem rechten Bruder. Außerdem ist ein Baumknoten eine verkettete Liste, in der seine Söhne gespeichert sind (siehe Abbildung 5.20).

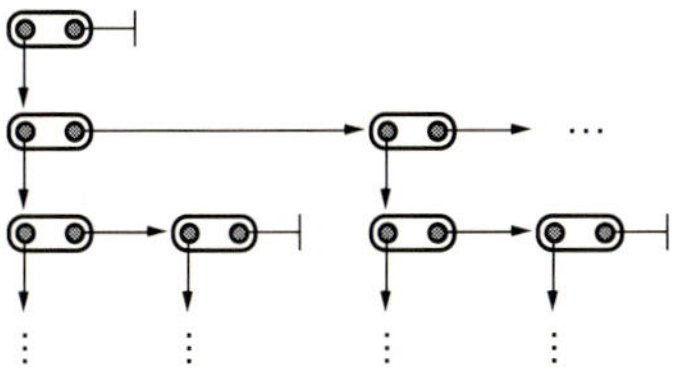

Abb. 5.20: Realisierung von Bäumen durch verkettete Knoten

Um einen Baumknoten zu implementieren, braucht man also Eigenschaften einer verketteten Liste (LinkedList) und eines mit einem anderen Objekt verknüpfbaren Knoten (Linkable). Die in beiden Klassen bereits realisierten Operationen (und Komponenten!) kann man hervorragend zur Bildung von Bäumen einsetzen, also erbt Tree sowohl von LinkedList als auch von Linkable. Damit ergibt sich die in Abbildung 5.21 gezeigte Klassenhierarchie.

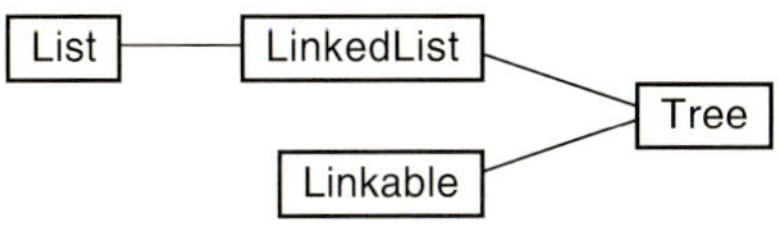

Abb. 5.21: Mehrfache Vererbung bei der Modellierung von Baumknoten

Man beachte, daß die Klassen List und Linkable keine Basisklassen haben. Solche *unabhängigen Klassen* sind für eine bequeme Wiederverwendung durch mehrfache Vererbung überaus wichtig, wie wir später im Abschnitt über Konfliktauflösung noch zeigen werden.

5.3.1.2 Mix-In

Unabhängige Klassen werden häufig bloß benutzt, um Eigenschaften zu beschreiben, die man neuen Klassen dann durch mehrfache Vererbung aufprägen kann. Zum Beispiel könnte man durch mehrfache Vererbung aus den Klassen Rectangle und Circle mit Hilfe der Eigenschaftsklassen Gray und Shaded die in Abbildung 5.22 dargestellten Variationen durch mehrfache Vererbung erzeugen.

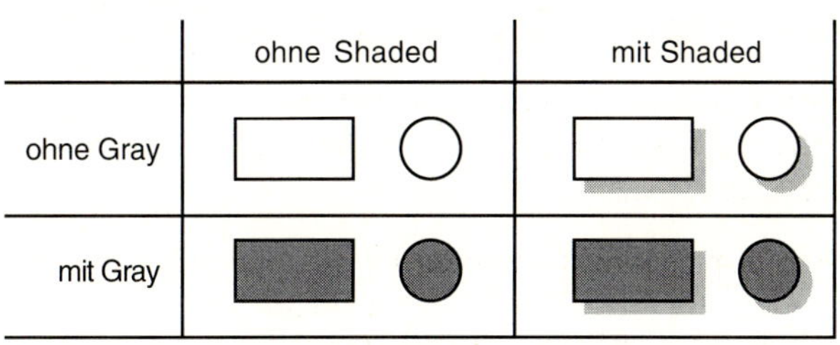

Abb. 5.22: Rechtecke mit verschiedenen Attributen

Man spricht in diesem Fall von „Mix-In", weil zu bestehenden Klassen neue Eigenschaften „dazugemischt" werden. Das Hierarchiediagramm in Abbildung 5.23 zeigt, welche Vielfalt von Vererbungsbeziehungen dabei zustande kommt.

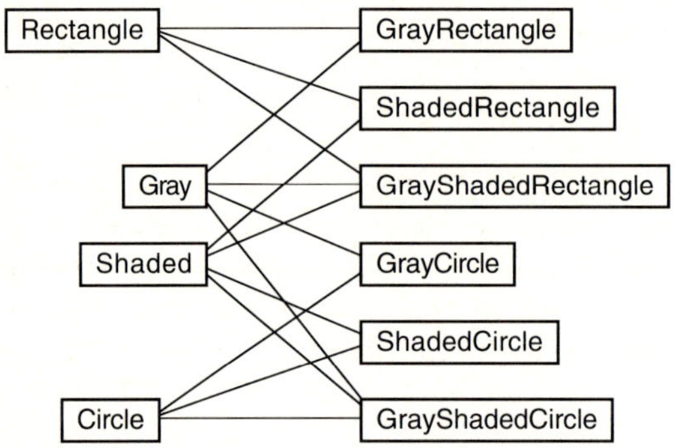

Abb. 5.23: Klassenhierarchie für Rechtecke mit verschiedenen Attributen

Zum Beispiel von Abbildung 5.23 sei noch bemerkt, daß es hier nur aus didaktischen Gründen angegeben wurde; in der Praxis sollte das Dazuerben von Eigenschaften vermieden werden, wenn die Möglichkeit besteht, daß zur Laufzeit ein und dasselbe Objekt zu einem Zeitpunkt eine bestimmte Eigenschaft hat und sie später wieder verliert oder – umgekehrt – eine Eigenschaft dazugewinnt. Durch mehrfache Vererbung werden immer Eigenschaften für eine ganze Klasse (im umgangssprachlichen wie auch im objektorientierten Sinn) von Objekten definiert. Sie eignet sich nicht dazu, einem bereits existierenden Objekt eine neue Eigenschaft zu verleihen. Das entspricht einer Zustandsänderung des Objekts und kann daher nur mit Hilfe von Objektkomponenten (z. B. Grauton, Schattenbreite und -farbe) realisiert werden, die mit Hilfe von entsprechenden Methoden modifiziert werden.

5.3.1.3 Wiederholte Vererbung

Eine spezielle Form der mehrfachen Vererbung ist die sogenannte *wiederholte Vererbung* von Eiffel [Meyer 1988]. Hierbei kann eine Klasse nicht nur von mehreren *verschiedenen* Basisklassen, sondern auch mehrmals von *derselben* Basisklasse erben. In den meisten objektorientierten Sprachen kann nur indirekt wiederholt geerbt werden. Wir haben das auch im obigen Directory-Beispiel benutzt, ohne ausdrücklich darauf hinzuweisen: Die Klasse Directory erbt über zwei verschiedene Wege (über Container und Element) von der Klasse NamedItem. In Eiffel ist auch ein direktes wiederholtes Erben möglich. Zum Beispiel kann die Klasse der Doppelverdiener (also der Personen mit zwei Arbeitsplätzen) durch wiederholte Vererbung realisiert werden, wie Abbildung 5.24 zeigt.

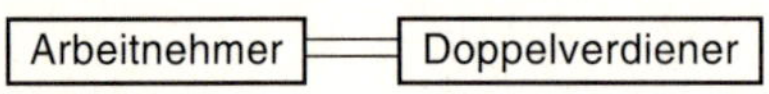

Abb. 5.24: Ein einfaches Beispiel für wiederholte Vererbung

Wir haben die wiederholte Vererbung hier durch zwei Verbindungen zwischen der Basisklasse und der abgeleiteten Klasse dargestellt. Die wiederholte Vererbung ist hier gerechtfertigt, weil ein

Doppelverdiener eben in doppelter Hinsicht ein Arbeitnehmer *ist*. Er hat zwei Arbeitgeber, zwei Vorgesetzte, zwei Personalnummern, zwei Einstellungsdaten, zwei Berufsbezeichnungen und zwei Gehälter. Dabei tritt aber das Problem auf, was geschehen soll, wenn ein Doppelverdiener-Objekt die (in der Klasse Arbeitnehmer definierte) Message personalNummer empfängt. Die Personalnummer innerhalb welcher Firma soll dann geliefert werden? Ein ähnliches Problem tritt auch bei indirekter wiederholter Vererbung auf. Wir werden dieser Frage etwas später bei der Behandlung der Konfliktauflösung noch genauer nachgehen.

Auch bei diesem Beispiel ist zu beachten, daß ein Doppelverdiener nicht zeitlebens einer bleiben muß und wahrscheinlich auch nicht immer einer war. Eine derartige Klasse ist daher bestenfalls zur Nachbildung einer Personenerhebung zu einem bestimmten Zeitpunkt geeignet, aber nicht für das Einwohnerverzeichnis einer Stadt, weil ein Doppelverdiener sonst seine Klassenzugehörigkeit ändern müßte, wenn er in einer Firma kündigt und somit nur noch ein „einfacher" Arbeitnehmer wird.

5.3.1.4 Einfache versus mehrfache Vererbung

Im Laufe der Zeit wurden viele objektorientierte Sprachen entwickelt und auch etliche konventionelle Sprachen um objektorientierte Elemente erweitert. Während es in den ersten objektorientierten Sprachen nur einfache Vererbung gab, wurden einige später entwickelte Sprachen schon mit der Möglichkeit der mehrfachen Vererbung ausgestattet. Manche objektorientierte Sprachen (z. B. C++) wurden erst nachträglich um mehrfache Vererbung erweitert. Man kann heute allgemein einen Trend zur mehrfachen Vererbung beobachten, aber auch die kritischen Stimmen werden immer lauter. Die Frage, ob man mehrfache Vererbung braucht oder ob sie wegen der mit ihr verbundenen Probleme vermieden werden sollte, ist in der Fachwelt ein beliebter Diskussionsstoff. Es ist deshalb auch kaum möglich, über objektorientierte Programmierung zu schreiben, ohne auf diese Frage einzugehen. Zu Beginn dieser Diskussion muß gleich erwähnt werden, daß wir, die Autoren, anfangs auch von den Möglichkeiten der mehrfachen Vererbung fasziniert waren. Im Laufe der Zeit haben wir jedoch sowohl in der Praxis als auch beim Studium neuer Programmiersprachen den Eindruck gewonnen, daß man mit einfacher Vererbung sehr gut auskommt, was beispielsweise durch die Smalltalk-Bibliotheken in eindrucksvoller Weise bestätigt wird. Wir gehen sogar so weit, daß wir heute die mehrfache Vererbung für ein gefährliches Instrument halten, das häufig falsch verwendet und nur allzu oft nicht in seiner ganzen Bedeutung verstanden wird. Diese Meinung soll in den folgenden Abschnitten genauer begründet werden.

Komplexität

Bei einfacher Vererbung ist die entstehende Klassenhierarchie immer ein *Baum* oder ein *Wald* (wenn es keine gemeinsame Wurzelklasse gibt). Sobald mehrfache Vererbung im Spiel ist, wird aus diesen einfachen Strukturen ein *gerichteter azyklischer Graph* (DAG; directed acyclic graph). Wenn eine Hierarchie viele Klassen enthält, entsteht dadurch ein Geflecht, das nicht mehr so einfach zu verstehen und anzuwenden ist. Das merkt man schon daran, wie schwierig es ist, die Beziehungen zwischen mehrfach erbenden Klassen grafisch darzustellen. Eine Kostprobe davon gibt das in Abbildung 5.23 gezeigte Beispiel mit den grauen und schattierten Rechtecken und Kreisen. Dieses Darstellungsproblem hat auch eine praktische Bedeutung: Die meisten Software-

Werkzeuge zur Unterstützung der objektorientierten Programmierung (sogenannte *Klassen-Browser*) zeigen die Klassenhierarchie grafisch (oder zumindest in einer eingerückten Liste) an. Das ist bei einfacher Vererbung einfach zu implementieren, und auch der Benutzer findet sich damit leicht zurecht.

Ein weiteres Komplexitätsproblem stellt die *Methodensuche* dar. Wenn man die Implementierung einer bestimmten Methode sucht, reicht es bei einfacher Vererbung, die (lineare) Vererbungskette bis zur Wurzel hin zu durchsuchen. Bei mehrfacher Vererbung bilden die Vorfahren *einer* Klasse bereits einen komplexen Graphen, der systematisch durchsucht werden muß. Das ist für den Programmierer sowohl bei der Fehlersuche als auch beim Einarbeiten in ein fremdes Programm ein beträchtliches Hindernis. Aber nicht nur für den Programmierer, sondern auch für den Compiler, der das Programm in Maschinensprache übersetzen soll, ist diese Aufgabe alles andere als einfach. Das im Abschnitt 5.2.5 („Dynamik-Modelle") gezeigte Schichtenmodell ist bei mehrfacher Vererbung nicht mehr in dieser einfachen Form zu gebrauchen, und die algorithmische Methodensuche wird komplexer (und langsamer), weil bei Mißerfolg nicht mehr bloß eine Basisklasse untersucht werden muß, sondern die Suche parallel in mehreren Zweigen des Basisklassen-Graphen fortgesetzt werden muß. Aus der Erfahrung mit Sprachen, die mehrfache Vererbung unterstützen, weiß man heute, daß mehrfache Vererbung sowohl Laufzeit als auch Speicherplatz kostet. Teilweise ist das sogar der Fall, wenn die Möglichkeit der mehrfachen Vererbung gar nicht ausgenutzt wird.

Konflikte

Das zweite Problem bei der Verwendung mehrfacher Vererbung tritt auf, wenn eine Klasse AB von ihren beiden Basisklassen A und B je eine Operation mit demselben Namen m erbt. Welche Methode soll ein AB-Objekt ausführen, wenn es die Message m empfängt? Hier liegt also ein Konflikt vor, der nur vom Programmierer aufgelöst werden kann. Dazu gibt es drei grundsätzliche Möglichkeiten, die wir in verschiedenen Programmiersprachen antreffen:

① Die Methode m muß in der Klasse AB *überschrieben* werden. In dieser Implementierung kann die Methode m einer der beiden Basisklassen aufgerufen werden. Dazu muß es dann ein base-Konstrukt geben, bei dem man zusätzlich die gewünschte Basisklasse spezifizieren kann, z. B. durch base[A]:m. Es ist natürlich auch möglich, die Methode m aus *beiden* Basisklassen hintereinander aufzurufen.
Diese Art der Konfliktauflösung funktioniert allerdings nur, wenn das m von A und das m von B dieselbe Schnittstelle haben. Wenn die Anzahl der Parameter unterschiedlich ist oder auch nur ein Parametertyp nicht übereinstimmt, handelt es sich dabei um *verschiedene* Operationen, die nicht durch *eine* Methode überschrieben werden können.

② Zumindest eine der beiden geerbten m-Methoden muß in der erbenden Klasse *umbenannt* werden. Zum Beispiel kann man die von B geerbte Methode in mb umtaufen. Das bewirkt, daß ein AB-Objekt ab nun die Message m und die Message mb versteht, wobei ab:m den Aufruf der von A und ab:mb den Aufruf der von B geerbten Methode bewirkt. In vielen Fällen ist das erwünscht, weil man beide Operationen zur Verfügung stellen will. Allerdings gibt es Situationen, die leicht Verwirrung stiften: Wenn das Objekt ab einer Variablen b der statischen Klasse B zugewiesen wird, ist mit der Variablen b die Operation mb nicht möglich (weil die Umbenennung nur für die Klasse AB gilt), aber b:m ist natürlich erlaubt. Allerdings hat dieser Aufruf nicht die Wirkung von ab:m, sondern die von ab:mb.

③ Die Konfliktauflösung wird dem *Klienten* der Klasse AB überlassen. Beide Methoden werden geerbt, aber der Benutzer muß bei der Verwendung einer AB-Variablen explizit angeben, welche Methode er meint, z. B. durch einen Aufruf der Form ab[A]:m. Genaugenommen ist der Konflikt dadurch nicht beseitigt, sondern die Last wurde dem Klienten aufgebürdet. Besonders unangenehm wird das, wenn ein derartiger Konflikt auch durch eine einmalige Qualifikation noch nicht behoben werden kann, zum Beispiel weil schon die Klasse A die Methode m mehrfach erbt. Dann muß die Basisklassenangabe wiederholt werden, etwa in der Form ab[A][D]:m.

Besonders lästig sind Konflikte von Methodennamen, wenn die beiden Basisklassen A und B eine gemeinsame Wurzel haben (Abbildung 5.25).

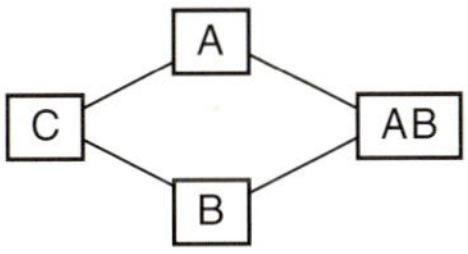

Abb. 5.25: Rautenstruktur bei mehrfacher Vererbung

Hier haben wir es mit indirekter wiederholter Vererbung zu tun. Das führt dazu, daß jede in C oder in einer ihrer Basisklassen definierte Methode in AB einen Konflikt auslöst. Das gilt auch dann, wenn die Methoden weder in A noch in B überschrieben werden und man daher genau weiß, daß es nur eine in Frage kommende Methodenimplementierung gibt. Es könnte nämlich zu einem späteren Zeitpunkt die Methode in einer der beiden Klassen A oder B doch überschrieben werden, wodurch die Klasse AB ungültig würde. Eine Umbenennung einer der beiden Methoden ist als Konfliktauflösung in diesem Fall nicht das geeignete Mittel, weil man die geerbte Operation meist auch nur ein einziges Mal zur Verfügung stellen will. Im Directory-Beispiel wird die Klasse NamedItem etwa eine Methode zur Abfrage des Namens, eine zur Umbenennung und eine zum Löschen zur Verfügung stellen. All diese Operationen werden in der Klasse Directory auch nur einmal gebraucht; sie sollen dort auch dieselben Namen haben. Damit bleibt zur Auflösung solcher Konflikte nur das Überschreiben übrig. Wenn aber eine Klassenhierarchie eine Wurzelklasse mit bloß 20 Methoden hat, dann müssen in jeder mehrfach erbenden Klasse zumindest diese 20 Methoden (wahrscheinlich aber noch mehr) überschrieben werden. Bei 15 solcher Klassen macht das bereits 300 Methoden, die nur zum Zweck der Konfliktauflösung implementiert werden müssen.

Komponentenwiederholung

Bei wiederholter Vererbung tritt noch das Problem auf, ob die Objektkomponenten der wiederholt geerbten Klasse dupliziert werden sollen oder nicht. Für beide Varianten lassen sich stichhaltige Argumente anführen: Für eine Verdopplung der Komponenten spricht das Beispiel des Doppelverdieners, der alle seine Arbeit betreffenden Angaben zweimal braucht. Gegen eine Verdopplung spricht das Directory-Beispiel, weil etwa der in NamedItem definierte Name nur einmal geerbt werden soll (ein Directory hat eben auch nur *einen* Namen). Das eingangs erwähnte Amphibienfahrzeug (das ebenfalls wiederholt von Fortbewegungsmittel erbt) ist ein Beispiel dafür, daß man sowohl Duplikate als auch Unikate braucht: Marke, Seriennummer, der Besitzer und andere Zulassungsdaten sind typische Komponenten, die man nur einmal braucht. Die

Reichweite, der Benzinverbrauch und die zulässige Nutzlast hängen jedoch davon ab, ob das Fahrzeug an Land oder im Wasser betrieben wird und werden deshalb doppelt benötigt. Um solche Differenzierungen gezielt machen zu können, braucht man vor allem ein geeignetes Sprachmittel, was die Programmiersprache schwerer beherrschbar macht. Besonders unangenehm ist aber, daß der Implementierer der wiederholt erbenden Klasse wissen muß, welche Komponenten er auf mehreren Wegen erbt. Das bedeutet, daß das Geheimnisprinzip außer Kraft gesetzt werden muß, damit der Programmierer definieren kann, welche Komponente ein Unikat und welche ein Duplikat sein soll.

Wir empfehlen aus den angeführten Gründen, mehrfache Vererbung möglichst zu vermeiden. Die Praxis hat gezeigt, daß man sehr gut ohne sie auskommt. Das merkt man unter anderem daran, daß die meisten Klassenbibliotheken auf der Basis der einfachen Vererbung aufgebaut sind. Dazu kommt, daß viele Programmiersprachen nur einfache Vererbung zulassen. Ein auf mehrfacher Vererbung beruhender Entwurf müßte daher in solchen Sprachen ohnehin anders implementiert werden. Wie man mehrfache Vererbung durch einfache nachbilden kann und welche Überlegungen dabei eine Rolle spielen, soll im folgenden Abschnitt genauer behandelt werden.

5.3.1.5 Nachbildung mehrfacher Vererbung

Manchmal steht man als Implementierer vor der Aufgabe, einen auf mehrfacher Vererbung beruhenden Entwurf in einer Sprache implementieren zu müssen, die nur einfache Vererbung unterstützt. Das kann zum Beispiel geschehen, wenn sich in einer bestimmten Situation die mehrfache Vererbung geradezu aufdrängt oder wenn man vor der Aufgabe steht, ein Programm, in dem mehrfache Vererbung benutzt wird, in eine andere Sprache zu übertragen, in der es diese Möglichkeit nicht gibt. Man muß dann versuchen, die mehrfache Vererbung zu umgehen. Dazu gibt es mehrere Möglichkeiten, deren Anwendbarkeit davon abhängt, aus welchem Grund die mehrfache Vererbung ursprünglich eingesetzt wurde.

Die softwaretechnisch beste Möglichkeit ist ein vollständiger Neuentwurf des Programms. Das bedeutet natürlich einen erheblichen Aufwand, führt aber zu einer sauberen Lösung, die ohne Tricks auskommt. Die beste Vorgehensweise beim Neuentwurf besteht darin, für jede Klasse mit mehrfacher Vererbung ein anderes abstraktes Modell aufzustellen. Beim Directory-Beispiel könnte man etwa eine Platte einfach als ein Speichermedium definieren, das ein Inhaltsverzeichnis *hat* (das „Wurzel-Verzeichnis“; „root directory“). Damit wäre eine Platte kein Container mehr, und Directory wäre die einzige von Container abgeleitete Klasse. Die Klasse Container ist damit überflüssig, weil man keine abstrakte Zwischenschicht zur Zusammenfassung der gemeinsamen Eigenschaften von Disk und Directory mehr braucht. Durch den Wegfall einer Klasse wird die Klassenhierarchie etwas einfacher (Abbildung 5.26).

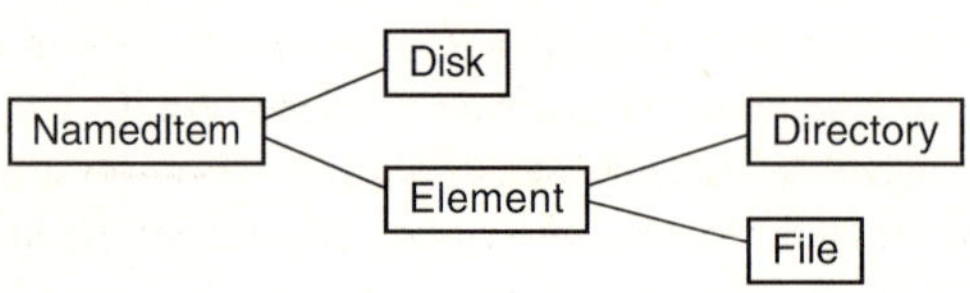

Abb. 5.26: Auflösung mehrfacher Vererbung durch Neuentwurf

Diese Umstellung hat natürlich auch Auswirkungen auf die Benutzung dieser Klassen. Wenn man bisher die Anzahl der direkt in einer Platte d enthaltenen Elemente einfach z. B. mit d:nElements abfragen konnte, muß man sich jetzt zuerst das Inhaltsverzeichnis der Platte besorgen und dann dessen Elementanzahl feststellen: (d:rootDirectory):nElements. Für ein Objekt der Klasse Element gilt jetzt auch nicht mehr unbedingt, daß es immer in einem Directory (früher: Container) enthalten ist. Weil das Wurzelverzeichnis der Platte nicht mehr in einem weiteren Inhaltsverzeichnis steckt, müssen Vorkehrungen getroffen werden, um zu verhindern, daß es zum Beispiel in ein anderes Inhaltsverzeichnis bewegt wird. Dazu muß ein Directory-Objekt „wissen", ob es in einem weiteren Inhaltsverzeichnis enthalten ist oder nicht.

Oft wird mehrfache Vererbung eingesetzt, um lediglich einige zusätzliche Operationen zu ererben. In solchen Mix-In-Fällen kann der gewünschte Effekt erzielt werden, indem man die Klasse einfach um die entsprechenden Methoden erweitert. Wenn man das für mehrere Klassen machen muß, bedeutet das allerdings eine Codeverdopplung, und die sollte ja durch die objektorientierte Programmierung gerade vermieden werden. Eine Möglichkeit dazu besteht darin, von den objektorientierten Prinzipien teilweise abzuweichen und in den zusätzlichen Methoden konventionelle Prozeduren aufzurufen, die die gewünschte Operation erledigen.

Wenn mehrfache Vererbung benutzt wird, um Objekten zusätzliche Eigenschaften aufzuprägen, kann man sich mit Objektkomponenten abhelfen. Ein Hinweis auf diese Möglichkeit ergibt sich aus der Überlegung, daß zum Beispiel die grauen und schattierten Rechtecke und Kreise einen Grauton und einen Schatten *haben*. Die Ist-ein-Beziehung (das Rechteck *ist* ein schattiertes Objekt) wird damit in eine Hat-ein-Beziehung umgewandelt. Das führt dazu, daß es nur noch zwei Klassen Rectangle und Circle gibt, die beide sowohl einen Schatten als auch einen Grauton haben können. Zur Realisierung schattenloser Objekte kann man nun verschiedene Konventionen benutzen. Man kann zum Beispiel einen unsichtbaren Schatten (der vollständig hinter dem Original verborgen ist) benutzen oder der den Schatten repräsentierenden Objektkomponente eine Null-Referenz (mit dem Wert NIL) zuweisen, um auszudrücken, daß das Objekt keinen Schatten hat. Bei der letzteren Lösung ist allerdings zu beachten, daß bei allen Operationen mit dieser Objektkomponente geprüft werden muß, ob sie den Wert NIL enthält.

Auf jeden Fall kann man mit Hilfe solcher veränderbaren Objekt-Eigenschaften eine größere Flexibilität bei der Verwendung der Objekte erzielen. Es entstehen dadurch mächtige Klassen, die bei einer Wiederverwendung in vielen verschiedenen Anwendungen eingesetzt werden können. Dem stehen aber zwei Nachteile gegenüber: Erstens sind viele Fallunterscheidungen erforderlich, um zu prüfen, welche Eigenschaften ein bestimmtes Objekt hat, weil man die Eigenschaften nicht mehr allein aus der Klassenzugehörigkeit ablesen kann. Zweitens werden bei einer späteren Wiederverwendung nicht alle möglichen Eigenschaften ausgenutzt, so daß oft viel Ballast mitgeschleppt wird.

Ein häufiger Fehler beim Einsatz der mehrfachen Vererbung besteht darin, daß eine Hat-ein-Beziehung als Ist-ein-Beziehung mißverstanden wird. Zum Beispiel *ist* ein Hausboot kein Haus, sondern ein Boot, das einen als Haus verwendeten Aufbau *hat*. Ein Baumknoten (Tree) *ist* ein mit einem anderen Knoten verknüpfbares Objekt (Linkable), aber er *hat* eine Liste seiner Söhne (LinkedList). Das führt zu einer Umgehung der mehrfachen Vererbung, die man im Fachjargon als „Wrapper" (engl. to wrap = einwickeln) bezeichnet. Man entscheidet sich für eine Primär-Basisklasse, bei der die Ist-ein-Beziehung am besten paßt. Die anderen Beziehungen werden in

Hat-ein-Beziehungen umgewandelt, indem man das Objekt um Komponenten der anderen Basisklassen erweitert. Wenn eine Klasse AB bisher zwei Basisklassen A und B hatte, wird man sich z. B. für die Basisklasse A entscheiden und die B-Eigenschaften (ähnlich wie beim schattierten Rechteck) durch eine Objektkomponente b der Klasse B realisieren. Jede nur in B definierte Methode muß dabei zusätzlich in AB aufgenommen werden; in der entsprechenden Methode wird die Aufgabe jedoch an das im AB-Objekt enthaltene B-Objekt weitergeleitet. Eine Methode m hat damit in der Klasse AB etwa die folgende Form:

```
m (x: Something) IS
BEGIN
   b:m(x)  -- Weiterreichen der Message an b
END;
```

Bei dieser Lösung verzichtet man allerdings auf die Kompatibilität von AB-Objekten mit Variablen des Datentyps B. Glücklicherweise ist das aber meist gar nicht nötig, weil es ohnehin keinen Sinn hat, ein Objekt nur deswegen, weil es ein B *hat*, einer Variablen der Klasse B zuzuweisen.

Man sollte unserer Meinung nach mit mehrfacher Vererbung sehr kritisch umgehen. Man kann sich spätere Schwierigkeiten ersparen, indem man von vornherein einen Entwurf anstrebt, in dem keine mehrfache Vererbung benötigt wird. Die hier gezeigten Möglichkeiten zur Nachbildung der mehrfachen Vererbung sollten daher auch in diesem Sinne gesehen werden. Mit der mehrfachen Vererbung verhält es sich ähnlich wie mit der strukturierten Programmierung: Es ist viel einfacher, von vornherein ein gut strukturiertes Programm zu schreiben als ein unstrukturiertes nachträglich mit Struktur zu versehen.

5.3.2 Geschützte Vererbung

Bei einem gut durchdachten objektorientierten Entwurf sind nicht nur die gesamten Programmsysteme, sondern auch ihre Bestandteile – die Objekte – nach dem Baukastenprinzip aufgebaut, wobei die Methoden die Bausteine darstellen, aus denen die Funktionalität eines Objekts zusammengesetzt ist. Ein neues Objekt wird konstruiert, indem man neue Bausteine hinzufügt und bestehende durch andere ersetzt. Dabei gibt es oft einige Basis-Methoden, die in vielen anderen Methoden benutzt werden. In reinen objektorientierten Sprachen gehören dazu auch so elementare Operationen wie das Kopieren von Objekten. Diese elementaren Operationen werden normalerweise nur einmal implementiert, nämlich in der Wurzel der Klassenhierarchie. Diese Methoden sollen auch gar nicht überschrieben werden, weil sich viele andere Methoden (die man vielleicht gar nicht kennt) auf ein bestimmtes Verhalten verlassen. Man wünscht sich daher ein Mittel, um Methoden vor einem versehentlichen Überschreiben zu schützen.

Ein Beispiel für eine derartige kritische Operation ist shallowCopy, eine Methode zum Herstellen einer „seichten" Kopie eines Objekts. Man versteht darunter eine Kopie, deren Objektkomponenten dieselben Werte haben wie jene des Originals. Wenn darunter Referenzen auf andere Objekte sind, dann verweisen die Komponenten der Kopie auf dieselben Objekte wie jene des Originals. Abbildung 5.27 veranschaulicht das Ergebnis einer solchen Kopieroperation.

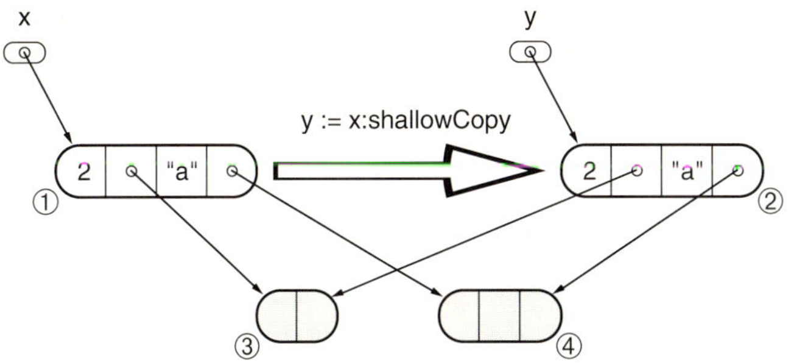

Abb. 5.27: Wirkung der Message shallowCopy

Nach der Anweisung y := x:shallowCopy sind die mit x und y verbundenen Objekte ① und ② *gleich*, aber nicht *identisch*. Die beiden Referenzen innerhalb der Objekte verweisen jedoch auf *dieselben* (=identischen) Objekte ③ und ④. Wenn das Objekt ③ eine Eigenschaft des Objekts ① repräsentiert, dann wirkt sich jede Änderung seines Zustands nicht nur auf ①, sondern auch auf ② aus.

shallowCopy (manchmal auch als clone bezeichnet) ist deswegen eine kritische Methode, weil sie von allen anderen Kopieroperationen (in Smalltalk z. B. deepCopy und copy) benutzt wird. Ein Überschreiben von shallowCopy kann daher eine Katastrophe verursachen und sollte tunlichst vermieden werden. In den meisten Programmiersprachen gibt es aber keine Möglichkeit, das Überschreiben von Methoden zu verhindern. Man behilft sich daher meist mit ausführlichen Kommentaren, in denen erklärt wird, daß diese Methode nicht überschrieben werden darf und warum nicht. Nur wenige Sprachen bieten ein Sprachelement, mit dem eine Methode wirksam gegen Überschreiben geschützt werden kann, zum Beispiel:

```
INTERFACE OF C;
   method1;
   method2 PROTECTED;
   ...
END C.
```

In diesem Fall kann der Compiler bei der Übersetzung einer von C abgeleiteten Klasse einen Versuch, die Methode method2 zu überschreiben, als unzulässig zurückweisen. Ohne diese Möglichkeit gibt es leider kein Mittel, das versehentliche Überschreiben einer Methode zu verhindern. Die einzige „Lösung" besteht in Hybridsprachen darin, die zu schützenden Operationen nicht als Methoden sondern mit Hilfe konventioneller Prozeduren zu implementieren. Wer eine Kopie eines Objekts x erzeugen möchte, muß dann statt y:=x:shallowCopy eben y:=ShallowCopy(x) schreiben. Der Unterschied ist weniger syntaktischer als grundsätzlicher Natur: Man erhält auf diese Weise nämlich einen externen Algorithmus, der *von außen* auf ein Objekt einwirkt. Dadurch wird bei komplexeren Operationen das Geheimnisprinzip verletzt. Außerdem ist die Möglichkeit, eine seichte Objektkopie herzustellen, nicht aus der Schnittstellenbeschreibung der Klasse abzulesen.

5.3.3 Eingeschränkte Vererbung

Oft wird Vererbung einfach benutzt, um so viel Funktionalität wie möglich von einer bereits existierenden Klasse zu erben. Dabei wird manchmal über das Ziel hinausgeschossen, weil zu viele Operationen geerbt werden, die in der abgeleiteten Klasse gar nicht erwünscht sind. Innerhalb eines Projekts ist das – abgesehen vom geerbten Ballast – nicht weiter schlimm, weil man durch Konventionen und geeignete Dokumentation dafür sorgen kann, daß niemand die überzähligen Methoden benutzt. Eine für Wiederverwendung entworfene Klasse darf aber solche möglicherweise gefährlichen Operationen gar nicht zur Verfügung stellen, weil man sich nicht darauf verlassen kann, daß sich zukünftige Benutzer auch an die in der Dokumentation angeführten Konventionen halten.

Wir wollen diesen Sachverhalt an einem einfachen Beispiel zeigen. Wir nehmen an, daß es bereits eine Klasse Array für dynamische Felder mit der folgenden Schnittstelle gibt:

```
INTERFACE OF Array;
INHERITS FROM Object;
   size: Integer;                          -- returns the number of elements
   changeSize (newSize:Integer);           -- changes the extent of the array
   put (index:Integer; elem:Object);       -- places elem at position index
   get (index:Integer): Object;            -- returns the alement at position index
END Array.
```

Auf der Basis dieser Klasse soll nun ein Kellerspeicher (Stack) implementiert werden. Wir gehen dabei von der Überlegung aus, daß ein Stack ein Array *ist*, bei dem man nur an einem Ende Werte anfügen und entfernen kann. Eine mögliche Implementierung könnte etwa so aussehen:

```
INTERFACE OF Stack;
INHERITS FROM Array;
   push (elem:Object);
   pop: Object;
END Stack.

IMPLEMENTATION OF Stack;

   VAR sp: Integer;      -- stack pointer

   push (elem:Object) IS
   BEGIN
      sp := sp+1;
      IF sp > self:size THEN self:changeSize(sp+10) END;    -- enlarge stack
      self:put(sp,elem)
   END push;
```

```
    pop: Object IS
    BEGIN
      IF sp=0 THEN HALT END;
      sp := sp–1;
      RETURN self:get(sp+1)
    END pop;

    initialize IS
    BEGIN
      sp := 0
    END initialize;

  END Stack.
```

Diese Lösung ist korrekt in dem Sinne, daß man mit Stack-Objekten die gewünschten Operationen ausführen kann. Sie erfüllt aber nicht die Bedingung, daß man bei einem Keller *nur an einem Ende* Werte hinzufügen und entfernen kann, weil zusätzlich zu den Operationen push und pop auch noch die von Array geerbten Operationen put und get zur Verfügung gestellt werden. Es ist sogar möglich, mit Hilfe der Methode changeSize einen Stack kleiner zu machen als sein Füllstandsanzeiger sp angibt.

Man kann nun mit Recht argumentieren, daß die Basisklasse schlecht gewählt wurde, weil ein Stack nicht ein Array *ist*, sondern ein Array zur Abspeicherung seiner Elemente *haben* soll. Wir werden später sehen, daß diese Kritik den Anhaltspunkt zu einer besseren Lösung liefert, wollen aber trotzdem zunächst die gewählte Vererbung beibehalten.

Um zu verhindern, daß Benutzer der Klasse Stack die Methoden get, put und changeSize verwenden können, brauchen wir eine Möglichkeit, um die durch Vererbung und neu hinzugekommene Operationen definierte Schnittstelle einzuschränken. Da es vor allem darum geht, manche von der Basisklasse geerbten Operationen Klienten nicht verfügbar zu machen, sprechen wir von *eingeschränkter Vererbung*, was etwa einem Erbverzicht gleichkommt. Es gibt zwei grundsätzliche Möglichkeiten, den gewünschten Effekt zu erzielen. Die erste beruht auf einer Reduktion der geerbten Schnittstelle. Diese Variante ist zum Beispiel in Eiffel realisiert. Hier kann man in jeder Klasse explizit angeben, welche Methoden *exportiert*, also Klienten zur Verfügung gestellt werden sollen. Im Vererbungsdiagramm kann das etwa so wie in Abbildung 5.28 gezeigt zum Ausdruck gebracht werden.

Die Methoden get und put können innerhalb von Stack benutzt werden, aber Klienten sind sie nicht zugänglich. Wenn von der Klasse Stack wiederum eine neue Klasse abgeleitet wird, kann dort durch eine neue Export-Anweisung die Sichtbarkeit der Methoden wieder neu geregelt werden. Zum Beispiel könnte die Methode pop versteckt, aber get wieder zur Verfügung gestellt werden.

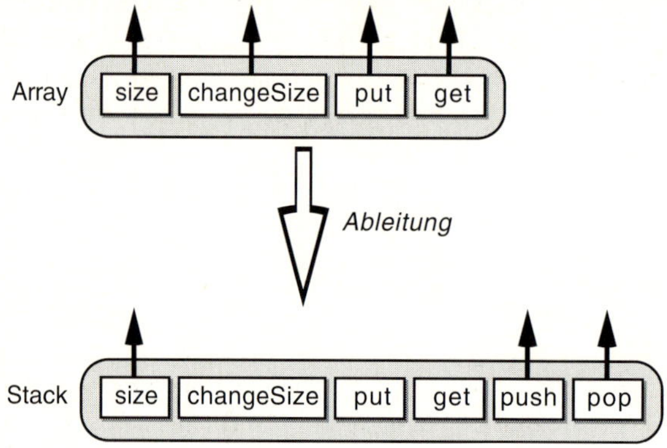

Abb. 5.28: Reduktion der Schnittstelle durch gezielten Export;
Methoden mit Pfeilen werden exportiert.

Auf den ersten Blick leistet der Export-Mechanismus genau das, was wir erwarten. Das folgende Beispiel zeigt, welche Operationen mit einem Stack-Objekt erlaubt bzw. verboten sind:

```
VAR s:Stack; e:Object;

e := s:get(3);      -- verboten; nicht exportiert
s:push(e);          -- erlaubt
```

Die Sache erscheint jedoch in einem anderen Licht, wenn man den Polymorphismus mitberücksichtigt und das obige Beispiel folgendermaßen abwandelt:

```
VAR a:Array; s:Stack; e:Object;

a := s;             -- polymorphe Zuweisung

e := a:get(3);      -- erlaubt
a:push(e);          -- verboten; nicht definiert
```

Weil durch die üblichen Polymorphismusregeln ein Stack-Objekt einer Array-Variablen zugewiesen werden kann und mit einer Array-Variablen die Operation get erlaubt ist, hat die (erlaubte) Anweisungsfolge a:=s; e:=a:get(3); dieselbe Wirkung wie die (verbotene) Anweisung e:=s:get(3). Ein gewitzter Klient kann also derartige Schnittstellenbeschränkungen umgehen, wenn er will.

Die zweite Möglichkeit besteht in der *Invalidierung* geerbter Methoden. Hier wird zwar die Schnittstelle geerbt, aber in der Implementierung dafür gesorgt, daß die Methoden nicht aufgerufen werden können. Ein beliebte Vorgehensweise ist dabei das Überschreiben der Methode durch Ausgabe einer Fehlermeldung und Programmabbruch, zum Beispiel:

```
get (index:Integer): Object IS
BEGIN
   Write('Attempted to call get for a Stack'); HALT
END get;
```

Dadurch wird die Benutzung der Stack-Methode get zwar nicht verhindert, aber es wird wenigstens dafür gesorgt, daß der Fehler nicht unentdeckt bleibt und zu einem späteren Zeitpunkt noch größeren Schaden anrichtet. Bei dieser Lösung ist allerdings zu beachten, daß die get-Methode jetzt auch innerhalb von Stack nicht mehr benutzt werden darf. Man muß statt dessen die überschriebene Methode der Basisklasse aufrufen:

```
pop: Object IS
BEGIN
   sp := sp–1; RETURN base:get(sp+1)
END pop;
```

Ein Problem dabei besteht darin, daß man oft nicht vorhersehen kann, in welchem Kontext ein Objekt einer neuen Klasse verwendet werden wird. Wenn die Möglichkeit besteht, daß ein Stack-Objekt einer Array-Variablen zugewiesen wird, kann nicht ausgeschlossen werden, daß mit dieser Variablen ein verbotener Zugriff versucht und deshalb das Programm abgebrochen wird.

Die sauberste Lösung des Problems besteht darin, auf eine Einschränkung der Vererbung ganz zu verzichten und die neue Klasse in der Vererbungshierarchie dort anzusiedeln, wo sie keine unnötigen oder unerwünschten Operationen erbt. Stack könnte zum Beispiel direkt von Object abgeleitet und damit als „Bruder“ von Array definiert werden. Um die Array-Funktionalität benutzen zu können, wird in Stack eine Objektkomponente elements untergebracht. Eventuell benötigte Array-Operationen (in unserem Beispiel nur size) werden dann an diese Komponente weitergeleitet. Die folgende Implementierung zeigt, wie das funktioniert:

```
INTERFACE OF Stack;
INHERITS FROM Object;
   size: Integer;
   push (elem:Object);
   pop: Object;
END Stack.

IMPLEMENTATION OF Stack;

   VAR
      elements: Array;
      sp: Integer;

   size: Integer IS
   BEGIN
      elements:size      -- delegate message to the array
   END push;

   push (elem:Object) IS
   BEGIN
      sp := sp+1;
      IF sp > elements:size THEN elements:changeSize(sp+10) END;  -- enlarge stack
      elements:put(sp,elem)
   END push;
```

```
    pop: Object IS
    BEGIN
        IF sp=0 THEN HALT END;
        sp := sp–1; RETURN elements:get(sp+1)
    END pop;

    initialize IS
    BEGIN
        elements := Array:new;          -- allocate the array of elements
        sp := 0
    END initialize;

END Stack.
```

Mit dieser Lösung stellt ein Stack-Objekt wirklich nur die Operationen zur Verfügung, die man von ihm erwartet. Die einzigen wesentlichen Änderungen an der Implementierung sind jetzt die, daß die Methode size implementiert werden muß (weil sie nicht mehr geerbt werden kann) und daß bei der Initialisierung ein Array-Objekt erzeugt werden muß. Für den Klienten ergibt sich eine Einschränkung, weil er Stack-Objekte nicht mehr im Array-Kontext bearbeiten kann.

5.3.4 Zugriffsrechte

Die objektorientierte Programmierung stellt eine hervorragende Modularisierungstechnik dar, weil jede Klasse wie ein Modul im konventionellen Sinn zur Lösung aller im Zusammenhang mit einem bestimmten Datentyp auftretenden Teilprobleme verwendet wird. Eine Klasse wirkt aber auch wie ein abstrakter Datentyp, weil die in ihren Objekten enthaltenen Komponenten vor der Außenwelt verborgen sind.

Eine Klasse enthält typischerweise viele relativ kleine Methoden, von denen viele nur intern verwendet werden, aber nicht zur Benutzung durch Klienten gedacht sind. Wir wünschen uns daher – zusätzlich zur Möglichkeit, den Zugriff auf Komponenten einzuschränken – auch eine Möglichkeit, die Zugriffsrechte für Methoden zu bestimmen. Einen Teilaspekt dieser Problematik haben wir bereits im vorherigen Abschnitt 5.3.3 behandelt.

Bei der konventionellen Programmierung hat ein Modul zwei verschiedene Schnittstellen, nämlich eine Import und eine Exportschnittstelle (vgl. Abschnitt 3.4.3.1 „Richtlinien zur Modularisierung“). Diese beiden Schnittstellen stellen die Verbindung zu den Klienten (Export) und zu den verwendeten Modulen (Import) her. Durch die Vererbung kommen in der objektorientierten Programmierung zwei weitere Schnittstellen hinzu, wie Abbildung 5.29 zeigt.

Die in Abbildung 5.29 grau dargestellte Klasse hat nach oben und unten die üblichen Import- und Exportschnittstellen zu verwendeten Klassen und zu Klienten, wobei uns in erster Linie nur die Exportschnittstelle interessiert, weil sie darüber Auskunft gibt, wie Objekte dieser Klasse benutzt werden können. Die Importschnittstelle ist nur von Interesse, wenn man Änderungen an der Klasse vornehmen will. Ähnlich verhält es sich mit der Basis- und der Erbenschnittstelle. Die Basisschnittstelle ist eine besondere Art von Importschnittstelle und daher für Klienten nur insofern interessant, als die Basisklasse die Exportschnittstelle der von ihr abgeleiteten Klasse mitbestimmt.

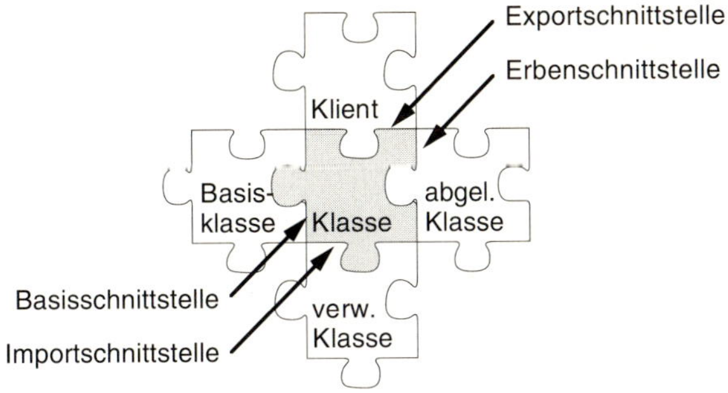

Abb. 5.29: Schnittstellen einer Klasse

Wenn man eine neue Klasse von einer bestehenden ableiten will, spielt die Erbenschnittstelle eine zentrale Rolle. Den Erben steht schon allein durch die Möglichkeit der *base*-Aufrufe eine breitere Schnittstelle zur Verfügung als den Klienten. Dazu kommt, daß man beim Ableiten einer neuen Klasse oft mit den von der Basisklasse exportierten Operationen nicht oder nur umständlich zum Ziel kommt. Ein weiterer Aspekt kommt durch die Vielzahl kleiner Methoden ins Spiel, die beim objektorientierten Entwurf typischerweise entstehen. Große Methoden sollten nach Möglichkeit in mehrere kleine zerlegt werden, damit man Teilfunktionen in abgeleiteten Klassen gezielt überschreiben kann. Wenn Erben und Klienten dieselbe Schnittstelle haben, bedeutet das, daß die Einzelmethoden auch den Klienten zur Verfügung gestellt werden müssen. Da es sich dabei aber meist um sehr spezielle und zum Teil sogar gefährliche Operationen handelt, ist das unerwünscht.

Wir wünschen uns also ein Sprachmittel, um die Zugriffsrechte auf bestimmte Methoden explizit zu regeln. Zumindest sollte für eine Methode angegeben werden können, ob sie
- öffentlich (für Klienten zugänglich),
- vererbt (für Erben zugänglich) oder
- geheim (nur intern verwendbar)

ist. Manche Programmiersprachen erlauben derartige Angaben. Beispiele dafür sind C++ und Omega [Blaschek 1991], wobei es in C++ außerdem noch die Möglichkeit gibt, einzelne Methoden nur bestimmten Klienten (sogenannten *friends*) zugänglich zu machen. In Eiffel kann für eine Methode nur angegeben werden, ob sie öffentlich sein soll oder nicht; unabhängig von dieser Angabe stehen *alle* Methoden auch den Erben zur Verfügung. Geheime Methoden gibt es in Eiffel also nicht. In Oberon-2 [Mössenböck 1991] werden die Zugriffsrechte nicht für Klassen, sondern für Module definiert. Eine exportierte Methode kann außerhalb eines Moduls aufgerufen werden, alle anderen Methoden nur innerhalb. Da in Oberon-2 mehrere Klassen in einem Modul implementiert werden können, stehen in dieser Sprache einige Mischformen der oben angeführten Zugriffsrechte zur Verfügung. In manchen Sprachen gibt es überhaupt keine Möglichkeit, den Zugriff auf einzelne Methoden zu beeinflussen. Zum Beispiel sind in Object-Pascal und in Smalltalk alle Methoden öffentlich.

Ähnlich wie bei Methoden kann es auch sinnvoll sein, Zugriffsrechte für Komponenten zu definieren. Wir sind bisher immer davon ausgegangen, daß die Komponenten – dem Geheimnisprinzip folgend – gekapselt sein sollen. Das kann allerdings lästig sein, wenn man von einer bestehenden Klasse eine neue ableiten will. Eine Abhilfe besteht darin, für jede in Frage kommende Komponente zwei Zugriffsroutinen zu definieren, mit denen man die Komponente abfragen und ändern kann. Die Aufrufe dieser Routinen kosten allerdings Zeit, so daß es in vielen Sprachen eine Möglichkeit gibt, direkt auf die Komponenten zuzugreifen. Auch hier sind dieselben Kategorien für Zugriffsrechte wie bei Methoden möglich. In den oben angeführten Sprachen können die Zugriffsrechte für Komponenten genau so wie bei Methoden geregelt werden. Die einzige Ausnahme ist Smalltalk; dort sind alle Komponenten im Gegensatz zu den Methoden immer geheim.

5.3.5 Kovarianz und Kontravarianz

Manche objektorientierte Sprachen gestatten nicht nur ein Überschreiben von geerbten Methoden, sondern in eingeschränktem Maße auch ein Überschreiben ihrer Schnittstellen. Sie erlauben eine Neudefinition der Datentypen von Argumenten oder Funktionsergebnissen. Solche Änderungen müssen allerdings bestimmten Regeln gehorchen. Die in der Basisklasse festgelegten Datentypen können nur verallgemeinert oder spezialisiert werden. Die Spezialisierung eines Datentyps in der abgeleiteten (spezielleren) Klasse wird als *Kovarianz* bezeichnet; die Verallgemeinerung heißt *Kontravarianz*. Wir zeigen in diesem Abschnitt, wie und wo in der objektorientierten Programmierung Kovarianz und Kontravarianz eingesetzt werden können. Zuvor wollen wir aber herausarbeiten, welche Problem auftreten, wenn wir diese Mechnismen nicht zur Verfügung haben.

Manche Methoden liefern immer ein Objekt desselben (dynamischen) Typs wie das Empfängerobjekt. Beispiele dafür sind Kopieroperationen wie die in Abschnitt 5.3.2 gezeigte Operation shallowCopy. Das Erzeugen einer Kopie eines Objekts kann schon in der Wurzelklasse der Hierarchie implementiert werden. Die einzige Voraussetzung dafür ist, daß man dynamisch Speicherplatz anlegen und den Speicherbedarf und die Adresse eines Objekts zur Laufzeit abfragen kann. Das folgende Fragment skizziert, wie die Methode shallowCopy in der Klasse Object implementiert werden kann.

```
INTERFACE OF Object;
...
   shallowCopy: Object;
   byteSize: Integer;
   address: Pointer;
...
END Object.

IMPLEMENTATION OF Object;
...
   shallowCopy: Object IS
   VAR
      newObject: Object;
      objSize: Integer;
      srcAddr, destAddr: Pointer;
   BEGIN
      objSize := self:byteSize;
      newObject := new object with objSize bytes;
```

```
        srcAddr := self:address; destAddr:= newObject:address;
        copy objSize bytes from srcAddr to destAddr;
        RETURN newObject
    END shallowCopy;
...
END Object.
```

Auf diese Weise hat man ein einfaches Werkzeug, um von einem existierenden Objekt beliebig viele Kopien mit gleichem Inhalt zu erzeugen. Allerdings hat die Definition in der Klassenschnittstelle einen Schönheitsfehler: Die Methode shallowCopy ist nämlich so definiert, daß sie immer ein Objekt des (statischen) Datentyps Object liefert. Wenn man also ein Rechteck-Objekt duplizieren möchte, führt die Anweisung newRect := oldRect:shallowCopy (wobei sowohl oldRect als auch newRect als Rectangle deklariert sein sollen) zu einem Fehler bei der Übersetzung, weil der Compiler nur „weiß", daß der Aufruf oldRect:shallowCopy einen Wert des Datentyps Object liefert. Das könnte auch ein Kreis oder ein Stack sein, nach den üblichen Polymorphismusregeln dürfen solche Objekte aber nicht einer Rectangle-Variablen zugewiesen werden.

Eine polymorphe Zuweisung entlang der Klassenhierarchie führt demnach mit unseren bisherigen Mitteln in eine Sackgasse, weil man einer Variablen des Datentyps Object zwar jedes beliebige Objekt, dieses aber nie wieder einer Variablen seines eigentlichen (dynamischen) Datentyps zuweisen kann. In den meisten Programmiersprachen gibt es daher Sprachmittel, die eine derartige Zuweisung trotzdem gestatten. In C++ und Object-Pascal wird dazu ein *Type-Cast* (eine „Konvertierung" des Datentyps) benutzt. Man sollte sich aber darüber im Klaren sein, daß diese Operation unsicher ist, weil erst zur Laufzeit (wenn überhaupt) festgestellt werden kann, ob ein Objekt zum Datentyp der Variablen paßt, der es zugewiesen wurde.

Wenn man zum Beispiel einen Type-Cast der Form T(x) benutzt, um das Objekt x in ein T-Objekt umzuwandeln, sollte man wissen, daß zur Laufzeit ein Fehler entstehen kann, wenn x nicht mit dem Datentyp T kompatibel ist. Je nachdem, in welcher Sprache man programmiert, wird der Fehler schon beim Type-Cast erkannt und das Programm mehr oder weniger ordnungsgemäß beendet, oder aber es tritt erst später ein schwer zu lokalisierender Folgefehler auf, weil mit dem Objekt x Operationen ausgeführt werden, für die es nicht gedacht ist.

Wenn eine Methode shallowCopy immer ein Objekt desselben Typs wie der Empfänger liefert, gibt es in manchen Sprachen ein besonderes Sprachmittel, um diese Tatsache auszudrücken. In Eiffel wird dafür die Konstruktion like Current benutzt, und in Omega gibt es einen speziellen Bezeichner Same für diesen Zweck. Auf das shallowCopy-Beispiel angewandt, führt das zu folgender Klassendefinition:

```
INTERFACE OF Object;
...
   shallowCopy: Same;
...
END Object.
```

Mit dieser Definition kann die Wertzuweisung x := x:shallowCopy immer problemlos benutzt werden, da jetzt auch der Compiler „weiß", daß die Operation shallowCopy ein Objekt desselben Typs wie die Variable x liefert.

Natürlich müssen bestimmte Bedingungen erfüllt sein, damit die Same-Konstruktion auch wirklich typsicher ist. Eine Methode mit dem Ergebnistyp Same muß so konstruiert sein, daß sie in jeder RETURN-Anweisung nur Werte des Pseudotyps Same liefert. Das kann sein:

- self (das Empfänger-Objekt ist natürlich vom Typ Same)
- das Ergebnis einer Message an self, wobei die Message mit dem Funktionstyp Same definiert worden sein muß.

Der hier geschilderte Fall, daß der Datentyp des Ergebnis-Objekts immer mit dem Datentyp des Empfänger-Objekts übereinstimmt, ist ein Spezialfall der *Kovarianz*. Betrachten wir dazu ein einfaches Beispiel. Wir nehmen an, daß in der Klasse B eine Operation m mit dem Funktionstyp X definiert sei:

```
INTERFACE OF B;
   m: X;
END B.

IMPLEMENTATION OF B;
   m: X IS
   VAR x: X;
   BEGIN ... return x END m
END B.

INTERFACE OF C;
INHERITS FROM B;
-- keine Schnittstellenänderungen
END C.

IMPLEMENTATION OF C;
   m: X IS   -- Methode m wird überschrieben
   VAR y: Y;
   BEGIN ... return y END m
END C.
```

In einer von B abgeleiteten Klasse C wird die Methode m so überschrieben, daß sie immer ein Objekt der Klasse Y liefert. Damit das funktioniert, muß Y von X abgeleitet sein. Warum das so ist, zeigt das folgende Programmfragment:

```
VAR b:B; c:C; x:X;
...
b := c;
x := b:m;
```

Da ein C-Objekt einer B-Variablen zugewiesen werden kann, muß die Methode m *immer* (d. h. auch, wenn sie in einer von B abgeleiteten Klasse überschrieben wurde) ein Objekt liefern, das einer X-Variablen zugewiesen werden kann, und das sind eben die Objekte der Klasse X und aller davon abgeleiteten Klassen.

Obwohl nun bekannt ist, daß die m-Methode in der Klasse C immer ein Y-Objekt liefert, ist das folgende Programmfragment unzulässig:

```
VAR c:C; y:Y;
...
y := c:m;
```

Der Grund dafür liegt wieder in den üblichen Kompatibilitätsregeln: In der Definition der Operation m (die ja von der Klasse B geerbt wurde) ist ihr Funktionstyp mit X angegeben, und X-Objekte dürfen Y-Variablen nicht zugewiesen werden. Dem kann abgeholfen werden, indem man die Definition der Operation in der Klasse C modifiziert. Solche Schnittstellen-Änderungen sind wieder in den bereits erwähnten Sprachen Eiffel und Omega möglich. In Eiffel wird dazu eine sogenannte Redefinition benutzt, für die wir die folgende Schreibweise einführen:

```
INTERFACE OF C;
INHERITS FROM B;
   REDEFINE m: Y;
END C.
```

Hier wird festgelegt, daß die Operation m in der Klasse C (und auch in allen davon abgeleiteten Klassen) nicht mehr bloß ein X-Objekt, sondern ein Y-Objekt liefern soll. Diese Vereinbarung gilt allerdings nicht nur für die Klasse C, sondern auch für alle davon abgeleiteten Klassen. Durch diese Deklaration „weiß" jetzt auch der Compiler, daß die Operation c:m ein Y-Objekt liefert. Die Zuweisung y := c:m ist daher jetzt erlaubt.

Da die Ergebnisklasse mit zunehmender Spezialisierung der Empfängerklasse ebenfalls nur weiter spezialisiert (aber nie verallgemeinert werden) kann, spricht man in diesem Zusammenhang von *Ko*varianz: Die Änderung der Funktionsklasse kann nur in dieselbe Richtung erfolgen wie die Änderung der Empfängerklasse, nämlich von der Basis- zu einer abgeleiteten Klasse.

Auch der umgekehrte Fall ist denkbar. Wenn die Operation m in der Klasse B ein Argument der Klasse Y erwartet, kann ihre Implementierung in der von B abgeleiteten Klasse C allgemeiner sein, so daß jetzt auch X-Objekte verarbeitet werden können. Die folgenden Klassendefinitionen zeigen, wie das gemeint ist (wobei wieder angenommen wird, daß die Klasse Y von X abgeleitet ist):

```
INTERFACE OF B;
   m (arg:Y);
END B.
```

```
INTERFACE OF C;
INHERITS FROM B;
   REDEFINE m (arg:X);
END C.
```

In diesem Fall sprechen wir von *Kontra*varianz, weil die Änderung der Argumentklasse in der entgegengesetzten Richtung erfolgt wie die Änderung der Empfängerklasse.

Wenn der Funktions- oder ein Argumenttyp einer Operation in einer abgeleiteten Klasse modifiziert wird, bedeutet das eine Änderung der Schnittstelle. Da die Klassenschnittstelle aber einen Kontrakt zwischen dem Implementierer der Klasse und den Benutzern der Klasse darstellt, muß in der Implementierung der entsprechenden Methode auch sichergestellt sein, daß die in der Schnittstelle gemachten Zusicherungen („die Methode liefert sicher ein Y-Objekt" bzw. „die Methode kann auch X-Parameter verarbeiten") auch erfüllt werden. Da man das von einer geerbten Methode (die ja von einer anderen Schnittstelle ausgeht) nicht erwarten kann, muß die Methode also neu implementiert werden. Im Sonderfall der Kovarianz mit einem Funktionstyp des Pseudotyps Same kann die Methode jedoch so implementiert werden, daß sie auch in abgeleiteten Klassen die Zusicherung, daß sie immer ein Objekt desselben Typs wie der Empfänger liefert, erfüllt. Das folgende Beispiel zeigt eine Methode grayCopy, die eine Kopie eines grafischen Objekts liefert, das sich vom Original nur durch einen grau gefüllten Inhalt unterscheidet:

```
grayCopy: Same IS
VAR theCopy: Same;  -- theCopy soll vom selben Typ wie self sein
BEGIN
   theCopy := self:shallowCopy;           -- shallowCopy liefert ein Same-Objekt,
   theCopy:setDarkness(50);               -- die Zusicherung ist also erfüllt.
   RETURN theCopy
END grayCopy;
```

Leider steht diese Art der Kovarianz in den meisten objektorientierten Sprachen nicht zur Verfügung, so daß man die durch ihr Fehlen bewirkten Inkompatibilitäten durch Type-Casts umgehen muß. Lediglich in untypisierten Sprachen wie Smalltalk und Self ist das kein Problem, weil es dort keine statischen Datentypen und damit auch keine Typunverträglichkeit zur Übersetzungszeit gibt.

5.4 Generizität

Eine weitere Quelle für Kompatibilitätsprobleme liegt in den sogenannten Collection-Klassen, die Sammlungen von beliebig vielen Objekten ermöglichen. In jeder guten Klassenbibliothek findet man solche allgemein verwendbaren Klassen, mit deren Hilfe man zum Beispiel Listen, sortierte Listen und Mengen verarbeiten kann. Auch die in Abschnitt 5.3.3 gezeigten Klassen Array und Stack gehören in diese Kategorie. Wir geben hier noch einmal die Schnittstelle der Klasse Array an, die wir in weiterer Folge als Beispiel benutzen wollen:

```
INTERFACE OF Array;
INHERITS FROM Object;
   size: Integer;
   changeSize (newSize:Integer);
   put (index:Integer; elem:Object);
   get (index:Integer): Object;
END Array.
```

Bei dieser Klassendefinition geht es nicht in erster Linie um Vollständigkeit und Adäquatheit. Zum Beispiel sind üblicherweise viele allgemeine Operationen bereits in einer abstrakten Klasse (etwa Collection) definiert, von der alle anderen Collection-Klassen (so auch Array) abgeleitet wären. Die Operation size würde deshalb typischerweise nicht mehr in der Schnittstelle von Array aufscheinen. Uns kommt es aber auch nicht auf solche Einzelheiten an; wir wollen vielmehr an dieser Klassenschnittstelle zeigen, wie Objekte der Klasse Array benutzt werden können und welche Probleme dabei auftreten.

In der Definition der Klasse Array wird ausgedrückt, daß ein Feld Objekte beliebiger Klassen aufnehmen kann. Insbesondere können auch Objekte *verschiedener* Klassen im selben Feld enthalten sein. Das ist ein beträchtlicher Flexibilitätsgewinn verglichen mit konventionellen Programmiersprachen wie Ada, C oder Modula-2, wo Felder nur aus lauter gleichartigen Elementen bestehen dürfen. Diese Allgemeinheit haben wir dem Polymorphismus zu verdanken, der es erlaubt, überall wo ein Formalparameter des Datentyps Object spezifiziert ist, ein beliebiges Objekt als Aktualparameter zu übergeben. Das funktioniert natürlich nur, wenn jede Klasse direkt oder indirekt von Object abgeleitet ist. Das folgende Programmfragment zeigt, wie ein Feld aus ganz verschiedenen Objekten gebildet werden kann:

```
VAR
    rect: Rectangle;  circ: Circle;
    stk: Stack;  arr, otherArray: Array;
BEGIN
    arr := Array:new;  arr:changeSize(20);
    ...
    arr:put(1,rect);  arr:put(2,circ);
    arr:put(3,stk);  arr:put(4,otherArray);
```

Nacheinander werden hier Verweise auf ein Rechteck, einen Kreis, einen Stack und sogar ein anderes Feld als Elemente in arr aufgenommen. Da das Feld jetzt aus Verweisen auf Objekte verschiedener Klassen besteht, spricht man von einer *heterogenen Datenstruktur*. Man beachte insbesondere, daß ein Feld wiederum Referenzen auf Felder als Elemente enthalten kann. Sogar die Anweisung arr:put(5,arr) wäre zulässig.

Ein Problem taucht erst auf, wenn man die einzelnen Elemente wieder aus dem Feld herausholen möchte. Jetzt rächt sich die Allgemeinheit wieder, weil wir bei der Operation get nur noch die allgemeinste (und daher nichtssagende) Zusicherung machen können, daß sie ein Objekt der Klasse Object liefert. Auch wenn wir genau wissen, daß an der ersten Stelle des Feldes ein Rechteck steht, ist die Zuweisung rect := arr:get(1) unzulässig, weil der Aufruf ja genausogut einen Kreis, einen Stack oder ein Feld liefern könnte. Die Zuweisung x := arr:get(i) ist daher nur dann gültig, wenn die Variable x statisch als Object deklariert ist, denn nur dann ist gewährleistet, daß die Variable x immer auf ein „passendes" Objekt verweist.

Die einzige Abhilfe besteht – wie schon im vorherigen Abschnitt gezeigt – darin, einen Type-Cast zu verwenden, um den Compiler zu „überreden", die Zuweisung zu akzeptieren: rect := Rectangle(arr:get(1)). Das Problem, das wir uns dabei einhandeln, ist wieder, daß der Type-Cast zur Laufzeit schiefgehen kann, wenn in der Zwischenzeit ein „unpassendes" Objekt an die Stelle 1 des Feldes gerutscht ist.

Meist ist die von der Klasse Array gebotene Flexibilität aber nicht der Hauptgrund zur Verwendung von Array-Objekten; wir wollen fast immer nur gleichartige (oder zumindest ähnliche) Objekte in ein- und demselben Feld ablegen. Die folgende Aufstellung zeigt einige Anwendungsfälle von Objekt-Feldern:

- alle offenen *Fenster* (Klasse Window) eines Dialogprogramms,
- die *Kunden* (Klasse Customer) eines Versandhauses,
- die *Bücher* (Klasse Book) einer Bibliothek,
- *grafische Elemente* (Klasse GraphicObject) einer Zeichnung,
- …

Im Fall der Bibliothek enthält das Feld möglicherweise ausschließlich Book-Objekte. Es ist aber auch denkbar, daß von Book noch einige andere Klassen mit besonderen Eigenschaften abgeleitet sind (z. B. Dictionary oder Novel). Mit Sicherheit soll das Feld aber keine Kunden, keine Fenster und auch keine grafischen Objekte enthalten. In konventionellen Sprachen läßt sich das ganz einfach durch die Deklaration

```
VAR arr: ARRAY [1..1000] OF Book;
```

ausdrücken. Das hängt damit zusammen, daß es in diesen Sprachen nicht bloß *einen* Array-Typ gibt, sondern ein Sprachelement, mit dem neue Feldtypen mit beliebigen Elementtypen erzeugt werden können. In der Folge werden wir beleuchten, wie ein ähnlicher Effekt in objektorientierten Sprachen erzielt werden kann.

Der Schlüssel zur Anpassung einer Klasse an verschiedene Gegebenheiten liegt in der Generizität. In manchen konventionellen Programmiersprachen (z. B. in Ada) gibt es eine Möglichkeit, bestimmte Programmbausteine (üblicherweise Module und Prozeduren) mit formalen Typparametern zu versehen. Sie sind also Schablonen, aus denen erst benutzbare Bausteine werden, indem die formalen durch aktuelle Datentypen ersetzt werden. Diese Technik läßt sich in der objektorientierten Programmierung auch auf Klassen anwenden. Eine generische Klasse Array könnte zum Beispiel folgendermaßen definiert sein:

```
INTERFACE OF Array(Element);
INHERITS FROM Object;
   size: Integer;
   changeSize (newSize:Integer);
   put (index:Integer; elem:Element);
   get (index:Integer): Element;
END Array.
```

Die Operation put erwartet jetzt ein Argument der Klasse Element, und die Operation get liefert ein Objekt der Klasse Element. Die Klasse Element ist aber nicht eine bestimmte Klasse, sondern steht für eine beliebige Klasse, die bei der Verwendung von Array eingesetzt werden muß. Das folgende Programmfragment zeigt, wie man ein Feld von grafischen Objekten erzeugen und alle Elemente des Feldes zeichnen kann.

```
VAR
   arr: Array(GraphicObject);
   rect: Rectangle;  circ: Circle;
   graph: GraphicObject;
   i: Integer;
BEGIN
   arr := Array(GraphicObject):new;   arr:changeSize(20);
   arr:put(1,rect);   arr:put(2,circ);
   ...
   FOR i := 1 TO arr:size DO
      graph := arr:get(i);
      graph:draw
   END;
```

Die Klasse Array ist ohne Parametrisierung nicht verwendbar, weil erst festgelegt werden muß, welche Elemente das Feld enthalten soll. Wir benutzen dazu eine ähnliche Schreibweise wie bei einem Prozeduraufruf und schreiben den Namen der gewünschten Elementklasse in Klammern hinter Array. Das Ergebnis ist eine spezialisierte Klasse mit derselben Definition und Implementierung wie Array, wobei jedes Vorkommen der formalen Parameterklasse Element durch GraphicObject ersetzt wird. Die daraus entstehende Klassendefinition hat daher die folgende Form:

```
INTERFACE OF GraphicArray;
INHERITS FROM Object;
   size: Integer;
   changeSize (newSize:Integer);
   put (index:Integer; elem:GraphicObject);
   get (index:Integer): GraphicObject;
END GraphicArray.
```

Wie man an dieser Definition sieht, erwartet die Operation put jetzt einen Parameter der Klasse GraphicObject, und get liefert ein Objekt dieser Klasse. Damit kann der Compiler

a) sicherstellen, daß nur grafische Objekte mit Hilfe von put in das Feld eingetragen werden (insbesondere sind keine Kunden und Bücher mehr erlaubt), und
b) garantieren, daß die Operation get immer ein grafisches Objekt liefert. Type-Casts sind daher nicht mehr erforderlich.

Die nicht-generische Form von Array erlaubte Elemente beliebiger Klassen. Die einzige Voraussetzung war, daß die Klassen der Elemente von Object abgeleitet sein mußten, was wir als gegeben angenommen haben. Auch ein generisches Array kann eine heterogene Sammlung von Objekten sein; allerdings ist die Menge der erlaubten Element-Klassen jetzt auf einen bestimmten Teilbaum der Vererbungshierarchie beschränkt. Die Deklaration Array(Object) entspricht exakt der nicht-generischen Variante.

In konventionellen Programmiersprachen bedeutet die Anwendung der Generizität meist eine Vervielfachung des vom Compiler erzeugten Codes. Das hängt damit zusammen, daß die möglichen Elemente (z. B. ganze Zahlen, Zeichen und Zeichenketten) unterschiedliche Längen haben und daher für die Wertzuweisung und für den Vergleich anderer Code erzeugt werden muß. In objektorientierten Sprachen ist das nicht erforderlich, weil alle Objekte durch Referenzen gleicher Größe identifiziert werden. Das bedeutet, daß derselbe Maschinencode für alle Varianten einer generischen Klasse verwendet werden kann. Darüber hinaus sind die mit den Elementen möglichen Operationen nicht mehr notwendigerweise auf Wertzuweisungen und Vergleiche beschränkt. Wenn es eine Wurzelklasse Object gibt, dann ist sichergestellt, daß alle in Frage kommenden Elemente zumindest die in Object definierten Operationen unterstützen. Die folgende Methode zeigt, wie man den von einem Feld und all seinen Elementen belegten Speicherplatz berechnen kann.

```
allocatedSpace: Integer IS
VAR
   space, i: Integer;
BEGIN
   space := base:allocatedSpace;   -- der vom Feld selbst belegte Speicherplatz
   FOR i := 1 TO self:size DO
      space := space + (self:get(i)):allocatedSpace
   END;
   RETURN space
END allocatedSpace;
```

Hier wird vorausgesetzt, daß die Methode allocatedSpace bereits in der Klasse Object definiert ist. Damit kann diese Operation auf alle potentiellen Elemente angewandt werden. Daß das für alle zukünftigen Parametrisierungen funktioniert, ist wieder der dynamischen Bindung zu verdanken.

Es ist zu beachten, daß das Erzeugen einer speziellen Klasse durch Parametrisierung einer generischen Klasse nichts mit dem Ableiten einer neuen Klasse von einer Basisklasse zu tun hat. Die verschiedenen Varianten einer generischen Klasse stehen in keiner Vererbungsbeziehung zueinander und sind daher auch nicht untereinander zuweisungskompatibel. Wenn die Klasse Array von Collection und die Klasse Collection wiederum von Object abgeleitet ist, dann entsteht durch Parametrisierung dieser beiden Klassen mit den konkreten Elementklassen GraphicObject, Rectangle und Book die in Abbildung 5.30 dargestellte Vererbungshierarchie.

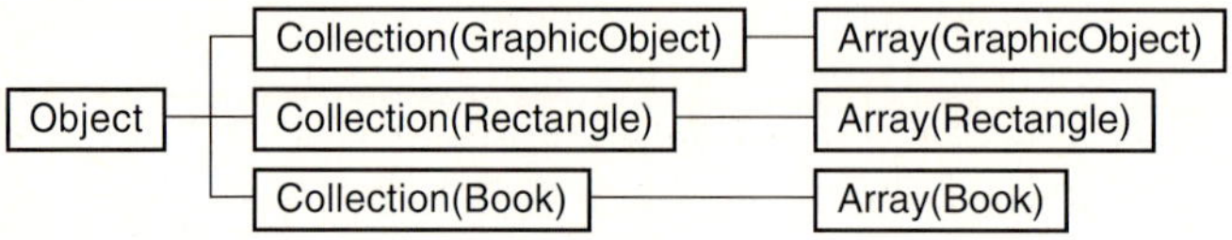

Abb. 5.30: Klassenhierarchie bei Generizität

Ein Feld von Büchern *ist eine* Sammlung von Büchern. Diese Beziehung ergibt sich aus der Ableitung der Klasse Array von Collection. Man sollte nun annehmen, daß ein Feld von Rechtecken auch ein Feld von grafischen Objekten sein müßte, weil ja ein Rechteck auch ein grafisches Object ist. Das stimmt zwar im umgangssprachlichen Sinn, führt aber zu Problemen, wenn man den Polymorphismus berücksichtigt. Betrachten wir dazu das folgende Programmfragment:

```
VAR
   graphArr: Array(GraphicObject);
   rectArr: Array(Rectangle);
   circ: Circle;   rect: Rectangle;
BEGIN
   ...
   graphArr := rectArr;
   graphArr:put(3,circ);
   rect := rectArr:get(3);
```

Wenn ein Feld von Rechtecken einer Variablen des Typs Array(GraphicObject) zugewiesen werden darf, dann kann es in der Folge so benutzt werden, als ob es beliebige grafische Objekte aufnehmen dürfte. Zum Beispiel könnte dann – wie oben gezeigt – ein Kreis im Feld abgelegt werden. Im Rechtecks-Kontext wäre es dann möglich, diesen Kreis einer Variablen des Typs Rectangle zuzuweisen. Der umgekehrte Fall (d. h. die Zuweisung rectArr := graphArr) führt zu ähnlichen Kompatibilitätsproblemen. Der Nachweis dafür sei dem Leser überlassen.

In Sprachen ohne statische Typisierung spielt Generizität keine Rolle; sie ist nur in solchen Sprachen von Nutzen, in denen der Compiler die korrekte Verwendung von Objekten prüft. Leider wird Generizität von vielen objektorientierten Sprachen mit statischer Typisierung nicht unterstützt. Um die hier beschriebenen Probleme zu umgehen, muß man sich zum Beispiel in C++ und Object Pascal mit Type-Casts behelfen.

5.5 Rein objektorientierte und hybride Sprachen

Unter objektorientierten Programmierern wird oft die Frage diskutiert, ob auch elementare Werte wie Zahlen und Zeichen als Objekte aufgefaßt werden sollen. Manche Fachleute meinen, daß die objektorientierte Programmierung in manchen Situationen unbestreitbare Vorteile bringt, daß es aber viele Probleme gibt, die besser konventionell (d. h. prozedural) programmiert werden. Als Hauptargumente dafür werden meist Effizienzgründe genannt. Die Gegenseite sieht die objektorientierte Programmierung als universelles Werkzeug, das überall nutzbringend eingesetzt werden kann.

Dieser Unterschied in den Denkweisen findet sich auch in den verschiedenen Programmiersprachen wieder. Sprachen, in denen alle Daten als Objekte aufgefaßt werden, nennt man *rein objektorientiert*, während man jene Sprachen, in denen Objekte und konventionelle Daten nebeneinander existieren, als *hybrid* bezeichnet. Wir werden in den folgenden Abschnitten einige wichtige Unterschiede und Argumente für und gegen reine Objektorientiertheit diskutieren.

5.5.1 Uniformität

Der Hauptvorteil der reinen Objektorientiertheit liegt in der größeren Allgemeinheit, die sich besonders dann auswirkt, wenn die Klassenhierarchie eine Wurzelklasse Object hat. Die elementaren Datentypen sind dann Klassen, die indirekt von Object abgeleitet sind. Abbildung 5.31 zeigt, wie der entsprechende Teil der Klassenhierarchie zum Beispiel in Smalltalk aussieht.

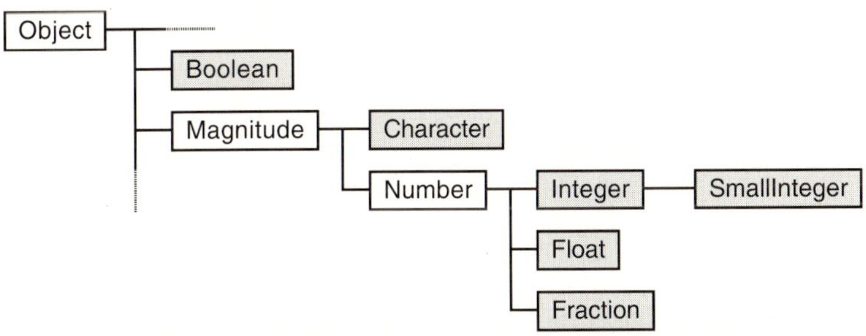

Abb. 5.31: Stellung elementarer Datentypen in einer Klassenhierarchie

Eine Gemeinsamkeit fast aller elementaren Datentypen besteht darin, daß ihre Elemente geordnet (d. h. mit den Operatoren „<" und „>" miteinander vergleichbar) sind. Sie sind daher in einem Teilbaum unter der abstrakten Klasse Magnitude zusammengefaßt. Die numerischen Datentypen sind wiederum unter der Klasse Number zusammengefaßt, in der bereits alle arithmetischen Operationen definiert sind.

Ein besonderer Vorteil der reinen Objektorientiertheit ergibt sich daraus, daß alle elementaren Klassen von Object erben. Dadurch sind alle in Object definierten Operationen auch auf Objekte der elementaren Datentypen anwendbar. Zum Beispiel gibt es in Smalltalk eine in Object definierte Operation printString, die eine Objektbeschreibung in Form einer druckbaren Zeichenkette liefert. Diese Operation kann nun auch auf Zahlen angewandt werden. Zum Beispiel liefert die Message 123:printString die Zeichenkette "123".

Da die Objekte der elementaren Klassen alle in Object definierten Operationen zur Verfügung stellen, können sie überall verwendet werden, wo ein Objekt des Typs Object erlaubt ist (in Smalltalk: überall). Das bedeutet insbesondere, daß man in ein Collection-Objekt auch elementare Objekte eintragen kann. Auf diese Weise kann zum Beispiel die Klasse Stack sowohl für „echte" Objekte (etwa solche der Klasse GraphicObject) als auch für Zahlen benutzt werden. Das ist in Hybridsprachen nicht der Fall, weil Zahlen eben keine Objekte und daher auch nicht mit Object-Variablen kompatibel sind.

Schließlich können die elementaren Klassen wiederum als Basisklassen für neue Klassen benutzt werden. Zum Beispiel kann eine besondere Zeichenklasse Kanji für japanische Schriftzeichen von der allgemeinen Klasse Character abgeleitet werden. Diese Möglichkeit wird zwar selten benötigt, steht aber prinzipiell zur Verfügung.

5.5.2 Effizienz

Ein Gewinn an Allgemeinheit und Flexibilität ist meist mit einem Verlust an Effizienz verbunden. Bei rein objektorientierten Sprachen ist das auch tatsächlich der Fall. Warum das so ist, versteht man am besten, wenn man sich überlegt, auf welche Weise die Effizienz in Hybridsprachen verbessert werden kann.

Der Hauptvorteil einer Hybridsprache besteht darin, daß elementare Daten und Objekte im Speicher verschieden dargestellt werden. Während eine Objekt-Variable eine Referenz (üblicherweise einen Zeiger von Wortlänge) auf das eigentliche Objekt enthält, kann eine Variable eines elementaren Datentyps den Wert selbst enthalten. Abbildung 5.32 zeigt, welche verschiedenen Speicherabbildungen möglich sind.

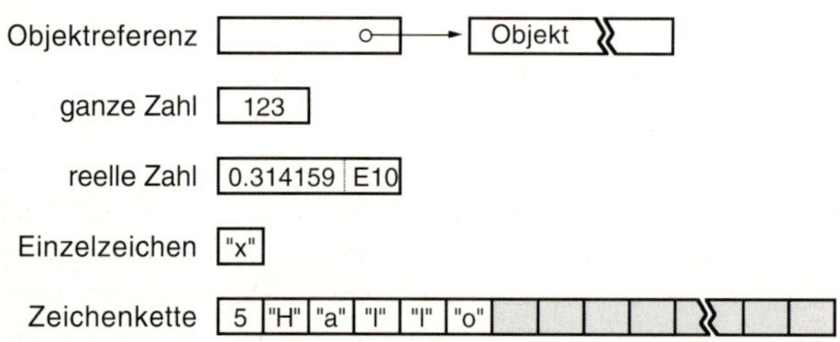

Abb. 5.32: Speicherabbildung von Objekten und elementaren Daten

Während bei einem Objekt immer ein indirekter Zugriff auf die eigentlichen Daten erforderlich ist, kann auf elementare Daten direkt zugegriffen werden. Dazu kommt, daß Objekte in der Regel dynamisch erzeugt werden müssen, was bei (statischen) elementaren Daten nicht erforderlich ist, weil ihr Speicherplatzbedarf und ihre Adresse schon zur Übersetzungszeit feststeht.

Ein weiterer Vorteil der Hybridsprachen ergibt sich daraus, daß die elementaren Datentypen keinen Polymorphismus zulassen. Der Compiler kann also voraussetzen, daß eine als Integer deklarierte Variable auch immer einen Integer-Wert enthält. Er kann daher auf dynamische

Bindung verzichten und sogar Optimierungen für häufig vorkommende Konstruktionen (wie zum Beispiel die Anweisung i:=i+1) vornehmen. Der damit erzielbare Effizienzgewinn ist beträchtlich, weil Operationen mit elementaren Datentypen (vor allem mit ganzen Zahlen) besonders häufig sind.

Das Wissen um die höhere Effizienz der Elementaroperationen führt allerdings in den Hybridsprachen auch dazu, daß die Programmierer oft auf den Einsatz von Objekten verzichten und in vermeintlich zeitkritischen Programmteilen lieber konventionell programmieren. Leider wird dabei nur allzu oft das Kind mit dem Bade ausgeschüttet, weil man beim Programmentwurf kaum vorhersehen kann, welche Teile wirklich zeitkritisch sind.

5.5.3 Operatoren als Messages

Da in rein objektorientierten Sprachen alle Daten Objekte sind, müssen auch für alle mit ihnen erlaubten Operationen Methoden zur Verfügung gestellt werden. Das geht so weit, daß selbst die arithmetischen Operationen wie Addition, Subtraktion und Vergleich mit Hilfe von Messages aktiviert werden. Damit diese Operationen in die objektorientierte Denkwelt passen, werden die Operatoren als „binäre Messages" definiert, die nicht mit Namen sondern mit Sonderzeichen identifiziert werden. Das hat den Vorteil, daß man neue Operatoren erfinden und geerbte Operatoren überschreiben kann. Die Definition (insbesondere die Neudefinition) von Operatoren durch den Programmierer wird als „Operator Overloading" (das „Überladen" von Operatoren) bezeichnet.

Daß Operatoren als Messages aufgefaßt werden, wird allerdings von vielen Programmierern als krampfhaft empfunden. Man muß sich erst daran gewöhnen, daß der Ausdruck 2*x eine Aufforderung an das Objekt 2 darstellt, sich selbst mit dem Argument x zu multiplizieren und das Ergebnis dieser Berechnung zu liefern. Das bereitet besondere Schwierigkeiten, wenn die beiden Operanden von verschiedenen Klassen sind. Im Ausdruck 2*x ist die ganze Zahl 2 das ausführende Objekt, während bei x*2 das Objekt x für die Berechnung zuständig ist. Wenn x nun eine reelle Zahl ist, dann wird durch die dynamische Bindung eine andere Methode aktiviert und die Operation kann zu einem anderen Ergebnis führen. Auf diese Weise ist die Kommutativität der Multiplikation, die uns in der Schulzeit als unumstößliches Gesetz beigebracht wurde, nicht mehr gegeben. Noch schlimmer wird es, wenn alle binären Messages dieselbe Priorität haben. In Smalltalk werden aufeinanderfolgende Operatoren strikt von links nach rechts ausgeführt, so daß der Ausdruck 2+3*4 statt 14 den Wert 20 liefert. Damit ist auch die Regel „Punktrechnung vor Strichrechnung" außer Kraft gesetzt, was häufig zu unangenehmen Überraschungen führt. In der Sprache Self gibt es daher eine Sonderregel, die unmittelbar aufeinanderfolgende Operatoren verbietet. Statt 2+3*4 muß man entweder (2+3)*4 oder 2+(3*4) schreiben, womit dieser Denkfehler nicht mehr möglich ist.

5.5.4 Konsistenz

In Hybridsprachen hat man die Wahl zwischen konventionellen und objektorientierten Sprachmitteln. Damit stellt sich aber auch prompt die Qual der Entscheidung ein, welches Denkmodell man in welchen Situationen einsetzen soll. In rein objektorientierten Sprachen kommt man hingegen fast automatisch zu einer rein objektorientierten Lösung, weil der Einsatz konventioneller Teillösungen erschwert, wenn nicht gar unmöglich gemacht wird. Das wirkt sich besonders während der Entwurfsphase äußerst positiv aus und fördert die Konsistenz des entstehenden Produkts. Der globale Einsatz von Objekten wird allerdings von vielen Verfechtern des Hybrid-Ansatzes als „mit Kanonen auf Spatzen geschossen" empfunden.

Einen Mittelweg zwischen dem rein objektorientierten und dem hybriden Denkmodell gibt es nicht. Entweder man läßt Nicht-Objekte zu oder man verbietet sie. In beiden Fällen sind Erfahrung und Intuition erforderlich, um zu einem guten Entwurf zu kommen. Beim Hybrid-Entwurf liegt das Problem darin, daß man in jedem Einzelfall entscheiden muß, ob eine objektorientierte oder eine konventionelle Lösung besser ist; beim rein objektorientierten Entwurf liegt die Kunst darin, nicht über das Ziel hinauszuschießen.

5.5.5 Objektorientiertes Denken

Die meisten Hybridsprachen sind objektorientierte Erweiterungen konventioneller Programmiersprachen. Für diese Sprachen spricht das Argument, daß sie für einen bereits in der Basissprache versierten Programmierer leicht zu erlernen sind. Daß dieses Argument nicht von der Hand zu weisen ist, sieht man zum Beispiel daran, daß die objektorientierte Programmierung erst mit der Hybridsprache C++ weltweite Beachtung fand, obwohl das Prinzip schon zehn Jahre vorher bekannt war und auch schon in der rein objektorientierten Sprache Smalltalk praktiziert werden konnte. Der Trend zu objektorientierten Erweiterungen bestehender Sprachen hält weiter an. Es ist anzunehmen, daß es in absehbarer Zeit für fast jede prozedurale Sprache zumindest eine objektorientierte Variante geben wird.

Für eine Hybridsprache in diesem Sinn spricht, daß man nur wenige Sprachelemente braucht, um objektorientierte Programmierung zu ermöglichen. Im einzelnen sind das:

- ein Klassentyp (meist mit einer ähnlichen Syntax wie Strukturtypen),
- die Möglichkeit, von einem bestehenden Klassentyp weitere abzuleiten,
- Methoden (meist mit einer ähnlichen Syntax wie Prozeduren),
- eine Message-Konstruktion (vergleichbar mit Prozeduraufrufen),
- einen vordefinierten Bezeichner zur Identifikation des Message-Empfängers (z. B. self),
- tolerantere Kontextbedingungen für Wertzuweisungen, um Polymorphismus zuzulassen.

Während es relativ leicht ist, die neuen objektorientierten Sprachelemente zu erlernen, ist ihre Anwendung ohne das dazu erforderliche theoretische Hintergrundwissen problematisch. Man kann zum Beispiel in der Praxis beobachten, wie C-Programmierer einen C++-Compiler wie eine neue Version des schon bisher benutzten C-Compilers auffassen. Sie sehen keine Veranlassung, von ihrem gewohnten Arbeitsstil abzuweichen, und haben eine berechtigte Scheu vor den neuen Sprachelementen. Für jemanden, der sich in die objektorientierte Programmierung einarbeiten möchte, kann sich eine Hybridsprache daher durchaus als Hindernis herausstellen, weil man immer wieder versucht ist, die üblichen konventionellen Programmiertechniken zur Lösung von Teilproblemen einzusetzen.

Gerade für Einsteiger hat es sich bewährt, den Sprung ins kalte Wasser zu wagen und mit einer rein objektorientierten Sprache zu beginnen. Das zwingt zur Abkehr von den gewohnten Denkmustern. Die Erfahrung hat gezeigt, daß die Anfangsprobleme nicht im Erlernen und Verstehen einer objektorientierten Sprache, sondern vielmehr im Erlernen des „objektorientierten Denkens“ liegt. Wir empfehlen daher den Einstieg mit Hilfe einer rein objektorientierten Sprache wie Smalltalk auch dann, wenn später in einer Hybridsprache wie C++ programmiert werden soll.

5.6 Objektorientierte Programmiersprachen

Die Geschichte der objektorientierten Programmierung begann schon in den Siebziger-Jahren mit der Programmiersprache Simula, einer Spezialsprache zur Simulation von Vorgängen in der realen Welt. Obwohl mit Simula bereits die Begriffe Klasse und Objekt eingeführt wurden, sprach damals noch kein Mensch von objektorientierter Programmierung. Das änderte sich mit Smalltalk, der ersten rein objektorientierten Sprache. Smalltalk gilt wegen der reinen Objektorientiertheit auch heute noch als *die* objektorientierte Programmiersprache. Das ist unter anderem daran erkennbar, daß die heute übliche Terminologie fast ausschließlich aus der Smalltalk-Literatur stammt und daß sich fast alle neueren objektorientierten Sprachen in der einen oder anderen Weise an Smalltalk anlehnen. Abbildung 5.33 zeigt, wann die wichtigsten objektorientierten Sprachen entwickelt wurden und welche Einflüsse sie aufeinander ausübten.

Die in Abbildung 5.33 grau unterlegten Sprachen sind objektorientiert, die weiß dargestellten sind ihre Vorgänger, aus denen sie hervorgegangen sind oder von denen sie Eigenschaften übernommen haben. Die meisten objektorientierten Sprachen sind blockstrukturiert und haben daher ihren Ursprung in der Sprache Algol.

Der linke Zweig zeigt die von Niklaus Wirth entwickelten Sprachen. Auf Pascal als die heute noch wichtigste strukturierte Programmiersprache folgte Modula-2 als modulorientierte Sprache. Aus Modula-2 ging wiederum Oberon [Reiser 1992] hervor, das 1991 zu Oberon-2 [Mössenböck 1991], einer echten objektorientierten Sprache ausgebaut wurde. Object-Pascal [Schmucker 1986] ist eine objektorientierte Erweiterung von Pascal. Von der C-Linie stammen zwei objektorientierte Sprachen ab: C++ [Stroustrup 1986] und Objective C [Cox 1986]. Objective C lehnt sich stärker an Smalltalk an als C++, das viele eigenständige Sprachelemente enthält, die man in anderen objektorientierten Sprachen nicht findet.

Der rechte Zweig zeigt die funktionale Programmiersprache Lisp und einige ihrer objektorientierten Abkömmlinge. Die drei Punkte deuten an, daß diese Sprachfamilie noch wesentlich mehr Mitglieder hat. Das ist insofern erstaunlich, weil hier zwei völlig gegensätzliche Sprachkonzepte, nämlich das statische funktionale und das dynamische objektorientierte Denkmodell miteinander vereint sind. Unter den neueren Sprachen nehmen Oberon-2, Eiffel und Self eine Sonderrolle ein, weil sich ihre objektorientierten Konzepte nur wenig an bestehende Sprachen anlehnen. Während in Oberon-2 die Vererbung und die dynamische Bindung auf erweiterbaren Record-Typen und typgebundenen Prozeduren beruhen, stehen in Eiffel die mehrfache Vererbung und Generizität im Vordergrund, und in Self werden Klassen durch Prototypen und Vererbung durch Delegation ersetzt.

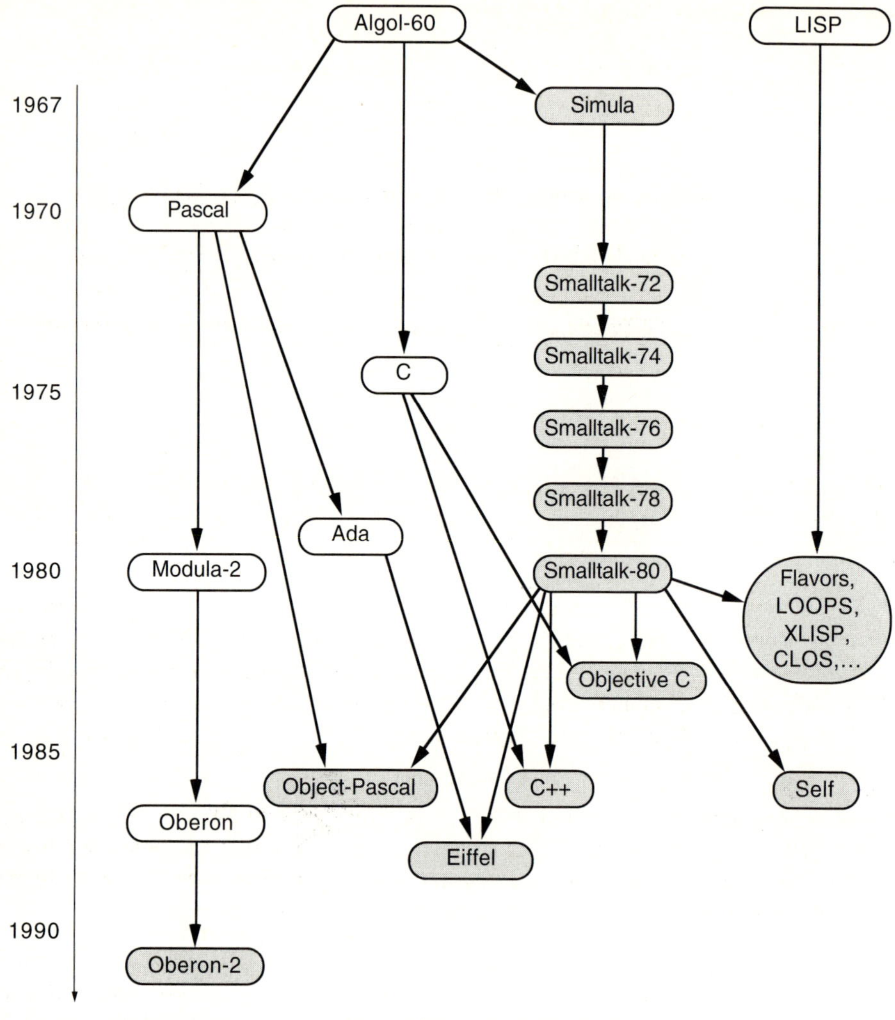

Abb. 5.33: Der Stammbaum der objektorientierten Sprachen

Die hier gegebene Aufstellung erhebt keinen Anspruch auf Vollständigkeit. Ständig werden neue objektorientierte Sprachen mit neuen Konzepten entwickelt und objektorientierte Dialekte bestehender Sprachen geschaffen. So gibt es zum Beispiel bereits einige objektorientierte Erweiterungen von Modula-2, und auch eine Aufnahme objektorientierter Elemente in die Sprache Ada wird zur Zeit (Stand 1992) diskutiert.

In den folgenden Abschnitten diskutieren wir die objektorientierten Elemente von fünf verschiedenen Sprachen. Dabei streben wir keine Vollständigkeit an; es geht uns vielmehr darum, einen überblicksartigen Eindruck von den Sprachen zu vermitteln und die Vielfalt der in ihnen realisierten Konzepte zu zeigen. Die folgende Aufstellung zeigt, welche Sprachen ausgewählt wurden, und welche Aspekte bei dieser Auswahl berücksichtigt wurden:

Sprache	Auswahlkriterien
Smalltalk	„Urmutter" fast aller objektorientierten Sprachen; rein objektorientiert; keine statische Typinformation.
C++	weltweite Verbreitung; statische und dynamische Objekte; hohe Effizienz; flexibel definierbare Zugriffsrechte.
Object-Pascal	Minimalität; starke Anlehnung an bestehende Pascal-Elemente; Methoden werden wie Record-Komponenten aufgefaßt.
Eiffel	eigenständige Entwicklung ohne direkte Vorbilder; mehrfache und wiederholte Vererbung; Assertionen, Vor- und Nachbedingungen.
Oberon-2	erweiterbare Record-Typen; typgebundene Prozeduren; Type-Test und Type-Guard.

5.6.1 Smalltalk

Smalltalk wurde im Palo Alto Research Center (PARC) von Xerox entwickelt. Die Sprache war das Ergebnis einer Studie, die Anfang der Siebziger-Jahre von einer „Learning Research Group" begonnen wurde. Das eigentliche Ziel dieser Studie bestand darin, Ideen darüber zu sammeln, wie die Kommunikation zwischen Mensch und Computer im Jahr 2000 aussehen könnte. Die Mitglieder dieser Forschungsgruppe gaben sich mit einer Studie aber nicht zufrieden, sondern entwickelten eine Programmiersprache und ein dazugehörendes Betriebssystem. Die Ideen, die damals verwirklicht wurden, beeinflussen auch heute noch (sogar mehr denn je) die Art und Weise, wie wir mit Computern umgehen. Zum Beispiel wurden die Maus als Eingabemedium, die Organisation des Bildschirms mit überlappenden Fenstern und die Befehlseingabe mit Popup-Menüs eingeführt.

Die erste Smalltalk-Version wurde 1972 fertiggestellt und wird daher heute mit dem genauen Namen Smalltalk-72 bezeichnet. Die Sprache wurde in zweijährigen Abständen revidiert, so daß nacheinander die Versionen Smalltalk-74, -76, -78 und -80 entstanden. Wenn man heute von Smalltalk spricht, ist meist Smalltalk-80 [Goldberg 1983] damit gemeint.

Smalltalk zeichnet sich durch kompromißlose Befolgung der objektorientierten Prinzipien aus. Am deutlichsten sieht man das daran, daß in Smalltalk *alles* ein Objekt ist – sogar Klassen und Anweisungsfolgen. Smalltalk kennt drei Arten von Messages:

- *Unäre Messages* bestehen aus einem Bezeichner, der hinter das Empfänger-Objekt geschrieben wird. Der Ausdruck alpha sin bezeichnet zum Beispiel die unäre Message sin an das Objekt alpha. Er entspricht etwa dem Pascal-Ausdruck SIN(alpha), kann also mit einem einstelligen Funktionsaufruf verglichen werden.

- *Binäre Messages* bestehen aus einem Sonderzeichen oder einer Folge von Sonderzeichen, die zwischen das Empfänger-Objekt und das einzige Argument geschrieben werden. Beispiele dafür sind 25+x und x~=y. Im ersten Beispiel ist 25 das Empfänger-Objekt und x ist das Argument der Message „+". Eine binäre Message entspricht also etwa einem Operator in einer konventionellen Programmiersprache.

- *Schlüsselwort-Messages* bestehen aus einem oder mehreren Schlüsselwörtern, die jeweils mit einem Doppelpunkt enden. Auf jeden Doppelpunkt folgt ein Argument. Beispiele dafür sind die Ausdrücke 'AEIOU' at:i und nameList at:5 put:'Adele'. Im ersten Beispiel wird die Message „at:“ mit dem Argument i an die Zeichenkette 'AEIOU' gesendet, im zweiten Beispiel lautet die Message „at:put:“, das Empfänger-Objekt ist die Variable nameList, und die Argumente sind die Zahl 5 und die Zeichenkette 'Adele'. Eine Schlüsselwort-Message entspricht also einem Prozeduraufruf mit mehreren Parametern in einer konventionellen Programmiersprache, etwa At('AEIOU',i) und AtPut(nameList,5,'Adele'). Man beachte, daß die Doppelpunkte zum Message-Namen gehören. Sie zeigen an, wieviele Parameter eine Message hat und wo sie eingesetzt werden müssen. Im englischen Sprachgebrauch werden sie deshalb auch ausgesprochen (z. B. at-colon-put-colon).

Eine Besonderheit von Smalltalk besteht darin, daß die Sprache keine eigenen Anweisungen für die Ablaufsteuerung enthält. Dafür kann man in ihr sogenannte *Blöcke* bilden, das sind Objekte, die beliebige Anweisungsfolgen enthalten. Ein Block wird gebildet, indem man eine Folge von (durch Punkte voneinander getrennten) Anweisungen in eckige Klammern einschließt, zum Beispiel

```
[alarmCount := alarmCount+1. bell ring]
```

Die Anweisungsfolge wird bei der Bildung des Blocks lediglich zu einem Objekt zusammengefaßt, aber noch nicht ausgeführt. Man kann den Block wie jedes andere Objekt einer Variablen zuweisen, wie zum Beispiel in

```
alarm := [alarmCount := alarmCount+1. bell ring]
```

Auf diese Weise können Anweisungsfolgen „auf Eis gelegt“ werden. Wenn man sie ausführen will, schickt man dem Block-Objekt die unäre Message value. Der Ausdruck alarm value bewirkt daher die Auswertung der Anweisungsfolge, worauf die Variable alarmCount um 1 erhöht wird und die Glocke läutet.

Blöcke sind ein sehr mächtiges Konzept. Sie können beispielsweise zur Parametrisierung von Objekten verwendet werden. Man kann etwa mit einem Objekt einen Block verbinden, der immer dann ausgeführt wird, wenn das Objekt eine bestimmte Message empfängt. Blöcke werden aber auch für die Ablaufsteuerung verwendet. Zum Beispiel verstehen Objekte der Klasse Boolean unter anderem die Messages ifTrue: und ifTrue:ifFalse:. Die folgenden Beispiele zeigen einige einfache Ablaufkonstruktionen und ihre Pascal-Gegenstücke:

Smalltalk	Pascal
x>limit ifTrue: [x := limit]	IF x>limit THEN x:=limit

x<y
  ifTrue: [min := x. max := y]
  ifFalse: [min := y. max := x]
	IF x<y
	  THEN BEGIN min := x; max := y END
	  ELSE BEGIN min := y; max := x END

n timesRepeat:
  [Transcript nextPut: $–]
	FOR i:=1 TO n DO
	  Write('–')

[x>0] whileTrue:
  [y := y*2. x := x–1]
	WHILE x>0 DO BEGIN
	  y := y*2; x := x–1
	END

Im ersten Beispiel liefert der Ausdruck x>limit ein True- oder ein False-Objekt. Ein True-Objekt reagiert auf die Message ifTrue:, indem es das Argument (d. h. den Block [x := limit]) auswertet, während die Message ifTrue: bei einem False-Objekt keine Wirkung hat. Ähnlich verhält es sich mit der Message ifTrue:ifFalse:. Ein True-Objekt wertet das erste Argument aus, ein False-Objekt das zweite.

Nicht nur elementare Daten und Anweisungsfolgen sind in Smalltalk Objekte, sondern auch die Klassen. Jedes Objekt „kennt" das Klassenobjekt, zu dem es gehört. Die Klassenobjekte werden auch benutzt, um neue Objekte zu erzeugen. Man schickt dazu der Klasse die Message new, worauf die Klasse reagiert, indem sie Speicherplatz für ein neues Objekt anlegt und das neu geschaffene Objekt in passender Weise initialisiert. Zum Beispiel liefert die Anweisung nameList := List new eine neue Liste.

Da Klassen auch Objekte sind, gehören sie ebenfalls zu einer Klasse. Die Klasse einer Klasse nennt man eine *Metaklasse*; so wie eine Klasse die Struktur und das Verhalten ihrer Objekte festlegt, bestimmt eine Metaklasse die Struktur und das Verhalten ihres (einzigen) Objekts, also der Klasse. Da auch die Metaklasse eine Klasse und damit auch ein Objekt ist, gehört sie auch zu einer Klasse, die wiederum ein Objekt ist, das zu einer Klasse gehört. Damit entsteht theoretisch eine endlose Folge von Metaklassen. In Smalltalk wird diese Kette aber durch eine „Klasse aller Klassen" abgeschlossen – einer mathematischen Unmöglichkeit, wie man durch einen Widerspruchsbeweis leicht feststellen kann. In Smalltalk führt das aber glücklicherweise nicht zu einem Widerspruch, weil alle Metaklassen das gleiche Verhalten haben und daher ihrerseits durch eine gemeinsame Metaklasse mit dem Namen MetaClass beschrieben werden können, die auch ihr eigenes Verhalten definiert.

Smalltalk wurde ursprünglich als Sprache mit einfacher Vererbung definiert. Die Flexibilität der Sprache wird vielfach sogar als Argument dafür angeführt, daß man die mehrfache Vererbung nicht braucht. Trotzdem gibt es mittlerweile einige Smalltalk-Versionen, die mehrfache Vererbung erlauben.

In Smalltalk gibt es keine Möglichkeit, Klassen durch ein Textstück zu definieren. Die Klassenhierarchie, die Struktur von Objekten und ihre Methoden werden interaktiv mit Hilfe eines *Browsers* definiert. Eine Methode wird in einem Fenster angezeigt und kann dort editiert werden. Das folgende Beispiel zeigt, wie die Methode timesRepeat: der Klasse Integer in Smalltalk definiert ist:

```
timesRepeat: aBlock
    "execute the argument aBlock as many times as the receiver specifies"
    | count |
    count := self.
    [count > 0] whileTrue: [aBlock value. count := count – 1].
```

Die Kopfzeile legt den Namen der Methode und den Namen des Formalparameters fest. Der in den doppelten Anführungszeichen eingeschlossene Text ist ein Kommentar, der die Funktion der Methode beschreibt. Die vertikalen Balken begrenzen die Deklaration der lokalen Variablen count. Es ist zu beachten, daß weder für den Parameter aBlock noch für die lokale Variable count angegeben wird, von welchem Typ sie sein sollen. In Smalltalk werden deklarierte Variablen nicht mit Datentype assoziiert; jeder Variablen kann ein Objekt einer beliebigen Klasse zugewiesen werden. Dadurch kann bei der Verwendung einer Variablen der Fall auftreten, daß das mit ihr verbundene Objekt von einer anderen Klasse ist als man erwartet. Zum Beispiel kann der Compiler die Anweisung x timesRepeat: y nicht auf ihre semantische Korrektheit hin prüfen. Er kann höchstens einen Fehler melden, wenn es in keiner bekannten Klasse eine Methode mit dem

Namen timesRepeat: gibt. Zur Laufzeit kann nun der Fall auftreten, daß y kein Block-Objekt ist und damit die Message value (die ihm innerhalb von timesRepeat: gesendet wird) nicht „versteht". Genausogut kann aber auch x eine Zeichenkette sein, so daß schon die Message timesRepeat: nicht verarbeitet werden kann. In beiden Fällen wird das Programm mit einer Fehlermeldung ("message not understood") abgebrochen.

Trotz der fehlenden statischen Typisierung ist Smalltalk doch eine typsichere Sprache, da alle Inkompatibilitäten geprüft und erkannt werden – wenn auch erst zur Laufzeit. Es ist äußerst schwierig, ein Smalltalk-Programm zu schreiben, das zu einem „Absturz" mit schweren Folgen führt. Dazu trägt die Speicherverwaltung wesentlich bei. In Smalltalk werden zwar alle Objekte dynamisch angelegt, aber ein Sprachmittel zu ihrer expliziten Freigabe fehlt. Wegen der starken Vernetzung der Objekte ist es schwierig abzuschätzen, wann welche Objekte freigegeben werden können. Bei einer expliziten Speicherfreigabe besteht daher immer die Gefahr, daß es noch Referenzen auf die vermeintlich nicht mehr benötigten Objekte gibt (sogenannte „dangling pointers"). In Smalltalk sorgt die automatische Speicherbereinigung dafür, daß der von nicht mehr erreichbaren Objekten belegte Speicherplatz wieder freigegeben wird.

5.6.2 C++

Die Sprache C++ [Stroustrup 1986] wurde Mitte der 80er-Jahre von Bjarne Stroustrup bei AT&T Bell Laboratories entwickelt. Das vordergründige Ziel dieser Entwicklung war nicht, aus C eine objektorientierte Programmiersprache zu machen, sondern „ein besseres C" (a better C, daher auch der ursprüngliche Name ABC) zu schaffen. Vor allem der Mangel an Typsicherheit sollte behoben werden. Beim Entwurf der Sprache wurde auf weitgehende Aufwärtskompatibilität mit C geachtet, so daß bestehende C-Programme mit minimalem Aufwand nach C++ übertragen werden können. In dieser Aufwärtskompatibilität liegt die größte Stärke von C++, da die Sprache dadurch für C-Programmierer, die in die objektorientierte Programmierung einsteigen wollen, attraktiv ist. Allerdings ist die große Ähnlichkeit mit C auch jener Punkt, der an C++ heute am heftigsten kritisiert wird. In C gibt es viele versteckte Fallen wie Zeiger-Arithmetik und (unsichere) Type-Casts, die aus Kompatibilitätsgründen auch in C++ übernommen werden mußten. Dadurch wird dem Programmierer äußerste Disziplin abverlangt, wenn es um hohe Sicherheit geht.

Die wichtigste Neuerung in C++ gegenüber C liegt in der Möglichkeit, abstrakte Datentypen zu definieren. Ein abstrakter Datentyp wird wie eine Struktur deklariert, die auch Funktionen enthalten kann. Die folgende Deklaration zeigt einen einfachen abstrakten Datentyp für einen ganzzahligen Zähler.

```
class Counter {
   private:
      unsigned in val;
   public:
      Counter() { val=0; }                    // Konstruktor
      void Increment() { val++; }
      void Decrement() {val --; }
      unsigned int Value() {return val; }
};
```

Ein abstrakter Datentyp wird mit dem Schlüsselwort class definiert. Die oben angegebene Definition unterscheidet sich jedoch von einer Klasse in unserem Sinn dadurch, daß sie keine dynamische Bindung ermöglicht. Um die dynamische Bindung einer Methode zu bewirken, muß sie explizit als „virtuell" deklariert werden, was wir im obigen Beispiel unterlassen haben. Die Möglichkeit, Methoden als virtuell oder nicht virtuell zu deklarieren, ist typisch für C++. Der Programmierer hat die Möglichkeit, zwischen der größeren Flexibilität der dynamischen Bindung und der höheren Effizienz der statischen Bindung zu wählen. Diese Wahlmöglichkeit ist allerdings auch eine Fehlerquelle, weil das versehentliche Weglassen des Schlüsselworts virtual einem Programm eine völlig andere Bedeutung geben kann, wenn Vererbung mit überschriebenen Methoden im Spiel ist.

Die erste „Methode" der Klasse hat denselben Namen wie die Klasse. Es handelt sich dabei um einen *Konstruktor*, der für die Initialisierung von neu erzeugten Counter-Objekten zuständig ist. Je nach Anforderung kann es mehrere Konstruktoren mit verschiedenen Parameterlisten geben. So könnte zum Beispiel ein zweiter Konstruktor definiert werden, der Counter-Objekte mit einem von Null verschiedenen Anfangswert belegt:

```
Counter(unsigned int init) { val=init; }
```

Mit Hilfe solcher Konstruktoren können Objekte gleich bei ihrer Deklaration in passender Weise initialisiert werden. Als Gegenstück zu Konstruktoren gibt es noch *Destruktoren*, die automatisch unmittelbar vor der (expliziten) Beseitigung eines Objekts aktiviert werden. Ein Destruktor hat ebenfalls denselben Namen wie die Klasse, beginnt aber mit einer Tilde (z. B. ~Counter). Destruktoren können bei der Verwendung komplexer Objektstrukturen die Aufräumarbeiten erleichtern, sie sind aber kein Ersatz für eine automatische Speicherbereinigung.

Wie man am Counter-Beispiel bereits sieht, können Komponenten und Methoden mit verschiedenen Zugriffsrechten (im Sinne von Abschnitt 5.3.4) definiert werden. Die nach public deklarierten Teile sind öffentlich, also für Klienten zugänglich, die nach private angeführten Teile können nur innerhalb der Klasse benutzt werden. Ein drittes Zugriffsrecht ist protected, mit dem Teile vor Klienten verborgen, aber Erben zur Verfügung gestellt werden können. Darüber hinaus ist es in C++ auch möglich, sogenannte *friend classes* und *friend functions* zu definieren, denen man mehr Rechte einräumt als allen anderen Klienten. In objektorientierten Programmen treten solche Klassenzwillinge relativ häufig auf, wenn miteinander kooperierende Klassen gemeinsam entwickelt werden.

In C++ können Objekte sowohl statisch deklariert als auch dynamisch erzeugt werden. Die folgende Gegenüberstellung zeigt diese beiden Verwendungsarten am Beispiel eines Zähler-Objekts.

statisch	*dynamisch*
`Counter c;`	`Counter *c`
…	`c = new Counter();`
`c.Increment();`	`c–>Increment();`
…	…
`printf("\ncounter=%u", c.Value());`	`printf("\ncounter=%u", c–>Value());`
	`delete c;`

Im linken Beispiel wird die Variable c statisch deklariert. Mit dem Aufruf der Prozedur, die diese Deklaration enthält, wird das Objekt ins Leben gerufen und mit Hilfe des Konstruktors initialisiert. Mit der Beendigung der Prozedur wird der vom Objekt belegte Speicher wieder freigegeben, wobei zuvor noch ein eventueller Destruktor aufgerufen wird. Im rechten Beispiel wird die Variable c dynamisch (d. h. als Zeiger auf ein Counter-Objekt) deklariert. Bevor man mit ihr arbeiten kann, muß ihr erst ein Zeiger auf ein Counter-Objekt zugewiesen werden. Das kann zum Beispiel mit Hilfe von new Counter() geschehen. Diese Konstruktion bewirkt, daß zur Laufzeit ein Counter-Objekt angelegt und durch Ausführung des Konstruktors initialisiert wird. Während ein statisches Objekt wie eine Struktur verwendet werden kann, muß für Methodenaufrufe bei dynamischen Objekten eine andere Schreibweise benutzt werden. Wenn das Objekt nicht mehr benötigt wird, muß sein Speicherplatz mit Hilfe der delete-Anweisung wieder freigegeben werden, wobei noch – falls vorhanden – der Destruktor der Klasse aufgerufen wird.

In C++ kann ein Type-Cast verwendet werden, um ein beliebiges Objekt einer Variablen eines bestimmten Typs zuzuweisen, wie im folgenden Beispiel gezeigt.

```
T v;
...
v = T(x);
```

Wie schon in C üblich, ist diese Operation unsicher, das heißt, daß die nachfolgende Verwendung von v zu schwer aufzuspürenden Fehlern führen kann, wenn die Variable x kein T-Objekt enthielt. Leider gibt es in C++ auch keine Möglichkeit, zu überprüfen, von welcher dynamischen Klasse ein mit einer Variablen verbundenes Objekt ist.

In der ursprünglichen Sprachdefinition gab es in C++ nur einfache Vererbung. Seither wurde die Sprache aber bereits mehrfach revidiert und unter anderem auch um mehrfache Vererbung erweitert. Die mehrfache Vererbung zeichnet sich in C++ dadurch aus, daß Konflikte durch explizite Qualifikation beim Methodenaufruf aufgelöst werden müssen. Ein durch mehrfache Vererbung entstandenes Objekt wird in C++ wie die Vereinigung zweier Objekte beider Basisklassen (mit zusätzlichen neuen Komponenten) aufgefaßt. Das führt unter anderem dazu, daß bei der mehrfachen Vererbung von zwei Klassen mit einer gemeinsamen Wurzel die Komponenten der Wurzelklasse doppelt vorkommen.

Eine vollständige Beschreibung aller objektorientierten Konzepte von C++ würde den Rahmen dieses Buches sprengen, da die von dieser Sprache gebotenen Möglichkeiten überaus vielfältig sind. Gerade darin liegt aber auch eine Gefahr für den Einsteiger, weil es zu viele Sprachkonzepte gibt, die der C++-Programmierer im Kopf haben sollte.

5.6.3 Object-Pascal

Die Sprache Object-Pascal ist wegen ihrer Minimalität bemerkenswert. Ihre wesentlichen Eigenschaften sind ein Objekt-Typ (eine Erweiterung der Record-Typen), eine Methoden-Konstruktion (eine Erweiterung der Prozeduren), eine neue Standardfunktion Member und zwei Schlüsselwörter zur Bezeichnung des Empfänger-Objekts innerhalb einer Methode (SELF) und für den Aufruf von Methoden der Basisklasse (INHERITED). Schon mit diesen wenigen neuen Sprachelementen ist objektorientierte Programmierung in unserem Sinn möglich.

Genau genommen ist „Object-Pascal“ keine Bezeichnung für eine einzelne Sprache, sondern ein Sammelname für objektorientierte Pascal-Erweiterungen, die sich zum Teil erheblich voneinander unterscheiden. Wir beschreiben hier MPW-Pascal [Schmucker 1986], einen Pascal-Dialekt, der von Apple für die Macintosh-Programmierumgebung MPW (= Macintosh Programmer's Workshop) entwickelt wurde. Auch Turbo-Pascal enthält seit der Version 5.5 objektorientierte Elemente. Die Konzepte dieser Sprache weichen aber stark von MPW-Pascal ab und lehnen sich eher an C++ an.

In Object-Pascal werden Klassen mit Hilfe eines Objekt-Typs beschrieben. Das folgende Beispiel zeigt, wie die im Abschnitt über C++ angeführte Counter-Klasse in Object Pascal definiert und implementiert werden kann.

```
TYPE
   Counter = OBJECT
      val: INTEGER;
      PROCEDURE ICounter;
      PROCEDURE Decrement;
      PROCEDURE Increment;
      FUNCTION Value: INTEGER;
   END;

PROCEDURE Counter.ICounter;
BEGIN
   val := 0
END;

PROCEDURE Counter.Increment;
BEGIN
   val := val+1
END;

PROCEDURE Counter.Decrement;
BEGIN
   val := val–1
END;

FUNCTION Counter.Value: INTEGER;
BEGIN
   Value := val
END;
```

Die Typdeklaration beschreibt nur, welche Struktur ein Counter-Objekt hat und welche Operationen damit möglich sind. Die Methoden werden getrennt davon implementiert (was übrigens auch in C++ möglich ist). Auf die Funktionsprozedur Value zum Erfragen des augenblicklichen Zählerwertes hätten wir hier eigentlich verzichten können. Object-Pascal kennt nämlich kein Geheimnisprinzip, so daß jeder Klient auf die in der Typdeklaration angeführten Komponenten zugreifen und sie auch modifizieren kann. Das Geheimnisprinzip ist also in Object-Pascal nicht realisiert. Dieser schwere Nachteil kann nur durch äußerste Disziplin bei der Benutzung von Objekten ausgeglichen werden.

Da es in Object-Pascal keine Konstruktoren und Destruktoren gibt, behilft man sich mit einer expliziten Initialisierungsmethode, die per Konvention wie die Klasse heißt, aber mit einem vorangestellten „I“ beginnt. Das folgende Programmfragment zeigt, wie Objekte in Object-Pascal verwendet werden.

```
VAR
   c: Counter;
...
NEW(c);
c.ICounter;
c.val := 5;
c.Increment;
...
Writeln("counter=", c.Value)                    oder: Writeln("counter=", c.val)
DISPOSE(c);
```

Die Standardprozedur NEW wurde in Object-Pascal so erweitert, daß sie auch auf Variablen von Objekt-Typen anwendbar ist. Der Aufruf NEW(c) legt ein neues Counter-Objekt an (weil c statisch von Datentyp Counter ist) und weist der Variablen c eine Referenz auf dieses Objekt zu. Objekt-Variablen enthalten in Object-Pascal immer eine Referenz auf ein Objekt oder den Wert NIL. Statische Objekte wie in C++ gibt es nicht. Trotzdem wurde beim Zugriff auf Objekt-Komponenten und beim Senden von Messages dieselbe Syntax wie bei Records beibehalten. Wie in C++ müssen auch in Object-Pascal nicht mehr benötigte Objekte explizit freigegeben werden. Dazu wird wieder die Standardprozedur DISPOSE benutzt.

In Object-Pascal gibt es eine einfache Möglichkeit, um festzustellen, ob ein Objekt zu einer bestimmten Klasse gehört. Der Funktionsaufruf Member(x,T) stellt für eine Objekt-Variable x fest, ob ihr derzeitiger Inhalt ein Objekt der Klasse T oder einer davon abgeleiteten Klasse ist. Solche Prüfungen werden benötigt, wenn ein Objekt x einer Variablen v des Typs T zugewiesen werden soll, wie im folgenden Beispiel gezeigt:

```
VAR x: ...; v: T;
...
IF Member(x,T) THEN v := T(x);
```

Der Ausdruck T(x) ist ein Type-Cast, der zu einem Laufzeitfehler führt, wenn x kein T-Objekt ist. Dieser Fehler kann durch die vorherige Typprüfung vermieden werden.

Beim Entwurf von Object-Pascal wurde auf Einfachheit größter Wert gelegt. Das ist unter anderem daran erkennbar, daß Pascal zur Unterstützung der objektorientierten Programmierung nur um wenige Sprachelemente erweitert wurde. Aus diesem Grund wurde auch auf mehrfache Vererbung verzichtet.

5.6.4 Eiffel

Die Programmiersprache Eiffel [Meyer 1988] wurde von Bertrand Meyer ursprünglich als firmeninternes Werkzeug der Firma Interactive Software Engineering entwickelt. Nachdem man mit der Sprache gute Erfahrungen gemacht hatte, wurde beschlossen, sie als Produkt zu vermarkten. Eines der Hauptziele bei der Entwicklung von Eiffel war eine hohe Sicherheit der entstehenden Programme. Aus diesem Grund findet man in Eiffel Sprachelemente zur Formulierung von Assertionen, Vor- und Nachbedingungen und Invarianten, sowie einen Mechanismus zur Ausnahmebehandlung.

Eiffel ist zwar eine Hybridsprache, wurde aber von Grund auf neu entwickelt. Eiffel ist also keine objektorientierte Erweiterung einer bestehenden Programmiersprache. Es fällt wegen der vielen eigenwilligen Sprachkonzepte auch schwer, Ähnlichkeiten zwischen Eiffel und anderen Sprachen zu entdecken. Hinsichtlich der objektorientierten Konzepte zeichnet sich Eiffel vor allem durch die mehrfache und wiederholte Vererbung sowie durch Generizität aus. Es gibt nur zwei Anweisungen zur Ablaufsteuerung, nämlich eine If-Anweisung und eine Loop-Anweisung mit der Wirkung einer While-Schleife. Das folgende Beispiel zeigt, wie das schon bei C++ und Object-Pascal gezeigte Zähler-Klasse in Eiffel formuliert werden kann.

```
class COUNTER export
   increment, decrement, value

feature

   val: INTEGER;

   increment is
   do
      val := val+1;
   end;

   decrement is
   require
      val>0
   do
      val := val–1;
   end;

   value: INTEGER is
   do
      Result := val
   end;

end
```

Schlüsselwörter werden in Eiffel klein geschrieben, Typnamen groß. Für jede Klasse wird getrennt festgelegt, welche ihrer Merkmale (engl. *features*) für Klienten zugänglich sein sollen. Diese Sichtbarkeit kann in jeder abgeleiteten Klasse neu definiert werden. In einer von COUNTER abgeleiteten Klasse könnte daher die Komponente val exportiert, aber der Aufruf der Methode increment verboten werden.

In Eiffel wird bei der Verwendung einer Klasse nicht zwischen Komponenten und Methoden unterschieden. Beides wird einfach als Merkmal definiert. Es ist sogar möglich, eine Methode in einer abgeleiteten Klasse als Komponente neu zu definieren.

Im obigen Beispiel haben wir gefordert, daß der Zählerwert nicht negativ werden darf. Derartige Bedingungen können in Eiffel als Vor- und Nachbedingungen von Methoden spezifiziert werden. Im Fall der Methode decrement haben wir daher die Voraussetzung in einem require-Abschnitt festgehalten. Die Vor- und Nachbedingungen von Eiffel werden als Bestandteile des Vertrags zwischen dem Implementierer und den Benutzern einer Klasse aufgefaßt. Der Implementierer wird dazu verpflichtet, die Nachbedingung zu erfüllen, wenn der Benutzer seinerseits die Vorbedingung sicherstellt. Diese Bedingungen werden vor bzw. nach dem Methodenaufruf geprüft und führen zu einem Laufzeitfehler, wenn sie nicht erfüllt sind. Darüber hinaus kann man auch für eine ganze Klasse eine Reihe von Invarianten angeben, die vor und nach jedem Methodenaufruf erfüllt sein müssen. Solche Prüfungen können auch beliebig durch check-Anweisungen innerhalb von Methoden angebracht werden.

Wenn ein Laufzeitfehler auftritt (zum Beispiel, weil eine Assertion nicht erfüllt ist), wird ein Ausnahmebehandlungs-Mechanismus aktiviert. Jede Methode kann einen rescue-Teil enthalten, in dem versucht werden kann, den Fehler zu beheben und die Ausführung der Methode mit einer retry-Anweisung zu wiederholen. Diese Art der Ausnahmebehandlung wird als „fehlersicher" bezeichnet, weil sie garantiert, daß eine Methode nur dann zum Rufer zurückkehren kann, wenn sie ihren Auftrag erfüllt hat.

Das folgende Beispiel zeigt, wie ein COUNTER-Objekt in Eiffel benutzt werden kann.

```
local
   c: COUNTER
do
   c.Create;
   c.increment;
   ...
   output.putstring("counter=");
   output.putint(c.value);
```

Auch in Eiffel enthalten Objekt-Variablen Referenzen auf die eigentlichen Objekte. Um die Variable c mit einem COUNTER-Objekt zu initialisieren, schreibt man c.Create. Das ist ein Kuriosum, weil diese Notation so aussieht, als ob man dem mit c verbundenen Objekt (das es noch gar nicht gibt) die Message Create senden würde. Alle Variablen werden in Eiffel mit definierten Anfangswerten initialisiert. Das gilt auch für die Komponente val von COUNTER-Objekten, die automatisch beim Erzeugen des Objekts mit Null initialisiert wird. Wenn ein anderer Anfangswert gewünscht wird, muß die Create-Methode überschrieben werden.

Eiffel kennt keinen Mechanismus zur expliziten Freigabe von Objekten. Es gibt zwar eine spezielle Methode x.Forget, die aber nicht das mit x verbundene Objekt beseitigt, sondern lediglich die Verbindung zwischen der Variablen x und dem Objekt löst. x.Forget entspricht daher in C++ der Anweisung x=0; und in Object-Pascal der Anweisung x:=NIL. Nicht mehr benötigte Objekte werden durch automatische Speicherbereinigung beseitigt. Im gemeinsam mit Eiffel entwickelten Laufzeitsystem geschieht die Speicherbereinigung parallel zur eigentlichen Programmausführung. Je voller der Speicher wird, desto intensiver wird versucht, neuen Platz durch Beseitigung nicht mehr erreichbarer Objekte zu schaffen.

In Eiffel gibt es die Möglichkeit der mehrfachen und der wiederholten Vererbung. Bei der mehrfachen Vererbung auftretende Konflikte werden durch Umbenennung von Merkmalen beseitigt. Eine Umbenennung ist auch ohne Konflikt möglich, um zum Beispiel eine Methode in einer abgeleiteten Klasse mit einem treffenderen Namen zu bezeichnen. Da es in Eiffel kein Sprachelement zum Aufruf der überschriebenen Methode von einer überschreibenden Methode aus gibt, muß man ebenfalls die Umbennung bemühen, um einen solchen Aufruf zu bewerkstelligen: Zuerst wird die geerbte Methode m „redefiniert“ (der Eiffel-Ausdruck für die Neuimplementierung einer Methode), dann wird sie (zum Beispiel in old_m) umbenannt. In der überschreibenden Methode kann die überschriebene dann mit dem Namen old_m aufgerufen werden.

In Eiffel gibt es einen eigenen Mechanismus zur Definition abstrakter Klassen. Eine abstrakte Methode erhält statt einer Anweisungsfolge das Attribut deferred (aufgeschoben), und die ganze Klasse wird ebenfalls mit diesem Attribut deklariert. Diese Definition bewirkt, daß auf eine Variable x dieser Klasse die Operation x.Create nicht angewandt werden darf.

In Eiffel können auch generische Klassen definiert werden. Ein Beispiel dafür ist die Klasse ARRAY[T], bei der der Parameter T den Elementtyp des Feldes beschreibt. Das Bemerkenswerte an der Generizität von Eiffel ist, daß der abstrakte Parametertyp auch zur Parametrisierung von Basisklassen verwendet werden kann. Zum Beispiel erbt die generische Klasse FIXED_LIST[T] von ARRAY[T] und von LIST[T].

5.6.5 Oberon-2

Die Sprache Oberon-2 wurde an der Eidgenössischen Technischen Hochschule (ETH) in Zürich entwickelt. Niklaus Wirth vereinfachte die Sprache Modula-2, bereicherte sie dafür um das Konzept der Typerweiterung und nannte die neue Sprache Oberon [Reiser 1992]. Hanspeter Mössenböck baute Oberon durch die Einführung typgebundener Prozeduren weiter aus. Das Ergebnis dieser Arbeit ist die Sprache Oberon-2 [Mössenböck 1991].

Das besondere an Oberon-2 ist, daß in dieser Sprache zwei herkömmliche Konzepte benutzt werden, um objektorientierte Programmierung zu ermöglichen. Die Objekte von Oberon-2 sind Record-Variablen, und die Klassen sind Record-Typen, die jedoch im Gegensatz zu konventionellen Records um neue Komponenten erweitert werden können und so eine Ableitung neuer Typen ermöglichen. Methoden sind in Oberon spezielle Prozeduren, die an einen Record-Typ gebunden sind. Sie haben eine Parameterliste und einen zusätzlichen *explizit* angegebenen Parameter, der das Empfängerobjekt spezifiziert. Das folgende Beispiel zeigt zwei Record-Typen und an sie gebundene Prozeduren.

```
TYPE
  Date = RECORD
    year: INTEGER;
    month, day: SHORTINT
  END;
  Time = RECORD (Date)
    hour, minute: SHORTINT
  END;
```

```
PROCEDURE (VAR d:Date) Write;
BEGIN
   Out.Int(d.year,0); Out.Char("–");
   Out.Int(d.month,0); Out.Char("–");
   Out.Int(d.day,0)
END Write;

PROCEDURE (VAR t:Time) Write;
BEGIN
   t.Write^; Out.Char(" ");
   Out.Int(t.hour,0); Out.Char(":");
   Out.Int(t.minute,0)
END Write;
```

Das Empfängerobjekt wird in Oberon-2 vor dem Prozedurnamen angegeben. Innerhalb der Prozedur kann dieses Objekt daher mit dem im Prozedurkopf festgelegten Namen angesprochen werden; ein vordefinierter Bezeichner wie self in Smalltalk wird daher in Oberon-2 nicht benötigt. Ein Aufruf der überschriebenen Prozedur wird durch das Sonderzeichen ^ nach dem Prozedurnamen gekennzeichnet.

In Oberon-2 können wie in C++ statische und dynamische Objekte benutzt werden. Eine Variable des Typs Date enthält ein statisches Objekt, eine Variable des Typs POINTER TO Date enthält ein dynamisches Objekt, also eine Referenz auf ein Date-Objekt. Die zwischen den Record-Typen Date und Time bestehende Ableitungsbeziehung wird an die entsprechenden Pointer-Typen DatePtr=POINTER TO Date und TimePtr=POINTER TO Time weitergereicht. Eine Variable des Typs TimePtr kann daher einer Variablen des Typs DatePtr zugewiesen und auf diese Weise Polymorphismus erreicht werden. Das folgende Beispiel zeigt, wie das Zähler-Beispiel mit dynamischen Objekten in Oberon-2 formuliert werden kann:

```
TYPE
   CounterPtr = POINTER TO Counter;
   Counter = RECORD
      val: INTEGER
   END;

PROCEDURE (VAR c:Counter) Init;
BEGIN
   c.val := 0
END Init;

PROCEDURE (VAR c:Counter) Increment;
BEGIN
   c.val := c.val+1
END Increment;

PROCEDURE (VAR c:Counter) Decrement;
BEGIN
   c.val := c.val–1
END Decrement;
```

```
PROCEDURE (VAR c:Counter) Value: INTEGER;
BEGIN
   RETURN c.val
END Value;
```

Im Gegensatz zu den meisten anderen objektorientierten Sprachen werden die Methoden (d. h. die typgebundenen Prozeduren) nicht gemeinsam mit dem Klassentyp definiert. Dies vermeidet Redundanz; die Schnittstelle einer Klasse ist jedoch über ein ganzes Modul verstreut. Man benötigt wie in Eiffel ein eigenes Werkzeug, um aus dem Quelltext eines Moduls die Schnittstellen der in ihm enthaltenen Klassen zu extrahieren.

Das folgende Beispiel zeigt, wie Counter-Objekte in Oberon-2 verwendet werden:

```
VAR
   c: CounterPtr;
...
NEW(c);
c.Init;
c.Increment;
...
Out.String("counter=");
Out.Int(c.Value(),0);
```

Ein dynamisches Objekt muß wie in Object-Pascal mit der Standardprozedur NEW angelegt werden. Die Freigabe der nicht mehr erreichbaren Objekte erfolgt jedoch durch automatische Speicherbereinigung.

Eine weitere Ähnlichkeit zu Object-Pascal besteht darin, daß man in Oberon-2 den dynamischen Typ von Variablen abfragen und mit Hilfe eines *Type Guard* zur Laufzeit sicherstellen kann, daß eine Variable von einem bestimmten dynamischen Typ ist. Das folgende Programmfragment zeigt, wie mit diesem Mechanismus die Typzugehörigkeit eines Objekts geprüft werden kann.

```
VAR x: ...; v: T;
...
IF x IS T THEN v := x(T) ... END
```

Eine Variante dieses Typ-Tests stellt die WITH-Anweisung von Oberon-2 dar. Sie erlaubt nach einer vorherigen Prüfung der Typzugehörigkeit die Benutzung einer Variablen in einer ganzen Anweisungsfolge, als ob sie ihrem derzeitigen dynamischen Typ entsprechend deklariert worden wäre. Wenn die Datentypen T1 und T2 beide von T0 abgeleitet sind, wäre zum Beispiel die folgende WITH-Anweisung zulässig:

```
VAR x:T0;
...
WITH x:T1 DO
   (* x ist dynamisch zumindest vom Typ T1; benutze x als T1-Objekt *)
| x:T2 DO
   (* x ist dynamisch zumindest vom Typ T2; benutze x als T2-Objekt *)
ELSE
   (* x ist weder ein T1- noch ein T2-Objekt *)
END;
```

Oberon-2 erlaubt eine flexible Festlegung der Zugriffsrechte auf Objekt-Komponenten und Methoden. Allerdings werden die Zugriffsrechte nicht für Klienten einer Klasse, sondern für Klienten eines ganzen Moduls definiert, der mehrere Klassen enthalten kann. Exportierte Record-Typen werden mit einem Stern markiert. Das bedeutet aber noch nicht automatisch, daß auch alle Komponenten von Objekten dieses Typs außerhalb des Moduls sichtbar sind. Die Zugriffsrechte auf die Komponenten und Methoden können getrennt spezifiziert werden, wobei wieder ein Stern für eine öffentliche Komponente mit unbeschränktem Zugriff steht. Wenn der schreibende Zugriff auf eine Komponente verboten werden soll, kann das durch ein Minus-Zeichen ausgedrückt werden. Im Counter-Beispiel könnte man zum Beispiel auf die Prozedur Value verzichten und statt dessen die Komponente val schreibgeschützt exportieren:

```
TYPE
   CounterPtr* = POINTER TO Counter;
   Counter* = RECORD
      val–: INTEGER
   END;
...
PROCEDURE (VAR c:Counter) Init*;
...
```

Da die Zugriffrechte auf Modulebene definiert werden, können mehrere voneinander abhängende Klassen in einem Modul implementiert werden. Die Zugriffsrecht-Beschränkungen gelten dann nicht für wechselseitige Zugriffe zwischen diesen Klassen. Bei einer Benutzung innerhalb desselben Moduls kann zum Beispiel auf die Komponente val eines Counter-Objekts auch schreibend zugegriffen werden. Es ist in Oberon-2 auch möglich, nur den Pointer-Typ, aber nicht den dazugehörenden Record-Typ zu exportieren. In diesem Fall haben die Klienten keinerlei Zugriff auf den Objektinhalt.

Eine Besonderheit von Oberon-2 ist, daß auch die numerischen Standardtypen hierarchisch gegliedert sind. Nach ihrem Wertebereich sind diese fünf Typen folgendermaßen geordnet:

$$\text{SHORTINT} \subseteq \text{INTEGER} \subseteq \text{LONGINT} \subseteq \text{REAL} \subseteq \text{LONGREAL}$$

Eine Zahl des Typs SHORTINT kann einer Variablen jedes anderen numerischen Datentyps zugewiesen werden, weil die Werte dieses Datentyps auch in allen anderen numerischen Typen repräsentiert werden können. Auch gemischte Operationen mit Zahlen verschiedener Datentypen sind möglich. Das Ergebnis ist in diesem Fall immer vom kleinsten Typ, der die Typen der beiden Operanden einschließt.

5.7 Klassenbibliotheken

Die Frage, welche Programmiersprache die beste sei, war schon immer ein beliebtes Thema unter Informatikern. Daran hat sich auch nichts geändert, als die objektorientierte Programmierung modern wurde. Ganz im Gegenteil – die deutlichen konzeptionellen Unterschiede zwischen den einzelnen objektorientierten Sprachen geben immer neuen Stoff für diese Diskussion. Vor allem die Frage, ob C++ *die* objektorientierte Programmiersprache sei, erhitzt immer wieder die Gemüter. In der Praxis herrscht die Meinung vor, daß man an C++ aus pragmatischen Gründen nicht vorbeikönne, während die Softwaretechniker vor den Gefahren dieser Sprache warnen. Dabei setzt sich immer mehr die Ansicht durch, daß die verwendete Programmiersprache nur von untergeordneter Wichtigkeit ist. Viel größere Bedeutung wird heute einer guten Klassenbibliothek beigemessen. Diese Meinung ist nicht unbegründet, weil die Konzepte, die in einer Klassenbibliothek stecken, oft einen größeren Einfluß auf das Denkmodell des Programmierers haben als die Konzepte der Programmiersprachen.

Wir haben bereits in den vorangegangenen Kapiteln gezeigt, daß die objektorientierte Programmierung ein vorzügliches Werkzeug zur Schaffung wiederverwendbarer Programmbausteine ist. Dabei muß man zwischen zwei Arten der Wiederverwendung unterscheiden:

- *Interne Wiederverwendung* (engl. *intra-application reuse*) ist die Wiederverwendung einer Klasse im selben Programm, für das die Klasse ursprünglich geschaffen wurde. Diese Art der Wiederverwendung zeigt schon bei relativ kleinen Projekten ihren Nutzen. Sie entsteht meist durch anwendungsspezifische Klassen, die in mehreren Varianten gebraucht werden, wobei ein Großteil der Funktionalität gleich bleibt. Auch abstrakte Klassen, deren allgemeine Eigenschaften auf mehrere Abkömmlinge vererbt werden, führen zu einer hohen Wiederverwendung von Code innerhalb eines Programms.
- *Externe Wiederverwendung* (engl. *inter-application reuse*) ist die mehrfache Verwendung einer Klasse in voneinander unabhängigen Programmen. Sie kommt vor allem dann zustande, wenn bestehende (z. B. mit dem Compiler mitgelieferte) allgemeine Klassen immer wieder eingesetzt werden, oder wenn eine in einem Projekt P geschaffene Klasse in einem Folgeprojekt Q noch einmal zur Lösung desselben oder eines ähnlichen Problems benutzt werden kann.

Für die interne Wiederverwendung sind keine besonderen Maßnahmen erforderlich. Sie entsteht gewissermaßen als Nebenprodukt eines sauberen Entwurfs. Da die dabei verwendeten Klassen meist auf die aktuelle Problemstellung zugeschnitten sind, darf man von ihnen allerdings auch keine externe Wiederverwendbarkeit erwarten.

Mit der externen Wiederverwendbarkeit verhält es sich ganz anders. Sie ist im allgemeinen kein Zufallsprodukt, sondern muß sorgfältig geplant werden. Selbst wenn eine gut gelungene Klasse so allgemein ist, daß sie auch in anderen Projekten einen Nutzen verspricht, hilft es herzlich wenig, wenn die Klasse in der Schublade eines ehrgeizigen Programmierers brach liegt. Das Ziel einer Klassenbibliothek besteht daher darin, potentiell wiederverwendbare Klassen für einen späteren Einsatz in anderen Projekten zur Verfügung zu stellen. Typischerweise kommen aber große Klassenbibliotheken nicht dadurch zustande, daß man im Laufe der Zeit immer mehr wiederverwendbare Klassen ansammelt. Meist wird mit einem Compiler für eine objektorientierte Sprache bereits eine kleine Basisbibliothek ausgeliefert, die einige allgemein nützliche Klassen enthält.

Es gibt heute schon einen ständig expandierenden Markt für Klassenbibliotheken. Für einen Einsteiger in die objektorientierte Programmierung ist eine bestehende Klassenbibliothek das beste Mittel, um schon bald zu einer hohen Produktivität zu kommen. Dafür gibt es mehrere Gründe. Erstens bildet schon die kleinste Klassenbibliothek einen soliden Grundstock für die Entwicklung weiterer Klassen. Neue Klassen können von den bereits bestehenden abgeleitet werden, oder man kann sich bei ihrer Implementierung ganz einfach der existierenden Klassen bedienen. Zweitens kann man von einem Neuling auf dem Gebiet der objektorientierten Programmierung nicht erwarten, daß er schon zu Beginn hervorragende Entwürfe liefert. Diese Fähigkeit braucht man aber für die Entwicklung allgemein verwendbarer Klassen. Eine offene Bibliothek (deren Quelltext zur Verfügung steht) ist außerdem eine erstklassige Referenz, um sich in einen objektorientierten Programmierstil einzulesen. Von erfahrenen objektorientierten Programmierern kann man immer wieder hören, daß sie einen Großteil ihres Wissen beim Studium von Klassenbibliotheken gesammelt haben.

Da jede Klasse einen abstrakten Datentyp darstellt, bereichert sie die Programmiersprache um neue Funktionen. Man kann daher sagen, daß eine Klassenbibliothek ein weiteres Abstraktionsniveau über den höheren Programmiersprachen bildet. Extrem tritt das in den rein objektorientierten Programmiersprachen zutage. In Smalltalk gibt es zum Beispiel nicht einmal ein Sprachelement zur Bildung von Schleifen oder zur Addition zweier Zahlen. Alle diese Funktionen werden erst von der Klassenbibliothek zur Verfügung gestellt. Der besondere Vorteil dieser neuen Abstraktionsschicht besteht darin, daß sie vom Programmierer nach Belieben erweitert und an seine persönlichen Bedürfnisse angepaßt werden kann. Man kann sich sozusagen seine eigene Sprache auf der Basis einer bestehenden Programmiersprache konstruieren. Daraus wird auch verständlich, warum die Bedeutung der Programmiersprache gegenüber jener der Klassenbibliothek in den Hintergrund tritt.

Die Erweiterung einer Sprache mit Hilfe von Klassen hat aber nicht nur Vorteile. Klassenentwurf wird dadurch zum Sprachentwurf. Der Entwurf einer Sprache erfordert aber besondere Begabung, die man nicht von jedem Programmierer erwarten kann. Es entsteht dadurch die Gefahr, daß komplexe „virtuelle Sprachen“ geschaffen werden, die nicht mehr beherrscht werden können.

Eine Klassenbibliothek erfordert auch eine grundsätzliche Änderung der Arbeitsweise des Software-Entwicklers. Sie befreit von lästigen Routinearbeiten und erspart dem Programmierer die hundertste Neuerfindung des Rades, weil häufig benötigte Verfahren (wie zum Beispiel Sortieren und Suchen) bereits allgemein in der Bibliothek implementiert sind und immer wieder verwendet werden können. Die Hauptarbeit des Entwicklers verschiebt sich dadurch von der algorithmischen Detailarbeit zur Integration von einzelnen Bausteinen zu immer größeren Einheiten. Diese Umstellung geht nicht immer problemlos vor sich, weil die meisten Menschen viel Liebe zum Detail aber wenig Sinn für komplexe Zusammenhänge haben.

5.7.1 Einteilung von Klassen

Die Klassen einer Klassenbibliothek können nach verschiedenen Kriterien eingeteilt werden. Diese Eigenschaften bestimmen, welche Klasse sich unter welchen Bedingungen zur Lösung welcher Problemstellung eignet.

Ein wichtiges Unterscheidungsmerkmal, das oft eine ganze Bibliothek betrifft, ist ihre *Herkunft*, d. h. ob eine Klasse ein Fremdprodukt ist oder ob sie vom Programmierer selbst entwickelt wurde. Der Vorteil einer Eigenentwicklung liegt klarerweise darin, daß man die Implementierung der Klasse genau kennt. Das muß für eine extern entwickelte Klasse nicht der Fall sein, weil es Klassenbibliotheken gibt, die nur in übersetzter Form ausgeliefert werden, um urheberrechtliche Probleme zu vermeiden. Die Verfügbarkeit des Quelltextes ist jedoch von unschätzbarem Vorteil, wenn man sich in eine Klassenbibliothek und ihre Konzepte einarbeiten will, oder wenn es darum geht, einen Fehler dingfest zu machen. Allerdings schleicht sich damit auch eine Gefahr ein, weil man nämlich in Versuchung gerät, eigenmächtige Änderungen an Klassen vorzunehmen, um sie an spezielle Bedürfnisse anzupassen. Solche Eingriffe rächen sich aber wegen ihrer negativen Einflüsse auf die Wartungsfreundlichkeit. Wenn die geänderte Klasse nur in einem von mehreren Projekten verwendet wird, hat man es mit zwei Varianten zu tun, so daß von einer echten Wiederverwendung keine Rede mehr sein kann. Wenn man die Änderungen in alle Projekte übernehmen will, muß man sich darüber im Klaren sein, welche Nebenwirkungen das haben kann.

Darüber hinaus steht man vor einem ernsten Problem, wenn die Klassenbibliothek vom Hersteller weiterentwickelt wird. Wenn die an der ursprünglichen Klasse vorgenommenen Änderungen nicht genauestens dokumentiert wurden, können sie kaum in die neue Bibliothek übernommen werden. Ein ähnliches Problem ergibt sich übrigens auch bei im Hause entwickelten Klassen. Davon wird aber im Abschnitt 5.7.4 über die im Zusammenhang mit Klassenbibliotheken erforderlichen organisatorischen Maßnahmen noch genauer die Rede sein.

Klassen können auch nach ihrem *Entwicklungsstand* eingeteilt werden. Wie alle professionell hergestellten Softwareprodukte durchlaufen sie drei Stufen, bevor sie als „fertig" betrachtet werden:

- *Delta.* Eine Klasse, an der noch gearbeitet wird, wird als Delta-Version eingestuft. Sie wird während der Entwicklung immer wieder in einem realen Umfeld getestet. Wenn die Entwicklung innerhalb einer größeren Programmierermannschaft erfolgt, dann werden solche unfertigen Zwischenprodukte in unregelmäßigen Zeitabständen zwischen den einzelnen Teams ausgetauscht. Die Kennzeichnung als Delta-Version dient innerhalb der Entwicklungsmannschaft als Hinweis, daß sich an der Klasse mit hoher Wahrscheinlichkeit noch einiges ändern wird.
- *Alpha.* Wenn eine Klasse die wesentlichen an sie gestellten Anforderungen erfüllt, wird sie mit der Bitte um Kritik an (möglicherweise externe) Tester weitergegeben. Bei diesem Test geht es weniger darum, Fehler aufzuspüren, sondern mehr um die Entdeckung konzeptioneller Mängel. Eine Alpha-Version kommt dem Endprodukt schon nahe, es sind aber immer noch Schnittstellenänderungen möglich.
- *Beta.* Wenn eine Klasse nach Meinung ihrer Entwicklung fertig ist, wird sie als Beta-Version gekennzeichnet und zum Härtetest freigegeben. Diesmal wird die Schnittstelle als gegeben betrachtet; es geht nur noch um die Aufdeckung und nachfolgende Beseitigung funktionaler Mängel.

Ein Programm, das alle diese Entwicklungsstufen durchlaufen hat, wird als fertiggestellt betrachtet und als Produkt ausgeliefert. Auch bei einer applikationsspezifischen Klasse ist der Entwicklungsprozeß damit abgeschlossen. Wenn eine Klasse allerdings für spätere Wiederverwendung gedacht ist, dann beginnt jetzt erst die sogenannte Stabilisierungsphase (vgl. Abschnitt 3.1.5 „Das Objektorientierte Life-Cycle-Modell"). Eine Klasse darf erst das Attribut „wiederverwendbar" für sich beanspruchen, wenn sie sich in verschiedenen Umgebungen bewährt hat. Mehrere Wiederverwendungen innerhalb desselben Programms reichen dafür nicht aus, weil die Anforderungen, die dabei an die Klasse gestellt werden, üblicherweise zu ähnlich sind. Eine zur Wiederverwendung bestimmte Klasse wird daher vorläufig als „unreif" eingestuft und in Folgeprojekten laufend beobachtet.

Bei der Wiederverwendung kann sich herausstellen, daß die Klasse noch zu wenig allgemein ist. Typische Fehler sind nicht berücksichtigte Operationen oder zu umfangreiche Methoden, die bei der Ableitung neuer Klassen vollständig überschrieben werden müßten. Auch Implementierungsfehler können sich bei einer Wiederverwendung noch herausstellen, weil manche Teilfunktionen in vorangegangenen Projekten nur unzureichend getestet werden konnten oder möglicherweise gar nicht benötigt wurden. Da die Klasse oft von anderen Programmierern als den Entwicklern wiederverwendet wird, können auch Verständnisschwierigkeiten auftreten, die entweder auf ein schlecht durchdachtes Konzept oder auf eine unzureichende Dokumentation der Klasse hinweisen.

Erst wenn die Klasse eine bestimmte Anzahl von Wiederverwendungen ohne Änderungen überstanden hat, wird sie als „stabil" oder „reif" klassifiziert. Bei der Benutzung einer Klasse mit diesem Attribut kann man im allgemeinen voraussetzen, daß sie weitgehend fehlerfrei ist und bei der Wiederverwendung keine nennenswerten Probleme bereitet. Darin liegt übrigens auch die Stärke der im Handel erhältlichen Klassenbibliotheken, weil sie erstens von erfahrenen Programmierern entwickelt wurden und zweitens schon hunderte Male eingesetzt wurden.

Ein weiteres Unterscheidungsmerkmal von Klassen ist ihr *Verwendungszweck*. Die folgende Aufstellung zeigt, in welche Kategorien eine Klassenbibliothek typischerweise zerfällt.

- *Standardklassen*. Diese Kategorie findet man nur in Klassenbibliotheken für rein objektorientierte Sprachen, in denen die elementaren Datentypen als Klassen realisiert sind. Ein typisches Merkmal einer Standardklasse ist, daß sie bestimmte Elemente der zugrundeliegenden Programmiersprache repräsentiert. Zum Beispiel ist in Smalltalk die Zahl 123 von der Klasse SmallInteger, und #value ist von der Klasse Symbol. Standardklassen sind daher untrennbar mit der Programmiersprache verbunden.
- *Datenstrukturen*. Jede noch so kleine Klassenbibliothek enthält Klassen zur Zusammenfassung von Objekten zu einer größeren organisatorischen Einheit. Beispiele dafür sind Array, List, Set und Dictionary. Welche Klassen in einer Bibliothek zur Verfügung stehen, hängt zum Teil von der Programmiersprache ab, für die die Bibliothek gedacht ist. In Smalltalk und Eiffel gibt es zum Beispiel keine Sprachelemente zur Bildung von Feldern. Eine Klassenbibliothek für diese Sprachen enthält daher mit Sicherheit eine Klasse Array. Eine Klassenbibliothek für C++ muß nicht unbedingt eine solche Klasse zur Verfügung stellen, weil man in C++ (wie schon in C) Felder deklarieren kann.
- *Betriebssystem-Klassen*. In diese Kategorie fallen Klassen zur Kommunikation mit der Hardware (z. B. File und Stream) und zur Ausnutzung spezieller Funktionen des zugrundeliegenden Prozessors und des Betriebssystems (z. B. Process und Resource). Die meisten Klassenbibliotheken versuchen, vom tatsächlichen Betriebssystem und der Hardware zu abstrahieren. Das hat den Vorteil, daß die Klassenschnittstellen nicht von der Zielmaschine abhängen.
- *Benutzerschnittstellen-Klassen*. Die meisten größeren Klassenbibliotheken enthalten viele Klassen für die Kommunikation mit dem Benutzer. Beispiele dafür sind Window, View, EventHandler, Menu und Command. Diese Klassen sind bei der Implementierung interaktiver Programme mit grafischen Benutzeroberflächen von besonderer Bedeutung. Wir werden diesen Aspekt von Klassenbibliotheken im Abschnitt 5.7.3 (Application Frameworks) genauer behandeln.
- *Grafische Klassen*. Diese Kategorie enthält üblicherweise alle Klassen, die zur Anzeige von Dingen auf dem Bildschirm benötigt werden. Dazu gehören sowohl grafische Elemente (z. B.

Line, Circle, Rectangle und Icon) als auch Eigenschaften grafischer Elemente (z. B. Color und Pattern). In manchen Klassenbibliotheken wird auf diese Klassen verzichtet und statt dessen eine prozedurale Sammlung grafischer Operationen zur Verfügung gestellt.

- *Anwendungsspezifische Klassen.* In diese Gruppe fallen Klassen zur Lösung von Problemen aus bestimmten Aufgabengebieten. Beispiele dafür sind Statistics für statistische Auswertungen, EventQueue für Simulationen und Account für kaufmännische Aufgaben.

5.7.2 Aufbau von Klassenbibliotheken

Wie schon im vorherigen Abschnitt bemerkt wurde, ist eine Klassenbibliothek meist auf eine bestimmte Implementierungssprache zugeschnitten. Trotzdem lehnen sich fast alle Klassenbibliotheken an die Smalltalk-Bibliothek an, die auch heute – nach mehr als zehn Jahren – kaum an Bedeutung verloren hat.

Die verschiedenen Klassenbibliotheken unterscheiden sich zum Teil beträchtlich in Umfang und Zielsetzung. Mit manchen Compilern wird nur eine kleine Kernbibliothek für Datenstrukturen mitgeliefert, die oft nicht mehr als zwanzig Klassen umfaßt. Andere Bibliotheken enthalten etwa 100 Klassen für verschiedenste Zwecke, wobei meist ein Schwerpunkt auf den grafischen und Benutzerschnittstellen-Klassen liegt. Nach oben hin gibt es keine Grenze für den Umfang von Klassenbibliotheken. Man kann heute durchaus Bibliotheken mit 300 und mehr Klassen finden. Zum Beispiel besteht die für C++ entwickelte Klassenbibliothek ET++ ([Weinand 1988] und [Weinand 1989]) aus etwa 350 Klassen.

Bei der Beurteilung einer Klassenbibliothek muß berücksichtigt werden, daß ein größerer Umfang nicht automatisch eine bessere und bequemere Verwendbarkeit garantiert. In manchen Bibliotheken wird für jede Variationsmöglichkeit eine eigene Klasse zur Verfügung gestellt, während in anderen parametrisierbare Klassen verwendet werden, die vielseitiger einsetzbar sind. Zum Beispiel kann eine Klassenbibliothek eine Klasse Window und eine Klasse GrowWindow für Fenster mit festen und veränderlichen Größen zur Verfügung stellen, während es in einer anderen Bibliothek nur eine Window-Klasse gibt, deren Objekte wahlweise fixe oder variable Größe haben können. Im ersten Fall erhält man kleine spezialisierte Klassen, im zweiten allgemeine Klassen mit einer Vielzahl von Methoden.

Eine interessante Gesetzmäßigkeit von Klassenbibliotheken besteht darin, daß in jeder Klasse im Durchschnitt etwa zehn Methoden implementiert sind. Diese Maßzahl ist weitgehend unabhängig von der Größe der Bibliothek. Bei einer Klassenbibliothek mit 200 Klassen kann man also etwa mit 2000 verschiedenen Methoden rechnen. Wenn die Klassen einer Bibliothek eine gemeinsame Wurzel haben, dann sind in dieser Klasse meist zwischen 10 und 50 Methoden implementiert, die somit in allen davon abgeleiteten Klassen zur Verfügung stehen.

Die einzelnen Klassen einer Bibliothek hängen üblicherweise stark voneinander ab. Es gibt meist eine Gruppe von grundlegenden Klassen, die von den anderen Klassen benutzt werden. Dazu gehören vor allem die Klassen zur Realisierung von Datenstrukturen, die zwar in den meisten anderen Klassen vorausgesetzt werden, aber ihrerseits keine weiteren Klassen benötigen. Abbildung 5.34 zeigt eine typische Gliederung einer Klassenbibliothek in funktionale Blöcke.

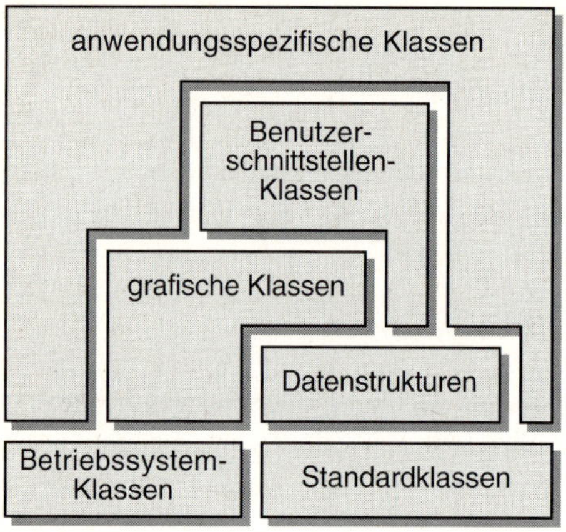

Abb. 5.34: Gliederung einer Klassenbibliothek

Die starke Abhängigkeit der Klassen untereinander hat zur Folge, daß man kaum Teile einer Klassenbibliothek für sich verwenden kann. Aus demselben Grund können verschiedene Klassenbibliotheken nicht zu einer größeren Bibliothek vereinigt werden. Das liegt vor allem daran, daß die Konzepte verschiedener Bibliotheken im allgemeinen zu stark voneinander abweichen. Ein weiteres Problem kommt dadurch zustande, daß verschiedene Klassenbibliotheken auf zwar ähnlichen, aber doch inkompatiblen Basisklassen aufbauen. Die einzige Chance für einen Zukauf problemorientierter Klassen besteht dann, wenn eine Klassensammlung speziell als Erweiterung einer bestehenden Bibliothek entwickelt wurde.

5.7.3 Application Frameworks

Eine besonders auf Wiederverwendbarkeit getrimmte Sammlung von Klassen für ein bestimmtes Anwendungsgebiet wird als *Framework* bezeichnet, ein Gerüst, das bereits einen Bauplan zur Lösung einer ganzen Problemklasse bereitstellt. Ein Framework ist mehr als eine Klassenbibliothek, weil es nicht bloß elementare Bausteine, sondern auch die wesentlichen Algorithmen zur Problemlösung enthält. Ein Framework besteht daher aus einer Sammlung sorgfältig aufeinander abgestimmter Klassen, die man gezielt erweitern kann, um die gewünschte spezielle Funktionalität zu erreichen. Das wesentliche daran ist, daß die wichtigsten Entwurfsentscheidungen bereits vom Hersteller des Frameworks getroffen wurden. Ein Benutzer eines Frameworks tut daher gut daran, sich mit den hinter dem Entwurf stehenden Ideen vertraut zu machen und seine neuen Bausteine an das Framework-Konzept anzupassen. Man spricht im Zusammenhang mit der Verwendung von Frameworks von „Design Reuse", weil nicht nur Code, sondern eine fertig entworfene Architektur wiederverwendet wird.

Der Einsatz von Frameworks ist in den verschiedensten Anwendungsgebieten möglich. Überall wo verschiedene Aufgaben einer Problemklasse auf ähnliche Weise gelöst werden können, kann ein Programmgerüst geschaffen werden, das bereits die grundlegende Struktur aufweist. Zum Beispiel gibt es Frameworks für Telekommunikation, Prozeßsteuerung und für Compiler. Am häufigsten werden jedoch Frameworks zur Konstruktion interaktiver Programme mit grafischen Benutzeroberflächen verwendet. Derartige Programme sind leicht zu bedienen, aber dafür umso schwerer zu implementieren. Es liegt daher nahe, die immer wieder vorkommenden Aufgaben (wie zum Beispiel Verschieben von Fenstern, Behandlung von Menükommandos, Blättern in Fenstern, Speichern und Drucken von Dokumenten) einmal im Framework zu realisieren, und zwar so, daß das Framework leicht um anwendungsspezifische Komponenten erweitert werden kann. Das Ergebnis ist ein allgemeines Anwendungsprogramm, eine Applikation, weshalb man diese Programmgerüste als *Application Frameworks* bezeichnet.

Der Hauptunterschied zwischen einer Klassenbibliothek und einem Application Framework besteht darin, daß die Klassenbibliothek als Fundament benutzt wird, auf dem neue Programme bottomup aufgebaut werden. Ein Application Framework *ist* hingegen bereits ein lauffähiges Programm mit den wichtigsten Steuerfunktionen. Es benutzt für bestimmte Zwecke allgemeine Klassen, die vom Programmierer durch speziellere Klassen ersetzt werden können. Abbildung 5.35 zeigt schematisch, wie Programme mit einer Klassenbibliothek und mit einem Application Framework konstruiert werden.

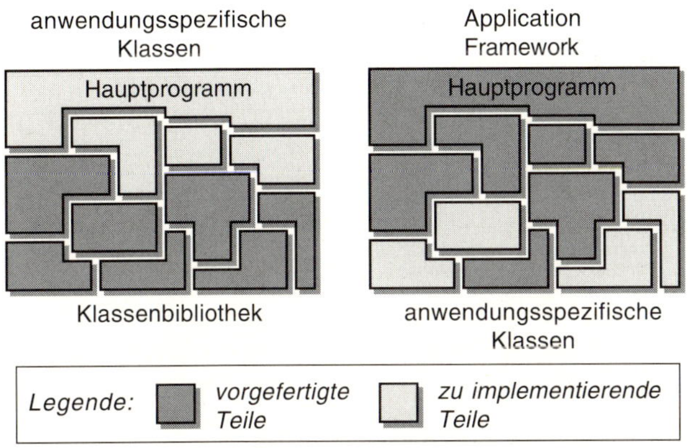

Abb. 5.35: Stellung einer Klassenbibliothek und eines Application Frameworks in der Programmhierarchie

Ein Application Framework muß nicht unbedingt objektorientiert entwickelt und benutzt werden. Man kann auch mit herkömmlichen Techniken ein Programmgerüst schreiben, dessen allgemeine Teile bei Bedarf durch speziellere Prozeduren oder Module ersetzt werden. Das bedeutet aber, daß man das gesamte Programmsystem kopieren und gezielt an einigen Stellen modifizieren muß, indem man Aufrufe eigener Prozeduren einbaut. Man kann zwar den Quelltext des Programmgerüsts wiederverwenden, erhält aber bei wiederholter Verwendung viele ähnliche Kopien, die getrennt verwaltet und gewartet werden müssen.

Mit objektorientierter Programmierung kann das Programmgerüst unverändert übernommen werden. Um ein neues Programm damit herzustellen, wird von der Klasse Application (die das Verhalten des ganzen Programms bestimmt) eine neue Klasse abgeleitet. Man braucht dann noch ein kleines Hauptprogramm, das ein Objekt der von Application abgeleiteten neuen Klasse erzeugt und ihm (typischerweise durch Senden der Message run) die Steuerung des weiteren Programmablaufs überläßt. Die eigentliche applikationsspezifische Funktionalität steckt aber nicht in der Klasse Application, sondern in Erweiterungen anderer Klassen des Programmgerüsts. Wie die Einbindung neuer Funktionalität in das Framework funktioniert, sei an einem Teilaspekt, der Darstellung anwendungsspezifischer Information in einem Fenster, näher erläutert.

Das Programmgerüst ist im allgemeinen schon ohne anwendungsspezifische Erweiterungen ablauffähig. Es ist dann eben bloß ein Programm, das beliebig viele (leere) Fenster verwalten kann. Jedes Fenster wird im Programm durch ein Objekt der Klasse Window repräsentiert. Wenn ein Fenster auf dem Bildschirm angezeigt werden soll, dann wird zuerst mit Hilfe des zugrundeliegenden Window-Systems der Fensterrahmen gezeichnet. Anschließend wird dem Window-Objekt eine Message (z. B. drawContent) gesendet, mit der das Objekt aufgefordert wird, seinen Inhalt in einem bestimmten Rechteck anzuzeigen. In der Klasse Window ist die entsprechende Operation durch eine Leermethode implementiert. Ein Application Framework führt über alle gerade offenen Fenster in einer Liste Buch. Auf diese Weise kann mit Hilfe einer allgemeinen Routine festgestellt werden, in welchem Fenster ein Mausklick erfolgt ist. Der Klick wird dann einfach an das entsprechende Fenster weitergeleitet, indem dem Window-Objekt zum Beispiel die Message handleClick gesendet wird. Die folgende Prozedur zeigt, wie die allgemeine Behandlung eines Mausklicks an der Stelle clickPos (von der Klasse Point) aussehen kann.

```
IF clickPos:inMenuBar THEN
   Auswahl eines Menükommandos
ELSE
   FOR i := 1 TO windowList:size DO BEGIN
      theWindow := windowList:at(i);
      IF theWindow:contains(clickPos) THEN
         theWindow:handleClick(clickPos);
         RETURN
      END -- IF
   END -- FOR
END -- ELSE
```

Wenn die Fensterliste windowList bloß allgemeine Fenster der Klasse Window enthält, dann wird eben die dort realisierte handleClick-Methode aufgerufen, die wahrscheinlich gar nichts tut. Der Polymorphismus ermöglicht es jedoch, von der Klasse Window neue Klassen abzuleiten und die Fensterliste mit Objekten dieser Klassen zu füllen. Auf welche Weise die Objekte in die Fensterliste gelangen, hängt vom Konstruktionsprinzip des Application Frameworks ab und soll hier nicht näher behandelt werden. Wichtig ist, daß jetzt die Variable theWindow nacheinander Objekte verschiedener Klassen enthalten kann – auch solcher, die zum Zeitpunkt der Herstellung des Application Frameworks noch gar nicht vorhersehbar waren. Die dynamische Bindung sorgt dafür, daß statt der allgemeinen Window-Methoden die in den neuen Klassen definierten Methoden aufgerufen werden. Dabei wird die Methode contains wahrscheinlich nie überschrieben werden, weil sie auf alle Fenster in der gleichen Weise anwendbar ist. Die Methode handleClick hingegen sorgt jetzt für fensterspezifische Aktionen. Besonders bemerkenswert daran ist, daß manche Application Frameworks nur in übersetzter Form vorliegen. Trotzdem können sie jederzeit um neue Funktionalität bereichert werden.

Wie auf so vielen anderen Teilgebieten der objektorientierten Programmierung nimmt auch bei den Application Frameworks das Smalltalk-System eine Pionierrolle ein. In Smalltalk wurde das sogenannte *MVC-Modell* eingeführt, das seither in etlichen Variationen in anderen Application

Frameworks kopiert wurde. Die drei Buchstaben M, V und C stehen für *model*, *view* und *controller*. Eine grafische Benutzerschnittstelle besteht in Smalltalk also aus drei Komponenten, wie in Abbildung 5.36 gezeigt.

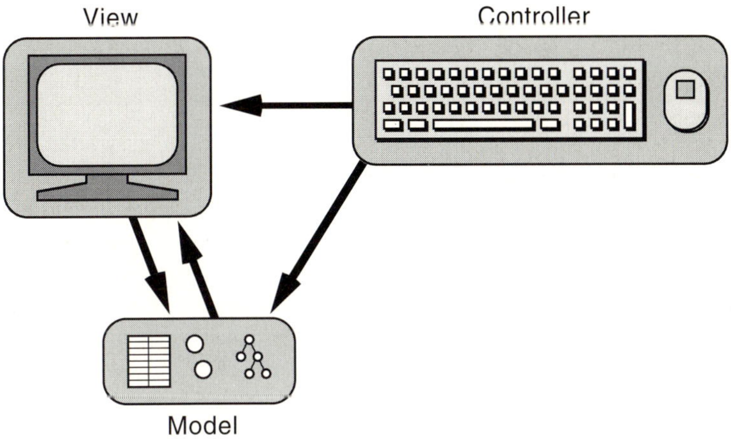

Abb. 5.36: Das MVC-Modell

Das MVC-Modell geht von der Beobachtung aus, daß fast immer Dinge auf dem Bildschirm angezeigt und durch Benutzereingaben bearbeitet werden. Zumindest stellt sich der Ablauf eines interaktiven Programms aus der Sicht des Benutzers so dar. In Wirklichkeit gibt es programmintern immer Datenstrukturen, die das auf dem Bildschirm Sichtbare repräsentieren. Diese Datenstrukturen sind das *Modell* der Wirklichkeit, das in einem Fenster auf dem Bildschirm dargestellt wird. Auf dem Bildschirm wird also immer eine bestimmte *Sicht* (= view) des Modells angezeigt. Für diese Anzeige ist eine eigene View-Klasse zuständig. Die Eingaben des Benutzers müssen in einer an die Sicht angepaßten Weise verarbeitet werden. Die Interpretation der Eingaben und die Ausführung der entsprechenden Aktionen ist die Aufgabe einer Controller-Klasse.

Durch die enge Kopplung zwischen Sicht und Bedeutung der Benutzereingaben existieren View- und Controller-Klassen immer paarweise. Spezifische Klassen werden durch Ableitung von den Framework-Klassen View und Controller gebildet. Für Modelle gibt es in der Regel keine allgemeine Basisklasse und daher auch keine gemeinsame Schnittstelle für verschiedene Modelle. Mit dem MVC-Modell von Smalltalk kann auch ein und dasselbe Modell in mehreren Sichten gleichzeitig angezeigt und mit verschiedenen Eingabeverarbeitungsklassen bearbeitet werden. Eine Änderung am Modell wird dabei automatisch in allen Sichten nachgeführt. Der Mechanismus dazu wird *change propagation* (die Weitergabe von Änderungen) genannt. Ein Modell „weiß", in welchen Sichten es angezeigt wird und informiert sie von eventuellen Änderungen.

Manche neuere Application Frameworks weichen vom MVC-Modell ab. Dabei wird die Beobachtung ausgenutzt, daß View- und Controller-Klassen immer paarweise auftreten. Es liegt daher nahe, die Behandlung der Benutzereingaben ebenfalls den View-Klassen zu überlassen. Das Lesen der Benutzereingaben findet in diesen Frameworks im Hauptprogramm statt, das die View-Objekte mit der Interpretation und Bearbeitung der Eingaben beauftragt. Ein Beispiel für ein solches Application Framework ist MacApp [Schmucker 1986].

Application Frameworks sind nicht nur für den Programmentwickler von Nutzen, sondern bringen auch Vorteile für die Benutzer der mit ihnen entwickelten Programme. Weil ein Großteil der Verarbeitung von Benutzereingaben und der visuellen Aufbereitung vom Application Framework übernommen wird, haben mit demselben Framework hergestellte Programme ein einheitliches Aussehen. Dadurch wird die Konsistenz von Benutzerschnittstellen über mehrere verschiedene Programme hinweg gefördert. Für die meisten Computer gibt es Richtlinien für die Gestaltung von Benutzerschnittstellen, die vom Programmierer eingehalten werden sollten, wenn er eine hohe Akzeptanz seiner Produkte anstrebt. Ein Application Framework unterstützt ihn dabei, weil es bereits wesentliche Teile der Benutzerschnittstelle vorgibt.

Besonders vielversprechend ist die Kombination von Application Frameworks mit Prototyping-Werkzeugen. Das Application Framework gibt die allgemeine Programmstruktur vor, und das Prototyping-Werkzeug erlaubt die interaktive Gestaltung der Benutzerschnittstelle neuer Programmteile. Daraus werden Klassen erzeugt, die in das Application Framework eingebunden werden können. Wenn manuelle Anpassungen der vom Prototyping-Werkzeug erzeugten Klassen erforderlich sein sollten, werden sie nicht direkt im Quelltext der Klassen vorgenommen, sondern in davon abgeleiteten Klassen realisiert. Auf diese Weise kann das Prototyping-Werkzeug immer wieder eingesetzt werden, um die Benutzerschnittstelle neu zu modellieren, die manuell vorgenommenen Anpassungen bleiben aber erhalten. Ein Beispiel für ein solches Werkzeug ist DICE [Pree 1990].

5.7.4 Organisatorische Maßnahmen für den Einsatz von Klassenbibliotheken

Die Verwendung von Klassenbibliotheken bringt zwar eine ganze Menge von Erleichterungen, sie hat aber auch ihren Preis. Klassenbibliotheken sind selbst komplexe Softwareprodukte, die verwaltet und gewartet werden müssen. Da die in ihnen enthaltenen Klassen von vielen Programmierern gleichzeitig genutzt und in mehreren Projekten parallel oder nacheinander eingesetzt werden, muß dafür gesorgt werden, daß überall dieselbe Version der Klassen verwendet wird. Das ist vor allem bei dezentralen Systemen (z. B. vernetzten Arbeitsplatzrechnern) nicht einfach zu gewährleisten. Es muß daher eine zentrale Schaltstelle geben, die dafür sorgt, daß alle Programmierer auf dem aktuellen Stand sind und daß neue Klassen und Änderungen an bestehenden Klassen so schnell wie möglich verteilt werden. Die objektorientierte Programmierung spart also nicht nur Arbeit, sie schafft auch neue. In größeren Arbeitsgruppen ist es sinnvoll, zumindest einen Klassenbibliothekar einzusetzen, der für die Verwaltung der gemeinsam benutzten Klassen zuständig ist. In sein Aufgabengebiet fallen die folgenden Tätigkeiten:

- *Aktualisierung der Klassenbibliothek.* Meist bildet ein im Handel erhältliches Produkt den Kern einer Klassenbibliothek. Solche kommerziell vertriebenen Bibliotheken werden von den Herstellern ständig gewartet. Neue Versionen der Kernbibliothek müssen daher in die Gesamtbibliothek eingebracht werden, was allerdings Auswirkungen auf laufende Projekte und andere Klassen haben kann. Die Hersteller von Klassenbibliotheken achten zwar in der Regel darauf, daß neuere Versionen mit älteren kompatibel sind, aber trotzdem können Änderungen notwendig werden. Wenn zum Beispiel eigene Klassen geschrieben wurden, um Mängel der alten Klassenbibliothek zu umgehen, dann können solche Klassen überflüssig werden. Starke funktionale Erweiterungen einer Klassenbibliothek können auch dazu führen, daß manche Probleme nun einfacher gelöst werden können. Es gehört zu den Aufgaben des Klassenbibliothekars, solche Änderungen bekanntzumachen und auf die möglichen Konsequenzen hinzuweisen.

- *Aufnahme neuer Klassen.* Wenn in einem Projekt eine neue Klasse entstanden ist, von der angenommen wird, daß sie auch in anderen Projekten eingesetzt werden kann, darf diese Klasse nicht einfach von ihrem Entwickler in die Bibliothek eingebracht werden. Das würde in kürzester Zeit zu einem Chaos führen. Jede Aufnahme einer Klasse in die Klassenbibliothek muß daher vom Klassenbibliothekar vorgenommen oder zumindest überwacht werden. Dazu gehört auch die Überprüfung, ob die Klasse zu den bereits in der Bibliothek archivierten Klassen paßt und ob sie in geeigneter Weise dokumentiert ist. Neue aufgenommene Klassen müssen auch katalogisiert und den anderen Programmierern bekanntgemacht werden, damit sie auch wirklich wiederverwendet werden können. Diese Katalogisierung ist umso wichtiger, je umfangreicher die Bibliothek ist.

- *Erstellung von Richtlinien.* Die Klassen einer Bibliothek müssen verschiedene Richtlinien erfüllen. Dazu gehören etwa Regeln zur Benennung der Klasse selbst, für die Namenwahl der Methoden, Dokumentations- und Kommentierungsrichtlinien, Vorschriften für die Strukturierung der Methoden und Konventionen über Sichtbarkeitsregeln und Zugriffsrechte. Aber nicht nur formale, sondern auch sachliche Richtlinien sind zu beachten. Zum Beispiel sollen neue Klassen etwa in derselben Weise benutzt werden können wie bereits bestehende, damit der Einarbeitungsaufwand möglichst gering gehalten wird. Die allgemeinen Richtlinien müssen vom Klassenbibliothekar (in Zusammenarbeit mit Benutzern der Klassenbibliothek) aufgestellt werden, wobei die zugekaufte Kernbibliothek als Grundlage dienen sollte.

- *Kooperation beim Klassenentwurf.* Neue wiederverwendbare Klassen sind manchmal ein Zufallsprodukt, in der Regel werden sie aber bewußt geplant. Das ist vor allem dann der Fall, wenn in einer Firma bestimmte Softwareprodukte (zum Beispiel kaufmännische Programme, Prozeßsteuerungen oder Netzwerk-Software) hergestellt werden. Die zugekaufte Kernbibliothek wird in den seltensten Fällen schon passende Klassen für spezielle Problemkreise enthalten, so daß erst ein Grundstock geschaffen werden muß, auf den man in Zukunft aufbauen kann. Beim Entwurf solcher Klassen ist die Kooperation des Klassenbibliothekars erforderlich, damit die Einhaltung der Richtlinien schon von vornherein gegeben ist. Außerdem sind solche Klassen von allgemeinem Interesse, so daß es angebracht ist, schon möglichst früh Kritiken und Anregungen anderer Programmierer einzuholen.

- *Überwachung unreifer Klassen.* Neu in die Klassenbibliothek aufgenommene Klassen werden vorläufig als unreif markiert. Sie müssen in weiterer Folge überwacht werden, wie sie sich bei zukünftigen Wiederverwendungen bewähren. Das ist leichter gesagt als getan, weil der Klassenbibliothekar meist nur dann Rückmeldungen erhält, wenn etwas nicht funktioniert. Er muß sich daher von Zeit zu Zeit davon überzeugen, welche Klassen wo eingesetzt werden, und welche Probleme dabei auftreten. Über diese Beobachtungen muß Buch geführt werden, damit der Zustand aller neuen Klassen stets bekannt ist.

- *Änderungskontrolle.* Wenn bei der Verwendung einer Klasse ein Fehler auftritt, dann darf der Fehler keinesfalls sofort in der Originalklasse korrigiert werden. Zuerst ist zu prüfen, ob die Klasse richtig verwendet wurde und ob eine falsche Verwendung auf eine ungenügende

Dokumentation der Klasse zurückzuführen ist. Viele vermeintliche Fehler können auf diese Weise aus der Welt geschafft werden. Wenn tatsächlich ein Fehler vorliegt, dann muß er natürlich behoben und die korrigierte Klasse in die Klassenbibliothek eingebracht werden. Dabei ist zu überprüfen, ob diese Klasse auch in anderen Projekten verwendet wird. Wenn das der Fall ist, muß auch den anderen Teams die neue Klasse unverzüglich zur Verfügung gestellt werden. Es kann sich aber auch herausstellen, daß die Klasse in bereits abgeschlossenen Projekten verwendet wurde. Dann muß die Korrektur auch dort eingearbeitet werden. Solche nachträglichen Verbesserungen sind vor allem für Produkte interessant, für die Wartungsverträge angeboten werden.

- *Hilfestellung bei der Verwendung und Wartung von Klassen.* Vom Klassenbibliothekar wird erwartet, daß er alle Details „seiner" Bibliothek kennt. Er sollte also nicht bloß als irgendein durchschnittlicher Programmierer angesehen werden, der zu einer reinen Verwaltungstätigkeit degradiert wurde. Er muß profunde Kenntnisse auf dem Gebiet der objektorientierten Programmierung aufweisen, damit er auf alle Fragen Antwort geben kann. Bei kritischen Klassen ist es auch ratsam, den Klassenbibliothekar in den Entwicklungsprozeß einzubeziehen.

Je mehr Programmierer mit einer Klassenbibliothek arbeiten, desto umfangreicher und wichtiger werden die Aufgaben, die mit der Administration der Klassenbibliothek zusammenhängen. In kleinen Teams (deren Mitglieder in ständigem persönlichem Kontakt zueinander stehen) kann die Kooperation so aussehen, daß sich jeder Mitarbeiter auf einen bestimmten Teil der Klassenbibliothek spezialisiert. In großen Software-Abteilungen mit hundert und mehr Mitarbeitern ist das nicht mehr ohne weiteres möglich. Dort wird auch ein einzelner Klassenbibliothekar seine Aufgabe nicht mehr erfüllen können. Statt dessen empfiehlt sich in großen Arbeitsgruppen die Einsetzung eines eigenen Klassenbibliotheks-Teams, das auch für eigenständige Entwicklungen von allgemein nützlichen Klassen zuständig ist. Dadurch ergibt sich eine Zweiteilung der Programmierermannschaft in Objekt-Spezialisten und Anwendungsprogrammierer. Die Spezialisten werden nicht direkt in laufende Projekte eingebunden, sondern stellen Werkzeuge her, die von den Anwendungsprogrammierern benutzt werden können. Leider stößt die Einrichtung einer solchen Spezialisten-Gruppe beim Management meist auf Widerstand, weil von ihr kein direkter in Zahlen meßbarer Gewinn zu erwarten ist. Sie ist aber trotzdem wichtig, weil ihre Arbeit die Anwendungsprogrammierer zu höherer Produktivität befähigt.

Vor einigen Jahren konnte man in manchen Publikationen noch von Zukunftsaussichten lesen, die einen immensen Markt für spezielle Klassen versprachen. Die angebotenen Klassen sollten in Katalogen (vergleichbar mit Versandhauskatalogen) angepriesen und in Datenblättern beschrieben sein. Der Anwender müßte sich dann nur noch jene Klassen aussuchen, die er in seinem aktuellen Projekt gerade benötigt. In letzter Zeit hört man keine derartige Zukunftsmusik mehr. Die objektorientierte Praxis sieht weitaus nüchterner aus, weil an verschiedenen Orten unabhängig voneinander entwickelte Klassen mit hoher Wahrscheinlichkeit nicht zusammenpassen. Man kann zwar immer wieder von Sub-Bibliotheken für bestimmte Zwecke lesen, die angeblich zu jeder für eine bestimmte Programmiersprache entwickelten Klassenbibliothek passen sollen, bei solchen Versprechungen ist aber Vorsicht geboten. Abbildung 5.37 soll veranschaulichen, warum das problematisch ist.

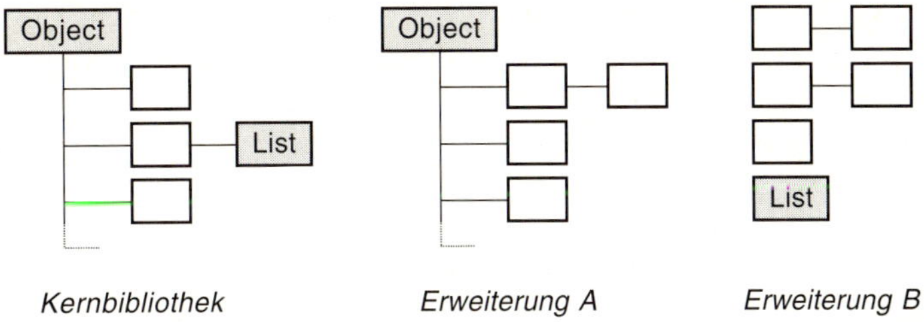

Abb. 5.37: Erweiterungen einer Klassenbibliothek

Wenn eine Sub-Bibliothek eine gemeinsame Wurzel hat (wie in Abbildung 5.37 die Erweiterung A), dann hat diese Wurzelklasse mit hoher Wahrscheinlichkeit eine andere Schnittstelle als die Wurzelklasse der Kernbibliothek. Beim Mischen dieser beiden Bibliotheken entsteht daher ein Konflikt, der kaum zu beseitigen ist. Wenn die Wurzelklassen verschiedene Namen haben, dann kann man zwar eine Parallel-Hierarchie aufbauen, was aber dazu führt, daß die Objekte der Erweiterung nicht mit Objekten der Kernbibliothek kompatibel sind.

Wenn die Sub-Bibliothek aus einer losen Sammlung von Klassen besteht (wie in Abbildung 5.37 die Erweiterung B) und außerdem alle ihre Klassen im Quelltext zur Verfügung stehen, dann können die Klassen in die Kernbibliothek eingebunden werden. Dazu sind allerdings manuelle Änderungen an den Klassen erforderlich, was zu Umstellungsschwierigkeiten führt, wenn eine neuere Version der Sub-Bibliothek angeboten wird. Außerdem ist es wahrscheinlich, daß in den Implementierungen der zugekauften Klassen allgemeine Collection-Klassen (z. B. List) verwendet werden, die gemeinsam mit der Sub-Bibliothek ausgeliefert werden, aber auch in der Kernbibliothek vorhanden sind. Es ergibt sich dann ein Konflikt. Man kann nun die neue Klasse beibehalten (und sie, falls erforderlich, umbenennen), was aber zu einer Verdopplung von Funktionalität in der vereinigten Klassenbibliothek führt. Wenn man aber statt der mitgelieferten Klassen nur die eigenen verwenden möchte, dann sind wieder massive Eingriffe in die zugekaufte Klassensammlung notwendig.

Die einzige reale Chance für einen Zukauf neuer Klassen ergibt sich daher, wenn man schon die Klassenbibliothek XY einsetzt und ein Hersteller eine Erweiterung für eben diese Bibliothek anbietet. Da dann meist eine Neuübersetzung der zugekauften Klassen im Kontext der bereits vorhandenen Bibliothek erforderlich ist, funktioniert auch das nur, wenn die neuen Klassen im Quelltext ausgeliefert werden. Das wollen die professionellen Klassenproduzenten aber oft aus Angst vor Software-Diebstahl vermeiden.

Eine weitere Einschränkung ergibt sich dadurch, daß Klassenbibliotheken in der Regel für eine ganz bestimmte Programmiersprache geschrieben werden. In den wenigsten Fällen sind die mit verschiedenen Compilern übersetzten Klassen miteinander kompatibel. Der Grund dafür liegt unter anderem darin, daß sich die Konzepte der Programmiersprachen stark voneinander unterscheiden. Eine C++-Klassenbibliothek, in der von statischen Objekten Gebrauch gemacht wird und die mehrfache Vererbung voraussetzt, wird zum Beispiel weder in Eiffel- noch in Object-Pascal-Programmen benutzt werden können. Eine Ausnahme ist das Application Framework MacApp, das bewußt so konstruiert wurde, daß es sowohl von Object-Pascal als auch von C++ aus benutzt werden kann.

Damit eine Klasse wiederverwendet werden kann, muß sie ausreichend dokumentiert sein (siehe Abschnitt 3.7.1.2). Da Klassen große Ähnlichkeiten mit Modulen haben, gelten auch für Klassen dieselben Richtlinien. Da Klassen, wie in Abschnitt 5.3.4 gezeigt wurde, eine Basisklasse und eine zusätzliche Schnittstelle zu zukünftigen abgeleiteten Klassen haben, muß die Dokumentation einer Klasse C gegenüber der eines Moduls weitere Informationen enthalten. Dazu gehören insbesondere Antworten auf die folgenden Fragen:

Für Klassen:

- *Wann ableiten?* In welchen Situationen eignet sich die Klasse C als Basisklasse?
  Beispiel: „Die Klasse Control ist eine abstrakte Klasse für Bedienelemente. Sie eignet sich als Basisklasse für neue Bedienelemente mit einem vom Standard abweichenden Erscheinungsbild."
- *Wie ableiten?* Welche Nebenbedingungen sind zu erfüllen, wenn von der Klasse C eine neue Klasse abgeleitet wird?
  Beispiel: „Die Klasse TextView arbeitet mit der Klasse TextController zusammen. Wenn von TextView eine Klasse mit einem anderen Verhalten abgeleitet werden soll, muß auch von TextController eine neue Parallelklasse abgeleitet werden."

Für Methoden:

- *Wann überschreiben?* Darf die Methode überschrieben werden? Wenn ja, unter welchen Bedingungen?
  Beispiele: „Die Methode shallowCopy darf unter keinen Umständen überschrieben werden, weil ihr Standardverhalten in anderen Methoden vorausgesetzt wird." oder „Die Methode draw ist in der Klasse Image abstrakt definiert; sie muß daher immer überschrieben werden, wenn die abgeleitete Klasse konkret sein soll." oder „Die Methode writeToFile ist zu überschreiben, wenn die abgeleitete Klasse zusätzliche Komponenten definiert."
- *Wie überschreiben?* Was ist zu beachten, wenn die Methode überschrieben wird?
  Beispiel: „In der überschreibenden writeToFile-Methode muß zuerst die überschriebene Methode aufgerufen werden, bevor zusätzliche Komponenten ausgeschrieben werden." oder „Die überschreibende isEmpty-Methode muß den Wert TRUE liefern, wenn die Liste kein Element enthält."

Zur Dokumentation einer Klasse C gehören auch Informationen über in ihr verwendete Klassen, damit ein Benutzer der Klasse C abschätzen kann, welche Klassen er noch benötigt, um die Klasse C zu benutzen. Das kann ein wichtiger Hinweis sein, wenn es darauf ankommt, Speicherplatz zu sparen und daher so wenige Klassen wie möglich zu benutzen. In diese Kategorie gehören auch Hinweise auf das Laufzeitverhalten, wie etwa „Die Klasse List ist als linear verkettete Liste realisiert. Das Durchsuchen der Liste vom Anfang zum Ende hin ist daher sehr effizient, während das Durchsuchen in umgekehrter Richtung sehr lange dauert. Wenn eine Liste benötigt wird, die in beiden Richtungen durchlaufen werden soll, ist statt dessen die Klasse DoubleList zu verwenden, die mit einer doppelt verketteten Liste arbeitet."

Wenn die objektorientierte Programmierung in einer Arbeitsgruppe neu eingeführt wird, können sich auch psychologische Probleme bei der Akzeptanz einer Klassenbibliothek ergeben. Zwei Aspekte spielen dabei eine Rolle. Zum einen sind viele Programmierer geneigt, ein Teilproblem selbst zu lösen, bevor sie versuchen, eine von einem anderen Programmierer zur Verfügung gestellte Klasse einzusetzen. Vor allem bei kleinen Problemen wird der Einarbeitungsaufwand oft als zu hoch empfunden; man glaubt, das Problem in kürzerer Zeit selbst lösen zu können. Man spricht in diesem Zusammenhang auch vom NIH-Effekt, wobei die Abkürzung für „not invented here" (nicht hier erfunden) steht. Das zweite Problem liegt darin, daß sich manche Programmierer nur ungern in die Karten sehen lassen. Ein gutes Produkt eines Programmierers oder einer Abteilung wird als persönliche Leistung angesehen, die „sonst niemanden etwas angeht". Dieses Verhalten wird manchmal von der Firmenleitung beabsichtigt oder unbewußt gefördert, indem ein gewisses Konkurrenzdenken zwischen einzelnen Programmierern und auch ganzen Abteilungen bestärkt wird. Dazu kommt noch, daß zusätzlicher Aufwand getrieben werden muß, um eine Klasse allgemein verfügbar zu machen, weil die Klasse intensiver getestet und besser dokumentiert werden muß. Dieser Aufwand kommt dann aber nicht mehr dem Implementierer oder seiner Abteilung zugute, sondern auch anderen Programmierern, die damit „die Früchte fremder Arbeit ernten".

Die Einbindung der Klassenbibliothek bei der täglichen Arbeit kann durch einfache organisatorische Maßnahmen gefördert werden. In manchen Firmen werden zum Beispiel Wiederverwendungs-Prämien ausgeschrieben, die vor allem jenen zugute kommen, die wiederverwendbare Produkte schaffen, aber auch jenen, die sie tatsächlich verwenden. Zum Beispiel wird der Klassenbibliothekar mit der zusätzlichen Aufgabe betraut, eine Liste der am häufigsten verwendeten Klassen und ihrer Autoren zusammenzustellen. Diese Vorgangsweise hat natürlich auch Schwachstellen, weil man leicht die Klassen eines befreundeten Programmierers benutzen kann, ohne sie tatsächlich zu benötigen, nur um ihm die jährliche Prämie zu sichern. Zum Glück führen auch andere, weniger straff organisierte, Maßnahmen zum Ziel. Dazu gehört zum Beispiel die Förderung des Teamgeistes und die Abkehr vom gruppenbezogenen Kostendenken. Ein ganz wesentlicher Faktor ist aber die Zeit, weil die objektorientierte Programmierung mit Klassenbibliotheken ihren wirklichen Nutzen erst mit zunehmender Erfahrung der einzelnen Programmierer zeigt. Gerade in den ersten Monaten ist die Produktivität noch niedrig, weil erst das objektorientierte Denken erlernt und die Klassenbibliothek erforscht werden muß. Nach etwa einem halben Jahr kann man damit rechnen, daß die Programmierer in der Anwendung der Technik sattelfest sind und die Klassenbibliothek voll ausschöpfen können.

5.8 Prototyping mit objektorientierter Programmierung

Eine umfangreiche Klassenbibliothek trägt dazu bei, daß weniger Code geschrieben werden muß. Das kann in einem Softwareprojekt ausgenutzt werden, um Prototypen schneller herzustellen. In diesem Abschnitt wollen wir beleuchten, wie man Klassenbibliotheken zur Herstellung von Prototypen für einzelne Komponenten eines Programmsystems benutzen kann. In diesem Zusammenhang dienen die Prototypen nicht zum Entwurf der Benutzerschnittstelle, sondern zur Modellierung der Systemarchitektur und zur Erprobung einzelner Systemfunktionen. Die Idee dabei besteht darin, komplexe Klassen aus der Bibliothek zur Lösung bestimmter Teilaufgaben heranzuziehen, wobei vorerst noch keine Rücksicht auf Effizienz genommen wird. Wir wollen das an einem einfachen Beispiel veranschaulichen:

In einem Programmsystem bestehe eine Teilaufgabe darin, Listen von Namen zu verwalten, die immer sortiert sein und keinen Namen doppelt enthalten sollen. Neue Elemente sollen also immer bereits an der richtigen Stelle in eine Liste eingefügt werden. Wir nehmen an, daß es bereits eine Klasse NameList mit der folgenden Schnittstelle gibt:

```
INTERFACE OF NameList;
INHERITS FROM Object;
   size: Integer;                       -- liefert die Anzahl der Namen in der Liste
   add (name:String);                   -- fügt einen neuen Namen am Ende an
   delete (i:Integer);                  -- entfernt den i-ten Namen
   at (i:Integer): String;              -- liefert den i-ten Namen in der Liste
   replace (i:Integer; name:String);    -- ersetzt den i-ten Namen in der Liste
   contains (name:String): Boolean;     -- prüft, of die Liste den Namen name enthält
   sort;                                -- sortiert die Liste alfabetisch
   ...
END NameList.
```

Man kann eine sortierte Namenliste implementieren, indem man einfach eine neue Klasse von der bereits existierenden ableitet und jene Methoden überschreibt, die die Rahmenbedingungen (Sortiertheit und Freiheit von Duplikaten) verletzen. In diesem Beispiel sind das nur die beiden Methoden add und replace. Wenn keine neuen Operationen dazukommen sollen, kann die Schnittstelle der Klasse NameList geerbt werden:

```
INTERFACE OF SortedUniqueNameList;
INHERITS FROM NameList;
END SortedUniqueNameList.
```

In den beiden Methoden add und replace können die bereits existierenden Operationen benutzt werden, so daß die Klassenimplementierung ziemlich einfach wird:

```
IMPLEMENTATION OF SortedUniqueNameList;

   add (name:String) IS
   BEGIN
      IF not self:contains(name) THEN       -- Duplikate vermeiden
         base:add(name);                    -- Namen am Ende anfügen ...
         self:sort                          -- ... und neu sortieren
      END
   END add;

   replace (i:Integer; name:String) IS
   BEGIN
      self:delete(i);                       -- alten Namen entfernen
      self:add(name)                        -- neuen Namen sortiert einfügen
   END replace;

END SortedUniqueNameList.
```

Die add-Methode prüft zuerst, ob der Name schon in der Liste enthalten ist. Wenn das der Fall ist, wird nichts gemacht, sonst wird erst die überschriebene Methode benutzt, um den Namen am Ende anzufügen, und anschließend die Liste neu sortiert, damit der neue Name an der richtigen Stelle zu stehen kommt. Hier ist zu beachten, daß beim Aufruf von add ein base-Aufruf benutzt werden muß, während zum Sortieren ein self-Aufruf verwendet wird. Die Wirkung ist zwar die gleiche, die Benutzung von self hat aber den Vorteil, daß die Sortiermethode in einer von SortedUniqueNameList abgeleiteten Klasse überschrieben (etwa durch ein besseres Sortierverfahren ersetzt) werden kann. Die add-Methode benutzt dadurch automatisch die neue Sortieroperation. Die replace-Methode entfernt einfach den alten Namen und fügt den neuen mit Hilfe von add ein. Die Liste bleibt dadurch sortiert und auch Duplikate werden vermieden (z. B. wenn versucht würde, in der Liste ["A", "B", "C"] den zweiten Namen durch "A" zu ersetzen).

Durch die Kürze und Einfachheit der neuen Klasse kann ihre Korrektheit leicht überprüft werden. Der Implementierer muß sich nicht mit Such- und Sortieroperationen herumschlagen, sondern kann sich auf das Wesentliche konzentrieren. Man kommt mit erstaunlich wenig Programmcode (hier: nur 17 Zeilen für Definition und Implementierung zusammen) aus und kann ziemlich sicher sein, keine Fehler gemacht zu haben. Dabei muß man sich natürlich darauf verlassen können, daß die Implementierung der Basisklasse korrekt ist, weil man sonst auch die darin enthaltenen Fehler erbt. Wenn die Basisklasse als reif eingestuft ist, kann man aber ihre Korrektheit voraussetzen.

Die neue Klasse kann sofort überall dort eingesetzt werden, wo sortierte Listen von Namen benötigt werden. Bei der Implementierung des Gesamtsystems wird man also nicht lange von lästigen Details aufgehalten, sondern kann sich sofort der nächsten Teilaufgabe widmen. Die Entwicklung eines Programmsystems folgt dann etwa dem in Abbildung 5.38 dargestellten Ablauf.

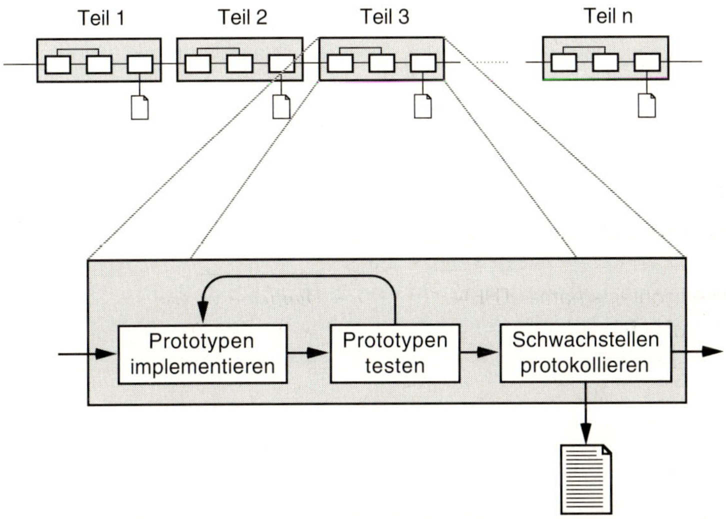

Abb. 5.38: Systemkonstruktion mit objektorientierten Prototypen

Für eine Komponente wird so schnell wie möglich ein Prototyp hergestellt. Dieser Schritt besteht aus drei Teilschritten: der Implementierung, dem (lokalen) Komponententest und der Protokollierung bereits bei der Implementierung bekannter Schwachstellen (z. B. hoher Speicherverbrauch, geringe Geschwindigkeit, mangelnde Allgemeinheit). Diese Schwachstellen werden aber nicht sogleich behoben, wenn sie die Funktion des Bausteins nicht beeinträchtigen. Statt dessen wird sofort die nächste Komponente in Angriff genommen und bei deren Implementierung genauso vorgegangen. Die bei der Entwicklung entstehenden Schwachstellenprotokolle werden gesammelt und bilden damit einen Teil der Systemdokumentation. Der Vorteil dieser Vorgangsweise liegt darin, daß man schnell zu einem im Prinzip funktionierenden Gesamtsystem kommt.

Dadurch kann schon sehr früh der Integrationstest vorgenommen und das Zusammenspiel der Einzelteile geprüft werden. Das ist besonders dann wichtig, wenn diese Technik gemeinsam mit Benutzerschnittstellen-Prototyping eingesetzt wird, weil das entstandene Produkt dann den zukünftigen Benutzern zur Erprobung zur Verfügung gestellt werden kann. Es entsteht dadurch ein funktionaler Prototyp, der nicht nur die Benutzerschnittstelle enthält, sondern auch schon die gewünschten Aufgaben erfüllt.

Der Nachteil dieses Verfahrens liegt darin, daß die einzelnen Prototypen nur im Prinzip funktionieren, aber eben einige Schwachstellen aufweisen. In unserem Beispiel ist das sortierte Hinzufügen neuer Namen (und damit auch das Ersetzen von Namen) langsam. Je nach Qualität des zugrundeliegenden Sortierverfahrens hat die Konstruktion einer Liste der Länge n durch n-malige Aufrufe von add eine zumindest quadratische Komplexität, so daß die Laufzeit bei einer Verzehnfachung von n mindestens auf das Hundertfache ansteigt. Das bedeutet, daß die Klasse SortedUniqueNameList bei kleinen Listenlängen durchaus verwendet werden kann, während sie bei Listen mit hunderten Namen zu einer inakzeptablen Laufzeit führt. Wenn das der Fall ist, muß die Klasse revidiert oder neu implementiert werden, bevor das Produkt ausgeliefert wird. Die Schwachstellenprotokolle bieten die nötige Unterstützung für diese Korrekturen. Es ist aber trotzdem nicht unbedingt erforderlich, alle Schwachstellen auszumerzen, da manche unter Umständen gar nicht ins Gewicht fallen. Zum Beispiel kann sich herausstellen, daß sortierte Namenlisten maximal zehn Einträge enthalten, so daß eine effizientere Implementierung keinen spürbaren Gewinn brächte.

Beim Einsatz dieser Technik sollte auch klar sein, daß sich die projektintern hergestellten Prototypen kaum je für eine Wiederverwendung eignen werden. Sie können zwar innerhalb desselben Projekts mehrmals eingesetzt werden, sind aber nur selten so allgemein, daß sie in die Klassenbibliothek aufgenommen werden könnten. Es soll auch nicht verschwiegen werden, daß Klassenprototypen nur dort eingesetzt werden können, wo erstens eine objektorientierte Zerlegung vorgenommen wurde und zweitens bereits eine ähnliche Klasse zur Verfügung steht. Das heißt, daß diese Technik für stark algorithmisch orientierte Teilaufgaben nicht geeignet ist und außerdem eine umfangreiche Bibliothek mit vielen projektspezifischen Klassen voraussetzt.

5.9 Implementierung des Entwurfsbeispiels

In diesem Abschnitt wollen wir zeigen, wie die in Abschnitt 3.4.7.4 entworfenen Klassen zur Anzeige eines Portalroboters objektorientiert programmiert werden können. Wir verwenden dazu wie gewohnt unsere abstrakte Schreibweise und benutzen ausschließlich elementare Konzepte, so daß die hier gezeigte Realisierung ohne Probleme in jede konkrete objektorientierte Programmiersprache übertragen werden kann.

Abbildung 5.39 zeigt noch einmal die während des Entwurfsprozesses entstandene Klassenhierarchie.

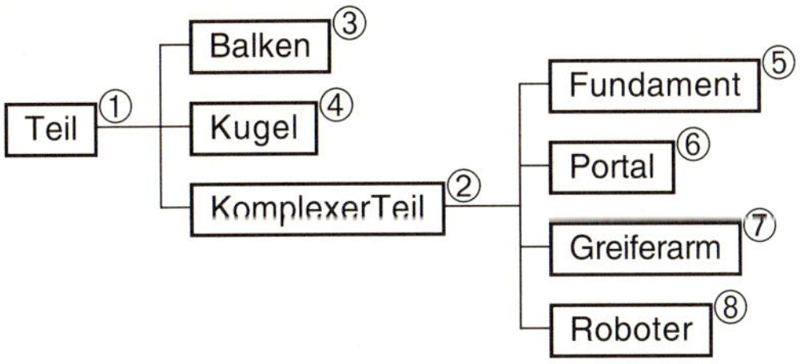

Abb. 5.39: Klassenhierarchie der Roboter-Teile

Wir haben diese Klassen beim Entwurf nach der Methode von Abbot aus der verbalen Spezifikation der Aufgabe gewonnen. Wir haben also den Roboter direkt aus der Sicht des Anwenders modelliert. Der Leser mag sich fragen, warum auch für singuläre Objekte (von denen jeweils nur eines gebildet wird; z. B. Kugel, Portal und Roboter) eigene Klassen eingeführt wurden. Ein Grund dafür liegt darin, daß alle Teile eine gemeinsame Schnittstelle haben. Man kann den Polymorphismus und die dynamische Bindung ausnutzen, um verschiedene Teile (wie z. B. Kugel und Balken) auf einheitliche Weise zu verwenden. Ein weiterer Grund liegt in gemeinsamen Eigenschaften zusammengesetzter Roboterteile. Zum Beispiel sind (wie wir in der Folge zeigen werden) einige Methoden der Klassen Fundament, Portal, Greiferarm und Roboter gleich und können daher in einer gemeinsamen Basisklasse zentral implementiert werden, wodurch die Wiederverwendung von Code gefördert wird. Wir verweisen den Leser in diesem Zusammenhang auf den Abschnitt 5.9.9, in dem die objektorientierte Lösung ausführlich beurteilt wird.

Wir beginnen mit den allgemeinen Klassen Teil und KomplexerTeil und wenden uns dann den von ihnen abgeleiteten Klassen zu. Die Nummern geben die Reihenfolge an, in der die Klassen entworfen wurden. Die folgenden Abschnitte sind so gegliedert, daß zuerst die Definitionen und Implementierungen der Klassen angegeben und dann Bemerkungen dazu angegeben werden. Um Abhängigkeiten von bestimmten Grafikpaketen zu vermeiden, lassen wir die eigentlichen grafischen Operationen zur Anzeige der Teile in den Methoden weg und geben nur ihre Wirkung verbal an.

In den verschiedenen Klassen werden zwei Datentypen Position und Rechteck benutzt, die wir nicht als Klassen realisieren, sondern als Records so deklarieren:

```
TYPE
  Position = RECORD                -- Koordinaten in der realen Welt
        x: Integer;                -- x-Koordinate, steigt nach rechts an
        y: Integer;                -- y-Koordinate, steigt nach hinten an
        z: Integer                 -- z-Koordinate, steigt nach oben an
     END;

  Rechteck = RECORD                -- Bildschirmkoordinaten
        x: Integer;                -- linker Rand
        y: Integer;                -- oberer Rand
        b,h: Integer               -- Breite und Höhe in Bildschirmpunkten
     END;
```

Die Festlegung auf Record-Typen bewirkt, daß die Klassenimplementierungen einfach in Hybridsprachen übertragen werden können. In einer rein objektorientierten Sprache müßten für diese Datentypen erst einfache Klassen zur Verfügung gestellt werden.

5.9.1 Klasse Teil

```
INTERFACE OF Teil;
INHERITS FROM Object;
   bewege (dx,dy,dz:Integer);           -- relative Bewegung des Teils im Raum
   zeichneAufriß(r:Rechteck);           -- Aufrißdarstellung im Rechteck r
   zeichneGrundriß(r:Rechteck);         -- Grundrißdarstellung im Rechteck r
   zeichneSeitenriß(r:Rechteck);        -- Seitenrißdarstellung im Rechteck r
   zeichneSchrägriß(r:Rechteck);        -- Schrägrißdarstellung im Rechteck r
END Teil.
```

Wir leiten die Klasse Teil direkt von einer Wurzelklasse Object ab. Das bedeutet, daß die Klasse Teil zumindest die Methode initialize von Object erbt, die daher nicht mehr in der Schnittstellendefinition von Teil aufscheint. Wenn in einer Klasse neue Komponenten definiert werden, muß die Methode initialize in geeigneter Weise überschrieben werde, um sicherzustellen, daß die Komponenten bei der Objekterzeugung mit Anfangswerten belegt werden. In der Klasse Teil ist das nicht der Fall; in einigen davon abgeleiteten Klassen (z. B. in KomplexerTeil, Balken und Kugel) ist jedoch eine solche Initialisierung erforderlich.

Die Methoden der Klasse Teil sind sehr einfach:

```
IMPLEMENTATION OF Teil;
   bewege (dx,dy,dz:Integer) IS
   BEGIN
      Write("Teil: bewege ist abstrakt"); HALT
   END bewege;

   zeichneAufriß(r:Rechteck) IS
   BEGIN
      Write("Teil: zeichneAufriß ist abstrakt"); HALT
   END zeichneAufriß;

   zeichneGrundriß (r:Rechteck) IS
   BEGIN
      Write("Teil: zeichneGrundriß ist abstrakt"); HALT
   END zeichneGrundriß;

   zeichneSeitenriß (r:Rechteck) IS
   BEGIN
      Write("Teil: zeichneSeitenriß ist abstrakt"); HALT
   END zeichneSeitenriß;
```

```
    zeichneSchrägriß (r:Rechteck) IS
    BEGIN
       Write("Teil: zeichneSchrägriß ist abstrakt"); HALT
    END zeichneSchrägriß;

 END Teil.
```

Teil ist eine abstrakte Klasse. Die in ihrer Schnittstelle angeführten Operationen beziehen sich entweder auf Koordinatentranformationen (bewege) oder auf die Anzeige auf dem Bildschirm (zeichne...). Die entsprechenden Methoden können nicht sinnvoll implementiert werden. Wir wollen ein Überschreiben in abgeleiteten konkreten Klassen erzwingen und geben daher eine Implementierung vor, die eine Fehlermeldung ausgibt und die Verarbeitung abbricht. Zur Ausgabe der Fehlermeldung verwenden wir eine Prozedur Write, die wir wie die entsprechende Pascal-Prozedur verwenden. In einer rein objektorientierten Sprache müßte dieser Prozeduraufruf durch eine geeignete Message ersetzt werden.

5.9.2 Klasse KomplexerTeil

```
INTERFACE OF KomplexerTeil;
INHERITS FROM Teil;
   teileAnzahl: Integer;               -- liefert die Anzahl der Einzelteile
   einzelTeil(nr:Integer): Teil;       -- liefert den Einzelteil mit dem Index nr
   fügeTeilAn(t:Teil);                 -- fügt einen neuen Einzelteil am Ende an
   entferneTeil(nr:Integer);           -- entfernt den Einzelteil mit dem Index nr
END KomplexerTeil.
```

Die Klasse KomplexerTeil ist direkt von Teil abgeleitet. Hier werden nur jene zusätzlichen Methoden definiert, die benötigt werden, um einen komplexen Teil aus einzelnen Teilen zusammenzusetzen und seine Struktur nachträglich zu verändern.

```
IMPLEMENTATION OF KomplexerTeil;

   VAR
      teileListe: ARRAY [1..20] OF Teil;
      nTeile: Integer;

   initialize IS
   BEGIN
      base:initialize;
      nTeile := 0
   END initialize;

   teileAnzahl: Integer IS
   BEGIN
      RETURN nTeile
   END teileAnzahl;
```

```
einzelTeil(nr:Integer): Teil IS
BEGIN
   IF nr<1 OR nr>nTeile THEN
      Write("Ungültiger Teilindex ",nr); HALT
   END;
   RETURN teileListe[nr]
END einzelTeil;

fügeTeilAn(t:Teil) IS
BEGIN
   IF nTeile=20 THEN
      Write("komplexe Teile dürfen maximal 20 Einzelteile enthalten"); HALT
   END;
   nTeile := nTeile + 1;
   teileListe[nTeile] := t
END fügeTeilAn;

entferneTeil(nr:Integer) IS
VAR i:Integer;
BEGIN
   IF nr<1 OR nr>nTeile THEN
      Write("Ungültiger Teilindex ",nr); HALT
   END;
   nTeile := nTeile – 1;
   FOR i:=nr TO nTeile DO teileListe[i] := teileListe[i+1] END
END entferneTeil;

bewege (dx,dy,dz:Integer) IS
VAR i:Integer;
BEGIN
   FOR i:=1 TO nTeile DO teileListe[i]:bewege(dx,dy,dz) END
END bewege;

zeichneAufriß (r:Rechteck) IS
VAR i:Integer;
BEGIN
   FOR i:=1 TO nTeile DO teileListe[i]:zeichneAufriß(r) END
END zeichneAufriß;

zeichneGrundriß (r:Rechteck) IS
VAR i:Integer;
BEGIN
   FOR i:=1 TO nTeile DO teileListe[i]:zeichneGrundriß(r) END
END zeichneGrundriß;
```

```
    zeichneSeitenriß (r:Rechteck) IS
    VAR i:Integer;
    BEGIN
      FOR i:=1 TO nTeile DO teileListe[i]:zeichneSeitenriß(r) END
    END zeichneSeitenriß;

    zeichneSchrägriß (r:Rechteck) IS
    VAR i:Integer;
    BEGIN
      FOR i:=1 TO nTeile DO teileListe[i]:zeichneSchrägriß(r) END
    END zeichneSchrägriß;

  END KomplexerTeil.
```

Ein komplexer Teil enthält eine Liste von Einzelteilen. Wir haben diese Liste hier konventionell als Feld realisiert und auf die Verwendung einer Array-Klasse verzichtet. Die Beschränkung auf 20 Elemente ist etwas willkürlich, sie kann aber leicht umgangen werden, weil ein komplexer Teil ja wieder weitere komplexe Teile enthalten kann. Ein komplexer Teil, der selbst wieder 20 komplexe Teile enthält, kann damit insgesamt bis zu 400 Einzelteile verwalten.

Da in der Klasse KomplexerTeil neue Komponenten definiert wurden, müssen sie beim Erzeugen eines Objekts in geeigneter Weise initialisiert werden. Dazu muß die in Object definierte Methode initialize überschrieben werden. Hier wird nur die Komponente nTeile mit dem Wert Null belegt. Das Feld teileListe muß nicht initialisiert werden, weil durch die Implementierung sichergestellt ist, daß auf die Elemente eines neu angelegten komplexen Teils nicht zugegriffen werden kann. Vor der Initialisierung der neuen Komponenten wird noch die Initialisierungsmethode der Basisklasse aufgerufen. In der Klasse Teil gibt es keine solche Methode, und auch in Object ist die Methode als Leermethode implementiert, weil es dort noch keine Komponenten gibt, die initialisiert werden müßten. Der base-Aufruf hat hier also keine Wirkung. Trotzdem darf er nicht weggelassen werden, weil wir nicht wissen können, ob bei einer späteren Änderung der Klasse Teil eine Initialisierungsmethode hinzukommt. Das Wissen über die Implementierung der Basisklasse darf also nicht ausgenutzt werden.

KomplexerTeil ist eine konkrete Klasse. Man kann Objekte dieser Klasse zur einfachen Verwaltung mehrerer anderer Teile verwenden. Die in der Klasse Teil abstrakt definierten Methoden müssen daher hier überschrieben werden. Die Implementierung dieser Methoden ist denkbar einfach. Die Anforderung an den komplexen Teil wird einfach der Reihe nach an alle Einzelteile weitergeleitet. Man beachte, daß zu diesem Zeitpunkt noch nicht bekannt ist, welche Arten von Teilen es jemals geben wird. Durch die dynamische Bindung ist die Klasse KomplexerTeil von späteren Erweiterungen unabhängig.

5.9.3 Klasse Balken

```
INTERFACE OF Balken;
INHERITS FROM Teil;
   anfang: Position;                  -- liefert die Position des Balkenanfangs
   ende: Position;                    -- liefert die Position des Balkenendes
   dicke: Integer;                    -- liefert die Dicke des Balkens
   setzeAnfang(pos:Position);         -- setzt die Anfangsposition des Balkens
   setzeEnde(pos:Position);           -- setzt die Endposition des Balkens
   setzeDicke(d:Integer);             -- ändert die Dicke des Balkens
END Balken.
```

Ein Balken hat im wesentlichen drei Attribute, die seine Darstellung auf dem Bildschirm bestimmen. Für jedes dieser Attribute gibt es je eine Methode zum Abfragen und Ändern.

```
IMPLEMENTATION OF Balken;

   VAR
      pos1,pos2: Position;            -- Anfangs- und Endposition
      dick: Integer;                  -- Dicke des Balkens

   initialize IS
   BEGIN
      base:initialize;
      pos1.x := 0;  pos1.y := 0;  pos1.z := 0;
      pos2.x := 0;  pos2.y := 0;  pos2.z := 0;
      dick := 100
   END initialize;

   anfang:Position IS
   BEGIN
      RETURN pos1
   END anfang;

   ende:Position IS
   BEGIN
      RETURN pos2
   END ende;

   dicke:Integer IS
   BEGIN
      RETURN dick
   END dicke;

   setzeAnfang (pos:Position) IS
   BEGIN
      pos1 := pos
   END setzeAnfang;
```

```
    setzeEnde (pos:Position) IS
    BEGIN
      pos2 := pos
    END setzeEnde;

    setzeDicke (d:Integer) IS
    BEGIN
      dick := d
    END setzeDicke;

    bewege (dx,dy,dz:Integer) IS
    BEGIN
      pos1.x := pos1.x+dx;  pos1.y := pos1.y+dy;  pos1.z := pos1.z+dz;
      pos2.x := pos2.x+dx;  pos2.y := pos2.y+dy;  pos2.z := pos2.z+dz
    END bewege;

    zeichneAufriß (r:Rechteck) IS
    BEGIN
      Zeichne eine Linie innerhalb des Rechtecks r
    END zeichneAufriß;

    zeichneGrundriß (r:Rechteck) IS
    BEGIN
      Zeichne eine Linie innerhalb des Rechtecks r
    END zeichneGrundriß;

    zeichneSeitenriß (r:Rechteck) IS
    BEGIN
      Zeichne eine Linie innerhalb des Rechtecks r
    END zeichneSeitenriß;

    zeichneSchrägriß (r:Rechteck) IS
    BEGIN
      Zeichne eine Linie innerhalb des Rechtecks r
    END zeichneSchrägriß;

  END Balken.
```

Ein Balken ist durch zwei Positionen und eine Breite beschrieben. Die Positionen können nicht sinnvoll initialisiert werden, weshalb hier einfach beide mit den Koordinaten (0,0,0) vorbelegt werden. Die Breite wird mit 100 vorbelegt. Da alle Werte Größen der realen Welt sind und Maße in Millimetern bedeuten, scheint der Wert 100 (=10cm) ein passender Anfangswert für einen Balken zu sein. Der Vollständigkeit halber sollte diese Vorbelegung auch in der Klassenschnittstelle dokumentiert sein, damit Klienten wissen, welches Aussehen ein neu erzeugter Balken hat.

Die Zeichenoperationen haben wir hier nur verbal beschrieben. Sie sind (von der Schrägrißdarstellung abgesehen) nicht sehr schwierig zu implementieren. Die Hauptarbeit besteht darin, die Weltkoordinaten in Bildschirmkoordinaten (die ihren Ursprung in der linken oberen Ecke haben) umzurechnen. Abbildung 5.40 zeigt am Beispiel der Grundrißdarstellung, wie aus einer Raumposition *p* die Bildschirmkoordinaten *x* und *y* innerhalb des Rechtecks *r* berechnet werden.

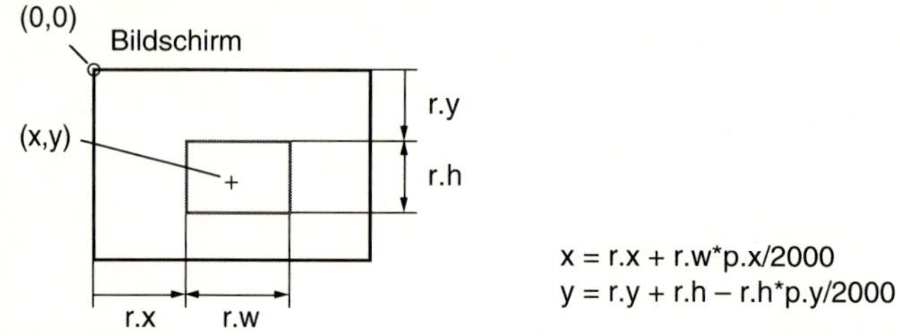

Abb. 5.40: Berechnung einer Bildschirmposition aus einer Raumposition

Der Faktor 2000 kommt durch die Spezifikation in der Aufgabenstellung zustande, daß die Weltkoordinaten auf einen Würfel mit der Seitenlänge 2000 mm beschränkt sind. Entsprechend muß auch die Dicke des Balkens auf dem Bildschirm um den Faktor r.w/2000 skaliert werden.

5.9.4 Klasse Kugel

```
INTERFACE OF Kugel;
INHERITS FROM Teil;
   zentrum: Position;              -- liefert den Mittelpunkt der Kugel
   radius: Integer;                -- liefert den Radius der Kugel
   setzeZentrum(pos:Position);     -- setzt den Mittelpunkt der Kugel
   setzeRadius(r:Integer);         -- ändert den Radius der Kugel
END Kugel.
```

Für eine Kugel gilt sinngemäß dasselbe wie für einen Balken: Auch sie hat zwei Attribute, die getrennt abgefragt und verändert werden können.

```
IMPLEMENTATION OF Kugel;

   VAR
      mp: Position;   -- Mittelpunkt
      rad: Integer;   -- Radius

   initialize IS
   BEGIN
      base:initialize;
      mp.x := 0;  mp.y := 0;  mp.z := 0;
      rad := 100
   END initialize;

   zentrum: Position IS
   BEGIN
      RETURN mp
   END zentrum;
```

```
    radius: Integer IS
    BEGIN
      RETURN rad
    END radius;

    setzeZentrum (pos:Position) IS
    BEGIN
      mp := pos
    END setzeZentrum;

    setzeRadius (r:Integer) IS
    BEGIN
      rad := r
    END setzeRadius;

    bewege (dx,dy,dz:Integer) IS
    BEGIN
      mp.x := mp.x+dx;  mp.y := mp.y+dy;  mp.z := mp.z+dz
    END bewege;

    zeichneAufriß (r:Rechteck) IS
    BEGIN
      Zeichne einen Kreis innerhalb des Rechtecks r
    END zeichneAufriß;

    zeichneGrundriß (r:Rechteck) IS
    BEGIN
      Zeichne einen Kreis innerhalb des Rechtecks r
    END zeichneGrundriß;

    zeichneSeitenriß (r:Rechteck) IS
    BEGIN
      Zeichne einen Kreis innerhalb des Rechtecks r
    END zeichneSeitenriß;

    zeichneSchrägriß (r:Rechteck) IS
    BEGIN
      Zeichne einen Kreis innerhalb des Rechtecks r
    END zeichneSchrägriß;

  END Kugel.
```

Eine Kugel ist wie ein Balken ein elementarer Teil. Gerade in diesen Teilen steckt die Hauptarbeit, während alle anderen Klassen sich der hier implementierten Operationen bedienen können. Bei den Zeichenoperationen muß wieder eine ähnliche Skalierung wie bei den Balken stattfinden, und auch der Radius des Kreises muß an die Bildschirmkoordinaten angepaßt werden.

5.9.5 Klasse Fundament

```
INTERFACE OF Fundament;
INHERITS FROM KomplexerTeil;
   initialisiere (l,b:Integer);          -- Initialisierung mit Länge l und Breite b
END Fundament.
```

Das Fundament ist ein komplexer Teil und stellt damit alle Operationen zur Verfügung, mit denen es gezeichnet und auf dem Bildschirm angezeigt werden kann. Es kommt lediglich noch eine neue Initialisierungsmethode hinzu, mit der man das Fundament mit einem sinnvollen Anfangszustand versehen kann. Diese Initialisierungsmethode darf nicht mit der Standard-Methode initialize verwechselt werden; während initialize einen rein technischen Zweck erfüllt (die Methode sorgt dafür, daß alle Objekte ihr „Leben" in einem geordneten Zustand beginnen), ist unsere neue Methode initialisiere problemorientiert (sie stellt einen Bezug zur realen Welt her).

```
IMPLEMENTATION OF Fundament;

   initialisiere(l,b:Integer) IS
   VAR
      schiene:Balken;
      pos1,pos2: Position;
   BEGIN
      self:initialize;
      pos1.x := 0;  pos1.y:=0;  pos1.z :=0;
      pos2.x := l;  pos2.y:=0;  pos1.z :=0;
      schiene := Balken:new;
      schiene:setzeAnfang(pos1);  schiene:setzeEnde(pos2);
      self:fügeTeilAn(schiene);
      pos1.y :=b;  pos2.y :=b;
      schiene := Balken:new;
      schiene:setzeAnfang(pos1);  schiene:setzeEnde(pos2);
      self:fügeTeilAn(schiene);
   END initialisiere;

   bewege (dx,dy,dz:Integer) IS
   BEGIN
      -- nichts zu tun!
   END bewege;

END Fundament.
```

Zur Initialisierung des Fundaments wird vorerst die Methode self:initialize aufgerufen, die dafür sorgt, daß die Teileliste geleert wird. Anschließend werden zwei Balken (die Schienen) erzeugt und mit Hilfe von self-Aufrufen an die Teileliste angefügt. Hier ist zu beachten, daß in der Klasse Fundament keine Kenntnis der Implementierung der Basisklasse KomplexerTeil erforderlich ist.

Da sich das Fundament nicht bewegen kann, wird die Methode bewege durch eine Leermethode überschrieben. Man kann die Message bewege wie einen Versuch auffassen, das Objekt zu bewegen. Das Fundament reagiert nicht darauf, weil es fest im Boden verankert ist, so wie sich ein reales Fundament nicht bewegen würde, wenn wir versuchten, es mit der Hand zu verschieben.

Die beiden Methoden initialisiere und bewege reichen völlig aus, um ein Fundament zu konstruieren, das den Anforderungen unserer Aufgabenstellung entspricht. Die Zeichenoperationen können so wie sie sind von der Basisklasse KomplexerTeil geerbt werden. Allerdings werden auf die gleiche Weise auch die anderen Methoden zur Veränderung eines komplexen Teils geerbt, so daß ein Fundament von einem Klienten durch Aufrufe der Methoden fügeTeilAn und entferneTeil völlig neu konstruiert werden kann. Außerdem kann die Unbeweglichkeit eines Fundaments von außen umgangen werden, indem man die Methode einzelTeil für jede Schiene aufruft und dann die Balken mit Hilfe der Methoden setzeAnfang, setzeEnde und bewege neu positioniert. Wenn man das nicht will, müssen diese Methoden ebenfalls durch Leermethoden oder durch Aufrufe von HALT ersetzt werden. Dann funktioniert allerdings die Konstruktion eines Fundaments mit self:fügeTeilAn nicht mehr. Statt dieses Aufrufs muß dann base:fügeTeilAn geschrieben werden.

5.9.6 Klasse Portal

```
INTERFACE OF Portal;
INHERITS FROM KomplexerTeil;
   initialisiere (h,b,x0:Integer);          -- Initialisierung mit Höhe h, Breite b
                                            -- und Ursprung x0
END Portal.

IMPLEMENTATION OF Portal;

   initialisiere(h,b,x0:Integer) IS
   VAR
      vorne,hinten,oben:Balken;
      pos1,pos2: Position;
   BEGIN
      self:initialize;
      pos1.x := x0;  pos1.y:=0;  pos1.z :=0;
      pos2.x := x0;  pos2.y:=0;  pos1.z :=h;
      vorne := Balken:new;
      vorne:setzeAnfang(pos1);  vorne:setzeEnde(pos2);
      self:fügeTeilAn(vorne);
      pos1.y :=b;  pos2.y :=b;
      hinten := Balken:new;
      hinten:setzeAnfang(pos1);  hinten:setzeEnde(pos2);
      self:fügeTeilAn(hinten);
```

```
      pos1.y :=0;  pos1.z:=h;
      oben := Balken:new;
      oben:setzeAnfang(pos1);  oben:setzeEnde(pos2);
      self:fügeTeilAn(oben);
   END initialisiere;

   bewege (dx,dy,dz:Integer) IS
   BEGIN
      base:bewege(dx,0,0)
   END bewege;

END Portal.
```

Für das Portal gilt sinngemäß dasselbe wie für das Fundament. Bei der Initialisierung werden drei Balken erzeugt und an die Teileliste angefügt. Im Gegensatz zum Fundament kann sich das Portal jedoch bewegen, wenn auch nur in x-Richtung, d. h. nur nach links und rechts. Diese Einschränkung ist leicht zu implementieren, indem man den Aufruf bewege(dx,dy,dz) so „übersetzt“, daß die y- und z-Koordinaten nicht verändert werden. Wenn die Message bewege(20,30,-15) eintrifft, wird sie daher in bewege(20,0,0) modifiziert und in dieser Form in der Methode bewege von KomplexerTeil an die Einzelteile weitergegeben.

5.9.7 Klasse Greiferarm

```
INTERFACE OF Greiferarm;
INHERITS FROM KomplexerTeil;
   initialisiere (l:Integer; pos:Position);  -- Initialisierung mit Länge l und Position pos
END Greiferarm.

IMPLEMENTATION OF Greiferarm;

   initialisiere(l, pos:Integer) IS
   VAR
      arm:Balken;  hand:Kugel;
      pos2: Position;
   BEGIN
      self:initialize;
      pos2 := pos;  pos2.z := pos.z + l;
      arm := Balken:new;
      arm:setzeAnfang(pos);  arm:setzeEnde(pos2);
      self:fügeTeilAn(arm);
      hand := Kugel:new;
      hand:setzeZentrum(pos);
      self:fügeTeilAn(hand);
   END initialisiere;

END Greiferarm.
```

Die Implementierung der Klasse Greiferarm ist noch einfacher als die der Klasse Portal, weil ein Greiferarm erstens nur aus zwei Teilen besteht und zweitens keinen Einschränkungen bezüglich seiner Bewegungsfreiheit unterliegt, so daß auch die Methode bewege von der Basisklasse KomplexerTeil geerbt werden kann.

5.9.8 Klasse Roboter

```
INTERFACE OF Roboter;
INHERITS FROM KomplexerTeil;
   initialisiere (l,b,h:Integer;pos:Position);   -- Initialisierung mit Länge l, Breite b,
                                                 -- Höhe h und Position pos
   greiferPosition: Position;                    -- liefert die Position des Greiferarms
END Roboter.
```

Ein Roboter hat – wie ein Fundament und ein Portal – eine spezielle Initialisierungsmethode, darüber hinaus aber noch eine Methode zur Ermittlung der aktuellen Greiferposition.

```
IMPLEMENTATION OF Roboter;

   VAR greiferPos:Position;          -- aktuelle Greiferposition

   initialize IS
   BEGIN
      base:initialize;
      greiferPos.x:=0;  greiferPos.y:=0;  greiferPos.z:=0
   END initialize;

   initialisiere (l,b,h:Integer;pos:Position); IS
   VAR
      fund: Fundament;
      port: Portal;
      greifer: Greiferarm;
   BEGIN
      fund := Fundament:new;
      fund:initialisiere(l,b);
      self:fügeTeilAn(fund);
      port := Portal:new;
      port:initialisiere(h,b,pos);
      self:fügeTeilAn(port);
      greifer := Fundament:new;
      greifer:initialisiere(h,pos);
      self:fügeTeilAn(greifer);
      greiferPos := pos
   END initialisiere;
```

```
    greiferPosition: Position IS
    BEGIN
       RETURN greiferPos
    END greiferPosition;

    bewege (dx,dy,dz:Integer) IS
    BEGIN
       base:bewege(dx,dy,dz);
       greiferPos.x := greiferPos.x+dx;
       greiferPos.y := greiferPos.y+dy;
       greiferPos.z := greiferPos.z+dz
    END bewege;

 END Roboter.
```

Ein Roboter besteht aus einem Fundament, einem Portal und einem Greiferarm. Bei der Initialisierung setzt sich der Roboter selbst aus diesen Teilen zusammen. Da ein Roboter zusätzlich noch in der Lage sein soll, die aktuelle Position seines Greiferarms zu liefern, muß er wissen, woher er diese Information bekommt. Eine Möglichkeit dazu wäre die folgende Methode:

```
greiferPosition: Position IS
VAR
   greifer: Greiferarm;
   hand: Kugel;
BEGIN
   greifer := GreiferArm(self:einzelTeil(3));
   hand := Kugel(greifer:einzelTeil(2));
   RETURN hand:zentrum
END greiferPosition;
```

Diese Methode hat – neben den Type-Casts zur Typkonversion – den Nachteil, daß sie Annahmen darüber macht, wie ein Roboter und ein Greiferarm aufgebaut sind. Wenn in der Zukunft der Greiferarm ein realistischeres Aussehen bekommt und der Greifer nicht mehr durch eine Kugel dargestellt wird, dann funktioniert diese Methode nicht mehr. Es ist daher sicherer, über die Position des Greiferarms getrennt Buch zu führen und sie bei jeder Bewegung auf den letzten Stand zu bringen.

5.9.9 Beurteilung der objektorientierten Lösung

Die Anzeige des Roboters hätte auch konventionell – zum Beispiel nach der Methode der schrittweisen Verfeinerung – entworfen und mit Prozeduren implementiert werden können. Der Leser wird sich nach der Lektüre der in den Abschnitten 5.9.1 bis 5.9.8 gezeigten objektorientierten Lösung fragen, welche Vorteile sie gegenüber einer konventionellen Lösung bringt. Wir wollen daher in diesem Abschnitt versuchen, die wichtigsten Eigenschaften der hier gezeigten Lösung hervorzuheben.

Codeumfang
Die Implementierung besteht aus acht Klassen mit 46 Methoden, die insgesamt 105 Zeilen mit ausführbaren Anweisungen enthalten. Eine Klasse enthält damit im Durchschnitt 5,75 Methoden und 13 ausführbare Anweisungen; die Methoden sind durchschnittlich nur 2,33 Anweisungen lang. Die Implementierung ist also ziemlich kompakt, obwohl die Vererbung nur innerhalb der hier entwickelten Klassen benutzt wurde. Die Verwendung einer Klassenbibliothek hätte – vor allem in der Klasse KomplexerTeil – eine weitere Vereinfachung gebracht. Die Kürze der Klassen und der Methoden wirkt positiv auf die Lesbarkeit und verringert darüber hinaus die Fehlerwahrscheinlichkeit.

Gliederung
Von den acht Klassen dienen zwei (Balken und Kugel) zur Realisierung elementarer Teile. Vier Klassen (Fundament, Portal, Greiferarm und Roboter) sind anwendungsspezifisch. In diesen Klassen steckt die eigentliche Funktionalität zur Lösung der Aufgabe. Die Klasse Teil ist abstrakt; sie definiert lediglich die allen Teilen gemeinsame Schnittstelle. Die Klasse KomplexerTeil ist eine allgemein verwendbare Klasse für zusammengesetzte Teile, von der durch Ableitung spezifischere Klassen gebildet werden können. Die acht Klassen zerfallen demnach in vier allgemeine und vier anwendungsspezifische Klassen. Eine derartige Gliederung hätte mit konventionellen Mitteln wohl kaum erreicht werden können.

Kapselung
Die einzelnen Klassen können ohne Kenntnis ihrer internen Realisierung benutzt werden. Insbesondere sind keine direkten Zugriffe auf die Komponenten der einzelnen Objekte erforderlich. Es ist sogar möglich, die Realisierung der Teileliste in der Klasse KomplexerTeil zu ändern, ohne daß die von ihr abgeleiteten Klassen davon betroffen sind. Der objektorientierte Entwurf führte zu einer natürlichen Zerlegung in Einzelteile mit klar definierten Schnittstellen.

Änderbarkeit und Erweiterbarkeit
Durch die strenge Kapselung können an einzelnen Klassen Änderungen vorgenommen werden, ohne daß andere Klassen davon betroffen sind. Insbesondere kann der Aufbau eines Roboters durch wenige gezielte Eingriffe in die Klasse Roboter verändert werden. Bei einer Anpassung an ein anderes Grafiksystem müssen nur die Anzeigemethoden in den elementaren Klassen neu implementiert werden. Änderungen und Erweiterungen können daher lokal in den entsprechenden Klassen vorgenommen werden. Durch die datenorientierte Zerlegung sind die zu ändernden Teile leicht aufzufinden. Verschiedene Varianten von Robotern können durch Ableitung neuer Klassen von der Klasse Roboter realisiert werden. Wenn jedoch *alle* Teile mit einer zusätzlichen Funktion ausgestattet werden sollen, müssen unter Umständen *alle* Klassen erweitert werden.

Wiederverwendbarkeit
Die Klassenhierarchie kann jederzeit um neue Klassen für besondere Teile (z. B. einen Greifer mit realistischerem Aussehen) erweitert werden. Für Erweiterungen bieten sich in erster Linie die abstrakte Klasse Teil (zur Ableitung neuer elementarer Teile) und die Klasse KomplexerTeil (für zusammengesetzte Teile) an. Da die Klasse Teil abstrakt ist, müssen alle ihre Methoden überschrieben werden. Von ihr kann daher nur die Schnittstelle, aber nicht die Implementierung geerbt werden. Von der Klasse KomplexerTeil hingegen können bereits alle Operationen zur Verwaltung der Teileliste geerbt werden, wodurch eine echte Wiederverwendung möglich ist. Die Klasse KomplexerTeil kann auch ohne Ableitung einer neuen Klasse wiederverwendet werden,

wenn mehrere einzelnen Teile zu verwalten sind. Ebenso können die elementaren Klassen für ähnliche Simulationsaufgaben wiederverwendet werden.

5.10 Quantitative und qualitative Aspekte

Im Zusammenhang mit der objektorientierten Programmierung taucht immer wieder die Frage auf, welchen Nutzen sie bringt und was sie kostet. In den folgenden beiden Abschnitten versuchen wir, diese Fragen zumindest teilweise zu beantworten. Eine erschöpfende Antwort ist leider nicht möglich, weil es zu wenig und kaum gesicherte Vergleichsdaten gibt. Zum Beispiel läßt sich die Zeitersparnis bei der Programmentwicklung nur grob abschätzen. Um zu realistischen Vergleichsdaten zu kommen, müßte ein umfangreiches Projekt sowohl objektorientiert als auch konventionell durchgeführt werden. In einer professionellen Produktionsstätte ist das aber aus Kostengründen nicht praktikabel, so daß solche Vergleiche nur in Forschungsinstitutionen durchgeführt werden können. Aber auch dort stellt sich die Frage, wie man bei einem solchen Vergleich vorgehen soll. Es ist sicher nicht angebracht, das Projekt vom gleichen Team zuerst konventionell und dann noch einmal objektorientiert bearbeiten zu lassen, weil die beim ersten Mal gemachten Erfahrungen bei der zweiten Abwicklung auf jeden Fall zu einer kürzeren Projektlaufzeit führen. Das wäre auch dann der Fall, wenn das Projekt noch einmal konventionell in Angriff genommen würde. Die einzig vernünftige Variante besteht darin, dasselbe Projekt an zwei voneinander unabhängige Teams zu vergeben, wobei es darauf ankommt, daß beide Gruppen den gleichen Erfahrungsstand haben. Die Größe und die Art des Projekts hat auch einen wesentlichen Einfluß auf das Vergleichsergebnis. In einem sehr stark algorithmisch orientierten Projekt wird die Objektorientierung nicht so viel bringen wie in einem Projekt, bei dem viele verschiedene Datenarten zu verarbeiten sind. Wenn die Daten sehr einfach sind und keine ausreichende Struktur aufweisen, wie das in einfachen kaufmännischen Aufgaben oft der Fall ist, wird die objektorientierte Programmierung ebenfalls nur geringe Auswirkungen auf die Projektlaufzeit haben.

Technische Maßzahlen wie Codegröße und Laufzeit der Programme können hingegen sehr leicht verglichen werden, weil diese Größen schon an relativ kleinen Programmen (teilweise sogar schon an einzelnen Anweisungen) gemessen werden können. Allerdings spielen auch hier Einflußfaktoren wie die verwendete Programmiersprache und die Klassenbibliothek eine wesentliche Rolle. Dadurch ergibt sich auch bei diesen Maßzahlen ein zum Teil beträchtlicher Spielraum.

In den folgenden beiden Abschnitten werden quantitative und qualitative Auswirkungen der objektorientierten Programmierung behandelt. In diesen Aufstellungen sind positive Aspekte mit „+“ und negative mit „–“ markiert. Wenn keine nennenswerten Auswirkungen festzustellen sind oder wenn positive und negative Aspekte einander die Waage halten, wird das durch „◎“ gekennzeichnet.

5.10.1 Quantitativer Vergleich

Wie bereits erwähnt, bereiten allgemeine quantitative Aussagen Schwierigkeiten, weil durch die verschiedenen Programmierstile, Programmiersprachen und Klassenbibliotheken ein breiter Spielraum gegeben ist. Um Extremwerte auszuschalten, beziehen sich die folgenden Maßzahlen daher ausschließlich auf Hybridsprachen und Klassenbibliotheken mittlerer Größe (mit etwa 100

Klassen). Die Auswirkungen der objektorientierten Programmierung werden dabei in Prozenten angegeben, wobei wir die Maßzahlen einer entsprechenden konventionellen Lösung als Bezugsgröße mit 100% ansetzen. Die Angabe 120% bedeutet also eine Erhöhung um ein Fünftel.

Die angegebenen Maßzahlen beruhen auf Erfahrungen, die die Autoren, ihre Mitarbeiter und Kooperationspartner in mehreren Jahren objektorientierter Softwareentwicklung gesammelt haben. Die Grundlage für diese Maßzahlen sind zahlreiche Projekte aus den Bereichen Software-Engineering-Werkzeuge, Informationssysteme, Automationssoftware, objektorientierte Programmiersprachen, Klassenbibliotheken und Application Frameworks. Der Gesamtumfang dieser Programmsysteme macht mehr als 500.000 Zeilen in verschiedenen Programmiersprachen (insbesondere C++, Eiffel, Oberon, Object-Pascal und Smalltalk) aus.

5.10.1.1 Auswirkungen auf den Umfang des Programmcodes

Eine interessante Maßzahl betrifft den Einfluß der objektorientierten Programmierung auf den *Umfang der Programmtexte*. Dabei muß zwischen selbst zu schreibendem Code und benutztem Code aus einer Klassenbibliothek unterschieden werden.

+ *Zu schreibender Code: 25–50%*
  Die wohl bedeutendste Auswirkung ist die Einsparung an selbst zu schreibendem Code. Gerade diese Maßzahl spielt eine wesentliche Rolle, weil sie direkt proportional zum Aufwand und damit zur Abwicklungszeit eines Projekts ist. Besonders stark wirkt sich der Einsatz eines Application Frameworks aus. Dann sind Einsparungen bis zu 90% durchaus möglich, weil sich die Lösung vieler Standardprobleme erübrigt. Solche Extremwerte können oft bei kleinen Projekten erzielt werden, in denen zum Beispiel eine existierende Applikation nur an andere Gegebenheiten angepaßt werden muß. Wenn ein Programm viele algorithmisch orientierte Teile enthält, fällt die Einsparung natürlich geringer aus.
  Auch wenn keine Klassenbibliothek zur Verfügung steht, kann vom Einsatz der objektorientierten Programmierung eine Reduktion des selbst zu schreibenden Codes erwartet werden. Die Einsparung ist umso größer, je umfangreicher das Projekt ist. Der Grund dafür liegt in der internen Wiederverwendung von Klassen. Durch einen sorgfältigeren Entwurf (insbesondere durch Herausfaktorisieren gemeinsamer Objekteigenschaften) und eine bessere Abstimmung der Klassen aufeinander kann bei objektorientierter Programmierung in der Regel mehr wiederverwendet werden als bei der modularen Programmierung.

- *Gesamter Programmcode: 120–300%*
  Während weniger Code selbst geschrieben werden muß, erhöht sich der Umfang des importierten Codes. Das sind in erster Linie geerbte Klassen, aber auch direkt oder indirekt benutzte Klassen. Die hier angegebenen Maßzahlen beziehen sich auf den Einsatz einer Klassenbibliothek im Vergleich mit der Verwendung einer Modulbibliothek bei der modularen Programmierung. Je nach Umfang und Vernetzung einer Klassenbibliothek kann dieser Faktor sehr unterschiedlich ausfallen. Wenn nur Klassen für Datenstrukturen verwendet werden, dann beträgt der Umfang des importierten Codes nur wenige Prozente, dafür ist aber auch nur eine geringere Einsparung an selbst zu schreibendem Code zu erwarten. Wenn ein Application Framework eingesetzt wird, dann wird oft eine Vielzahl von Klassen indirekt importiert, die zur Lösung des eigentlichen Problems nicht benötigt werden. Diese Klassen

sorgen meist für zusätzliche Funktionalität, für die man ohne Zuhilfenahme eines Application Frameworks einen beträchtlichen Aufwand zu treiben hätte. Ein weiterer Faktor, der sich auf den Umfang des importierten Codes auswirkt, ist die Allgemeinheit der benutzten und geerbten Klassen. Um eine Klasse möglichst allgemein verwendbar zu machen, müssen zusätzliche Methoden zur Verfügung gestellt werden, die auch dann zum Codeumfang beitragen, wenn sie nicht benötigt werden.

5.10.1.2 Auswirkungen auf die Laufzeit

Die Auswirkungen der objektorientierten Programmierung auf die *Laufzeit* sind besser objektivierbar als die Auswirkungen auf den Codeumfang. Man kann die für einen Methodenaufruf und für einen Prozeduraufruf benötigten Zeiten messen und daraus einen Faktor ableiten. Dasselbe gilt für Zugriffe auf Objektkomponenten. Wenn automatische Speicherbereinigung mit im Spiel ist, kann das ebenfalls Auswirkungen auf die Laufzeit haben, weil das Suchen nicht mehr benötigter Objekte zusätzliche Zeit kostet. Auswirkungen auf die Gesamtlaufzeit sind schon schwieriger zu ermitteln, weil sie wesentlich von der Qualität der Klassenbibliothek und vom Programmierstil abhängen.

- *Methodenaufruf: 105–120%*
  Ein Methodenaufruf kostet wegen der dynamischen Bindung mehr als ein Prozeduraufruf. Dabei ist allerdings zu beachten, daß der Aufwand für die Parameterübergabe und die kellerartige Verwaltung der Prozeduraufrufkette in beiden Fällen gleich ist. Die angegebenen Zahlen beziehen sich auf einen parameterlosen Aufruf, wobei beim Methodenaufruf die Methodensuche mit Indizierung angenommen wurde. Die dynamische Methodensuche kostet ein Vielfaches davon. Das ist besonders in manchen rein objektorientierten Programmiersprachen zu beachten, weil dieses Verfahren dort gern eingesetzt wird.

- *Zugriff auf Objektkomponenten: 100–1000%*
  Beim Zugriff auf Objektkomponenten wurde angenommen, daß auch im konventionellen Programm Zeiger auf dynamische Daten benutzt werden. Wenn die objektorientierte Programmiersprache Zugriffe auf Objektkomponenten von außen zuläßt, dann unterscheidet sich der dafür benötigte Maschinencode nicht vom Zugriff auf Komponenten von dynamischen Daten in konventionellen Sprachen. Solche Zugriffe treten in objektorientierten Programmen übrigens auch dann auf, wenn innerhalb einer Methode Komponenten des Empfängerobjekts benutzt werden. Der Zugriff wird allerdings wesentlich teurer, wenn ein Methodenaufruf dafür benutzt werden muß. Dann kann diese Operation leicht das Zehnfache eines direkten Zugriffs kosten. Diese Erhöhung der Zugriffszeit kommt allerdings in konventionellen Programmen bei Datenkapselung und bei der Verwendung abstrakter Datentypen auch zustande.

- *Automatische Speicherbereinigung: 105–150%*
  Die Kosten für die automatische Speicherbereinigung hängen von mehreren Faktoren ab. Unter anderem spielen die Anzahl und die Größe der Objekte eine Rolle sowie der verfügbare Speicherplatz, die Rate, mit der neue Objekte erzeugt werden, und natürlich auch das Verfahren zur Speicherbereinigung. Im Normalfall kostet die automatische Speicherbereinigung nicht mehr als etwa 5% der Gesamtlaufzeit. Dieser geringe Mehraufwand ist auf aus-

geklügelte Verfahren zurückzuführen, die besonders berücksichtigen, daß in objektorientierten Programmen viele Objekte mit kurzer Lebensdauer anfallen. Die meisten Verfahren haben allerdings den Nachteil, daß die Bereinigung ausgerechnet in rechenintensiven Phasen auftreten kann, weil dann besonders viele Objekte erzeugt werden. Dadurch können manchmal Pausen eintreten, die etwa in Echtzeitanwendungen nicht vertretbar sind. Diesen Nachteil vermeiden inkrementelle Verfahren, die parallel zum eigentlichen Programm nicht mehr erreichbare Objekte aufspüren und beseitigen. Diese Parallelarbeit vermeidet zwar unvorhersehbare Pausen, verlangsamt allerdings auch den normalen Programmablauf.

◎ *Gesamtlaufzeit: 80–120%*
Obwohl mehrere Einzelfaktoren die Laufzeit negativ beeinflussen, kann meist bei der Gesamtlaufzeit eines Programms bzw. bei Antwortzeiten in interaktiven Programmen keine Verlangsamung festgestellt werden. Dafür sind drei Gründe ausschlaggebend. Erstens werden in Hybridsprachen nicht auschließlich Objekte verwendet. Eine Methode enthält nicht nur weitere Methodenaufrufe, sondern auch „normale" Anweisungen. Weiters werden in der Regel viele lokale Variablen und elementare Datentypen verwendet, so daß oft über weite Strecken keine dynamische Bindung und kein Zugriff auf Objektkomponenten erforderlich sind. Der zweite Grund liegt darin, daß gute Klassenbibliotheken hocheffiziente Verfahren verwenden. Zum Beispiel können Mengen von Objekten mit sogenannten Hash-Tabellen realisiert werden. Die Suche eines Elements in einer Menge geht damit in konstanter Zeit vor sich. Durch Verwendung solcher Klassen können daher Effizienzgewinne erzielt werden, die nicht mehr bloß Prozente, sondern Größenordnungen betragen. Der dritte Grund liegt darin, daß dynamische Bindung weniger kostet als eine Folge von Abfragen. In konventionellen Programmen sind viele Fallunterscheidungen erforderlich, die in objektorientierten Programmen nicht vorkommen.

Der Einfluß der objektorientierten Programmierung auf den *Speicherplatzbedarf* zur Laufzeit eines Programms hängt von mehreren Faktoren ab. Natürlich spielt der Programmcode eine Rolle, aber auch die Methodentabellen und die Verwendung dynamischer Objekte schlagen bei der objektorientierten Programmierung zu Buche.

– *Programmcode: 120–200%*
Der durch den Programmcode verursachte Mehrbedarf an Speicherplatz hängt wie der Umfang des importierten Codes stark von der verwendeten Klassenbibliothek ab. Während der selbst zu schreibende Code weniger wird, werden mehr Klassen importiert, so daß unter dem Strich der gesamte übersetzte Programmcode doppelt so groß sein kann wie der eines konventionellen Programms. Diese Zahlen sind jedoch mit Vorsicht zu genießen, weil sie stark vom verwendeten Compiler und Linker abhängen. Manche Linker sind zum Beispiel in der Lage, nicht benutzte Klassen und Methoden zu identifizieren, und lassen dann deren Code im fertigen Programm weg.

◎ *Methodentabellen: 101–110%*
Das Verhältnis der Größen der Methodentabellen zum Programmcode hängt davon ab, wieviele Operationen mit Objekten einer Klasse möglich sind und wie umfangreich die Methoden im Durchschnitt sind. Wenn in der Wurzelklasse 20 Methoden implementiert sind, dann gibt es in jeder Klasse zumindest diese 20 Einträge in der Methodentabelle, auch wenn die Methoden nicht überschrieben werden. Bei 30 Klassen macht das bereits 600 Einträge.

Wenn es viele aber kurze Methoden gibt, dann entstehen zusätzliche Einträge, die wiederum auf alle abgeleiteten Klassen übertragen werden. Trotzdem kann der Anteil der Methodentabellen am gesamten Speicherplatzbedarf im allgemeinen vernachlässigt werden.

– *Dynamische Objekte: 100–120%*
  Die Verwendung dynamischer Objekte führt dazu, daß mehr Speicher zur Verwaltung der Objekte benötigt wird. Das gilt vor allem bei automatischer Speicherbereinigung, weil dann zusätzliche Informationen über die Struktur der Objekte benötigt werden. Wenn außerdem noch eine Objekttabelle verwendet wird, in der alle Objekte eingetragen werden, dann kann der Mehrbedarf an Speicher bis zu einem Fünftel des von den Objekten belegten Speichers betragen. Bei einer einfachen Speicherverwaltung hingegen kosten Objekte nicht mehr als andere dynamische Daten auch.

5.10.2 Qualitativer Vergleich

Dieser Abschnitt ist im wesentlichen eine Zusammenfassung von Punkten, die bereits an anderer Stelle genannt wurden. Wir gliedern die qualitativen Aspekte in solche, die den Projektablauf betreffen, und solche, die das Endprodukt betreffen.

5.10.2.1 Auswirkungen auf den Projektablauf

Die positiven Auswirkungen der objektorientierten Programmierung auf den Ablauf eines Softwareprojekts ergeben sich in erster Linie aus der Verkleinerung der semantischen Lücke, der hohen Wiederverwendung und der daraus resultierenden Reduktion des zu schreibenden Programmcodes. Wie zu erwarten, entstehen die meisten Nachteile aus den Aufwänden, die mit der Verwaltung einer Klassenbibliothek zusammenhängen.

+ *Planung*
  Wegen der Verkleinerung der semantischen Lücke und der hohen Wiederverwendung kann vor Projektbeginn besser abgeschätzt werden, in welchen Teilprojekten die meiste Arbeit anfallen wird. Konstante Aufwände für Routinetätigkeiten fallen dabei weitgehend unter den Tisch. Da der Entwurf zum Teil schematisch abläuft (vor allem bei Verwendung eines Application Frameworks) und außerdem ein geringerer Testaufwand zu erwarten ist, bleibt bei der Zeitplanung ein größerer Spielraum.

+ *Organisationsaufwand*
  Wegen des geringeren Entwurfs- und Implementierungsaufwands kommt man mit kleineren Teams aus. Das erleichtert die Kommunikation zwischen den an einem Projekt beteiligten Personen und die Koordination von Teilaufgaben.

+ *Entwurf und Implementierung*
  Der Entwurf erfolgt weitgehend methodisch. Dadurch fallen Spielräume weg, zu sonst zu Fehlentscheidungen führen können. Der Entwurf ist sauberer strukturiert und schematischer. Die objektorientierte Programmierung fördert dadurch einen einheitlicheren Stil, wodurch sich nicht am Entwurf beteiligte Programmierer schneller in einem laufenden Projekt zurechtfinden. Ein weiterer Vorteil ergibt sich durch die stärkere zeitliche Verschmelzung des Ent-

wurfs mit der Implementierung. Dadurch entstehen Zwischenergebnisse in kürzerer Zeit, was wiederum zu Erfolgserlebnissen für die Projektmitarbeiter und damit zu einer größeren Lust an der Arbeit führt.

+ *Arbeitsteilung*
  Der objektorientierte Entwurf führt zu scharf abgegrenzten Klassendefinitionen und ist damit auch eine Modularisierungstechnik. Die einzelnen Klassen können daher von verschiedenen Programmierern oder Teams unabhängig voneinander bearbeitet werden. Eine weitere Form der Arbeitsteilung entsteht in größeren Institutionen, wenn eine eigene Gruppe für die Bereitstellung von elementaren Klassen und Konzepten zuständig ist.

+ *Prototyping*
  Wegen des geringeren Implementierungsaufwands können (wiederverwendbare) Prototypen für einzelne Systemkomponenten in kürzerer Zeit entwickelt werden. Wenn geeignete Werkzeuge fehlen, können Benutzerschnittstellen-Prototypen auch manuell mit vertretbarem Aufwand hergestellt werden.

− *Einarbeitung*
  Programmierer mit langjähriger Erfahrung sind in der Regel so im funktionalen Denken verwurzelt, daß ihnen die Umstellung auf das objektorienterte Denken beträchtliche Schwierigkeiten bereitet. Man muß daher unter Umständen mit einer mehrmonatigen Einarbeitungszeit rechnen.

− *Verwaltung von Klassenbibliotheken*
  Damit der Nutzen von Klassenbibliotheken zur Wirkung kommt, müssen sie laufend auf dem letzten Stand gehalten werden. Der dafür erforderliche Aufwand steigt mit der Anzahl der Benutzer der Bibliothek, mit ihrem Umfang und mit der Anzahl der Projekte, die mit ihrer Hilfe realisiert werden.

− *Kostenbewertung*
  Durch die Wiederverwendung können die Kosten eines Softwareprojekts nicht mehr klar bestimmten Arbeitsgruppen zugeordnet werden. Eine in einem Projekt entstandene Klasse verursacht Kosten während ihrer Entwicklung, die besonders hoch werden können, wenn eine Wiederverwendung der Klasse in Folgeprojekten angestrebt wird, weil dann zusätzlicher Aufwand getrieben werden muß, der nicht in ursächlichem Zusammenhang mit dem Projekt steht. Erst in Folgeprojekten trägt die Arbeit ihre Früchte. Ähnlich verhält es sich mit den zur Verwaltung der Klassenbibliothek erforderlichen Tätigkeiten. Sie müssen als Gemeinkosten betrachtet und anteilsmäßig den Kosten der einzelnen Projekte zugerechnet werden.

5.10.2.2 Auswirkungen auf die Qualität des Endprodukts

Die objektorientierte Programmierung bewirkt nicht nur eine Arbeitserleichterung, sondern auch eine Verbesserung der Qualität des entstehenden Produkts. Diese Auswirkungen kommen vor allem durch die Verwendung ausgetesteter Klassen aus der Klassenbibliothek und durch den Einsatz von Application Frameworks zustande. Die folgende Aufstellung zeigt, welche Auswirkungen die objektorientierte Programmierung auf die in Abschnitt 2.1 angeführten Qualitätsmerkmale hat.

- *Korrektheit und Zuverlässigkeit*
  Da sich die Korrektheit eines Programmsystems aus der Korrektheit seiner einzelnen Bestandteile ergibt, steigt die Korrektheitswahrscheinlichkeit stark an, wenn viele bewährte Einzelteile verwendet werden können. Die Komponenten einer Klassenbibliothek haben meist schon mehrere Wiederverwendungen überstanden, so daß ihre Korrektheit sehr hoch (im Idealfall mit 100%) angesetzt werden kann. Je mehr Code aus einer Klassenbibliothek übernommen werden kann, desto geringer ist daher Fehlerwahrscheinlichkeit des Gesamtsystems. Die Verwendung eines Application Frameworks wirkt sich auch deshalb positiv auf die Korrektheit aus, weil es für sie meist ein „Kochbuch“ gibt, also klare Vorschriften, was zu tun ist, um ein bestimmtes Ziel zu erreichen. Bei Einhaltung dieser Regeln können typische Fehler leicht vermieden werden. Da die Zuverlässigkeit eines Programms unter anderem von der Korrektheit abhängt, wird auch dieses Qualitätsmerkmal positiv von der Wiederverwendung fehlerfreier Teile beeinflußt. Die Erfahrung zeigt, daß die Stabilisierungsphase bei objektorientiert entwickelten Softwaresystemen in der Regel wesentlich kürzer ist als bei konventionell implementierten. Eine Verkürzung dieser Phase auf ca. 30% ist durchaus möglich.

- *Benutzerfreundlichkeit*
  Besonders bei Verwendung eines Application Frameworks ist eine beträchtliche Verbesserung der Benutzerfreundlichkeit zu erwarten. Das kommt vor allem daher, weil der sonst beträchtliche Aufwand für die Kommunikation mit dem Benutzer bereits im Framework steckt. Das Framework stellt Funktionen zur Verfügung, die bei konventioneller Programmierung vielleicht weggelassen worden wären, um den Aufwand zu reduzieren. Außerdem bekommt man mit einem Framework fast gratis eine für den Zielrechner typische Benutzerschnittstelle. Die Benutzer finden daher eine gewohnte Bedienoberfläche vor, wodurch der Lernaufwand deutlich reduziert wird. Da die meisten Application Frameworks Undo- und Redo-Funktionen zur Verfügung stellen, wird auch die Robustheit der Programme gefördert. Der einzige Aspekt, der von der objektorientierten Programmierung nicht wesentlich beeinflußt wird, ist die Adäquatheit. Durch dynamische Bindung und Polymorphismus werden die Programme zwar flexibler und allgemeiner, es besteht aber auch die Gefahr, daß – weil es so einfach geht – zu viel Funktionalität zur Verfügung gestellt wird, die den Benutzer von seinen eigentlichen Aufgaben ablenkt.

- *Wartungsfreundlichkeit*
  Durch die Kapselung der Objekte und die Lokalität der Operationen (weil alle mit einer bestimmten Menge von Objekten möglichen Operationen in einer Klasse vereint sind) können Fehler leichter gefunden und Erweiterungen problemloser angebracht werden. Es zeigt sich auch, daß die objektorientierte Programmierung zu einem einheitlichen Programmierstil führt, so daß das Einarbeiten in ein fremdes Programm kaum Probleme bereitet. Der Einsatz eines Application Frameworks zwingt darüber hinaus zur Einhaltung globaler Entwurfskriterien, die allen damit arbeitenden Programmierern geläufig sind. Das führt zu einer einheitlichen Gesamtstruktur von Programmen und damit zu einem wesentlich geringeren Einarbeitungsaufwand. Weiter wäre noch zu erwähnen, daß Polymorphismus und dynamische Bindung die Erweiterbarkeit von Programmen fördern, und daß sich die klare Modularisierung positiv auf die Testbarkeit auswirkt.

- *Effizienz*
  Wie schon im Abschnitt über die quantitativen Aspekte gezeigt wurde, wirkt sich die objektorientierte Programmierung mitunter negativ auf Laufzeit und Speicherplatzbedarf aus. Angesichts der Errungenschaften der Hardware-Entwicklung, die unaufhörlich schnellere Rechner und größere Speicher hervorbringt, fallen diese Kosten aber kaum ins Gewicht.

- *Portabilität*
  Durch die Abhängigkeit der meisten Klassenbibliotheken von einem bestimmten Zielrechner und Betriebssystem entsteht ein beträchtlicher Aufwand bei der Portierung eines Programmsystems von einer Klassenbibliothek auf eine andere, der oft durch die Notwendigkeit konzeptioneller Änderungen noch vergrößert wird. Es gibt zwar Application Frameworks, die auf verschiedenen Rechnern laufen, so daß sich der Aufwand für eine Portierung auf einen anderen Rechner auf eine Neuübersetzung der Quelltexte beschränkt. Diese Frameworks haben aber den Nachteil, daß sie ein eigenes Benutzerschnittstellenkonzept verfolgen. Die portierten Programme wirken daher oft wie Fremdkörper auf dem Zielrechner. Ein weiteres Problem bei der Portierung objektorientierter Programme liegt in den konzeptionellen Unterschieden zwischen den verschiedenen Programmiersprachen. Die Übertragung eines C++-Programms nach Smalltalk oder umgekehrt ist zum Beispiel nicht bloß mit einer syntaktischen Umstellung getan, sondern erfordert eine grundsätzliche Anpassung an die Konzepte und die Denkwelt der anderen Sprache.

6 Projektmanagement

An der Herstellung komplexer Softwareprodukte sind in der Regel mehrere Personen mit unterschiedlichen Aufgaben und verschiedenen fachlichen Qualifikationen beteiligt. Um das durch unsere Definition des Begriffs *Software Engineering* vorgegebene Ziel, – die *wirtschaftliche Herstellung* von Softwareprodukten – zu erreichen, müssen die organisatorischen Maßnahmen zur fristgemäßen und ökonomischen Herstellung eines Softwareprodukts genauso gut durchdacht sein wie die technischen Maßnahmen zur Produktentwicklung.

Es kommt immer wieder vor, daß Softwareprojekte nicht termingerecht und mit wesentlich höheren Kosten als zu Projektbeginn angenommen fertiggestellt werden oder daß Softwareprojekte überhaupt scheitern. Die Ursache dafür ist vielfach auf Organisationsmängel zurückzuführen. Die wichtigsten Gründe dabei sind:

- *Das Fehlen von Projektplanung, Projektorganisation und von Projektstandards*
  Softwareprojekte müssen wegen ihrer Komplexität besonders sorgfältig geplant und organisiert werden. Programmierer sind Individualisten, sie bezeichnen sich selbst oft als Künstler und legen ihre Karten nicht gerne auf den Tisch. Diese Tatsache erweist sich bei arbeitsteiliger Software-Entwicklung als sehr störend, und das Fehlen eines systematisch erstellten Projektplans, die mangelnde Vorgabe und Durchsetzung einer Vorgehensmethode und das Fehlen von Projektstandards und von Meilensteinen zur Projektfortschrittskontrolle wirkt sich in großen Softwareprojekten oft verheerend aus, weil mangelnde Qualität der einzelnen Systemkomponenten und Terminverzug dann erst spät offenbar werden.
- *Inkompetente Projektführung*
  Die Projektführung ist meist streng hierarchisch organisiert, und die Leitung obliegt nicht selten entweder einem Softwaretechniker mit wenig organisatorischer und kalkulatorischer Erfahrung oder einem qualifizierten Manager mit wenig oder keiner Erfahrung auf dem Gebiet der Softwaretechnik.
- *Das Fehlen aktueller Dokumentationen*
  Die Vernachlässigung einer projektbegleitenden Dokumentation kommt sehr häufig vor. Sie behindert die Kommunikation der am Projekt beteiligten Personen und verhindert die Projektfortschrittskontrolle.
- *Mangelnde Projektfortschritts- und Qualitätskontrolle*
  Komplexe Softwaresysteme bestehen aus Subsystemen und diese wiederum aus einzelnen Komponenten, die in der Regel von verschiedenen Personen implementiert werden. Zu spät erkannte Qualitätsmängel einzelner Komponenten erfordern meist aufwendige Nachbesserungen, die Kostensteigerungen und Terminüberschreitungen nach sich ziehen. Die Vernachlässigung der Projektfortschritts- und Qualitätskontrolle kann dazu führen, daß wegen der nicht zeitgerechten Fertigstellung einzelner Systemkomponenten die weitere Projektabwicklung unterbrochen und damit die gesamte Planung über den Haufen geworfen wird.
- *Das Fehlen einer Kontrolle der Kostenentwicklung*
  Fehlt in einem Projekt die laufende Kontrolle des Aufwandes, so ist es unmöglich, Fehler in der Kostenplanung und Schwachstellen der Projektabwicklung frühzeitig zu erkennen und geeignete Maßnahmen zu ergreifen.

Es ist deshalb besonders in den Fällen, in denen mehrere Personen an der Herstellung eines Softwareprodukts beteiligt sind, ebenso wichtig, neben den technischen auch organisatorische Fragen mit in Betracht zu ziehen. Dabei ist jedoch Vorsicht geboten, um nicht über das Ziel hinaus zu schießen. Man kann immer wieder beobachten, daß der Verwaltung eines Softwareprojekts Priorität gegenüber der eigentlichen Problemlösung eingeräumt wird. Allzu oft werden Mißerfolge in Softwareprojekten auf unzureichendes Management zurückgeführt, obwohl die Ursache dafür in mangelndem technischen Können liegt. Um dem Rechnung zu tragen, ist der Umfang dieses Kapitels mit Absicht knapp gehalten. Wir behandeln in den folgenden Abschnitten skizzenhaft Ziele und Aufgaben des Projektmanagements und Aspekte der Aufwandsschätzung und Projektorganisation. Für weiterführende Informationen verweisen wir den Leser auf die einschlägige Literatur (z. B. [Balzert 1985], [Pressman 1987], [Frühauf 1988] und [Denert 1991]).

6.1 Ziel und Aufgaben des Projektmanagements

Das *Ziel des Projektmanagements* ist es, zu gewährleisten, daß ein Softwareprodukt, das die in der Systemspezifikation festgelegten Qualitätsanforderungen erfüllt, mit den geplanten Ressourcen (z. B. Personen, Betriebsmittel, Werkzeuge) fristgerecht und mit wirtschaftlich vertretbarem Aufwand hergestellt wird. Die Hauptaufgaben des Managements sind: *Planung*, *Organisation* und die *fachliche* und *wirtschaftliche Kontrolle* der Projektdurchführung.

Planung

Eine genaue, der Projektgröße angemessene Planung ist von entscheidender Bedeutung für die erfolgreiche Durchführung eines Softwareprojekts. Aufwand und Umfang der Planung sind abhängig von:

- *der Aufgabenstellung*
  Ein Projekt mit kurzer, klarer Systemspezifikation und entsprechenden Erfahrungen in ähnlichen Projekten ist wesentlich einfacher zu planen als ein Projekt mit vager, nur durch Prototyping abklärbarer Aufgabenstellung, für das es keine Vorbilder gibt.
- *der Projektgröße*
  Die Planung wird umso schwieriger, je mehr Personen und sonstige Ressourcen (z. B. Entwicklungsrechner, Systemschnittstellen) eingesetzt werden müssen.
- *der Erfahrung und Qualifikation der Projektmannschaft*
  Die Qualifikation der Projektmitarbeiter, ihre Erfahrung, der Grad ihrer Kenntnisse aus dem Anwendungsbereich und ihre Kooperationsfähigkeit sind wichtige Planungsparameter.
- *den Nebenbedingungen, die für das Projekt vorgegeben sind*
- *den eingesetzten Entwicklungsmethoden*

Das *Ziel der Planung* ist es, Angaben über Termine, Kosten, Personaleinsatz und Maßnahmen zur Qualitätssicherung des zu entwickelnden Softwareprodukts festzulegen. Dazu ist es notwendig, Softwareprojekte so zu zergliedern, daß die einzelnen Arbeiten weitgehend unabhängig und mit überprüfbaren Resultaten von möglichst kleinen Teams mit wirtschaftlich vertretbarem

Aufwand an Zeit und technischen Ressourcen durchgeführt werden können. Die Basis für die Untergliederung des Projektablaufs sind die in Kapitel 3 angegebenen Phasenmodelle.

Das *Ergebnis der Planung* besteht dementsprechend aus:

- Organisations- und Personaleinsatzplan,
- Terminplan für die einzelnen Phasen des Softwareprojekts,
- Kostenplan,
- Dokumentationsplan,
- Testplan und Planung der Maßnahmen zur Qualitätskontrolle für alle Zwischenprodukte und für das Endprodukt.

Maßnahmen zur Test- und Dokumentationsplanung haben wir bereits in Kapitel 3 behandelt. Maßnahmen zur Aufwandsschätzung (für Termin- und Kostenplanung) und Organisationsplanung behandeln wir etwas später in diesem Abschnitt.

Organisation

Softwareprodukte unterscheiden sich von anderen technischen Produkten dadurch, daß sie Produkte des Geistes sind und ihre Konstruktion von der Fertigung nicht so klar getrennt werden kann wie bei anderen technischen Produkten. Aus diesem Grund können herkömmliche Organisationsformen nicht ohne weiteres auf die Entwicklung von Softwareprodukten angewendet werden. Deshalb existieren auch keine einheitlichen Organisationsmodelle für die Software-Entwicklung. Dennoch können wir einige grundlegende organisatorische Aufgaben angeben.

Die wichtigsten *organisatorischen Aufgaben* des Projektmanagements bestehen aus

- der Zuordnung von Phasen (oder Teile von Phasen) des Software-Entwicklungsprozesses zu Teams oder einzelnen Personen,
- der Zusammenstellung von Teams (Mitglieder, Organisationsform und Leitung),
- der genauen Festlegung der Aufgaben, Rechte und Pflichten aller am Projekt beteiligten Personen,
- der Festlegung von Projektstandards, der anzuwendenden Methoden (z. B. Prototyping, objektorientiertes Design) und der Maßnahmen zur Bereitstellung von Softwarewerkzeugen,
- der Regelung der Kommunikation (Festlegung von Besprechungen, Dokumentationsrichtlinien, etc.),
- und der Bereitstellung von Betriebsmitteln (Rechner, Büromaterial, Geld und Räume).

Neben den von anderen technischen Projekten her bekannten klassischen hierarchischen Organisationsmodellen die, wie oben schon angedeutet, sich nur bedingt für die Software-Entwicklung eignen, gibt es einige Ansätze für Organisationsmodelle, die die Produktivität und Kontrolle in der Software-Entwicklung positiv beeinflussen. Ein bekanntes Beispiel dafür ist das Organisationsmodell von *Baker* und *Mills* [Baker 1979]. Wir werden in Abschnitt 6.4 sowohl auf dieses Modell als auch auf das hierarchische Organisationsmodell noch näher eingehen.

Technische Kontrolle

Eine noch so sorgfältige und umfangreiche Planung ist nahezu wertlos, wenn nicht die Einhaltung der in der Planung vorgegebenen Ziele laufend überwacht wird. Das Ziel der *technischen Überwachung* ist es, die *technischen Eigenschaften* der in den einzelnen Phasen entstehenden Zwischenprodukte *quantitativ* und *qualitativ* zu prüfen.

Die *quantitative* Kontrolle prüft die zeitliche Einhaltung der im Terminplan festgelegten Entwicklungsziele. Die *qualitative Kontrolle* prüft, ob ein Zwischenprodukt die in der Spezifikation angegebenen Funktionen und Qualitätsanforderungen erfüllt.

Die *technische Kontrolle* umfaßt aber nicht nur die Prüfung, ob bestimmte technische Planziele erreicht worden sind, sondern auch das Auslösen entsprechender Korrekturmaßnahmen, wenn ein Planungsziel nicht erreicht worden ist.

Kontrolle der Wirtschaftlichkeit

Die *Kontrolle der Wirtschaftlichkeit* hat ebenfalls einen *quantitativen* und einen *qualitativen* Aspekt. Die quantitative Kontrolle muß prüfen, ob die im Projektplan angegebenen Kostenvorgaben nicht überschritten worden sind, die qualitative Kontrolle soll feststellen, ob die abgelieferten Zwischenprodukte die Vertragsbedingungen erfüllen.

Eine *Kostenkontrolle* ist nur dann möglich, wenn eine entsprechende Kostenerfassung durchgeführt wird. Das Projektmanagement muß daher dafür Sorge tragen, daß die anfallenden Kosten laufend erfaßt und dokumentiert werden.

Die Erfahrung zeigt, daß die Kontrolle der Wirtschaftlichkeit eines Softwareprojekts in der Regel schwieriger als die technische Kontrolle ist. Während es normalerweise gelingt, irgendwann ein geplantes Programm in ausreichender technischer Qualität fertigzustellen und zum Einsatz zu bringen, entsprechen die ursprünglichen Zeit- und Aufwandsschätzungen sehr selten auch nur annähernd der Realität.

Termin- und *Kostenschätzungen* für Softwareprodukte sind schwierige Aufgaben. Wir wollen daher, bevor wir uns den Organisationsmodellen zuwenden, noch einige Aussagen über grundlegende Schwierigkeiten des Software-Managements und über Probleme und Möglichkeiten der Aufwandsschätzung angeben.

6.2 Schwierigkeiten des Projektmanagements

Grundlegende Schwierigkeiten des Managements von Softwareprojekten sind:

- *Die Einmaligkeit von Softwaresystemen*
  Softwaresysteme werden in der Regel nur einmal entwickelt. Die Anzahl der Erfahrungswerte aus vorangegangenen Projekten ist daher zu gering, um zuverlässige Aufwandsschätzungen zu machen. Die Aufwandsschätzungen beruhen meist auf dem von erfahrenen Softwaretechnikern geschätzten Umfang (vielfach der Anzahl der Programm-Anweisungen) des zu entwickelnden Softwaresystems. Es ist klar, daß dies eine sehr unzuverlässige Kalkulationsgrundlage ist.

- *Die hohe Anzahl von Lösungsmöglichkeiten*
  Wir haben schon in Kapitel 3 darauf hingewiesen, daß es praktisch eine unbegrenzte Anzahl von Möglichkeiten gibt, eine bestimmte Aufgabe zu lösen. Die Entwicklung von Softwareprodukten unterliegt nicht jenen engen Schranken, wie sie für andere technische Produkte (z. B. durch Normen und Materialeigenschaften) gegeben sind. Die Schranken sind primär durch die Komplexität gegeben und lassen sich daher nur schwer im vorhinein ermitteln.

- *Die Individualität der Programmierer*
  Auch nach dem heutigen Stand der Softwaretechnik gilt noch immer, daß Software-Entwicklung mehr eine Kunst als eine Wissenschaft ist. Softwaretechniker sind Individualisten mit großen Leistungsunterschieden; deshalb ist es besonders schwierig, den tatsächlichen Personalaufwand abzuschätzen. Außerdem lassen sich Individualisten meist nur ungern in ein organisatorisches Korsett zwingen.

- *Die raschen technologischen Veränderungen*
  Die schnelle technologische Entwicklung der Hardware- und der Softwarebasis erschwert sowohl die Planung als auch die Organisation von Softwareprojekten. Nicht selten kommen während der Entwicklung großer Softwaresysteme neue, leistungsfähigere Komponenten (z. B. grafikfähige Bildschirme und Window-Managementsysteme) auf den Markt, die die Konzeption des Systems bereits nach dem Entwurf veraltet erscheinen lassen und eine Entwurfsänderung erzwingen. Dadurch wird die Planung oft vollständig über den Haufen geworfen. Oder es werden neue Softwarewerkzeuge eingesetzt, deren Nutzen ebenfalls schwer abzuschätzen ist.

- *Das Immaterielle von Softwareprodukten*
  Die „Unsichtbarkeit" von Softwareprodukten erschwert die Kontrolle. Es ist nur schwer festzustellen, wieviel von einem Softwareprodukt tatsächlich fertig ist, und dem Programmierer stehen allerlei Möglichkeiten offen, den tatsächlichen Entwicklungsstand zu verschleiern. Die Kontrollaufgaben sind wesentlich schwieriger auszuüben als bei anderen technischen Projekten.

6.3 Aufwandsschätzungen

Die Notwendigkeit von Aufwandsschätzungen ergibt sich aus der Forderung nach Termin- und Kostenplanung. Aufwandsschätzungen im Bereich der Software-Entwicklung beruhen mangels exakter Methoden fast immer auf dem Vergleich eines Projekts mit früheren Projekten. Das Problem dabei ist, daß wegen der Einmaligkeit von Softwaresystemen die Zahl der vergleichbaren Projekte meist gering ist und außerdem selten quantitativ abgesicherte Erfahrungswerte zur Verfügung stehen. Aber auch wenn es genaue Aufwandsaufzeichnungen vergleichbarer Projekte gibt, so beruhen diese Zahlen auf den technischen und organisatorischen Bedingungen, unter denen das Vergleichsprojekt abgewickelt worden ist. Die technischen und organisatorischen Bedingungen sind veränderbare Parameter, was wiederum dazu führt, daß Erfahrungswerte von Vergleichsprojekten äußerst unzuverlässige Schätzgrundlagen sind. In der Vergangenheit wurden bereits einige Kostenschätzungsmodelle entwickelt. Die bekanntesten davon sind das *COCOMO-Model*, das *Putnam Estimation Model* und das *Function Point Model*. Der interessierte Leser findet diese Ansätze in [Boehm 1981], [Putnam 1978], [Albrecht 1983] beschrieben. Diese Modelle haben sich wegen der erwähnten Schwierigkeiten in der Praxis nur in sehr bescheidenem Ausmaß durchsetzen können.

Da keine allgemeinen Standards vorhanden sind, müssen die Einflußgrößen auf die Schätzung besonders sorgfältig beachtet werden. Die wichtigsten Einflußgrößen für Kosten- und Zeitschätzungen sind:

- die Erfahrung und Qualifikation der Schätzer,
- der Typ der Software (z. B. funktions-, daten- oder objektorientiert, zeitkritische Software mit hoher Effizienzanforderung, Steuerungs- und Überwachungssoftware mit hohen Qualitätsanforderungen),
- die erwartete Komplexität (z. B. Anzahl der Komponenten (Module, Klassen), Anzahl der Komponentenverbindungen, Anzahl der Methoden je Klasse, Komplexität der Methoden),
- der erwartete Programmumfang (Anzahl der Anweisungen),
- die Erfahrung und Qualifikation des Personals (z. B. Projekterfahrung, Programmiererfahrung, Methodenkenntnis, Erfahrung im Einsatz von Werkzeugen, Problemkenntnis),
- die zu verwendenden Techniken und Werkzeuge (z. B. Planungs-, Entwurfs- und Dokumentationstehniken, Teststrategie und -werkzeuge, Programmiersprachen),
- die Anzahl der eingesetzten Mitarbeiter.

Die Beschreibung der Einflußgrößen läßt erkennen, wie schwierig es ist, diese Größen zu quantifizieren. Die Schätzer gehen meist so vor, daß sie zunächst den Umfang, z. B. die Zahl der Programm-Anweisungen für das zu erstellende Softwaresystem schätzen. Für die Kostenschätzung wird das Ergebnis der Umfangsschätzung mit einem Erfahrungswert für die Kosten einer Programm-Anweisung multipliziert, und für die Zeitaufwandsschätzung wird der geschätzte Umfang durch einen Erfahrungswert für die Programmierleistung eines Mitarbeiters in einer Zeiteinheit (z. B. Monat, Jahr) dividiert. Diese Schätzungen sind aus mehreren Gründen unzuverlässig:

- Die Abschätzung der Anzahl von Programm-Anweisungen ist äußerst schwierig, erfordert viel Erfahrung der Schätzer und geht in den meisten Fällen weit daneben.
- Die starke Streuung der Leistungsfähigkeit der Programmierer hat zur Folge, daß auch die Angabe über die Durchschnittsleistung nur ungenau sein kann. Eine Studie, die bei *Schnupp* und *Floyd* [Schnupp 1976] zu finden ist, ermittelte die folgenden Verhältnisse zwischen jeweils bester und schlechtester Programmierleistung (bezogen auf die gleiche Aufgabe):

Programmumfang	5 : 1
Codierzeit	25 : 1
benötigte Testzeit	26 : 1
benötigte Rechenzeit	11 : 1
Laufzeit des fertigen Programms	13 : 1

Eine wesentliche, oft wenig beachtete Einflußgröße für Aufwandsschätzungen ist die Anzahl der eingesetzten Mitarbeiter. *Brooks* [Brooks 1975] gibt an, daß der Zeitbedarf für jede im Team geleistete Arbeit aus zwei Grundkomponenten besteht:

(1) der produktiven Arbeit und
(2) der Kommunikation und gegenseitigen Abstimmung der Teammitglieder untereinander.

Wäre keine Kommunikation zwischen den Teammitgliedern erforderlich, so würde der Zeitbedarf *t* für ein Projekt mit der Anzahl *n* der eingesetzten Mitarbeiter abnehmen : $t \approx 1/n$. Nimmt man aber an, daß jeder Mitarbeiter mit jedem anderen Informationen austauschen muß und daß der durchschnittliche Zeitaufwand für die Kommunikation *k* ist, so ergibt sich für die Entwicklungszeit ein Gesetz der Form:

$$t \approx \frac{1}{n} + k \binom{n}{2} \approx \frac{1}{n} + k \cdot \frac{n^2}{2}$$

Die Konsequenz dieses Brooksschen Gesetzes ist, wie *Brooks* selbst es ausdrückt: „Adding manpower to a late software project makes it later.“

Die meisten Erfahrungswerte für Aufwandsschätzungen sind firmenintern und unveröffentlicht. In der Literatur sind nur wenige Angaben über Erfahrungswerte zu finden, und sie divergieren oft beträchtlich. Sie hängen außerdem stark von den eingesetzten Techniken und Werkzeugen ab.

Aus der Erfahrung der Autoren ergibt sich abhängig von der gewählten Methode folgende Verteilung des Zeitaufwands auf die einzelnen Phasen der Software-Entwicklung (der Dokumentationsaufwand ist darin anteilig enthalten):

Vorgehensmodell: Klassischer sequentieller Software-Life-Cycle
Implementierungstechnik: Modulorientiert

Problemanalyse und Systemspezifikation	25%
Entwurf	25%
Implementierung	15%
Test	35%

Vorgehensmodell: Prototyping-orientierter Software-Life-Cycle
Implementierungstechnik: Modulorientiert

Problemanalyse und Systemspezifikation	40%
Entwurf	25%
Implementierung	10%
Test	25%

Vorgehensmodell: Objekt- und prototyping-orientierter Software-Life-Cycle
Implementierungstechnik: Objektorientiert

Problemanalyse und Systemspezifikation	45%
Entwurf	20%
Implementierung	8%
Test	27%

Diese Erfahrungswerte können selbstverständlich nur als grobe Richtwerte verwendet werden. Sie ändern sich durch technologische Entwicklungen – neue Programmierparadigmen und Werkzeuge rationalisieren die Software-Entwicklung und verändern die Erfahrungswerte für die Aufwandsschätzungen. Es ist aber zu hoffen, daß die Erfahrungswerte zunehmend genauer und zuverlässiger werden.

6.4 Projektorganisation

Wir beschreiben in diesem Abschnitt zuerst das klassische hierarchische Organisationsmodell und diskutieren seine Nachteile für die Software-Entwicklung. Im zweiten Teil gehen wir auf ein anderes Organisationsmodell, das sogenannte „Chefprogrammierer-Team", näher ein.

6.4.1 Hierarchisches Organisationsmodell

Es gibt viele verschiedene Möglichkeiten, die Mitarbeiter an einem Projekt zu organisieren. Die Organisation von Softwareprojekten orientierte sich lange Zeit an der in anderen Industriezweigen üblichen hierarchischen Organisation. Dabei wird der Zerlegung der Software-Entwicklung in einzelne Phasen besondere Bedeutung beigemessen. Für alle Phasen werden verantwortliche Leiter eingesetzt, die von einem Projektleiter geführt und kontrolliert werden und die ihrerseits je nach Größe des Projekts entweder einzelne Mitarbeiter oder Gruppenleiter führen und kontrollieren. Dem Projektleiter wird in der Regel noch ein Projektstab mit beratenden und administrativen Aufgaben zur Seite gestellt. Je größer das Projekt ist, desto größer ist die Anzahl der Hierarchiestufen im Organisationsschema. Ein Beispiel dafür zeigt Abbildung 6.1.

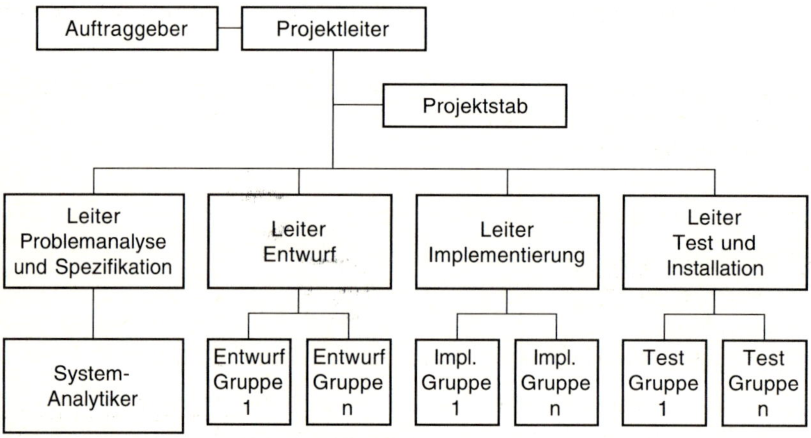

Abb. 6.1: Organigramm für ein Softwareprojekt

Der *Projektleiter* vertritt die Projektmannschaft nach außen und unterhält die Verbindungen zum Auftraggeber. Seine Aufgabe ist die Personalauswahl, -zuteilung und -führung. Er ist für die Planung und Arbeitsteilung des Projektes, die Projektfortschrittskontrolle und die Einleitung geeigneter Maßnahmen bei Kosten- oder Terminüberschreitungen verantwortlich.
Dem *Projektstab* gehören Mitarbeiter an, die den Projektleiter in aufgabenbezogenen Fragen beraten, bei administrativen Aufgaben der Projektfortschrittskontrolle unterstützen, die Ausarbeitung von Projektstandards durchführen, sich um die Bereitstellung der Betriebsmittel kümmern und gegebenenfalls Schulungen für Projektmitarbeiter durchführen.

Die *Leiter der „mittleren Managementebene"* sind für die Planung, Ausführung und Kontrolle der phasenbezogenen Tätigkeiten des Software-Life-Cycles (siehe Kapitel 3) verantwortlich.

Diese Organisationsform weist einige gravierende Schwächen auf:

- Der Projektleiter ist zu weit von der eigentlichen Programmierung entfernt und kann dadurch seine Planungs- und Kontrollaufgaben nur mangelhaft wahrnehmen.
- Die mehrstufige Organisationshierarchie behindert die Kommunikation und Projektfortschrittskontrolle. Gerade in Softwareprojekten ist aber eine reibungslose Kommunikation der Projektmitarbeiter von besonderer Bedeutung für einen erfolgreichen Projektabschluß.
- In einer Hierarchie wird sehr leicht das sogenannte „Peterprinzip" wirksam, d. h. jeder Mitarbeiter hat die Tendenz, bis zu seiner Stufe der Unfähigkeit aufzurücken. Die Projektmitarbeiter streben nach ihrer Stufe der Inkompetenz, und ihre eigentliche Qualifikation kann nicht ausgenutzt werden.

Diese Schwächen versucht man durch das im folgenden Abschnitt diskutierte Organisationsmodell auszuschalten.

6.4.2 Das Chefprogrammierer-Team

In diesem von *Baker* [Baker 1972] erstmals angegebenen Organisationsmodell wird versucht, die Nachteile hierarchischer Organisationsmodelle zu vermeiden. Es ist im wesentlichen gekennzeichnet durch

- den Verzicht auf einen Projektleiter, der nicht an der Systementwicklung selbst beteiligt ist,
- den Einsatz von sehr guten Spezialisten,
- die Beschränkung der Teamgröße.

Das Chefprogrammierer-Team setzt sich zusammen aus

- dem Chefprogrammierer,
- dem Projektassistenten,
- dem Projektsekretär
- und den Spezialisten (Sprachspezialisten, Programmierer, Testspezialisten).

Der *Chefprogrammierer* ist sowohl im Planungs-, Spezifikations- und Entwurfsprozeß und idealerweise auch im Implementierungsprozeß aktiv eingebunden. Er kontrolliert den Projektfortschritt, entscheidet in allen wichtigen Fragen und ist für alles verantwortlich. Die fachlichen Anforderungen an den Chefprogrammierer sind dementsprechend hoch.

Der *Projektassistent* ist der engste technische Mitarbeiter des Chefprogrammierers. Seine Aufgabe ist es, dem Chefprogrammierer bei allen wesentlichen Tätigkeiten zu assistieren, um ihn zu unterstützen und bei Ausfall zu ersetzen. Seine fachliche Qualifikation soll daher gleich hoch wie die des Chefprogrammierers sein.
Der *Projektsekretär* hat die Aufgabe, den Chefprogrammierer und auch alle anderen Programmierer von Verwaltungsaufgaben zu entlasten. Er verwaltet alle Programme und Dokumente und wird auch zur Projektfortschrittskontrolle herangezogen. Seine Hauptaufgabe ist die Verwaltung der Projektbibliothek.

Die Anzahl der *Spezialisten* wird vom Chefprogrammierer nach Bedarf festgelegt. Sie werden für die Auswahl der Implementierungssprache, die Implementierung der einzelnen Systemkomponenten, die Auswahl und den Einsatz von Softwarewerkzeugen und die Durchführung der Tests herangezogen.

Das Organisationsmodell zeigt Abbildung 6.2.

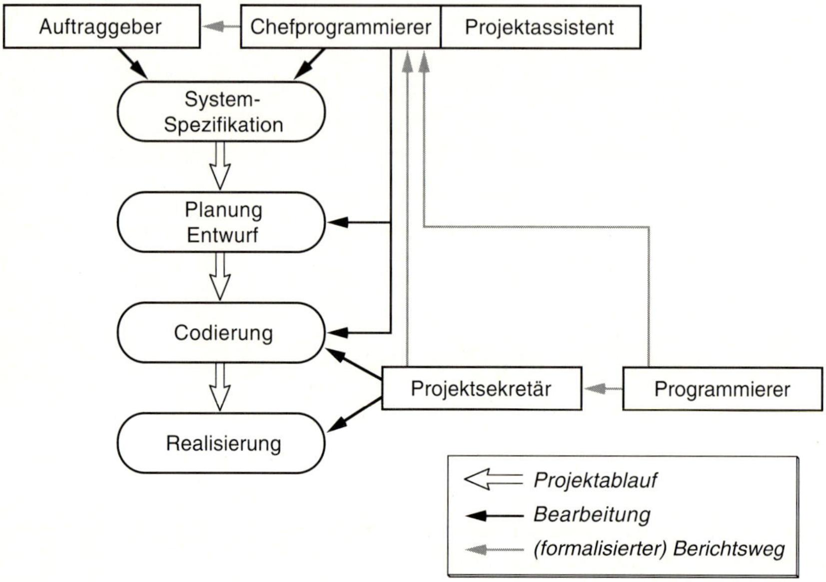

Abb. 6.2 Chefprogrammierer-Projektorganisation nach Baker und Mills [Baker 1972]

Die Vorteile dieser Organisationsform sind:

- Der Chefprogrammierer ist direkt in die Systementwicklung involviert und kann daher seine Kontrollfunktion besser wahrnehmen.
- Die Kommunikationsschwierigkeiten, die bei rein hierarchischer Organisation auftreten, werden abgeschwächt.
- Der Berichtsweg über den Projektfortschritt ist institutionalisiert.
- Kleine Teams sind in der Regel produktiver als große Teams.

Die Nachteile dieser Organisationsform sind:

- Sie ist auf kleine Teams beschränkt. Nicht jedes Projekt kann mit wenigen Mitarbeitern realisiert werden.
- Die Personalanforderungen sind nahezu unerfüllbar. Es gibt wenige Softwaretechniker, die die Qualifikation für einen Chefprogrammierer oder einen Projektassistenten haben.
- Der Projektsekretär hat eine äußerst schwierige und verantwortungsvolle Aufgabe zu erfüllen, die aber zum Großteil aus Routinearbeiten besteht; er hat daher eine untergeordnete Stellung. Dies hat große psychologische Nachteile. Wegen seiner zentralen Stellung kann der Projektsekretär leicht zum Engpaß werden.
- Das Organisationsmodell sieht keinen Ersatz für den Projektsekretär vor. Ein Ausfall des Projektsekretärs hätte aber schwerwiegende Folgen für die weitere Projektabwicklung.

Ungeachtet der Nachteile des Chefprogrammierer-Organisationsmodells haben die Erfahrungen gezeigt, daß kleine Teams, bestehend aus erfahrenen Softwaretechnikern, wesentlich produktiver, zuverlässiger und termingerechter arbeiten als große „Softwarefabriken".

7 Software-Engineering-Werkzeuge

Wir haben in Kapitel 3 versucht, Ordnung in die Abwicklung von Softwareprojekten zu bringen und den Entwicklungsprozeß in Phasen zu unterteilen. Für jede Phase des Software-Life-Cycle haben wir die entsprechenden Ziele und Tätigkeiten angegeben und Methoden und Techniken zur Erreichung dieser Ziele besprochen. Von einer Softwaretechnik, die den Anforderungen einer Ingenieurdisziplin gerecht werden will, müssen wir auch fordern, daß sie *Werkzeuge* bereitstellt. Unter Werkzeugen verstehen wir nach Rechenberg [Rechenberg 1985b] Programme, die die Herstellung, Prüfung, Wartung und Dokumentation von Programmen vereinfachen, beschleunigen oder in ihrer Qualität verbessern. Ein wichtiges Teilgebiet des Software Engineering ist daher die Entwicklung von Werkzeugen zur Unterstützung des Software-Entwicklungsprozesses und die Bereitstellung von Techniken zur Implementierung solcher Werkzeuge.

In den Anfängen der Informationsverarbeitung waren die einzigen Werkzeuge, die den Programmierern zur Verfügung standen, Assembler, Linker und Lader. Parallel zur Einführung von Timesharing-Systemen und Arbeitsplatzrechnern wurde eine ganze Fülle von Software-Werkzeugen entwickelt: einfache und komplizierte, solche, die nur auf eine ganz bestimmte Aufgabe zugeschnitten sind und solche, die eine bestimmte Phase des Software-Life-Cycle unterstützen; heute werden Werkzeuge entwickelt, die möglichst alle Tätigkeiten während des Software-Life-Cycle unterstützen.

Über das Leistungsspektrum solch breit einsetzbarer Werkzeuge – man nennt sie Software-Entwicklungsumgebungen oder CASE-Systeme (Computer Aided Software Engineering) – besteht durchaus keine Einigkeit. Die heute auf dem Markt angebotenen Software-Entwicklungsumgebungen entsprechen leider häufig nicht den Anforderungen der Programmierer, sind oft technologisch veraltet und umständlich zu handhaben. Sie weisen selten jene Qualitätsmerkmale auf, die wir in Kapitel 2 definiert haben. Prototyping- und objektorientierte Software-Entwicklung führen auch (oder gerade) in diesem Bereich zu einer revolutionären Verbesserung der Situation.

Wir wollen in diesem Kapitel keine speziellen Produkte beschreiben, sondern nur skizzieren, welche Werkzeuge Software-Entwicklungsumgebungen bereitstellen und in welcher Weise sie die einzelnen Tätigkeiten während des Software-Entwicklungsprozesses unterstützen sollen. Wir beschreiben zunächst einige elementare Werkzeuge, und gehen dann darauf ein, welche phasenbezogenen und phasenübergreifenden Werkzeuge zur Rationalisierung und Qualitätsverbesserung in der Software-Entwicklung notwendig sind.

7.1 Elementare Werkzeuge

Wir geben zunächst einige *elementare* Werkzeuge an, die in jeder Software-Entwicklungsumgebung verfügbar sein sollen. Sie alleine erleichtern schon die Softwareherstellung wesentlich. Insbesondere verstehen wir darunter:

- Werkzeuge zur elementaren Dateiverwaltung
- Werkzeuge für einfache Analyse- und Dokumentationsarbeiten

7.1.1 Werkzeuge zur elementaren Dateiverwaltung

Bei der Software-Entwicklung entstehen eine Fülle von Dokumenten (Spezifikationen, Prototypen, Programmtexte, Programmbeschreibungen, Testdaten, etc.), die verwaltet werden müssen. Dazu benötigt man phasenübergreifende Werkzeuge (siehe Abschnitt 7.3), deren Realisierung durch die Verfügbarkeit von elementaren Werkzeugen, die aber auch für sich alleine eingesetzt werden können, erleichtert wird. Dies sind insbesondere

- *Werkzeuge zur Dateisicherung und zum Dateivergleich*
  Für die Verwaltung von Dateien, insbesondere zur Sicherung der Entstehungsgeschichte, ist es notwendig, Dateien in *mehreren Generationen* aufzubewahren und feststellen zu können, ob und in welcher Weise sich die einzelnen Generationen voneinander unterscheiden. Deshalb sind Werkzeuge zur automatischen Dateisicherung und zum Dateivergleich von großem Nutzen. Jede Datenänderung soll automatisch eine Sicherung des alten Dateiinhalts auslösen (Erstellung von Backups).

- *Werkzeuge zur Dateikompression und -expansion*
  Zur Einsparung von Speicherplatz sollte die Möglichkeit bestehen, Dateiinhalte zu komprimieren und bei Bedarf wieder zu expandieren.

- *Werkzeuge zur Festlegung von Zugriffsrechten*
  Bei arbeitsteiliger Software-Entwicklung ist die Konsistenz der Dokumente von besonderer Wichtigkeit, insbesondere muß sichergestellt werden, daß ein bestimmtes Dokument nur vom „Eigentümer" verändert und von den übrigen Projektmitarbeitern nur eingesehen oder unverändert benutzt werden kann. Deshalb sind Werkzeuge zur Festlegung von Zugriffsrechten für Dokumente oder Dateien vonnöten. Solche elementaren Werkzeuge zur Dateiverwaltung werden in der Regel bereits vom Betriebssystem zur Verfügung gestellt.

7.1.2 Einfache Analyse- und Dokumentationswerkzeuge

Zur einfachen *Analyse* von Softwaresystemen, zur *Fehlersuche*, zur Überprüfung der Einhaltung von Projektkonventionen (z. B. Anzahl von Kommentaren, vorgegebenen Komplexitätsschranken) und zur Qualitätskontrolle ist es notwendig, Informationen über Struktureigentümlichkeiten und die Häufigkeit bestimmter Programmkonstruktionen bereitzustellen.

Diese Informationen werden von Werkzeugen zur Analyse des *statischen Programmprofils* bereitgestellt (siehe dazu auch [Rechenberg 1984b] und [Blaschek 1985]). Insbesondere sollen diese Werkzeuge folgende Informationen liefern:

(1) *Struktureigentümlichkeiten*
- Komplexitätsmaßzahlen (z. B. nach *McCabe* [McCabe 1976] oder *Halstead* [Halstead 1972],
- Schachtelungstiefen von Schleifen
- Angaben über definierte, aber nicht verwendete Module, Klassen, Prozeduren und Variablen,
- Angaben über ererbte, aber nicht verwendete Objekt-Komponenten und Methoden

- alle nicht initialisierten Objekte,
- alle Anweisungen, die nicht vom Programmanfang aus erreicht werden können (toter Code),
- alle Anweisungen, von denen aus kein Programmausgang erreichbar ist.

(2) *Anzahl von Programmkonstruktionen*

- Länge und Anzahl von Klassen und Module sowie von Methoden und Prozeduren,
- Anzahl der Schleifen,
- Anzahl der GOTOs,
- Länge und Anzahl von Kommentaren.

Zur Erleichterung des Studiums von Programmtexten ist eine *einheitlich strukturierte* Ausgabe der Programmlisten oft von großem Nutzen. Wenn die erforderliche Einheitlichkeit nicht durch die Disziplin der Programmierer ohnehin gegeben ist und nicht durch andere Werkzeuge (z. B. strukturorientierte Editoren,) erzwungen wird, ist es angebracht, alle Programmlisten durch *Formatierer* oder *Pretty-Printer* (siehe dazu z. B. [Blaschek 1989] in eine einheitliche Form zu bringen.

7.2 Phasenbezogene Werkzeuge

Die phasenbezogenen Software-Werkzeuge sollen Methoden unterstützen, die in den einzelnen Phasen des Software-Life-Cycles angewendet werden. Sie sollen helfen, Fehler frühzeitig zu erkennen und zu korrigieren, die Dokumentation und Qualitätssicherung der in den einzelnen Phasen entstandenen Produkte zu unterstützen und den Herstellungsprozeß zu rationalisieren.

7.2.1 Werkzeuge für die Problemanalyse

Die klassischen Techniken zur Problemanalyse (Fragebogen, Interviews, Beobachtungen, etc.) haben wir in Abschnitt 3.2 diskutiert. Wir benötigen sowohl Werkzeuge, die die Dokumentation der Analyseergebnisse erleichtern und vereinheitlichen, als auch solche, die die Analyse selbst unterstützen.

Zur *Dokumentation der Analyseergebnisse* werden komfortable *Textverarbeitungswerkzeuge* benötigt – die Anforderungen an sie behandeln wir in Abschnitt 7.2.6 – aber auch Werkzeuge zur *grafischen Darstellung* von *Daten-* und *Informationsflüssen.*

Insbesondere bei kommerziellen und fertigungswirtschaftlichen Applikationen beginnt die Analyse damit, neben den Funktionen die Datenflüsse zu untersuchen. Man braucht daher Werkzeuge zur Aufbereitung und Verwaltung von *Datenflußdiagrammen*, möglichst in grafischer Darstellungsform. Diese Werkzeuge sollen das Editieren von Datenflußdiagrammen auf dem Bildschirm gestatten und ihre Ausgabe auf einem Drucker unterstützen.

Zur Überwindung der Kommunikationsschwierigkeiten zwischen Software-Entwicklern und Benutzer wird Prototyping eingesetzt. Werkzeuge dazu beschreiben wir in einem eigenen Abschnitt (Abschnitt 7.2.2). Häufig werden auch zusätzlich noch sogenannte *Datenlexika* (*Data*

Dictionaries) eingesetzt. Zur Verwaltung dieser Datenlexika werden Werkzeuge benötigt, die Funktionen zum Eintragen, Löschen, Suchen und Verändern von Datenbeschreibungen bereitstellen.

Als spezielle Methoden für die Analysephase haben wir in Abschnitt 3.2 SADT [Ross 1985] und SA [DeMarco 1978] angegeben. Weitere in der Literatur häufig angegebene Methoden sind z. B. für klassische Analyse PSL/PSA (siehe dazu z. B. [Pressman 1987]) oder für objektorientierte Analyse die von Coad/Yourdon in [Coad 1990] beschriebene Vorgangsweise. Diese Methoden lassen sich meist nur dann sinnvoll anwenden, wenn zu ihrer Unterstützung Software-Werkzeuge verfügbar sind. Eine gute Software-Entwicklungsumgebung sollte für möglichst viele dieser Methoden Werkzeuge anbieten.

Wir haben schon in Kapitel 3 darauf hingewiesen, daß die Phase der Problemanalyse in der Regel so stark vom Problembereich abhängt, daß es wenig Sinn hat, ein verallgemeinertes Modell für die Problemanalyse aufzustellen. Dies wirkt sich selbstverständlich auch auf die Entwicklung von Analysewerkzeugen aus. Für die Phase der Problemanalyse existieren daher nur wenige sehr speziell ausgerichtete Werkzeuge.

7.2.2 Werkzeuge für die Systemspezifikation

Da eine eindeutige, vollständige und widerspruchsfreie Systemspezifikation von besonderer Bedeutung für ein Softwareprojekt ist, wurde immer wieder versucht, spezielle *Spezifikationssprachen* zu definieren. Bislang gibt es aber noch keine befriedigende Lösung, und keiner dieser Spezifikationssprachen ist der Durchbruch gelungen.

Ein anderer Ansatz, die Systemspezifikation zu unterstützen, ist Prototyping, eine Technik, die wir in den Abschnitten 1.3, 3.1, 3.5 und im Kapitel 4 ausführlich behandelt haben. Im Gegensatz zu anderen Techniken zur qualitativen und organisatorischen Verbesserung des Software-Entwicklungsprozesses bedingt Prototyping den Einsatz von Werkzeugen. Die eingesetzten Werkzeuge sind zentral sowohl für den Herstellungs- als auch den Änderungs- und Erweiterungsprozeß von Software-Prototypen (siehe Abbildung 7.1).

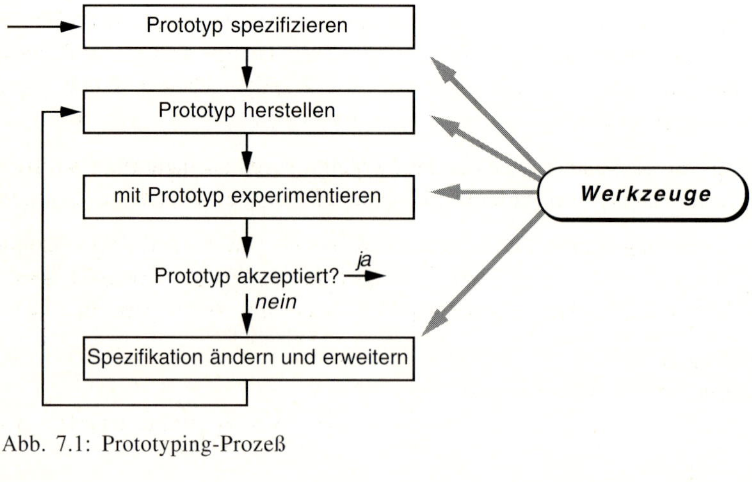

Abb. 7.1: Prototyping-Prozeß

Typische Werkzeugklassen für Prototyping in der Spezifikationsphase sind

- Generatoren
- Viert-Generations-Systeme
- Hypertextsysteme

Generatoren

Generatorsysteme bestehen typischerweise aus zwei Komponenten: Einem Editor, mit dem Spezifikationen erstellt werden und einem Generator/Interpreter/Compiler/Laufzeitsystem zur Syntaxprüfung, zur Transformation der Spezifikation in einen ablauffähigen Prototyp und zu dessen Ausführung (siehe Abbildung 7.2).

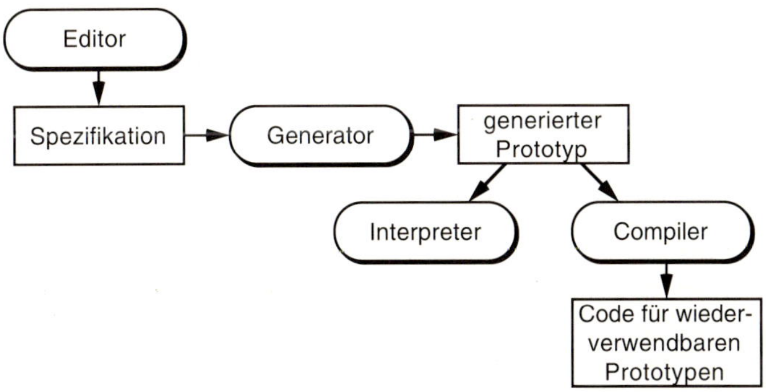

Abb. 7.2: Generator-Systeme für Prototyping

Die Idealvorstellung ist, daß der Prototyp-Entwickler lediglich spezifizieren muß, *was* zu geschehen hat; *wie* das ablauffähige System realisiert wird, darum braucht er sich nicht zu kümmern. Die Implementierung des Prototyps ist Aufgabe des Generators; der Systementwickler hat keinen Einfluß darauf.

Eine wichtige Eigenschaft eines Generators als Werkzeug zur Prototyperstellung ist das Abstraktionsniveau der Spezifikation. Beispiele für Spezifikationssprachen sind die Dialogbeschreibungssprache UISL [Keller 1989], attributierte Grammatiken [Rechenberg 1985a] und grafische Spezifikationssysteme [Pree 1990].

Typische Vertreter von Generatoren, die den Prototyping-Prozeß unterstützen, sind: Benutzerschnittstellengeneratoren, grammatikgesteuerte Generatoren und Viert-Generations-Systeme.

Generatoren sind besonders nützliche Prototyping-Werkzeuge, weil sie die Spezifikation auf einem hohen Abstraktionsniveau ermöglichen und weil sie eine rasche Implementierung sowie einfache Änder- und Erweiterbarkeit sicherstellen. Sie können eingesetzt werden zur

- Funktionsexploration
- zur Benutzerschnittstellen-Modellierung
- um das dynamische Verhalten, das sich hinter einer Spezifikation verbirgt, zu erforschen.

Der Nachteil der Generatorsysteme liegt häufig in der zu geringen Flexibilität – Prototypen, die nicht in der vorgegebenen Sprache spezifiziert werden können, sind nicht erzeugbar, auch wenn die Abweichungen gering sind. Ein weiterer Nachteil von Generatoren ist der, daß sie häufig unzureichend effiziente Implementierungen erzeugen.

Viert-Generations-Systeme

Mit zunehmendem Einsatz von Computern steigen vor allem die Anforderungen an die Datenhaltung. Datenbankbasierte Informationssysteme sind oft zentrale Komponenten einer Applikation. Im Bereich der Informationssysteme treten häufig erhebliche Spezifikations- und Effizienzprobleme auf. Es ist daher naheliegend, die Spezifikation von Informationssystemen prototypingorientiert durchzuführen.

Die Erstellung von Prototypen für Informationssysteme erfordert:

- Werkzeuge zur (interaktiven) Definition von Datenmodellen und Datenbankschemata
- Werkzeuge zur interaktiven Gestaltung von Benutzerschnittstellen
- Werkzeuge zur Datenbankgenerierung
- Werkzeuge zur Simulation des Informationssystems

Moderne Viert-Generations-Systeme, die für Prototyping geeignet sind, integrieren die oben angegebenen Werkzeugklassen und sollen darüber hinaus noch folgende Anforderungen erfüllen:

- Grafische Schemadarstellung, symbolorientierte, nicht-prozedurale Programmiersprache
- kurze Turn-Around-Zeiten
- Schnittstellen zu algorithmischen Sprachen und zu SQL

Ein Beispiel für ein modernes, leistungsfähiges Viert-Generations-System, das sich gut für prototyping-orientierte Spezifikation von Informationssystemen eignet, ist 4th Dimension ([Renner 1989]).

Viert-Generations-Systeme können eingesetzt werden:

- zur Funktionsexploration,
- zur Benutzerschnittstellen-Modellierung,
- zur Report-Gestaltung,
- zur Datenmodellierung,
- zum Datenbank-Design,
- zur experimentellen Verifikation des dynamischen Verhaltens eines geplanten Informationssystems.

Auch mit sogenannten Datendefinitionssprachen (*Data Definition Languages*, DDLs) können Prototypen hergestellt werden. Allerdings ist der Komfort für den Entwickler geringer als bei grafischen Schema-Editoren. Die Ausdruckskraft von DDLs übertrifft dafür in manchen Fällen die Möglichkeiten grafischer Darstellungen. Zur Erstellung der Schema-Spezifikation wird häufig ein normaler Texteditor benutzt. Das hat den Nachteil, daß strukturelle Fehler erst bei der Datenbankgenerierung erkannt werden.

Hypertextsysteme

Nach Smith [Smith 1988] ist Hypertext „*an approach to information management in which data is stored in a network of nodes connected by links*". Mit Hypertextsystemen können auf sehr einfache Weise Verbindungen (Links) zwischen Informationseinheiten und das Layout von Bildschirmmasken mit einem grafischen Editor hergestellt werden.

Hypertextsysteme umfassen:

- grafische Masken-Editoren,
- Werkzeuge zur Spezifikation von Benutzerschnittstellenelementen (z. B. Fenster, Druckknopf, Symbolbild, Menü),
- Werkzeuge zur Spezifikation von Informationseinheiten (z. B. Verbund, Feld, Liste),
- Werkzeuge zur Spezifikation des Ablaufverhaltens auf hoher Abstraktionsebene,
- Browser zur Verwaltung der erstellten Prototyp-Komponenten.

Hypertextsysteme sind als Prototyping-Werkzeuge geeignet, sie können eingesetzt werden:

- zur Funktionsexploration,
- zur Benutzerschnittstellen-Modellierung,
- (in eingeschränktem Maße) zur Datenmodellierung,
- zur experimentellen Verifikation des dynamischen Verhaltens einer geplanten Applikation.

Neben der groben Einteilung der Prototyping-Werkzeuge, wie sie sich aus der obigen Aufstellung ergibt, sind für ihre Charakterisierung und Beurteilung eine Reihe von Kriterien von Bedeutung (siehe dazu [Keller 1989]). Die aufgeführten Kriterien sind nicht unabhängig voneinander, kaum meßbar und nur zum Teil objektiv; sie sollen lediglich Anhaltspunkte für eine Beurteilung und Charakterisierung solcher Werkzeug liefern.

- *Erforderliche Benutzerkenntnisse.* Welche Kenntnisse müssen vorausgesetzt werden: Prozedurale Sprache, Anwendung von Prozedurbibliotheken, Spezifikationssprache, Anwendung von grafischen Spezifikationswerkzeugen etc.?

- *Zeitaufwand bis zum ersten Prototyp.* Liegt bereits eine Standard-Applikation vor, die leicht in einen ablauffähigen Prototyp übergeführt werden kann? Wie aufwendig ist die Formulierung der ersten Spezifikation?

- *Zugrundeliegende Benutzerschnittstellen.* Sind sie zeichen- oder grafikorientiert? Wird ein Standard unterstützt? Werden damit nur bestimmte Applikationsklassen unterstützt? Wieviel Semantik und Funktionalität ist in den erzeugten Benutzerschnittstellen enthalten? Sind die zugrundeliegende Benutzerschnittstellen fest vorgegeben oder sind sie konfigurierbar?

- *Spezifikation der Benutzerschnittstellen.* Auf welcher Abstraktionsebene (z. B. als endlicher Automat, Hypertext, kontextfreie Grammatik etc.) werden sie spezifiziert? Welche Mittel (formale Sprachen; grafische Editoren, die nach dem WYSIWYG-Prinzip oder nach dem Prinzip der „direkten Manipulation" arbeiten etc.) werden dazu eingesetzt? Wie werden statische Teile (Layouts), wie werden dynamische Teile (Abläufe, Zustandsübergänge) spezifiziert?

- *Verwendung der erzeugten Prototypen.* Können die Prototypen zu fertigen Applikationen erweitert werden? Kann aus ihnen lediglich ein Programmskelett erzeugt werden? Welche

Informationen können wiederverwendet werden, und auf welche Weise (einfaches „Cut and Paste“ von Codeteilen; „höhere“ Verfahren, z. B. Manipulation von Benutzerschnittstellen-Komponenten wie Dialog-Muster, Dialog-Skelette, Bildschirm-Layouts, etc.; Unterstützung durch Objektverwaltungssysteme)?

- *Unterstützung von Erweiterungen.* Mit welchem Aufwand sind Erweiterungen verbunden, die nur die Benutzerschnittstelle betreffen, und solche, die die Funktionalität betreffen? Müssen dabei *Compile-Link-Go*-Zyklen durchlaufen werden oder liegt ein interpretierendes System zugrunde? Kann die Benutzerschnittstelle zur Laufzeit verändert werden (z. B. kontextabhängige Menügestaltung, grafische Anzeige generierter Daten, benutzerabhängige Dialogstruktur)? Ist die Konsistenz der anfallenden Dateien und Dokumente gewahrt?

- *Art der funktionalen Erweiterungen.* Kann die Funktionalität der Prototypen schrittweise erweitert werden? Werden im Falle von Generatoren die Erweiterungen auf der Stufe der Spezifikation vorgenommen oder müssen sie im generierten Code implementiert werden? Wie ist bei Code-Erzeugung die Qualität (Lesbarkeit, Strukturiertheit etc.) des generierten Codes? Ist die Codeerzeugung perametrisierbar (Wahl der Sprache, Wahl des Sprachdialekts, Formatierung)? Wie kann aus funktionalen Teilen des Prototyps auf die Benutzerschnittstelle zugegriffen werden? Können funktionale Erweiterungen, Ausnahmesituationen etc. simuliert werden? Ist es möglich, Prototypen herzustellen, bei denen manche Operation ausgeführt, andere hingegen nur simuliert werden? Welche Schnittstelle besteht zu Datenbanksystemen?

- *Entwicklungsumgebung.* In welcher Entwicklungsumgebung kann das Prototyping-Werkzeug eingesetzt werden und wie ist es in diese Umgebung integriert? Können Informationen zwischen den Prototypen und anderen Dokumenten ausgetauscht werden (z. B. über ein Datenlexikon)? Welche Softwarewerkzeuge (dynamische Debugger, Werkzeuge für die Versionsverwaltung, Testwerkzeuge, Profiling-Werkzeuge etc.) und welche Programmiersprachen stehen zur Verfügung? Können mit dem Prototyping-Werkzeug neben den Prototypen weitere Objekte (Dokumentationen, Help-Dateien, Protokolle und Statistiken über Benutzerverhalten etc.) erzeugt werden, und wie können diese verwendet werden?

- *Qualität des Prototyping-Werkzeugs.* Wie ist die Effizienz, die Zuverlässigkeit, die Komplexität und die Erlernbarkeit des Prototyping-Werkzeugs?

- *Implementierung des Prototyping-Werkzeugs.* Auf welchen Konzepten beruht die Implementierung? Ist das Prototyping-Werkzeug erweiterbar?

7.2.3 Entwurfswerkzeuge

Der Entwurf eines Programmsystems umfaßt grob die folgenden Tätigkeiten:

- Zerlegung des Gesamtsystems in Teilsysteme und Spezifikation der Wechselwirkungen zwischen den Teilsystemen,
- Zerlegung der Teilsysteme in Komponenten und Spezifikation der Anforderungen an diese Komponenten, d. h. Festlegung der Komponentenschnittstellen,
- Entwurf der Algorithmen für die einzelnen Systemkomponenten.

Bei objektorientierter Systemkonstruktion versucht man, möglichst viele Systemkomponenten aus einer bestehenden Sammlung (d. h. aus Klassenbibliotheken) unverändert zu verwenden oder sie problembezogen zu modifizieren (durch Ableitung von Unterklassen) oder überhaupt den Entwurf ausgehend von einer schon vorhandenen Basisarchitektur (Application Framework) durchzuführen.

Für den Entwurf benötigt man daher Werkzeuge:

- zur *Dokumentation* der Entwurfsergebnisse
  Für eine effiziente Projektabwicklung und vor allem für die Wartung von Softwareprodukten ist eine sorgfältige, verständliche und vollständige Dokumentation der Systemstruktur und aller Entwurfsentscheidungen von großer Wichtigkeit. Man benötigt daher Werkzeuge, die die Entwurfsdokumentation unterstützen.

- zur *Validierung* der Entwurfsergebnisse
  Es gelingt selten auf Anhieb ein fehlerfreier Entwurf der Systemarchitektur und im Sinne der in Kapitel 3 vorgeschlagenen prototyping-orientierten Systementwicklung soll der Entwurf stets durch Experimente mit einem Prototyp der Architektur projektbegleitend validiert werden. Man benötigt daher Werkzeuge zum Architekturprototyping.

- zur *effizienten Wiederverwendung* von vorhandenem Design (Klassenbibliotheken und Application Frameworks)
  Die Einplanung und Verwendung von Application Frameworks, vorhandenen Klassen und abstrakten Datentypen ist bei einem objektorientierten Vorgehen von zentraler Bedeutung. Man benötigt daher Werkzeuge zur Verwendung von Klassenbibliotheken.

Werkzeuge zur Dokumentation der Entwurfsergebnisse sollen folgende Eigenschaften aufweisen:

- *Mehrdokumentenfähigkeit* zur parallelen Bearbeitung mehrerer Entwurfsdokumente,
- weitgehende *Freiheit* in der Formulierung des Systementwurfs, z. B. grafische Darstellung von Datenmodellen (Entity-Relationship Diagramme) und hierarchischer Beziehungen (Klassenstrukturen),
- bequeme *Änderungs-* und *Erweiterungsmöglichkeiten* von bereits erstellten Entwurfsdokumenten,
- Unterstützung bei der *Konsistenzprüfung* von Schnittstellen,
- Prüfung der *syntaktischen Korrektheit* von Entwurfsdarstellung bei Verwendung von speziellen Formalismen,
- *Hypertextfähigkeit* zur Verbindung der Entwurfsbeschreibungen mit anderen Dokumenten, z. B. aus der Spezifikations- und Implementierungsphase.

Werkzeuge zur Validierung der Entwurfsergebnisse sollen folgende Eigenschaften aufweisen:

- Möglichkeit zur Simulation des Informationsflusses zwischen den entworfenen Komponenten zur Verifikation der Vollständigkeit und Konsistenz der Komponentenschnittstellen,
- Möglichkeit zur Verbindung der Systemarchitektur mit dem Benutzerschnittstellen-Prototyp zur Sicherung der Konsistenz des Validierungsprozesses,
- Unterstützung eines inkrementellen Entwurfs- und Implementierungsprozesses,
- Automatische Protokollierung aller Validierungsaktivitäten und Möglichkeit der Wiederholung bereits durchgeführter Experimente mit der Systemarchitektur.

Werkzeuge zur effizienten Wiederverwendung von vorhandenem Design sollen folgende Eigenschaften aufweisen:

- Komfortable Browsing-Möglichkeiten zum schnellen Auffinden von vorhandenen Bausteinen und zum Erkennen von Zusammenhängen und Wechselwirkungen zwischen Bausteinen,
- Möglichkeiten der Inspektion von Systembausteinen auf verschiedenen Abstraktionsebenen (informelle Bausteinbeschreibung, Schnittstellenbeschreibung, Implementierung),
- Komfortabler Zugriff auf Dokumente mit Hinweisen zur Verwendung von Bausteinen und Hinweisen welche Maßnahmen zur Integration solcher Bausteine vom Entwerfer oder Implementierer erwartet werden.

7.2.4 Implementierungswerkzeuge

In der Implementierungsphase werden Werkzeuge zur Umsetzung des Entwurfs in ein lauffähiges Programm benötigt, also im wesentlichen Editoren, Compiler, Linker. Natürlich sind auch andere Werkzeuge in der Implementierungsphase von Nutzen. Zum Beispiel werden immer wieder Listen und Diagramme zur Wahrung der Übersicht benötigt, und für den Test einzelner Komponenten und für das Aufspüren von Fehlern braucht man Debugger. Diese Werkzeuge werden aber in den entsprechenden Abschnitten über Test- und Dokumentationswerkzeuge (7.2.5 und 7.2.6) beschrieben.

Etwa 90% der Arbeit am Bildschirm entfallen auf die Benutzung von *Editoren*. Es ist daher klar, daß die Qualität des Editors für die reibungslose Abwicklung eines Software-Projekts von großer Bedeutung ist.

Die Entwicklung der Hardwaretechnik hat dazu geführt, daß heute fast ausschließlich Full-Screen-Editoren benutzt werden, die durch „direkte Manipulation" bedient werden. Das heißt, daß der Text direkt auf dem Bildschirm bearbeitet wird. Neben der Effizienz spielen die folgenden Eigenschaften eines Editors eine besondere Rolle beim Schreiben von Programmen:

- *Mehrdokumentfähigkeit* zur parallelen Bearbeitung mehrerer Programmtexte. Insbesondere muß auch das Kopieren zwischen Textdokumenten einfach und schnell möglich sein.
- *unbeschränkte Textgröße* für umfangreiche Quelltexte und Listen,
- *schnelle und flexible Positionierung* innerhalb von Quelltexten,
- hohe *Sicherheit*, insbesondere Schutz gegen unbeabsichtigte Änderungen,
- *Such- und Ersetzfunktionen*, auch über Dokumentgrenzen hinweg.

Obwohl auch einfache Texteditoren ihren Zweck für die Programmentwicklung erfüllen, sind Editoren mit spezieller Sprachunterstützung besonders nützlich, weil sie Fehler vermeiden helfen und ein schnelleres und angenehmeres Arbeiten gestatten. Eine Kopplung zwischen Editor und Compiler gestattet zum Beispiel die sofortige syntaktische Überprüfung des Programms, ohne daß der Editor verlassen werden muß. Wenn die Fehlerstellen direkt im editierten Text angezeigt werden, spart man sich außerdem das Suchen in Fehlerlisten.

Noch nützlicher sind Editoren, die das eigentliche Schreiben der Programme unterstützen. Eine einfache Makro-Funktion kann zum Beispiel benutzt werden, um einzelne Anweisungen oder Gerüste für ganze Prozeduren in den Quelltext einzufügen. Noch besser sind syntaxgesteuerte und strukturorientierte Editoren, die „wissen“, wie ein Programm auszusehen hat, und das Programm in einer einheitlichen Form (zum Beispiel mit systematischen Einrückungen versehen) anzeigen. Solche sprachspezifischen Editoren haben allerdings den Nachteil, daß sie oft nur für eine bestimmte Programmiersprache eingesetzt werden können und daß die Gängelung des Programmierers durch das starre Layout von vielen als störend empfunden wird.

Um ein einheitliches Aussehen der Programme zu gewährleisten, haben sich *Formatier-Werkzeuge* (sogenannte *Pretty-Printer*) bewährt. Sie versehen die Programme mit einer fest vorgegebenen oder durch Parameter spezifizierten Struktur [Blaschek 1989]. Solche Werkzeuge sorgen unter anderem für eine einheitliche Einrückung von Programmteilen und erleichtern damit das Lesen von Programmen, die von anderen Programmierern geschrieben wurden.

Für immer wiederkehrende gleichartige Aufgaben können auch *Programmgeneratoren* eingesetzt werden. Einfache Werkzeuge dieser Art sind Programmrahmengeneratoren, die leere Programme mit einheitlichen Programmköpfen und Platzhaltern für Kommentare erzeugen. Nützlicher sind freilich Werkzeuge, die aus einer formalen Beschreibung einer Aufgabe ein ganzes Programm (oder zumindest Teile davon) automatisch herstellen können. Da die in der Praxis vorkommenden Aufgaben jedoch sehr unterschiedlich sind, eignen sich solche Werkzeuge nur für wenige Anwendungsgebiete. Beispiele dafür sind Generatoren für Benutzerschnittstellen-Module und Compiler-Compiler für Übersetzungsaufgaben.

Um in besonders großen Programmsystemen den Überblick zu wahren, haben sich sogenannte *Browser* (frei übersetzt: „Schmökerer“) bewährt, mit denen die Struktur von Programmen in grafischer Form oder als Text angezeigt und inspiziert werden kann. Solche Browser sind besonders für objektorientierte Programme nützlich. Sie zeigen die Klassenhierarchie grafisch an und geben Auskunft darüber, welche Methoden in welchen Klassen implementiert sind. Meist sind solche Browser mit Editoren gekoppelt, so daß die angezeigten Methoden auch editiert und neue hinzugefügt werden können.

Das neben dem Editor wichtigste Werkzeug ist der *Compiler*, mit dem die Quelltexte schließlich in Maschinenprogramme übersetzt werden. Die Qualität des Compilers hat einen bedeutenden Einfluß auf den Herstellungsprozeß und natürlich auch auf das Endprodukt selbst. Die folgenden Eigenschaften werden heute von einem guten Compiler erwartet:

- *Zuverlässigkeit*. Der Implement Das neben dem Editor wichtigste Werkzeug ist der *Compiler*, mit dem die Quelltexte schließlich in Maschinenprogramme übersetzt werden. Die Qualität des Compilers hat einen bedeutenden Einfluß auf den Herstellungsprozeß und natürlich auch auf das Endprodukt selbst. Die folgenden Eigenschaften werden heute von einem guten Compiler erwartet:
- *Zuverlässigkeit*. Der Implemensich im allgemeinen nicht leisten.
- *Geschwindigkeit*. Der Compiler muß schnell sein, damit der immer wieder nötige Zyklus Editieren → Übersetzen → Laufenlassen so schnell wie möglich durchlaufen werden kann.
- *Erzeugung effizienten Codes*. Der erzeugte Code soll so kompakt und schnell wie möglich sein. Ein guter Compiler ist in der Lage, zahlreiche Optimierungen vorzunehmen. Zum Beispiel werden häufig benutzte Variablen in Registern gehalten, mehrmals vorkommende Teilausdrücke nur einmal berechnet und Schleifen optimiert. Wenn ein Compiler sehr

effizienten Code erzeugt, kann die höhere Programmiersprache auch für zeitkritische Programmteile eingesetzt und auf den Einsatz von Assemblersprachen verzichtet werden.

- *Gutes Fehlerverhalten.* Ein Compiler muß fehlerhafte Programme zurückweisen. In der Vergangenheit wurde zwar viel mit fehlerkorrigierenden Compilern experimentiert, die Erfahrung hat aber gezeigt, daß die Korrekturen nur selten der Intention des Programmierers entsprechen. Im Fehlerfall muß der Compiler möglichst genaue Informationen über die Fehlerursache liefern und die Fehlerstelle markieren. In Editoren integrierte Compiler können die Übersetzung beim ersten Fehler abbrechen und die Korrektur des Fehlers vom Programmierer verlangen, ein Stapel-Editor soll hingegen möglichst viele Fehler auf einmal finden.
- *Erkennung von Laufzeitfehlern.* Der vom Compiler erzeugte Code soll die wichtigsten Fehlerarten erkennen können. Dazu gehören zum Beispiel Überschreitungen von Wertebereichen, Division durch Null und bereichsüberschreitende Indizierungen. In Fehlerfall soll das Programm abbrechen und eine möglichst ausführlichen Fehlermeldung liefern, die eine Lokalisierung des Fehlers im Quelltext erleichtert. Da solche Laufzeitprüfungen Zeit kosten, sollen sie im fertigen Programm unterdrückt werden können.
- *Standardisierung.* Wenn die vom Compiler übersetzte Sprache genormt ist, soll der Compiler zumindest die in der Norm definierte Sprache übersetzen können. Wenn er darüber hinaus Spracherweiterungen zuläßt, dann sollen diese optional als Fehler markiert werden können. Auf diese Weise können normgerechte Programme erzwungen werden, die sich leicht auf einen anderen Rechner portieren lassen.

Um ein modular aufgebautes Programm laufen zu lassen, müssen die einzelnen Module erst mit Hilfe eines *Linkers* zusammengefügt werden. In manchen Entwicklungssystemen ist der Linker ein Teil des Compilers, auf bestimmten Rechnern gibt es aber auch einheitliche Linker, die von der Quellsprache unabhängig sind. Beide Systeme haben ihre Vor- und Nachteile. Ein zum Compiler gehörender Linker kann sprachspezifische Inkonsistenzen zwischen den einzelnen Modulen entdecken und melden, während ein zum Betriebssystem gehörender Linker heterogene (d. h. in mehreren Quellsprachen geschriebene) Programmsysteme unterstützt. Auf jeden Fall wird von einem guten Linker heute erwartet, daß er nicht benutzte Programmteile erkennen und eliminieren kann.

Wenn sich die Schnittstelle eines Moduls ändert, müssen alle Module die diese Schnittstelle benutzen neu übersetzt werden, wobei unter Umständen Fehler entdeckt werden, weil einzelne Module an die neue Schnittstelle angepaßt werden müssen. Solche Neuübersetzungen können mit Werkzeugen automatisiert werden. Ein Beispiel dafür ist das Unix-Werkzeug *Make*, das als Vorbild für viele ähnliche Werkzeuge auf anderen Rechnern diente. Make benutzt eine Beschreibung von Abhängigkeiten zwischen Modulen und überprüft anhand der Änderungszeitpunkte, welche Module neu übersetzt werden müssen. Mit Hilfe eines solchen Werkzeugs können Inkonsistenzen zwischen Modulen auch dann vermieden werden, wenn der Compiler und der Linker keine Unterstützung bieten.

7.2.5 Testwerkzeuge

Der Aufwand für einen ausführlichen Test kann leicht den eigentlichen Implementierungsaufwand in größeren Projekten übersteigen. Das kommt unter anderem daher, weil bei einem richtig durchgeführten Test alle bereits geprüften Testfälle nach einer Programmänderung noch einmal kontrolliert werden müssen, um sicherzustellen, daß sich keine neuen Fehler eingeschlichen haben. Testwerkzeuge können daran nur wenig ändern. Sie können bestenfalls bei der Durchführung der einzelnen Tests, bei ihrer Vorbereitung und bei der Korrektur von Fehlern Unterstützung bieten.

Man kann die Testwerkzeuge in statische und dynamische Werkzeuge einteilen. Statische Werkzeuge extrahieren Informationen aus dem Quelltext von Programmen (ohne die Programme auszuführen); dynamische Werkzeuge analysieren den Programmablauf selbst.

Zur Vorbereitung eines White-Box-Tests muß die Programmstruktur genau bekannt sein. Hier können *statische Werkzeuge* eingesetzt werden, die eine Übersicht über wichtige Eigenschaften des Programmsystems geben. Dazu gehören vor allem Generatoren, die aus dem Programmtext Listen erzeugen. Die folgende Aufstellung zeigt, welche Listen für den White-Box-Test nützlich sind.

- *Modullisten* helfen, den Überblick über alle Module eines Programmsystems und die zwischen ihnen bestehenden Import/Export-Beziehungen zu bewahren. Sie sind sowohl bei der Vorbereitung von Modultests als auch beim Integrationstest von Nutzen.
- *Kreuzreferenzlisten* geben Aufschluß darüber, welche Variablen in welchen Prozeduren benutzt werden. Sie können beim Test von Wechselwirkungen zwischen Programmteilen benutzt werden und sind auch bei der Fehlersuche eine wertvolle Hilfe, vor allem, wenn Variablenwerte durch unbefugte Zugriffe zerstört werden.
- *Prozeduraufruflisten* zeigen, welche Prozeduren von welchen aufgerufen werden. Sie können zur Überprüfung des Zusammenspiels von Prozeduren beim Integrationstest benutzt werden, bieten aber auch für einen Einzeltest wertvolle Unterstützung. Wenn eine Prozedur P von drei Prozeduren X, Y und Z benutzt wird, dann wird die Prozedur in der Regel unter drei verschiedenen Bedingungen aufgerufen, die getrennt getestet werden sollten.
- *Steuerflußgraphen* zeigen die Ablaufstrukturen einer Prozedur, indem sie sequentielle Anweisungsfolgen zu Blöcken zusammenfassen. Sie geben damit Auskunft darüber, welche Programmzweige beim Test durchlaufen werden müssen.

Zu den wichtigsten *dynamischen Werkzeugen* gehören Debugger, mit denen der Programmablauf verfolgt werden kann, um die Ursache von Fehlern zu finden. In komplexen Programmen ist eine Fehlersuche ohne geeignete Werkzeuge nicht mehr denkbar. Ein guter Debugger soll die folgenden Funktionen unterstützen:

- *Programmabbruch.* Wenn ein Laufzeitfehler (z. B. eine Bereichsüberschreitung) aufgetreten ist, soll die Programmausführung abgebrochen und der Debugger aktiviert werden. Auf diese Weise sollen Fehler zum frühestmöglichen Zeitpunkt erfaßt werden.
- *Anzeige auf Quellsprachenebene.* Alle Informationen sollen in derselben Weise angezeigt werden, in der das Quellprogramm formuliert wurde. Die Fehlerstelle soll im Quelltext angezeigt werden, Speicherzellen sollen durch ihre Variablennamen bezeichnet werden, und Speicherinhalte sollen ihren Datentypen entsprechend angezeigt werden.
- *Prozeduraufrufkette.* Im Fehlerfall soll so viel wie möglich von der Vorgeschichte bekannt sein. Dazu gehört zumindest die Prozeduraufrufkette, also eine Information, von wo aus die fehlerhafte Prozedur aufgerufen wurde. Auf diese Weise können auch ungültige Parameterwerte bis zu ihrem Ursprung zurückverfolgt werden.

- *Expliziter Aufruf.* Der Debugger soll vom Programm aus explizit aufgerufen werden können. Solche Aufrufe können zum Beispiel benutzt werden, um Wertänderungen von wichtigen Variablen zu verfolgen, noch bevor es zum eigentlichen Fehler kommt.
- *Fortsetzung, Einzelschritt-Ausführung und Haltepunkte.* Der Debugger soll die Fortsetzung des Programms nach einem expliziten Aufruf ermöglichen. Dabei soll es möglich sein, Haltepunkte zu bestimmen, an denen der Debugger das Programm wieder unterbrechen soll. Eine weiter nützliche Funktion ist die Einzelschritt-Ausführung, bei der eine Anweisung nach der anderen ausgeführt und ihre Auswirkung überprüft werden kann.
- *Dynamische Datenstrukturen.* Wenn über Zeiger verkettete Datenstrukturen im Spiel sind, soll der Debugger die Verfolgung der Zeiger ermöglichen. Auf diese Weise kann ein expliziter Aufruf des Debugger so manche Hilfsdrucke ersetzen.
- Ein Debugger für objektorientierte Sprachen soll die Inspektion von *Objektstrukturen* und die Anzeige und Verfolgung von Beziehung zwischen Objekten ermöglichen. Ein Debugger mit diesen Funktionen ist nicht nur für die Fehlersuche, sondern auch beim Verstehen von Programmen eine wertvolle Hilfe.
- *Veränderung von Speicherinhalten.* Der Debugger soll auch die Änderung fehlerhafter Werte (natürlich wieder auf Quellsprachenebene) ermöglichen. Auf diese Weise kann ein Fehler manchmal während einer Testsitzung vorläufig korrigiert und der Test fortgesetzt werden.

Zu den dynamischen Werkzeugen gehören auch Instrumentierer, die zusätzliche Anweisungen in Programme einfügen. Solche Anweisungen können zum Beispiel zur Zählung von Prozeduraufrufen und zur Überprüfung der Pfadüberdeckung benutzt werden, aber auch zur automatischen Protokollierung von Testläufen und zur Überprüfung von Assertionen. Ein Beispiel für ein derartiges Werkzeug ist in [Dobler 1991] beschrieben.

7.2.6 Werkzeuge für Dokumentation und Wartung

Dokumentationswerkzeuge benötigt man in mehreren, meist sogar in allen Phasen des Software-Lebenszyklus. Sie werden von vielen Benutzern mit unterschiedlichen Wünschen gebraucht, ihr Design muß daher besonders durchdacht, ihre Bedienung vom Konzept her einfach sein und mit anderen Werkzeugen zusammenpassen. An komfortable Textverarbeitungswerkzeuge sind folgende Anforderungen zu stellen:

- Grundfunktionen zum Einfügen, Entfernen, Suchen und Kopieren von Texten,
- Bereitstellung verschiedener Schriftarten,
- Möglichkeit, verschiedene Dokumente und Teile eines Dokuments gleichzeitig anzuzeigen und zu bearbeiten,
- flexible Dokumentpositionierung,
- Textverarbeitungsfunktionen wie Randausgleich, Zentrierung und Schriftartenwechsel,
- Möglichkeit der Integration von Text und Bild,
- Möglichkeit der druckfertigen Dokumentdarstellung,
- Möglichkeit der Herstellung von Hypertext-Dokumentationen.

Bei der *Wartung* von Softwareprodukten geht es unter anderem darum, Fehler zu lokalisieren und sie zu beheben. Die Versionsführung ist eine heikle Angelegenheit, die Werkzeuge zur

Versionsverwaltung von Bibliotheken erfordert. Solche Werkzeuge sollen die folgenden Funktionen unterstützen:

- Anlegen einer neuen Version,
- Zuordnung von Versionsnummern zu Dokumenten und umgekehrt,
- Vergleich zweier Versionen eines Dokuments,
- Automatische Dokumentation der Unterschiede zwischen zwei Versionen.

Für die Wartungsphase sind daher vor allem die in den Abschnitten 7.2.4 und 7.2.5 beschriebenen Implementierungs- und Testwerkzeuge von Bedeutung. Bei der Wartung entstehen neue Versionen von Produkten mit einer Vielfalt von dazugehörenden Dokumenten.

7.3 Phasenübergreifende Werkzeuge

Unter phasenübergreifenden Werkzeugen verstehen wir Werkzeuge zur Unterstützung des Projektmanagements und die Zusammenfassung von phasen- und managementbezogenen Werkzeugen zu sogenannten Software-Entwicklungsumgebungen.

7.3.1 Projektmanagement-Werkzeuge

Sie sollen Funktionen zur Verwaltung aller während der Projektausführung entstandenen Produkte (Projekt-Standards, Dokumente, Tabellen, Pläne, Programme etc.) und zur Projektplanung- und Fortschrittskontrolle sowie zur Kontrolle der Kostenentwicklung zur Verfügung stellen.

Voraussetzung für diese Werkzeuge ist eine gemeinsame Datenbasis, die sicherstellt, daß alle Projektmitarbeiter nur jene Produkte manipulieren, für die sie die entsprechenden Zugriffsrechte haben und daß alle Projektmitarbeiter mit der jeweils gültigen Fassung eines Produkts arbeiten.

Die *Grundfunktionen* dieser Werkzeuge sind:

- das Anlegen und Verwalten von Projekt- und Ressourcenplänen, z. B. Netzpläne
- das Anlegen und Verwalten von Kalkulationsschemata,
- das Anlegen und Bearbeiten eines Dokuments,
- die Zuordnung von Projektstandards, d. h. von Stilen der Dokumente des Produkts, Dokumentenrahmen usw.,
- die Anzeige, Modifikation, Analyse und Verknüpfung von Dokumenten,
- die Zuordnung von Attributen wie Versionsnummern, Zugriffsrechten, Dokumentenstilen, Freigabestatus, usw.,
- das Anlegen und Verwalten von Konfigurationsbeschreibungen.

7.3.2 Software-Entwicklungsumgebungen

Wie in anderen Projekten zur Herstellung eines technischen Produktes brauchen wir auch für die Herstellung von Softwareprodukten Werkzeuge zur Unterstützung des Herstellungsprozesses. Diese Werkzeuge sollen jedoch koordiniert eingesetzt werden, d. h. in eine Entwicklungsstrategie (wie wir sie in den vorangegangenen Abschnitten des Buches beschrieben haben) eingebettet sein. Eine ideale Software-Entwicklungsumgebung integriert die oben beschriebenen einzelnen Werkzeuge, so daß sie nicht nur einzeln eingesetzt werden können, sondern auf einer gemeinsamen Datenbasis operieren und sich den Entwicklern als geschlossenes Entwicklungssystem präsentieren. Ein solches Entwicklungssystem umfaßt:

- einen Satz von Projektmanagementwerkzeugen,
- Prototyping-Werkzeuge für verschiedene Prototypingaktivitäten (z. B. Benutzerschnittstellen- und Architekturprototyping),
- Entwurfswerkzeuge zur Unterstützung von funktionaler, datenorientierter und objektorientierter Zerlegung,
- einen Satz von Implementierungs- und Testwerkzeugen (wie Editoren, Compiler für verschiedene Programmiersprachen, Interpreter, Debugger, Objektstruktur-Browser),
- Dokumentations- und Wartungswerkzeuge,
- Komfortable Browsing-Werkzeuge.

Wichtig dabei ist, daß die Werkzeuge einfach zu bedienen und effizient sind, eine konsistente Benutzerschnittstelle aufweisen, daß Ergebnisse zwischen verschiedenen Werkzeugen „weitergereicht" werden können, und die System-Entwicklungsumgebung auf einer modernen Hardware und einem leistungsfähigen Betriebssystem aufsetzt.

Eine umfangreiche Übersicht über einzelne Werkzeuge und System-Entwicklungsumgebungen ist in [Balzert 1990] angegeben.

Nachwort

Im Gegensatz zu anderen technischen Produkten unterliegt Software keinen materiellen Schranken. Diese Unbeschränktheit führt dazu, daß immer größere und komplexere Programmsysteme entwickelt werden; Softwareentwickler sind geradezu fasziniert von der Komplexität ihrer Produkte. Die Entwicklung großer Softwaresysteme ist aber schwierig und mit so vielen Problemen behaftet, daß man immer wieder von der „Softwarekrise" spricht. Viele träumen daher davon, daß sich auf diesem Gebiet durch neue Methoden und Werkzeuge, sei es das Prototyping, die objektorientierte Programmierung, der Einsatz von CASE-Systemen oder etwas gänzlich Neues, eine Erleichterung, ein Sprung nach vorn oder gar ein revolutionärer Durchbruch erzielen läßt. Bei nüchterner Betrachtung stellt man jedoch fest, daß wir davon noch weit entfernt sind und daß wohl auch in nächster Zukunft kaum ein derartiger Quantensprung zu erwarten ist. Sicherlich können neue Techniken, wie wir sie in diesem Buch beschrieben haben, einiges erleichtern, verbessern, sicherer und einfacher machen, aber die Komplexität läßt sich nicht wegzaubern. Man darf daher keine Wunder erwarten. Die Entwicklung großer Softwaresysteme wird eine schwierige Aufgabe bleiben, die vom Entwerfer ein hohes Maß an Kreativität und Fachwissen verlangt.

Literatur

[Abbot 1983] Abbot R. J.: *Program Design by Informal English Descriptions*; Comm. of the ACM, Vol 26, Nr. 11, 1983

[Aho 1986] Aho A. V., Sethi R., Ullman J. D.: *Compilers – Principles, Techniques, and Tools*; Addison Wesley, 1986

[Aho 1972] Aho A. V., Ullman J. D.: *The Theory of Parsing, Translation, and Compiling*; Prentice Hall, 1972

[Albrecht 1983] Albrecht A. J., Gaffney J. E.: *Software Function, Source Lines of Code and Development Effort Prediction: A Software Science Validation*; IEEE Transactions on Software Engineering, Nov., 1983

[ANSI 1984] *ANSI/IEEE Std. 830-1984 Software Requirement Specification*; IEEE 1984

[Apple 1987] Apple Computer, Inc.: *Human Interface Guidelines: The Apple Desktop Interface*; Addison Wesley, 1987

[Arthur 1985] Arthur L. J.: *Measuring Programmer Productivity and Software Quality*; Wiley & Sons, 1985

[Arthur 1988] Arthur L. J.: *Software Evolution: A Software Maintenance Challenge*; John Wiley & Sons, 1988

[Baker 1972] Baker F. T.: *Chief Programmer Team Management of Production Programming*; IBM Systems Journal 11/1, 1972

[Baker 1979] Baker F. T., Mills H. D.: *Chief Programmer Teams*; in: *Classics in Software Engineering*; Yourdon Press, 1979

[Balzert 1985] Balzert H.: *Moderne Software-Entwicklungssysteme und -werkzeuge*; Wissenschaftsverlag, 1985

[Balzert 1990] Balzert H.: *CASE – Systeme und Werkzeuge*; Wissenschaftsverlag, 1990

[Bauer 1975] Bauer F. L.: *Software Engineering*; in: *Software Engineering as an Advanced Course*; Springer, 1975

[Betts 1987] Betts B. et al.: *Goals and Objectives for User Interface Software*; Computer Graphics, Vol 21, Nr. 2, 1987

[Bigelow 1988] Bigelow J.: *Hypertext and CASE*; IEEE Software, Vol. 5, Nr. 3, 1988

[Bischofberger 1992] Bischofberger W., Pomberger G.: *Prototyping-oriented Software Development*; Springer, 1992

[Blaschek 1985] Blaschek G.: *Statische Programmanalyse*; Elektronische Rechenanlagen 2, 1985

[Blaschek 1989] Blaschek G., Sametinger J.: *User-Adaptable Prettyprinting*; Software—Practice and Experience, Vol. 19(7), 1989

[Blaschek 1990] Blaschek G., Pomberger G.: *Introduction to Programming with Modula-2*; Springer, 1990

[Blaschek 1991] Blaschek G.: *Type-Safe Object-Oriented Programming with Prototypes – The Concepts of Omega*; Structured Programming, Vol. 12/4, Springer, 1991

[Boar 1984] Boar B.: *Application Prototyping*; John Wiley & Sons, 1984

[Boehm 1976] Boehm B. W., et al.: *Quantitative Evaluation of Software Quality*; Proc. of 2nd Internat. Conf. on Software Engineering, IEEE Comp.Soc., 1976

[Boehm 1978] Boehm B. W., et al.: *Characteristics of Software Quality*; North Holland, 1978

[Boehm 1979] Boehm B. W.: *Software Engineering*; in: *Classics in Software Engineering*; Yourdon Press, 1979

[Boehm 1981] Boehm B. W.: *Software Engineering Economics*; Prentice Hall, 1981

[Boehm 1988] Boehm B. W.: *A Spiral Model of Software Development an Enhancement*; IEEE Computer 21, 1988

[Böhm 1966] Böhm D., Jacopini G.: *Flow Diagrams, Turing Machines and Languages with only two Formation Rules*; Comm. of the ACM, Vol. 9, 1966

[Bons 1982] Bons H., van Megen R.: *Zur Festlegung von Qualitätszielen als Grundlage der Qualitätsplanung und -Kontrolle*; German Chapter of the ACM, Bericht 9, 1982

[Booch 1991] Booch G.: *Object-Oriented Design with Applications*; Benjamin/Cummings, 1991

[Brooks 1975] Brooks F. P.: *The Mythical Man-Month. Essays on Software Engineering*; Addison-Wesley, 1975

[Buxton 1969] Buxton J. N., Randell B. (Eds.): *Software Engineering Techniques*; Report on a Conference, Rome, Brüssel: NATO Scientific Affairs Division, 1969

[Connell 1989] Connell J. L., Shafer L. B.: *Structured Rapid Prototyping*; Yourdon Press, Prentice Hall, 1989

[Coad 1990] Coad P., Yourdon E.: *Object-Oriented Analysis*; Prentice Hall, 1990

[Cox 1986] Cox B.: *Object-Oriented Programming: An Evolutionary Approach*; Addison-Wesley, 1986

[Dahl 1966] Dahl O., Nygaard K.: *Simula – An Algol-based Simulation Language*; Comm. of the ACM, Vol. 9, Nr. 9, 1966

[DeMarco 1978] DeMarco T.: *Structured Analysis and Systems Specifications*; Yourdon Press, 1978

[Denert 1991] Denert E.: *Software-Engineering – Methodische Projektabwicklung*; Springer, 1991

[Dennis 1973] Dennis J. B.: *Modularity*; Lecture Notes in Economics and Mathematical Systems Nr.81; Springer, 1973

[Dennis 1975] Dennis J. B.: *The Design and Construction of Software Systems*; in: *Software Engineering As An Advanced Course*; Springer, 1975

[Dijkstra 1968] Dijkstra E. W.: *Goto Statements Considered Harmful*; Comm. of the ACM Vol.11, 1968

[Dijkstra 1969] Dijkstra E. W.: *Structured Programming*; Software Engineering Technique, Report on a Conference; Rome, 1969

[Dijkstra 1972a] Dijkstra E. W.: *The Humble Programmer*; Comm. of the ACM, Vol.15, No.10; New York, 1972

[Dijkstra 1972b] Dijkstra E. W.: *Notes on Structured Programming*; Academic Press, 1972

[Dijkstra 1976] Dijkstra E. W.: *A Discipline of Programming*; Prentice Hall, 1976

[Dobbins 1987] Dobbins J. H., Buck R. D.: *The Cost of Software Quality*; in: *Handbook of Software Quality Assurance*; Van Nostrand Reinhold, 1987

[Dobler 1990] Dobler H., Pirklbauer K.: *Coco-2 – A New Compiler-Compiler*; ACM Sigplan Notices, Vol. 25, Nr. 5, 1990

[Dobler 1991] Dobler H.:, Huber G.: *Dynamic Analysis of Modula-2 Programs*; Proc. of the Conference „Modula-2 and Beyond", 1991

[Elspas 1972] Elspas B., et al.: *An Assessment of Techniques for Proving Program Correctness*; Computing Surveys 4, 1972

[Fagan 1976] Fagan M. E.: *Design and Code Inspections to Reduce Errors in Program Development*; IBM Systems Journal, Vol.15(3), 1976

[Fairley 1985] Fairley R.: *Software Engineering Concepts*; McGraw-Hill, 1985

[Fidero 1988] Fidero J.: *Hypertext: A Grand Vision*; BYTE Vol. 13, Nr. 10, 1988

[Floyd 1967] Floyd R. W.: *Assigning meanings to programs*; Mathematical Aspects of Computer Science Vol.19, 1967

[Floyd 1984] Floyd C.: *A Systematic Look at Prototyping*; in: *Approaches to Prototyping*; Springer, 1984

[Frühauf 1988] Frühauf K., Ludewig J., Sandmayr H.: *Software-Projektmanagement und -qualitätssicherung*; Teubner 1988

[Gane 1979] Gane C., Sarson T.: *Structured Systems Analysis: Tools and Techniques*; Prentice Hall, 1979

[Garg 1988] Garg P. K., Scacchi W.: *A Hypertext System to Manage Software Life-Cycle Documents*; Proc. of the 21st Annual Hawaii International Conference on System Science, Vol. 2: Software, 1988

[Gerhart 1976] Gerhart S. et al.: *Observations of Fallibility in Applicatiaons of Modern Programming Methodologies*; IEEE Transactions on Software Engineering, Vol.SE-2,3, 1976

[Goldberg 1983] Goldberg A. and Robson D.: *Smalltalk-80: The Language and its Implementation*; Addison-Wesley, 1983

[Goos 1973] Goos G.: *Hierarchies*; in: *Software Engineering as an Advanced Course*; Springer, 1973

[Halstead 1972] Halstead M. H.: *Natural Laws Controlling Algorithm Structure*; Sigplan Notices Vol.7,2, 1972

[Heitz 1988] Heitz M.: *HOOD: A Hierarchical Object-Oriented Design Method*; Proc. of the Third German Ada Users Congress, Gesellschaft für Software Engineering, 1988

[Hoare 1969] Hoare C. A. R.: *An Axiomatic Basis for Computer Programming*; Comm. of the ACM Vol.12, 1969

[Hughes 1976] Hughes J. K., Michtom J. I.: *A Structured Approach to Programming*; Prentice Hall, 1976

[Jackson 1975] Jackson M. A.: *Principles of Program Design*; Academic Press, 1975

[Jackson 1983] Jackson M. A.: *System Development*; Prentice Hall, 1983

[Johnson 1975] Johnson S. C.: *YACC – Yet Another Compiler-Compiler*; Technical Report Nr. 32, Bell Laboratories, 1975

[Kastens 1982] Kastens U., Hutt B., Zimmermann E.: *GAG: A Practical Compiler-Generator*; Lecture Notes in Computer Science 141, Springer, 1982

[Keller 1989] Keller R. K.: *Prototypingorientierte Systemspezifikation*; Verlag Dr. Kovac, 1989

[Kerth 1987] Kerth N. L.: *The Use of Multiple Specification Methodologies on a Single System*; in: Proceedings of the Fourth International Workshop on Software Specification and Design, Monterey, 1987

[Kimm 1979] Kimm R., et al.: *Einführung in Softwareengineering*; Walter de Gruyter, 1979

[Knuth 1965] Knuth D. E.: *On the Translation of Languages form Left to Right*; Information and Control 8, 1965

[Knuth 1968] Knuth D. E.: *Semantics of Context-free Languages*; Mathematical Systems Theory 2, 1986

[Knuth 1973] Knuth D. E.: *The Art of Computer Programming*; Vol.1-3, Addison-Wesley, 1968, 1969, 1973

[Kopetz 1976] Kopetz H.: *Software-Zuverlässigkeit*; Carl Hanser, 1976

[Koskimies 1984] Koskimies K.: *A Specification Language for One Pass Semantic Analysis*; Sigplan Notices 19, 6, 1984

[Laurel 1990] Laurel B. (ed.): *The Art of Human-Computer Interface Design*; Addison Wesley, 1990

[Lewis 1976] Lewis P. M., Rosenkrantz D. J., Stearns R. E.: *Compiler Design Theory*; Addison Wesley, 1976

[Lientz 1980] Lientz B. P., Swanson E. B.: *Software Maintenance Management*; Addison-Wesley, 1980

[Manna 1969] Manna Z.: *The Correctness of Programs*; Journal of Computer and System Science Vol.3, 1969

[McCabe 1976] McCabe T. J.: *A Complexity Measurement*; IEEE Transactions on Software Engineering, SE-2, 1976

[McCall 1977] McCall J. A., et. al.: *Factors in Software Quality*; Vol. I, Concepts and Definitions of Software Quality, 1977

[McCarthy 1962] McCarthy J.: *Towards a Mathematical Science of Computation*; Proc. IFIP Congress, Amsterdam; North-Holland Publications, 1962

[Meyer 1988] Meyer B.: *Object-oriented Software Construction*; Prentice Hall, 1988

[Mössenböck 1991] Mössenböck H., Wirth N.: *The Programming Language Oberon-2*; Structured Programming, Vol. 12, Nr. 4, 1991

[Myers 1979] Myers G. J.: *The Art of Software Testing*; John Wiley, 1979

[Naur 1966] Naur P.: *Proof of Algorithms by General Snapshots*; BIT 6, 1966

[Naur 1969] Naur P., Randell B. (Eds.): *Software Engineering*. Report on a Conference, Garmisch, 1968; Brüssel: NATO Scientific Affairs Division, 1969

[Nielsen 1990] Nielsen J.: *The Art of Navigation through Hypertext*; Comm. of the ACM, Vol. 33, Nr. 3, 1990

[Ostrand 1988] Ostrand T. J.: Balcer M. J.: *The Category-Partition Method for Specifying and Generating Functional Tests*; Comm. of the ACM, Juni 1988

[Parnas 1972] Parnas D. L.: *On the Criteria to be Used in Decompositing Systems into Modules*; Comm. of the ACM Vol.15, No.12, 1972

[Parnas 1974] Parnas D. L.: *Software Engineering or Methods for the Multi-Person Construction of Multi-Version Programs*; Lecture Notes in Computer Science, Programming Methodology, Springer, 1974

[Ponder 1992] Ponder C., Bush B.: *Polymorphism Considered Harmful*; Sigplan Notices, Vol. 27, Nr. 6, 1992

[Pomberger 1986] Pomberger G.: *Software Engineering and Modula-2*; Prentice Hall, 1986

[Pomberger 1991] Pomberger G. et al.: *Prototyping-Oriented Software Development – Concepts and Tools*; Structured Programming, Vol. 12, Nr. 1, 1991

[Pree 1990] Pree W.: *DICE – An Object-Oriented Tool for Rapid Prototyping*; Proc. of TOOLS Pacific '90, Sydney, 1990

[Pressman 1987] Pressman R. S.: *Software Engineering. A Practitioner's Approach*; McGraw-Hill, 1987

[Putnam 1978] Putnam L.: *A General Empirical Solution to the Macro Software Sizing and Estimating Problem*; IEEE Transactions on Software Engineering, Vol. 4, Nr. 4, 1978

[Ramamoorthy 1974] Ramamoorthy C. V., et al.: *Reliability and Integrity of Large Computer Programs*; Lecture Notes in Computer Science - Fachtagung Prozeßrechner 1974; Springer, 1974

[Ramamoorthy 1982] Ramamoorthy C. V., et al.: *Techniques in Software Quality Assurance*; Proc. of the German Chapter of the ACM, Vol.9; Teubner, 1982

[Rechenberg 1984a] Rechenberg P.: *Attributierte Grammatiken als Methode der Softwaretechnik*; Elektronische Rechenanlagen 26, 1984

[Rechenberg 1984b] Rechenberg P.: *Werkzeuge zur statischen Programmanalyse*; Proc. Compass '84, VDE-Verlag, Berlin, 1984

[Rechenberg 1985a] Rechenberg P, Mössenböck H.: *Ein Compiler-Generator für Mikrocomputer*; Carl Hanser, 1985

[Rechenberg 1985b] Rechenberg P.: *Editorial* zu *Werkzeuge der Softwaretechnik*; Elektronische Rechenanlagen 27, 2, 1985

[Rechenberg 1990] Rechenberg P.: *Programming Languages as Thought Models*; Structured Programming, Vol. 11, Nr. 3, 1990

[Reiser 1992] Reiser M., Wirth N.: *Programming in Oberon – Steps Beyond Pascal and Modula*; Addison-Wesley, 1992

[Renner 1989] Renner M.: *4th Dimension Design Reference*; ACIUS Inc, 1989

[Ross 1985] Ross D. T.: *Applications and Extensions of SADT*; IEEE Computer, Vol. 18, Nr. 4, 1985

[Royce 1970] Royce W.: *Managing the Development of Large Software Systems: Concepts*; WESCON Proceedings, 1970

[Rumbaugh 1991] Rumbaugh J., et al.: *Object-Oriented Modeling and Design*; Prentice Hall, 1991

[Sametinger 1991] Sametinger J.: *DOgMA: A Tool for the Documentation and Maintenance of Software Systems*; Report, Dept. of Software Engineering, Johannes-Kepler-Universität Linz, 1991

[Schmitz 1982] Schmitz P., et al.: *Software-Qualitätssicherung – Testen im Software-Lebenszyklus*; Vieweg, 1982

[Schmucker 1986] Schmucker K. J.: *Object-Oriented Programming for the Macintosh*; Hayden, 1986

[Schnupp 1976] Schnupp P., Floyd C.: *Software*; Walter de Gruyter, 1976

[Schoman 1977] Schoman K., Ross D. T.: *Structured Analysis for Requirements Definition*; IEEE Transactions on Software Engineering, SE-3, 1977

[Smith 1988] Smith J. B., Weiss S. F.: *Hypertext*; Comm. of the ACM, Vol. 31, Nr. 7, 1988

[SoftTech 1976] SofTech Inc.: *An Introduction to SADT Structured Analysis and Design Technique*; Woltham Massachusetts. SoftTech Inc., 1976

[Sommerville 1985] Sommerville I.: *Software Engineering*; Addison-Wesley, 2nd edition, 1985

[Stroustrup 1986] Stroustrup B.: *The C++ Programming Language*; Addison-Wesley, 1986

[Ungar 1987] Ungar D, Smith R. B.: *Self: The Power of Simplicity*; Proceedings of OOPSLA '87, 1987

[Waite 1984] Waite W. M., Goos G.: *Compiler Construction*; Springer, 1984

[Wallmüller 1990] Wallmüller E.: *Software-Qualitätssicherung*; Carl Hanser, 1990

[Warnier 1974] Warnier J. D.: *Logical Construction of Programs*; Van Nostrand Reinhold, 1974

[Wasserman 1990] Wasserman A. I. et al.: *The Object-Oriented Structured Design Notation for Software Design Representation*; IEEE Computer, Vol. 23, Nr. 3, 1990

[Weinand 1988] Weinand A., Gamma E. Marty R.: *ET++ – An Object-oriented Application Framework in C++*; Proceedings of OOSLA '88, 1988

[Weinand 1989] Weinand A., Gamma E., Marty R.: *Design and Implementation of ET++, a Seamless Object-oriented Application Framework*; Structured Programming 10, 2, 1989

[Wilson 1990] Wilson D.A.: *Class Diagrams: A Tool for Design, Documentation, and Testing*; Journal of Object-Oriented Programming, Vol. 3, Nr. 1, 1990

[Wirfs-Brock 1989] Wirfs-Brock R., Wilkerson B.: *Object-Oriented Design: A Responsibility-Driven Approach*; Proceedings of OOPSLA ´89, 1989

[Wirfs-Brock 1990] Wirfs-Brock R. Wilkerson B., Wiener L.: *Designing Object-Oriented Software*; Prentice Hall, 1990

[Wirth 1971] Wirth N.: *Program Development by Stepwise Refinement*; Comm. of the ACM, Vol.14, No.4, 1971

[Wirth 1985] Wirth N.: *Programming in Modula-2*; Springer, 1985

[Wirth 1986] Wirth N.: *Compilerbau*; Teubner, 1986

[Wolverton 1972] Wolverton R. W., et al.: *Assessment of Software Reliability*; TRW Software Report (TRW-SS-72-4) California, 1972

[Yourdon 1979] Yourdon E., Constantine L.: *Structured Design*; Prentice Hall, 1979

[Zave 1984] Zave P.: *The Operational versus the Conventional Approach to Software Development*; Comm. of the ACM 27,2, 1984

Stichwortverzeichnis

G

H

I

K

L

M